# 孙子三书

高友谦◎校注

齊魯書社
·济南·

**图书在版编目（CIP）数据**

孙子三书 / 高友谦校注. -- 济南 : 齐鲁书社,
2025. 8. -- ISBN 978-7-5333-4837-3

Ⅰ. E892.25

中国国家版本馆CIP数据核字第2024S44A30号

责任编辑：孔　帅
装帧设计：亓旭欣

**孙子三书**
SUNZI SANSHU
高友谦　校注

| | |
|---|---|
| **主管单位** | 山东出版传媒股份有限公司 |
| **出版发行** | 齊魯書社 |
| **社　　址** | 济南市市中区舜耕路517号 |
| **邮　　编** | 250003 |
| **网　　址** | www.qlss.cn |
| **电子邮箱** | qilupress@126.com |
| **营销中心** | （0531）82098521　82098519　82098517 |
| **印　　刷** | 山东华立印务有限公司 |
| **开　　本** | 720mm × 1020mm　1/16 |
| **印　　张** | 28.5 |
| **插　　页** | 3 |
| **字　　数** | 398千 |
| **版　　次** | 2025年8月第1版 |
| **印　　次** | 2025年8月第1次印刷 |
| **标准书号** | ISBN 978-7-5333-4837-3 |
| **定　　价** | 138.00元 |

# 导 论

孙武论兵，实妙于神，奇正迭用，变化无形。

——西晋·傅玄

前孙子者，孙子不遗；后孙子者，不能遗孙子。

——明·茅元仪

孙子，是中国兵家的首席代表。

《孙子》，是中国兵法的第一元典。

正是因为有了孙子其人，正是因为有了《孙子》其书——包括《吴孙子》和《齐孙子》，中国兵家和中国兵法才能够在世界兵学史与人类文化史上绽放出如此璀璨夺目的异彩。

## 一、孙子其人——时代、生平与功业

孙子，又称孙膑，战国中期人，与齐威王、魏惠王、庄周、孟轲、商鞅同时，是我国先秦著名的兵学家与谋略家。其生卒年不详，大约活动于公元前380—前315年间。

据《史记·孙子吴起列传》记载，孙子曾与魏将庞涓同学兵法，庞涓嫉妒他的才华，把他召到魏国，借故处以膑刑。因此，世人又称孙子为“孙膑”。后来，在齐国使臣帮助下，孙子逃到齐国，寄居于齐将田忌门下，后被田忌推荐给齐威王，出任军师。孙子协助田忌打了几次胜仗,著名者有“围魏救赵”的桂陵之战和“减灶诱敌”的马陵之战,前者发生于公元前353年,后者发生于公元前342年。两次战役,震动各国,从此孙子“名显天下,世传其兵法”。

史书中,田忌又作“陈忌”“田期”“田臣思”“徐州子期”。据《战国策·齐一·田忌为齐将》记载,马陵之战后,孙子曾建议田忌领兵据守任城,以切断齐国本土与“泗上”之地的联系,造成割据之势。但是,田忌没有采纳他的计策,结果被削去兵权,只好带领少数亲信流亡楚国。《辞海》“田忌”条写道:“因与齐相邹忌不和,被诬谋反,一度出奔楚。”

公元前320年,齐威王去世,齐宣王即位。《史记·孟尝君列传》记载说:“宣王立,知成侯卖田忌,乃复召田忌以为将。”《史记·田敬仲完世家》也说:“宣王召田忌复故位。”

据战国铜器“陈璋方壶”“陈璋圆壶”铭文记载,齐宣王五年(前315),陈得(即田忌)复职,“再立事岁”,该年陈璋伐燕。田忌自楚返齐约在齐宣王二年(前318)。田忌参与策划了伐燕之战,《战国策·齐二·韩齐为与国》对此有所记载。此前,孙子如果还活着并始终追随田忌,应该一同自楚返齐。

另据《太平御览》卷二八二引《战国策》说:“齐孙膑谓齐王曰:‘凡伐国之道,攻心为上,务先伏其心。今秦之所恃为心者,燕、赵也。当收燕、赵之权。今说燕、赵之君,勿虚言空辞,必将以实利,以回其心,所谓攻其心者也。’”其中所陈述的国际形势是齐、秦对峙,秦国成为西方霸国而与齐争夺燕、赵两国,时间应在齐宣王时,与孙膑对话的“齐王”当是齐宣王。泷川资言《史记会注考证》引此,谓“此《孙膑兵法》存乎今者”。

《史记·孟子荀卿列传》记载说:“当是之时,秦用商君,富国强兵;楚、魏用吴起,战胜弱敌;齐威王、宣王用孙子、田忌之徒,而诸侯东面朝齐。”银雀山汉简第449简也记载说:“威王、宣王以胜诸侯。”正是在孙子、田忌等人策划下，齐国不仅在齐威王时取得桂陵之战和马陵之战的胜利，而且还在齐宣王时取得了伐燕之战的大捷。

这就是孙子其人的主要经历与主要功业。

齐人伐燕之战后，孙膑不知所终。现在，我们权且将其卒年暂定为公元前 315 年左右。

## 二、孙子其名——孙膑、武子与孙武

在《史记 · 孙子吴起列传》里，司马迁所叙述的兵家“孙子”有两个：一个是吴王阖闾时的“孙武”，另一个是齐威王时的“孙膑”。

在《汉书 · 艺文志》里，班固所记载的《孙子兵法》也有两种：一种是“《吴孙子兵法》八十二篇，图九卷”，另一种是“《齐孙子》八十九篇，图四卷”。

关于《史记》所记载的两个孙子与《汉书》所记载的两种《孙子兵法》，宋代以来，学术界便不断有人提出异议，或怀疑《孙子》其书为真为伪，或怀疑孙武其人为有为无，或怀疑孙武、孙膑为一人，非二人。例如日本学者斋藤谦（号拙堂，1797—1865 年）便说：“武与膑本一人，武其名，而膑其别字，后世所谓绰号也。”❶斋藤之说对中国古史辨派影响甚大。1935 年，钱穆先生考辩说：“孙膑之称，以其膑脚而无名，则武殆即膑名耳。”❷钱穆说法流传更广。

1974 年，临沂银雀山汉简公布后，有人说，《孙膑兵法》的发现解决了《孙子兵法》和《孙膑兵法》的作者问题；也有人说，银雀山汉墓同时出土孙武兵法和孙膑兵法，宣告了《孙子》为孙膑所作之说的破产。对此，黄永年先生批评说：“前贤如叶适、全祖望、姚鼐以及梁启超、钱穆等人对《孙子兵法》的疑点也未见今人一一解答，就马上断定孙膑所

---

❶ 〔汉〕司马迁撰，[日]泷川资言考证：《史记会注考证》，上海古籍出版社 2015 年版，第 2784 页。

❷ 钱穆：《先秦诸子系年》，中华书局 1985 年版，第 263 页。

作之说‘破产’,是否太匆忙了呢?”“其实这些先生们不想一想,挖到的《孙膑兵法》就一定是孙膑的著作吗?题为《某子》而并非都真正出于先秦某子之手的事情,早已成为治古文献者的常识,先生们难道一无所知吗?如果《孙膑兵法》并非真出孙膑之手,那怎能就此断言《孙子兵法》不能出孙膑之手呢,这在逻辑上讲得通吗?”❶在他看来,“现在只能仍旧认为今本《孙子》是战国时的书,作者可能是本名孙武的孙膑,也可能是其他高水平的兵家”❷。

赵光贤先生曾说:“《孙子兵法》是一部非常卓越的军事著作,但托名春秋末期的孙武,实在缺乏根据。”❸

其实,不管是想证明孙武、孙膑非一人也好,还是想证明孙武、孙膑为一人也好,都不是一件容易的事。要想彻底解决这一千古难题,我们不妨从“孙子”、“孙膑”与“孙武”这三个名字的产生与流传经过入手,进行史源学的考察。

在出土文献如马王堆帛书《春秋事语》与清华大学藏战国竹书《系年》《良臣》《越公其事》、上博简《吴命》《昭王毁室》《邦人不称》等里面,我们找不到有关兵家“孙子”其人其书的文字记载。

在传世文献如《左传》《国语》《墨子》《论语》《老子》等战国中期以前成书的经典著作里,我们也找不到有关兵家“孙子”其人其书的文字记载。

直到齐魏桂陵之战和齐魏马陵之战发生后,作为著名兵家的“孙子”其人,才开始登上历史舞台。

桂陵之战和马陵之战是孙子精心策划的两大战役。桂陵之战发生于公元前353年,马陵之战发生于公元前342年。经过这两场战役,孙子作为“善用兵者”传扬诸国,从此“名显天下”。此后作为人

---

❶ 黄永年:《黄永年文史论文集》第五册,中华书局2015年版,第180、408页。

❷ 黄永年:《古文献学讲义》,中西书局2014年版,第83页。

❸ 赵光贤:《中国历史研究法》,中国青年出版社1988年版,第108页。

名,"孙子"、"孙膑"与"孙吴",渐次出现在史籍与诸子书里。

最先出现的是"孙子"。

《战国策·齐一·田忌为齐将》记载:马陵之战后,"孙子"劝田忌"为大事",拥兵自重云云。其中"孙子"即指孙膑。

《战国策·魏二·魏惠王起境内众》记载:"田盼宿将也,而孙子善用兵。"其中"孙子"也指孙膑。

《史记·货殖列传》记载:"白圭乐观时变,故人弃我取,人取我与。夫岁孰取谷,予之丝漆;茧出取帛絮,予之食。……能薄饮食,忍嗜欲,节衣服,与用事僮仆同苦乐;趋时若猛兽鸷鸟之发。故曰:'吾治生产,犹伊尹、吕尚之谋,孙、吴用兵,商鞅行法是也。是故其智不足与权变,勇不足以决断,仁不能以取予,强不能有所守,虽欲学吾术,终不告之也。'"

白圭是战国中期的知名巨商和理财家,白圭"能薄饮食,忍嗜欲,节衣服,与用事僮仆同苦乐",其操守品德与吴起相近。白圭"趋时若猛兽鸷鸟之发",其果断决策则与《吴孙子·势》篇有关。《势》篇说:"激水之疾,至于漂石者,势也;鸷鸟之疾,至于毁折者,节也。是故善战者,其势险,其节短。势如彍弩,节如发机。"白圭收徒的四大原则"智""勇""仁""强",与传世本《吴孙子·计》篇"将者,智、信、仁、勇、严也"的说法相近。

白圭的生卒年略晚于商鞅和孙膑。据钱穆先生考证,商鞅生卒年约为公元前390—前338年,孙膑约为公元前380—前320年,白圭约为公元前375—前290年。[1] 商鞅变法始于公元前356年,终于公元前338年。白圭既然把"商鞅行法"引作典故,可见他总结并传授发财之道应在商鞅变法之后。白圭所说的"孙、吴用兵",其中"孙"字应该是指曾经居魏、后因桂陵之战和马陵之战而名扬天下的同时代人——孙膑。

---

[1] 钱穆:《先秦诸子系年》,中华书局1985年版,第617—618页。

据《战国策·齐六·燕攻齐取七十余城》记载:公元前 285 年,田单破燕复齐,兵围聊城,燕人死守。齐人鲁仲连射书劝降燕将,信中说:"今公又以弊聊之民,距全齐之兵,期年不解,是墨翟之守也;食人炊骨,士无反北之心,是孙膑、吴起之兵也;能以见于天下矣。"[1]信中明确将"孙膑"与"吴起""墨翟"作为兵家的标志人物。这是我们在史籍中所见的较早的"孙""吴"连称。《史记·鲁仲连邹阳列传》引作:"今公又以敝聊之民距全齐之兵,是墨翟之守也。食人炊骨,士无反外之心,是孙膑之兵也。能见于天下。"

在先秦文献里,最早提到兵家"孙子"的诸子著作是《荀子》。由于荀子曾经多年游学齐国,后来又出任楚国兰陵令,对孙子其人与孙子其学并不陌生。《荀子·议兵》篇引临武君之言说:"兵之所贵者势利也,所行者变诈也。善用兵者,感忽悠暗,莫知其所从出。孙、吴用之无敌于天下。"杨宽先生考证说,临武君是指楚国名将景阳,此人为楚考烈王时封君,《汉志·兵书略》中的《景子》或为其作。公元前 257 年前后,秦军包围邯郸,临武君曾率楚军伐秦救赵,解邯郸之围。由于临武君和昔日"围魏救赵"的孙膑经历相仿,所以,战后在和赵孝成王、荀子议兵时提到"孙、吴",便再自然不过。所以,《荀子·议兵》篇中所说的"孙、吴"之"孙",指的也是孙膑。

作为荀子的学生,韩非子对孙子也曾多次提及。《韩非子·五蠹》说:"今境内之民皆言治,藏商、管之法者家有之,而国愈贫,言耕者众,执耒者寡也;境内皆言兵,藏孙、吴之书者家有之,而兵愈弱,言战者多,被甲者少也。"《韩非子·守道》也说:"孙、吴之略废,盗跖之心伏。"《韩非子·难言》又说:"孙子膑脚于魏;吴起抆泣于岸门,痛西河之为秦,卒枝解于楚。"这里,《韩非子》所说的"孙子"指的也是孙膑,并且早于《史记》记载的"孙子膑脚于魏"。

---

[1] 范祥雍:《战国策笺证》,上海古籍出版社 2011 年版,第 710 页。

《尸子·广泽》篇列述先秦诸子，说："墨子贵兼，孔子贵公，皇子贵衷，田子贵均，列子贵虚，料子贵别囿。"其中"田子"指陈骈，其学说特点是齐一均等。《庄子·天下》篇称述慎到，也说："齐万物以为首。"此外，《庄子》也有《齐物论》。《吕氏春秋·不二》篇继承了尸佼的说法，引申说："老耽贵柔，孔子贵仁，墨翟贵廉，关尹贵清，子列子贵虚，陈骈贵齐，阳生贵己，孙膑贵势，王廖贵先，兒良贵后。此十人者，皆天下之豪士也。"将孙膑、王廖与兒良作为兵家的旗帜人物，与其他诸子并列为天下十大"豪士"。然后又说："有金鼓所以一耳也；同法令所以一心也；智者不得巧，愚者不得拙，所以一众也；勇者不得先，惧者不得后，所以一力也。故一则治，异则乱；一则安，异则危。"后段文字引述的是陈骈的"齐一均等"理论。《吴孙子·军争》篇则说："鼓金旌旗者，所以壹民之耳目也。民既已专，则勇者不得独进，怯者不得独退。"其中也含有陈骈的"贵齐"思想。可见，《军争》篇的题名作者应指"孙膑"，其作成年代应在陈骈之后的战国中晚期。

总之，从《战国策》到《荀子》，到《韩非子》，再到《吕氏春秋》，这几部先秦典籍的记载表明：在战国人的眼里，兵家"孙子"只有一个，这就是与齐威王、田忌同时的孙膑。

"孙子"是尊称，"孙膑"是外号，有关孙子其人的这两种称呼，大约出现在战国中晚期。两种称呼流行若干年后，作为人名，"武子"、"武"与"孙武"开始渐次出现于史籍，时间大约在秦汉之际。

尉缭这个人，最早见于《史记·秦始皇本纪》：秦王政十年，"大梁人尉缭来，说秦王……秦王从其计，见尉缭亢礼，衣服食饮与缭同"。后尉缭亡去，"秦王觉，固止，以为秦国尉，卒用其计策"，以灭六国。

秦的国尉若汉之太尉。早期，秦的国尉位在左更上、大良造下。长平之战后，左庶长、左更、大良造等仅为爵位之称，将军、大将军成为战时指挥秦军的长官，而国尉则变为中央主持军事的长官。兵书《尉缭子》以尉缭名字作为书名，原因在此。

《尉缭子·制谈》说:“有提十万之众而天下莫当者谁?曰桓公也。有提七万之众而天下莫当者谁?曰吴起也。有提三万之众而天下莫当者谁?曰武子也。今天下诸国士所率,无不及二十万之众者。然不能济功名者,不明乎禁舍开塞也。”

这里,“齐桓公”“吴起”与“武子”都是善用兵者,三人之间存在着递进关系:时代愈晚,用兵之数愈少,能耐愈大。作者把“武子”排在吴起之后,说明“武子”晚于吴起。《战国策》里,田盼称盼子,田婴称婴子,田文称文子。文中称孙子为“武子”与此同例,本身也符合战国人的习惯说法。由于文中“武子”与“吴起”并言,而时人习惯“孙、吴”联称,因此当今学人多将“武子”注作孙武,其说可从。

尉缭为魏国大梁人。孙膑早年曾经仕魏。《尉缭子·将理》引用《孙子兵法·用间》说:“十万之师出,费日千金。”对于孙膑其人和《孙子兵法》,尉缭应比常人更为了解。所以,他称孙子为“武子”,可能有些根据。

接下来,出现的有关孙子名“武”的文字材料,见之于银雀山汉简第1603简。

作为人名,银雀山汉简中没有发现“膑”名、“武”名,实属必然。因为作为后学,尊祖师为“孙子”,避讳直呼其名,应在常理。不过,在将汉简《[富国]》篇与《孙膑兵法·[强兵]》篇缀为一篇文章后,笔者发现,简1603“……□武有在良所,吾……”一句应是孙膑回答齐威王问话的答语,其中“武”字应是孙膑自名。古时人称以字,自称用名。在国君面前,孙子以“武”自名,也是表示对齐威王的尊重。可见,与齐威王对话的“孙子”,其名作“武”。显然,这是一个重要证据。显然,这可以证明:“孙膑”原名“孙武”;“孙膑”“孙武”本为一人。当然,由于此简损毁严重,前后皆残,如何释读,或存歧义。本书《齐孙子·富国强兵》篇,仍将对此进行深究。

先有“孙子”,次有“孙膑”,后有“武子”和“武”。以上这几个名字，都指的是同一个人——一个与齐威王、田忌问对的人——他，就是“孙子”。

司马迁在《史记·律书》中说：“吴用孙武，申明军约，赏罚必信，卒伯诸侯。”他在《史记·孙子吴起列传》中说：“孙子武者，齐人也。以兵法见于吴王阖庐。……孙武既死，后百余岁有孙膑。”直到此时，“孙武”作为人名，才真正开始出现于史籍。此时，距离孙膑去世已有200余年。而《史记》里的“孙武”一名，其所指对象却变成了另外一个人物——一个穿越到吴王阖闾时代的“孙子”，据说他是孙膑的祖辈。

《见吴王》为寓言文学作品，其蓝本应是《韩非子·外储说》“晋文公斩颠颉”这一历史故事。对此，本书《孙子翼·见吴王·申论》——《孙子斩姬立威故事溯源》将进行详细论述，可以参看。

依据《见吴王》，司马迁创作了《史记·孙武传》。《孙武传》是史传作品，其中有三个方面为司马迁所独创，一是开篇为孙子起名作“武”；二是结语说：“西破强楚，入郢，北威齐晋，显名诸侯，孙子与有力焉。”三是说：“孙武既死，后百余岁有孙膑。膑生阿鄄之间，膑亦孙武之后世子孙也。”将孙武、孙膑定义为祖孙关系。经过以上三个方面的点缀穿插，司马迁就将一篇文学作品改写成了人物传记。

司马迁《孙武传》的“孙武”即“孙子武”一名，可能源自《尉缭子·制谈》中的“武子”。如此说法，有何证据？

直接证据没有，间接证据倒有一个。

刘向与司马迁同为史学大家，时代相近，才学相当，又皆能尽览汉室秘书。据《太平御览》卷二七六引刘向《新序》说：“孙武、乐毅之徒，皆前世之贤将也。久远深奥，其事难知。”《太平御览》卷二七一引刘向《新序》则说：“乐毅以弱燕破强齐七十余城者，齐无法故也。孙武以三万破楚二十万者，楚无法故也。”这里，刘向所谓“孙武以三万破楚二十万”之说，与《尉缭子·制谈》说法一致，显然二者存在史源关系。由此，不仅可以佐证《尉缭子》之“武子”指的就是“孙武”，也可以反向推测《史记·孙武传》的史料来源。

大致而言,《史记·孙武传》的史料来源主要有三个方面:一是《见吴王》;二是《尉缭子·制谈》;三是《韩非子·简选》。

《史记·孙武传》主要由三部分组成,即开篇、主体和结语。主体故事为吴宫教战,应是取材于《见吴王》一类材料。结语说:“西破强楚,入郢,北威齐晋,显名诸侯,孙子与有力焉。”可能源自《韩非子·简选》:“吴阖庐……与荆战,五战五胜,遂有郢。东征至于庳庐,西伐至于巴、蜀,北迫齐晋,令行中国。”而开篇说:“孙子武者,齐人也。”“孙武”之名应该出自《尉缭子·制谈》。

在《史记》里,虽然司马迁不曾为尉缭独立列传,但是在《秦始皇本纪》里,司马迁则简要记载了尉缭的事迹。对于尉缭其人其书,司马迁并不陌生。司马迁推定孙子名“武”,不大可能依据银雀山汉简第1603简这类孙子学派所传文献的记载,因为后者语境可以清楚地表明其中之“武”是指齐威王时期的孙子(孙膑);其最大可能还是出自《尉缭子·制谈》“有提三万之众而天下莫当者谁?曰武子也”这句话。

问题在于:战国人尉缭所说的“武子”应指孙膑,而汉人司马迁却将“孙武”一名冠之于“见吴王”的“孙子”,可谓张冠李戴。结果,“孙武”“孙膑”名、号分离,从此,“孙子”由一人被传说成二人,于是也便有了所谓的二“孙子”。

在司马迁误传基础上,刘向《新序》据《尉缭子·制谈》再进一步推论说“孙武以三万破楚二十万”。正是基于这种“孙子”观,刘向、任宏等人整理汉室秘府所藏兵书时,才有所谓《吴孙子》与《齐孙子》之分。

## 三、孙子其形——原名、国籍与自号

如果说“孙膑”是齐孙子的外号,那么,他的原名是什么?国籍是哪里?其自号又是什么?这一直是个未解之谜。

邯郸之难，赵求救于齐，齐国朝议商量对策。对此，《史记·孙子吴起列传》记载说：

> 魏伐赵，赵急，请救于齐。齐威王欲将孙膑，膑辞谢曰："刑余之人不可。"于是乃以田忌为将，而孙子为师，居辎车中，坐为计谋。田忌欲引兵之赵，孙子曰："夫解杂乱纷纠者不控卷，救斗者不搏撠，批亢捣虚，形格势禁，则自为解耳。今梁、赵相攻，轻兵锐卒必竭于外，老弱罢于内。君不若引兵疾走大梁，据其街路，冲其方虚，彼必释赵而自救。是我一举解赵之围而收弊于魏也。"田忌从之。魏果去邯郸，与齐战于桂陵。大破梁军。

可见，"批亢捣虚"、围魏救赵计策的提出者是孙膑。然而《史记·田敬仲完世家》却记载说此计策出自段干朋：

> (齐威王)二十六年，魏惠王围邯郸，赵求救于齐。齐威王召大臣而谋曰："救赵孰与勿救?"驺忌子曰："不如勿救。"段干朋曰："不救则不义，且不利。"威王曰："何也?"对曰："夫魏氏并邯郸，其于齐何利哉? 且夫救赵而军其郊，是赵不伐而魏全也。故不如南攻襄陵以弊魏，邯郸拔而乘魏之弊。"威王从其计。

按此记载，围魏救赵计策的提出者是段干朋，与孙膑好像关系不大。同样内容也见之于《战国策·齐一·邯郸之难》，其中"段干朋"作"段干纶"，《春秋后语》则作"段干萌"。对此，今人庄春波《齐魏马陵之战新考》解释说："如果把孙膑与段干纶或段干朋看作一个人，那么，矛盾即可迎刃而解！"[1]这的确是个具有启发意义的新思路。

---

[1] 庄春波：《古史钩沉》，历史教学社，1995 年，第 205 页。

古代人，尤其是不同国别、不同民族的人，对同一地名、同一人名，往往根据读音自译一套，并不拘泥于他人原来使用的记音符号。

《史记·鲁仲连邹阳列传》说："秦用戎人由余而霸中国，齐用越人蒙而强威、宣。"《汉书·邹阳传》和《新序·杂事》则说："秦用戎人由余而霸中国，齐用越人子臧而强威、宣。"

沈钦韩《汉书疏证》卷二八说："《盐铁论·相刺》篇：'越人夷吾、戎人由余，待译而后通，并显齐、秦。'则子臧又名夷吾。"❶王引之《春秋名字解诂》则说："越人蒙，字子臧，臧亦藏字。蒙，包藏也。"❷认为蒙是子臧之名。

《史记·鲁仲连邹阳列传》说："吾闻之，规小节者不能成荣名，恶小耻者不能立大功。昔者管夷吾射桓公中其钩，篡也；遗公子纠不能死，怯也；束缚桎梏，辱也。若此三行者，世主不臣而乡里不通。乡使管子幽囚而不出，身死而不返于齐，则亦名不免为辱人贱行矣。臧获且羞与之同名矣，况世俗乎！"《集解》引《方言》曰："荆、淮、海、岱、燕、齐之间，骂奴曰臧，骂婢曰获。"可见，"臧"字带有骂人之意，"子臧"应是管子的外号，"越人子臧"则是越人蒙的外号。

《史记·游侠列传》："太史公曰：昔者虞舜窘于井廪，伊尹负于鼎俎，傅说匿于傅险，吕尚困于棘津，夷吾桎梏，百里饭牛，仲尼畏匡，菜色陈、蔡。此皆学士所谓有道仁人也，犹然遭此菑，况以中材而涉乱世之末流乎？其遇害，何可胜道哉！""夷吾桎梏"，王伯祥注："夷吾，即齐桓公相管仲。他初事公子纠。公子纠死，曾被齐桓公拘囚过。故云桎梏。桎梏就是关锁手脚的刑具。"❸"孙子膑脚"，"夷吾桎梏"，孙、管遭难，好有一比。越人蒙号曰"子臧"，号曰"夷吾"，既是仰慕管子的人格，同时也是感叹自己的人生遭际犹如管子。

---

❶ 转引自〔汉〕刘向编著，赵仲邑注《新序详注》，中华书局2017年版，第100页。

❷ 转引自王利器《盐铁论校注》，中华书局2015年版，第289页。

❸ 王伯祥选注：《史记选》，人民文学出版社1957年版，第490页。

归纳《史记》、《新序》和《汉书》有关“越人蒙”的记载，可以看出，此人具有以下几个特点：一、此人不是齐国人，而是个外国人；二、此人曾辅佐齐威王、齐宣王，约在战国中期；三、由余曾辅佐秦穆公并国十二，开地千里，此人既与由余并言，可见也立有不世之功。

试问，在齐国威、宣时期，具有以上三个特点的大臣还有谁呢？

《史记·孟子荀卿列传》曾说：“当是之时，秦用商君，富国强兵；楚、魏用吴起，战胜弱敌；齐威王、宣王用孙子、田忌之徒，而诸侯东面朝齐。”《史记》把孙子、田忌列为齐国威、宣争霸的一等功臣。不过田忌和邹忌、田婴等人都是齐国人，相互交流用不着翻译，无需“待译而后通”。只有孙膑自魏奔齐，是个外国人。

其次，简本《孙膑兵法·陈忌问垒》篇附简（本书列入《齐孙子·陈忌问道》篇）第 317 简论及“孙氏之道”源流时，说它“明之吴越，言之于齐”，认为孙膑兵法和“吴越”有关。

再者，孙膑失名，越人蒙失姓；孙膑事迹与段干朋重叠，“朋”“萌”“蒙”三字音近可通。

时代、功业和事迹，三者互相吻合。除了孙膑，很难再找出第二人了。所以，笔者推测“越人蒙”、“段干朋”与“孙膑”三者应该同指一人。换言之，孙膑就是越人蒙。

如果以上推测不误，那么，孙子的生平就可整合如下：

孙子，名“蒙”，原为越人；曾居阿、鄄之间，后仕魏，因景仰段干木，自名“段干朋”；仕魏时，曾出聘韩国，《战国策·韩三》因称“段干越人”；后遭陷害，“膑脚于魏”，得外号“孙膑”；后奔齐，因共情管仲，自号“子臧”，又号“夷吾”，世称“越人子臧”“越人夷吾”；其自号“夷吾”，缓读复音为“夷吾”，急读单音则为“武”。

秦火以后文献湮灭，史料匮乏。以上假说提出容易，若要证明，则难乎其难，只好有劳方家了。

马陵之战后，田忌和孙子流亡楚国。在楚期间，他们定居何方？

对此,《史记》没有提及,《说苑》和《战国策》则多少透露了一些消息。

《说苑·尊贤》记载说:“田忌去齐奔楚,楚王郊迎至舍。”看来,田忌、孙子奔楚初期,应在郢都附近生活。

《战国策·齐一·田忌亡齐而之楚》则记载说:“田忌亡齐而之楚,邹忌代之相。齐恐田忌欲以楚权复于齐。”纵横家杜赫为此游说楚王,献上“用二忌之道”,“楚果封之于江南”。[1]

战国时,楚国有多个地方名叫“江南”。东到皖、苏,西到楚、黔,中经湘、赣,分布范围极广。田忌封地“江南”,究竟在哪里呢?

《史记·越王勾践世家》说:越王无彊时,“当楚威王之时,越北伐齐,齐威王使人说越王……于是越遂释齐而伐楚”。越王对齐国使臣谈论越、楚边境淮、泗之间形势时,说楚之“江南、泗上不足以待越矣”。对此,史学家石泉先生考证说,这里的“江南”指的应是淮水以南。[2]

笔者认为,这个位于淮水下游、与“泗上”连称的“江南”,就是田忌的封地所在。理由主要如下:

一是孟子与孙膑同时。称淮水、泗水为“江”,在《孟子》一书里已有先例。《孟子·滕文公上》记载:“禹疏九河,沦济、漯而注诸海,决汝、汉,排淮、泗而注之江,然后中国可得而食也。”按照孟子所言,“淮、泗”二水汇合后“而注之江”,这里的“江”指的正是淮水下游,即泗水下游。

二是《战国策·楚一》记载城浑之言说:楚国“今边邑之所恃者,非江南、泗上也”。此“江南”与“泗上”一样,都是楚国的“边邑”之地,这就将楚国腹地许多以“江南”为名的地方排除在外。

三是公元前334年,魏惠王到徐州(薛邑)朝见齐威王,并推尊齐威王为王,史称“会徐州相王”。此事激怒了楚国人。次年,楚威王亲率大军围攻徐州,讨伐齐国,大败齐将申缚。《史记·越王勾践世家》记载

---

[1] 范祥雍:《战国策笺证》,上海古籍出版社2011年版,第518页。

[2] 石泉:《古代荆楚地理新探》,武汉大学出版社2013年版,第58页。

说:越王“无彊时,越兴师北伐齐,西伐楚,与中国争强……楚威王兴兵而伐之,大败越,杀王无彊,尽取故吴地,至浙江,北破齐于徐州”。另据《说苑·尊贤》记载,楚威王攻打徐州(薛邑)前,曾向田忌问计,田忌向楚王介绍了齐军将领申孺(即申缚)、田居和盼子三人的基本情况,并就三人出任齐将后楚军应调集的兵员数做出预判,为楚王战前料敌出谋划策。作为奖赏,战后楚王将田忌封在“江南”,也算符合情理。

战国中期,在泰山南面、淮河北边,还存留着若干小国。这些小国大多分布在泗水两侧,因而有所谓“泗上十二诸侯”之称。此时泗水已是沟通南北的主要枢纽,通过泗水可以抵达江、淮、河、济几大流域。围绕着“泗上、江南”,齐、魏、楚、越相继展开了殊死争斗。

田忌封地“江南”,应位于古泗水入淮后的淮河以南区域,此地西汉初归东阳郡管辖,东阳郡是刘贾荆国、刘濞吴国、刘非江都国的属地。武帝元狩二年(前121),东阳郡收归汉室,改称广陵郡。

楚威王伐越与楚威王败齐于徐州,都发生在楚威王七年,即公元前333年。田忌受封“江南”若实有其事,应在楚威王伐越、败齐之后。

田忌封于“江南”,孙子是否同行?对此,史书未载。不过,依照常理推想:田忌流亡时,身有残疾、行动不便的孙膑很可能会同行。此后,他们在楚国“江南”大约生活了十几年。

《史记》《汉书》都说孙膑为齐国人。《汉书》又说孙武为吴人。东汉高诱注《吕氏春秋·不二》篇却说:“孙膑,楚人,为齐臣,作《谋》八十九篇,权之势也。”

东汉王符《潜夫论·贤难》篇则说:“夫国不乏于妒男也,犹家不乏于妒女也。……孙膑修能于楚,庞涓自魏变色,诱以刖之;韩非明治于韩,李斯自秦作思,致而杀之。”这是孙庞斗智的又一版本。

越王勾践灭吴后,迁都琅琊(今青岛市黄岛区琅琊镇)。战国时期,琅琊以南、沂水左岸一些地方(《史记·越王勾践世家》所谓“南阳莒地”)先是属越,而后属齐,后又属楚,归属多变。

因此，如果孙膑就是越人蒙的假说成立，或者孙膑的确曾随田忌流亡“江南”，那么，说孙膑是越人也好，说孙膑是齐人也好，说孙膑是楚人也好，甚至说孙膑是吴人也好，可能都对，关键要看论者是以哪国、哪时、哪种地理区划为标准。

汉简说“孙氏之道”“明之吴越，言之于齐”。王符则说“孙膑修能于楚，庞涓自魏变色，诱以刖之”。其实，“修能于楚”与“明之吴越”或指一事，可能都是指兵家孙子的受学经历；王符“庞涓自魏变色，诱以刖之”，说的是“孙子膑脚”于魏；汉简“言之于齐”，则说的是“兵法修列”。汉简记载、高诱所言、王符所论，看似相异，实则并不矛盾。

就此而言，高诱、王符说孙膑为楚人，并非凭空虚造。《汉书·刑法志》说“吴有孙武”，《古今人表》记载“吴孙武”，也未必有错。

总之，孙子其人或生越地，或曾奔楚，为后来“吴孙子”传说的发生提供了史影。

## 四、孙子其影——亦幻亦奇是孙子

将一个孙子传说成吴孙子与齐孙子两个人，发生在西汉初期。

早在《史记》之前，所谓孙子见吴王的故事就开始流传并形诸文字，这有汉简《见吴王》为证，此作品比《史记·孙武传》至少要早几十年。太史公作《孙武传》，应是依据《见吴王》这类材料，对文字稍加损益，略事点缀，以传《孙子》。《史记·孙武传》和《孙膑传》实开孙子学案之先河。《见吴王》是有关兵家孙子的最早文字资料。后世有关“吴孙子”其人其书的各种歧异说法，归根溯源，都和这篇汉代作品有关。

战国晚期，平原君赵胜蓄养文武之士，食客众多，名扬海内，其杀姬留士的故事传颂一时。对此，《史记·平原君列传》有所记载。战国末期至秦汉之际，《孙子十三篇》修列成书，有人便以《韩非子·外储说》“晋文公斩颠颉”的历史故事为蓝本，将吴王阖庐与兵家孙子代入故事，并掺入“平原君斩姬留士”的矫厉情节，创作出《见吴王》这一寓言作品。

《见吴王》的主题是明刑审法。《见吴王》为《史记·孙武传》提供了基本素材，其内容与司马迁所记孙武面见吴王阖庐，以兵法试诸妇人之事大同小异，但更全面而具体，说明司马迁所言其来有自。

《见吴王》中曾两次提到“十三篇”，这是有关《吴孙子》篇数的最早记载。由此反推，《见吴王》的作成时间，应在《孙子十三篇》文本定型以后。

的确，银雀山汉简中记载了两个“孙子”，一个是与“威王”“陈忌”对话的“孙子”，所谓“齐孙子”，见于《见威王》《威王问》《陈忌问道》《陈忌问垒》《富国强兵》等篇；另一个是与“阖庐”“吴王”对话的“孙子”，所谓“吴孙子”，见于《见吴王》和《吴问》两篇。

从篇数看，汉简有关“齐孙子”的记载比较多，有关“吴孙子”的记载比较少。

从内容看，汉简《见威王》《威王问》《富国强兵》《陈忌问道》《陈忌问垒》《擒庞涓》等篇，主要围绕着战争与兵法展开叙述，其中所描写的孙子较为具体，较有史影，较为可信。而汉简《见吴王》主要讲述孙子训练宫女、明刑审法的传奇故事，和军法有关；《吴问》主要讨论晋国六卿的存亡问题，其思想偏袒于韩、赵、魏尤其是赵国，其内容属于政论。

余嘉锡在《古书通例·明体例》中说：“诸子著书，词人作赋，义有奥衍，辞有往复，则设为故事以证其义，假为问答以尽其辞，不必实有其人，亦不必真有此问也。”[1]比较汉简有关“齐孙子”“吴孙子”的几篇文字，可以看出，二者一实一虚，一真一假：“齐孙子”既论用兵，又论治兵和强兵，“吴孙子”则专论用兵；“齐孙子”故事多，“吴孙子”故事少；“齐孙子”有史实，“吴孙子”无史实；“齐孙子”是真形，“吴孙子”是倒

[1] 余嘉锡：《目录学发微　古书通例》，中华书局2009年版，第258页。

影。“齐孙子”与“吴孙子”，俨然是兵圣孙子的两个化身。

其实，这种因形、影分离而导致历史人物一变为二的现象，在先秦兵家中并非孤例，司马穰苴与尉缭也是如此。如果说齐威王时的孙子、齐湣王时的司马穰苴与秦始皇时的尉缭都是真形的话，那么，吴王阖闾时的孙子、齐景公时的司马穰苴与梁惠王时的尉缭，就都是幻影了。

## 五、孙子其学——同宗一祖分两派

《太平御览》卷二七一引刘向《新序》说：“自晋文公已下，至战国，而暴兵始众。于是以强并弱，以大吞小。故强国务攻，弱国备守，合从连横，群相攻伐。故战则称孙、吴，守则称墨翟。”这里，刘向将晋文公、孙吴和墨翟联系起来进行论述。

孙子兵学存在两个源头，一个源头是晋国兵学，另一个源头是吴越兵学。

晋国兵学是孙子兵学的远源。

《史记·太史公自序》说：“左丘失明，厥有《国语》；孙子膑脚，而论《兵法》；不韦迁蜀，世传《吕览》；韩非囚秦，《说难》《孤愤》；《诗》三百篇，大抵圣贤发愤之所为作也。”在《报任安书》里，他又说：“孙子膑脚，《兵法》修列……乃如左丘无目，孙子断足，终不可用，退而论书策以舒其愤，思垂空文以自见。”太史公的这些话诚然是抒情文字，并非记叙史实。但不可否认，苦难既是造就明君、圣贤的最大动力，也是催生千古名篇的最好摇篮。

《韩非子·难言》说“孙子膑脚于魏”，没有提及他修列兵法一事。说“孙子膑脚，《兵法》修列”的是司马迁。“孙子膑脚”，不仅激励孙子修列兵法，而且也激励孙子策划出桂陵之战与马陵之战；不仅激励了孙子本人，也激励了司马迁，更激励了千千万万的后来人。因此，说孙子受难于魏，孙子及其兵法与魏国有关，殆无疑义。

桂陵之战围魏救赵,马陵之战攻魏救韩。孙子的受难地与成名地,其实都在三晋。三晋,是孙子的恩仇地。三晋,也是孙子兵法的孕育地。不过,若是据此而推论说孙子《兵法》一定作于受难之时、受难之地,倒也未必。

简本《孙膑兵法·陈忌问垒》篇附简(即本书《齐孙子·陈忌问道》篇)记载,孙子、田忌曾经专门讨论过春秋名将孙轸的用兵艺术。孙轸是晋文公大夫,曾向文公提出“报施救患、取威定霸”的战略,与狐偃等人一起策划指挥了城濮之战。《国语·晋语四》记载:“文公立四年,楚成王伐宋,公率齐秦伐曹卫以救宋。”“伐曹卫以救宋”是城濮之战的前期战略,该战略和桂陵之战孙膑“围魏救赵”的策略如出一辙。另外,孙膑对殽之战中孙轸的设伏、腰击战术也很熟悉,因此策划桂陵之战、马陵之战时,应该也参考了孙轸殽之战的打法。就此而言,孙膑兵法源于孙轸兵法,孙轸是孙膑的隔代导师。

董安于是春秋末期晋卿赵鞅的谋臣。在赵氏与范氏、中行氏发生冲突前,赵鞅派董安于经营晋阳,为后来赵鞅走保晋阳打下了坚实的物质基础。《韩非子·难言》将董安于和孙膑、吴起、商鞅等“十数人”并列为“世之仁贤忠良有道术之士”。六卿内讧时,知伯追究“始乱”之罪,董安于被迫自杀。刘向《说苑·政理》记载:“董安于治晋阳,问政于蹇老,蹇老曰:‘曰忠,曰信,曰敢。’董安于曰:‘安忠乎?’曰:‘忠于主。’曰:‘安信乎?’曰:‘信于令。’曰:‘安敢乎?’曰:‘敢于不善人。’”《齐孙子·篡卒》篇末章文字与其内容相近。这也说明《齐孙子》和晋国兵学存在渊源关系。

《吴孙子》同样如此。《吴问》和《见吴王》是支撑《吴孙子》作于吴地或吴人之手的两篇汉代文献,这两篇文献归根结底都和晋学有关。《吴问》名义上是吴王、孙子问对,讨论内容却是六晋的存亡问题。《见吴王》则是由“晋文公斩颠颉”与“平原君斩姬留士”两个历史故事演绎而成。本书《孙子翼》此二篇下皆有《申论》,可以参看,此不赘述。

所以，说孙子兵法、《孙子》其书与晋国兵学(包括三晋兵学)存在渊源关系，并非凭空虚言。在孙子兵法起源问题上，司马迁提出的“孙子膑脚，《兵法》修列”一说，依然是我们研究的起点。

吴越兵学是孙子兵学的近源。

古时军队中车兵、徒兵配合作战，主要是为了适应不同的战争环境。冲锋陷阵，追击敌军，主要依靠车兵；列阵造势，围攻城邑，主要依靠徒兵；车兵适合打追击战，徒兵适合打阵地战。吴国的陆战兵法是从晋国学来的，公元前584年，晋派巫臣使吴，教吴乘车战阵，使之叛楚。所谓后来居上，春秋末年吴人的陆战水平已经直追晋人。《吕氏春秋·简选》说：“简选精良，兵械铦利，令能将将之，古者有以王者、有以霸者矣，汤、武、齐桓、晋文、吴阖庐是矣。”战国时，“魏之武卒”、“齐之技击”与“秦之锐士”，皆受阖闾教士之法的影响。孙子、吴起的选卒理论直接来源于阖闾的教士之法。所以，《吕氏春秋·尚德》说：“阖庐之教，孙吴之兵，不能当也。”“阖庐之教”是治军之法，是战国七雄的学习对象，同时也是孙子兵法的来源之一。

勾践灭吴是春秋末期的一件大事，常为战国时人所称道。例如《中山王鼎铭文》就记载说：“昔者吴人并越，越人修教备信，五年覆吴，克并之，至于今。尔毋大而肆，毋富而骄，毋众而嚣。邻邦难亲，仇人在旁。呜呼，念之哉！”中山为北方戎狄之国，百余年后尚能铸此于鼎，引为鉴戒，可见此事影响深远。越王勾践在兵学史上的突出贡献是“富国强兵”和“以弱胜强”。《齐孙子·富国强兵》继承了越人的富国强兵思想，《吴孙子·计》篇继承了范蠡的天时理论。这也是孙子兵法的来源之一。

所以说，吴越兵学是孙子兵学的另一来源。银雀山汉简第317简之所以说孙子兵法“明之吴越，言之于齐”，原因在此。

孙膑是孙子兵学的鼻祖。

如果说孙子兵学发脉于晋国，汇流于吴越，立祖于孙膑，那么孙膑以下，其支流则有楚、齐二派。

西汉初期，行政区划有所谓“三楚”说。“三楚”之分，大致以淮河、彭城为界：淮北为西楚，淮南为南楚，彭城以东为东楚，彭城以西为西楚。《史记·货殖列传》说：“彭城以东，东海、吴、广陵，此东楚也。”位于泗水下游的田忌封地“江南”，西汉时归东阳郡即广陵郡管辖，属于“东楚”。越都琅琊，西汉时属琅琊郡。广陵与琅琊，战国时都曾属越国，后来并于楚、齐。

西汉史籍里，吴、楚可以通称。在汉代人眼里，原本生于越地、后又流亡“江南”的孙膑，既可称作越人，也可称作楚人，还可称作吴人。这是西汉产生“吴孙子”传说的史地背景。

由于孙膑生于吴越，曾经仕齐，后又奔楚，因此战国时，孙子兵学传承便存在南、北两条脉络，南为楚派，北为齐派。

南方楚派传承孙子兵学的一个证据，是《荀子·议兵》篇记载临武君景阳的论兵言辞，与《吴孙子·军争》篇的文字内容高度相近。

证据二是楚人韩信论兵，曾引用了《吴孙子》。汉高帝三年（前204），韩信与张耳以兵数万攻赵，与成安君陈余、广武君李左车所部大战。韩信采用背水阵的策略，胜敌破赵。战后，诸将询问胜敌之术，韩信回答说：“此在兵法，顾诸君不察耳。兵法不曰：‘陷之死地而后生，置之亡地而后存’？”韩信所引“兵法”就出自《孙子兵法》即《吴孙子》。

证据三是银雀山汉简《四变》，它是《吴孙子·九变》篇的传注文字，属于孙子兵法“说”类文献，是孙子后学解说《九变》篇的说明文。

北方齐派传承孙子兵学的证据更多，集中体现在《齐孙子·见威王》《威王问》《富国强兵》《陈忌问道》《陈忌问垒》等篇。《齐孙子·威王问》记载说“孙子出而弟子问曰”云云。显然，早期孙子兵学主要通过师徒关系直接传授。

《孙子翼·齐胜诸侯》简451、简452皆说“众乃知之”，意思如同今语“众所周知”。这是面对多位听众进行发言，其场景很像在军校课堂。说明此时孙子兵学可能已列为军校教材，并通过课堂教学进行大范围传授。

在汉朝首都长安之外，文景时期，楚派孙子传播的中心区域在吴国。诸侯王国里，吴国不仅最为富庶，文化上也相当繁荣。七国之乱，刘濞失败后，楚派孙子传播的中心区域转移至淮南国。

出土汉简《孙子兵法》《孙膑兵法》的临沂西汉初属城阳国，城阳原属齐地，城阳王二世刘喜曾一度转封淮南，与楚派孙子后学或有接触。楚派孙子与齐派孙子之间当时可能存在着一定的学术交流与融合的现象。银雀山汉墓实际上出土了南、北两派的《孙子》文本。

分野说产生于战国时期，其广为流行却是在汉代刘向之后。《汉书·地理志》中的分野说与刘向有关。司马迁时代，地理区划是近代史当道，盛行三楚说，学术界习惯将今日鲁南、苏北、苏南之地称作“东楚”，尚未走出战国的阴影。刘向、班固时代，地理区划流行分野说，改称东楚为吴、越，战国时基本由越族统治的地区则被称作“吴地”，而新开拓的更加偏南的闽、粤之地则被称作“越地”。“三楚”中的“西楚”被分称“宋地”和“郑地”，只有“南楚”继承旧称，仍称“楚地”。

《汉书·地理志》说：“吴地，斗分野也。今之会稽、九江、丹阳、豫章、庐江、广陵、六安、临淮郡，尽吴分也。”按照分野说，不仅刘濞治下的吴国属于吴地，就是刘安治下的淮南国也同样属于吴地。

分野说是一种超时空、超现实、超历史的地理区划理论。该理论将时空定格化、虚拟化、符号化，是民族认同视野里的文化分区理论。分野说里的“吴地”，实际对应着战国时的越地和楚地；分野说里的“越地”，实际上主要是汉人新开拓的闽、粤之地。

由于不同时期历史学家所依据的地理区划理论有所不同，孙子兵学传承中的南、北两派，在司马迁以前可称作楚派、齐派；在刘向以后，就应称作吴派、齐派。

## 六、孙子其书——《吴孙子》与《齐孙子》

依据现有史料,《吴孙子》十三篇的形成过程大概如下:

(一)孙子在楚之作:包括《势》《形》《九变》《军争》《实虚》,这五篇最能体现孙膑在桂陵之战、马陵之战中的用兵策略,作成时间大约应在孙膑居楚之时,其上限不会早于马陵之战即公元前342年,其下限不会晚于伐燕之战即公元前315年。作成地点应在东楚"江南"。

(二)楚派后学之作:包括《计》《谋攻》《作战》《行军》《地形》《九地》《用间》《火攻》,共八篇。简本《吴孙子·用间》说:"燕之兴也,苏秦在齐。"说明该篇应作于乐毅伐齐、苏秦间谍身份暴露以后,时间不会早于公元前284年。《吴孙子·九地》篇之"散地""轻地""重地"理论,暗用了白起之言,因此应作于白起伐楚入郢之后。具体可参见后文《吴孙子·序》。总之,这八篇的作成时间大约都在战国末期,其作者可能是楚人,也可能是齐人、秦人或三晋之人。

《齐孙子》十八篇的形成过程大概如下:

(一)孙子在齐之作:包括《见威王》《威王问》《富国强兵》《陈忌问道》《陈忌问垒》,共五篇。其中《见威王》为书奏作品,作成时间最早。《威王问》《富国强兵》《陈忌问道》三篇可能作于桂陵之战前。《陈忌问垒》含有回忆马陵之战的内容,应作于田忌、孙膑自楚返齐以后。

(二)齐派后学之作:包括《设备》《兵情》《月战》《八阵》《地葆》《杀士》《延气》《五教法》《篡卒》《行篡》《官一》,共十一篇。

(三)秦汉时人之作:包括《擒庞涓》和《黄帝伐赤帝》二篇,作成时间最晚。

公元前284年,乐毅伐齐,次年湣王被害,齐国几乎灭国。《威王问》有"齐三世其忧矣"一语。田齐自威王、宣王至湣王,正好为"三世"。这说明,《威王问》的作成时间也可能晚至齐襄王时。

总之,《吴孙子》与《齐孙子》,两者之间应是一种并行文本的关系:同祖分流,同时共传。只不过东汉以后《齐孙子》失传,今又重光于世罢了。

余嘉锡《古书通例》说:“古书多无大题,后世乃以人名其书。”根据银雀山一号篇题木牍,《吴孙子》当时已有“六□(术)”“七艺”两个题名,这两个题名应如余氏所言,是“总称”。

最先给《吴孙子》命名的,是汉简《见吴王》的作者,他称此书为“十三篇”。《十三篇》是《吴孙子》的最早专名。后来,《史记·孙子吴起列传》继承了《见吴王》的说法,称此书为《孙子十三篇》。

《史记·太史公自序》说:“孙子膑脚,而论《兵法》。”《汉书·司马迁传》引《报任安书》也说:“孙子膑脚,《兵法》修列。”《兵法》好像是司马迁对《齐孙子》的正式称呼。

西汉初年,张良、韩信整理兵书。公元前124—前123年,军政杨仆二次整理兵书。[1] 银雀山汉简的埋藏时间是公元前119—前118年,比杨仆整理兵书约晚五年。因此简本《孙子》二书可能经过杨仆整理。

杨仆之后百年,刘向等人又受命整理皇家图书。负责校理兵书的是步兵校尉任宏,其突出贡献是将兵书区分为“权谋”“形势”“阴阳”“技巧”四大类,从而建立起最早的兵书分类体系,刘歆因此而成《七略·兵书略》。

《七略》中可以题名“孙子”的作品共有四种,即《诸子略》道家类的《孙子》十六篇和《兵书略》权谋类的《吴孙子兵法》八十二篇、《齐孙子》八十九篇和《孙卿子》,其作者分别是孙休、吴孙武、孙膑和孙卿。后来班固编撰《艺文志·兵书略》,因《孙卿子》与《诸子略》儒家类同名著作重出,省列此书。

清人姚振宗《汉书艺文志条理》揭示说《汉志》义例有“蒙省说”。

---

[1] 余嘉锡:《目录学发微　古书通例》,中华书局2009年版,第94—95页。

《齐孙子》可能是蒙上“《吴孙子兵法》”,省去“兵法”二字。所以,《齐孙子》全名或为《齐孙子兵法》。

鉴于《诸子略》道家类有《孙子》十六篇,刘向、任宏等人在为两种兵家《孙子》文本命名时,除加上后缀“兵法”二字外,同时还在“孙子”之上冠以地名“吴”字或“齐”字,以此区分兵家两种《孙子》文本。这里所谓“吴”“齐”,皆以地分即分野为依据。

《汉书·刑法志》说:“春秋之后,灭弱吞小,并为战国,稍增讲武之礼,以为戏乐,用相夸视……雄桀之士因势辅时,作为权诈以相倾覆,吴有孙武,齐有孙膑,魏有吴起,秦有商鞅,皆擒敌立胜,垂著篇籍。”《汉书·地理志》还说:“自寿梦称王六世,阖庐举伍子胥、孙武为将,战胜攻取,兴伯名于诸侯。”《艺文志》之所以将《孙子兵法》分作二书,各名《吴孙子》《齐孙子》,主要还是由于班固沿袭司马迁的观点,将兵家孙子分作二人使然。《汉书·古今人表》对应《吴孙子》的是“吴孙武”,对应《齐孙子》的是“孙膑”,也说明了这一点。

《汉书·艺文志》是西汉皇室中秘书的藏书目录,但不是西汉一代所有书籍的目录。所以,《汉书·艺文志》所收书目未必流传于世,流传于世的书籍也未必都为《汉书·艺文志》所收。作为中秘书的《吴孙子兵法》与曹注本《孙子兵法》,二者之间到底有无传承关系?其实是一个很难回答的学术问题。

归纳汉代《孙子》文本的流传过程,其轨迹大致如下:

一、汉武帝时,《孙子》其书已形成两种文本:一种是《孙子十三篇》,即《吴孙子》;另一种是《兵法》十八篇,即《齐孙子》。当时,银雀山一地属城阳国管辖。因此,我们不妨称这两种《孙子》文本为城阳本。城阳本《孙子》二书可能出自或抄自城阳秘府。

二、汉成帝时,刘向、任宏等人根据多种《孙子》文本,编成《吴孙子兵法》八十二篇、《齐孙子兵法》八十九篇,我们不妨称其为中秘本。中秘本《孙子》二书成书后藏诸皇家秘府,不许流传,也未见流传。

城阳本《吴孙子》已呈“十三篇”模样。稍后,《史记·孙子吴起列传》说:“世俗所称师旅,皆道《孙子》十三篇。”青海大通上孙家寨汉简也说:“孙子曰:夫十三[篇]。”曹操注《孙子》,所用底本也是十三篇。可见两千年来流传于世的《孙子兵法》,主要就是十三篇本。

城阳本《孙子》二书是中秘本《孙子》二书的前身。

建安初年,天下大乱,宫室图书,湮灭殆尽。中秘本《孙子》二书从此失传。高诱注《吕氏春秋·不二》篇说:“孙膑,楚人,为齐臣,作《谋》八十九篇,权之势也。”其时,《齐孙子》在民间好像仍有流传,并且以《谋》作为书名。不过,这个叫作《谋》的《齐孙子》别本,东汉以后也亡佚了。

《齐孙子》亡佚后,世人没有必要再区分《吴孙子》与《齐孙子》。加上《诸子略》道家类孙休的《孙子》十六篇也已失传。东汉以后,兵家《孙子十三篇》便独享《孙子》之名了。大约与高诱同时,曹操作《孙子略解》,沈友作《孙子注》,都笼统称“孙子”,不再区分“吴”“齐”,说明他们都是以《孙子十三篇》为底本。此时中秘本《孙子》二书大概已经亡佚。

《后汉书·冯异传》记载:冯异“好读书,通《左氏春秋》《孙子兵法》”。《三国志·吴书·吕蒙传》裴松之注引《江表传》说孙权曾劝吕蒙、蒋钦“宜急读《孙子》《六韬》《左传》《国语》及三史”。说明此前《孙子》或《孙子兵法》已成孙子兵书的专名了。

这就是先秦至东汉孙子其书演变的大致过程。

## 七、余论——如何编纂孙子书

《太平御览》卷二七六引刘向《新序》说:“孙武、乐毅之徒,皆前世之贤将也。久远深奥,其事难知。”在《孙卿书录》里,刘向又说:“(孙卿)至赵,与孙膑议兵赵孝成王前。孙膑为变诈之兵,孙卿以王兵难之,不能对也。”误把孙膑当成了临武君。对于孙子其人,刘向所知不仅有限,也非常模糊。

尽管如此，刘向、任宏等人在兵书整理中使用分野说，以地名“吴”“齐”冠于“孙子”之上，作为区别学术流派的标志，却是一种高明的命名方式：不管孙子真身是一人还是二人，作为书名，《吴孙子》与《齐孙子》都可成立，因而具有超越时空的永恒价值。

《吴孙子》《齐孙子》既是以人命书，同时也是以地命书，其着眼点不仅在于创学始祖的个人属性，更在于西汉后学的学术传承。因此“吴”“齐”不仅可以如司马迁和班固那样，理解为历史上的春秋吴国与战国田齐，而且也可以如刘向和任宏那样，将其涵义转换为此二书整理、传承于吴、齐二地。换言之，不管孙武、孙膑是一人还是二人，《吴孙子》《齐孙子》都可以分作二书；《吴孙子》与《齐孙子》的关系，可以像《论语》有《古论》《鲁论》《齐论》，《诗经》有《鲁诗》《齐诗》那样。缘于此，本书不再沿称《孙子兵法》与《孙膑兵法》，而是改用更为严谨的《吴孙子》与《齐孙子》作为书名。

就编纂体例而言，刘向、任宏整理的《吴孙子兵法》八十二篇与《齐孙子兵法》八十九篇，都属经传汇编本。

银雀山汉简出土后，整理小组编纂的简本《孙子兵法》分上、下两编，上编收录《孙子》十三篇正文，下编收录《吴问》《四变》《黄帝伐赤帝》《地形二》《见吴王》，性质上也属经传汇编本。就此而言，整理小组有意无意间已经受到刘向、任宏整理方法的影响。

先秦时期，文化典籍多以单篇形式流传，所以容易散佚。汉代，物质条件改善了，人们开始修书校书，多篇本书籍开始出现。到汉武帝时，杨仆校定兵书，纪奏《兵录》，兵书定本渐为流行。城阳本《孙子》二书，其抄写应在杨仆校定兵书之前。其中呈现的《吴孙子》文本应如一号篇题木牍所示，只有十三篇。因此，整理者将《吴问》《四变》《地形二》《黄帝伐赤帝》《见吴王》这五篇简文收入简本《孙子兵法》下编，未必就是当时《吴孙子》的原貌。

城阳本是中秘本的前身。城阳本与中秘本，成书时间相隔百年。

刘向、任宏等人用于整理中秘本的编书体例,是否完全适用于整理城阳本《孙子》二书?恐怕是一个值得探讨的学术问题。

郭店楚简《老子》出土后,整理者将其编作甲、乙、丙三种文本。银雀山汉简《孙子》其实也可以这样整理,编作甲、乙、丙、丁四种文本:

《孙子》甲本——可收录《计》《谋攻》《作战》《势》《形》《九变》《军争》《实虚》《行军》《地形》《九地》《用间》《火攻》这 13 篇。

《孙子》乙本——可收录《月战》《篡卒》《八阵》《地葆》《设备》《兵情》《行篡》《杀士》《延气》《五教法》《官一》《黄帝伐赤帝》这 12 篇。

《孙子》丙本——可收录《见威王》《威王问》《富国强兵》《陈忌问道》《陈忌问垒》《擒庞涓》这 6 篇。

《孙子》丁本——可收录《四变》《地形二》《吴问》《见吴王》这 4 篇以及其他篇。

如此整理汉简《孙子》其书,既不受或少受史家如司马迁、班固等人的影响,也不受或少受刘向、任宏和《汉书·艺文志》有关中秘本《孙子》二书的影响,最为客观,也最为科学。不过这样一来变化太大,更动太多,不太可行。毕竟简本《孙子兵法》《孙膑兵法》已经流传几十年了。尊重现实,折中理想,笔者选择编纂《孙子三书》,呈献读者,以求教正。

在汉代出土文献整理方面,银雀山汉简与马王堆帛书并称双雄,其整理成果学术水平之高无与伦比,堪称楷模。对于原整理者,笔者在此深表钦敬。

由于水平所限,本书谬误之处恐难避免,如蒙赐教,则幸甚幸甚!

陕州 高友谦

二〇二四年十二月

# 凡 例

一、关于《论语》,刘向《别录》说:“鲁人所学,谓之《鲁论》;齐人所学,谓之《齐论》。”陆德明《经典释文序录》说:“《鲁论语》者,鲁人所传;《齐论语》者,齐人所传。”仿刘向所言,我们可以说:吴人所学,谓之《吴孙》;齐人所学,谓之《齐孙》。或仿陆德明所言,说:《吴孙子》者,吴人所传;《齐孙子》者,齐人所传。“吴”“齐”二字,皆就先秦和汉代《孙子》传述者的学术流派而言。基于这种理解,本书使用《吴孙子》《齐孙子》作为书名。

二、本书由《吴孙子》《齐孙子》《孙子翼》三书构成。《吴孙子》收文 13 篇,《齐孙子》收文 18 篇,《孙子翼》收文 18 篇,合计共收文 49 篇。各篇皆由提要、正文、校勘、注释、译文五部分构成。提要位于各篇正文之上,校勘、注释、译文跟随正文而行,并加“校勘”“注释”“译文”字样,以示区别。对于个别内容特别重要而文字繁复的注文或校语,本书另在篇末增设“申论”一目予以细论。

三、为了便于区分,正文中的注释注码一般放在句子后面。校勘注码或放在订正文字的后面,或放在句子后面。

四、为了方便阅读,本书在整理时,将一些古体字、异体字直接写作规范的简体字。

五、在《齐孙子》和《孙子翼》两书里,对于那些不能确定其在正文篇中先后位置的兵法简文,一律附列于各篇正文之后,并用三个星号

“＊＊＊”把它们和各篇正文区别开来。

六、在《齐孙子》和《孙子翼》两书里，凡原文中难以辨识的字或缺字，用方框“□”表示；缺字超过五个，或字数无法确定时，则多以省略号“……”表示。凡原文中引语的开头或结尾处正在残缺部分，就只标下引号或上引号。

七、在《齐孙子》和《孙子翼》两书里，凡原文中篇末的数字，为汉简抄本原过录字数，它们和实际字数会有出入。

八、在《齐孙子》和《孙子翼》两书里，有些篇的正文由于原简损毁严重，全篇结构不明，简文的先后次序难以确定。遇到这种情况，每简原文都提行写，如《富国强兵》《地形二》《略甲》等篇即是。

九、有关《吴孙子》《齐孙子》《孙子翼》三书的具体细节，详见各书之《序》。

# 目　录



## 吴孙子

## 齐孙子

# 孙子翼

## 附　录

# 吴 孙 子

# 《吴孙子》序

## 一、《吴孙子》的篇目次第

今本即宋本《吴孙子》的篇目依次是:《计》《作战》《谋攻》《形》《势》《虚实》《军争》《九变》《行军》《地形》《九地》《火攻》《用间》。这个排序虽然始见于宋本《十一家注孙子》和《武经七书·孙子》,但是其来源却可以追溯到唐代甚至两晋时期。

晋写本孙子注,现仅存16行残文。此残页由日本探险家大谷光瑞《西域考古图谱》最先收录。1918年,罗振玉将其编入《汉晋书影》中,称作"晋代孙子注残纸"。原件发掘于新疆吐峪沟,标注为六朝时期写本。此件前13行是《孙子·谋攻》篇的结尾,第14行可能是空行或注文,第15行应为《孙子·形》篇篇题,因写在上半页而缺。第16行是《形》篇开头下半句"先为不可胜,以待……"此件虽然只有94个字,但是,其《形》篇紧接《谋攻》篇的事实表明,该书的篇题结构应和今本即宋本《孙子兵法》相同,也是先《作战》后《谋攻》、先《形》篇后《势》篇。如果罗氏与收藏方的断代不误,那么,今本《孙子兵法》的篇次结构应该是在两晋或六朝时期就已形成。

《群书治要》是唐太宗贞观五年(631)由魏徵、虞世南等人集体编纂的一部类书,所引述的《孙子兵法》片段,分别出自《谋攻》《虚实》《九变》《行军》《地形》《火攻》《用间》篇。由于其中《虚实》位于《九变》之上,《火攻》位于《用间》之上,据此推测,其所据《孙子》底本的篇次应和宋本即今本相同。

李筌大约是唐玄宗、唐代宗时代的人,他对《吴孙子》十三篇的篇次曾经有所论述。《新唐书·艺文志》著录有《李筌注孙子》二卷,该书单行本已亡佚,其注文今保留在宋本《十一家注孙子》里:

《计》——李筌注:“计者,兵之上也。……故《孙子》论兵,亦以《计》为篇首。”

《作战》——李筌注:“先定计,然后修战具,是以《战》次《计》之篇也。”

《谋攻》——李筌注:“合阵为战,围城曰攻,以此篇次《战》之下。”

《势》——李筌注:“陈以形成,如决建瓴之势,故以是篇次之。”说明《势》篇次于《形》篇。

《地形》——李筌注:“军出之后,必有地形变动。”说明《地形》次于《行军》。

《九地》——李筌注:“胜敌之地有九,故次《地形》之下。”说明《九地》次于《地形》。

《用间》——李筌注:“《孙子》论兵,始于计而终于间者,盖不以攻为主,为将者可不慎之哉!”说明《用间》次于《火攻》,为十三篇的末篇。

可见,李筌注所据底本,其篇次也和今本相同。

所以,今本《吴孙子》十三篇的篇次结构,应该形成于两晋或六朝时期,最晚不迟于初唐时代。

与今本《吴孙子》篇次有所不同,银雀山简本给我们呈现出另一番面貌。记有《吴孙子》十三篇的一号篇题木牍可复原如下(原件为竖排,此处为行文方便,改作横排):

**《吴孙子》篇题木牍**

| | | |
|---|---|---|
| [计] | [九变] | [地]刑(形) |
| [谋攻] | 六[术]□□九十五 | 九地 |
| [作战] | ·军[争] | 用间 |
| 埶(势) | 实[虚] | 火[队(隳)] |
| [刑(形)] | [行军] | 七埶(艺)三千□□□□ |

余嘉锡《目录学发微》论古书分别部次说:"《书》有虞、夏、商、周,《诗》有风、雅、颂,而《史》有本纪、表、书、世家、列传,以为全书之纲领。作序之时,举当篇之小题纳之于总称之下,而属之以大名,然后诵读有伦,取携甚便。此大名、总称、小题者,犹之后世之部次也。"❶银雀山一号篇题木牍上标有统计字数的两个标题——《六□》《七艺》,就相当于余氏所说的"总称"。

在《古书通例》中,余氏又说:"古书多无大题,后世乃以人名其书。"❷这里所谓的"大题",与《目录学发微》中所说的"大名"意思相同,皆指书名。对照银雀山一号木牍,余氏之说诚为卓识:木牍上既有13个小题,又有2个总称("六□""七艺"),总称之下写有字数,唯独没有书名即大题。

古时儒家有"六艺"一说,贾谊《新书》也有《六术》一篇。古汉语里,"埶"字有三义,一读"势",二读"艺",三读"设"。《说文》:"埶,种也。"《集韵》:"埶,《说文》:'种也。'……一曰技能也。或作蓺、藝。"这里,"七埶"应读"七藝(艺)"。"艺""术"二字语义相近,可以互文。因此,"六□"应作"六術(术)"。"六术""七艺"对举,即六种道术、七种技艺之谓。

秦代文化政策鼓励技艺,贬低学问,崇艺抑学。银雀山一号木牍

❶ 余嘉锡:《目录学发微 古书通例》,中华书局2009年版,第142页。
❷ 余嘉锡:《目录学发微 古书通例》,中华书局2009年版,第213页。

上的两个“总称”(“六术”“七艺”)应为秦人所题,是秦文化的产物。如此题名标目,结构全书,说明简本《吴孙子》十三篇的编纂者可能是秦人或西汉初期人。

与帛书老子分作《德经》《道经》两卷的结构相近,简本《吴孙子》也是分作上、下两卷。上卷六篇,依次为《计》《谋攻》《作战》《势》《形》《九变》,总称“六术”,共计“[二千]九十五”字;下卷七篇,依次为《军争》《实虚》《行军》《地形》《九地》《用间》《火攻》,总称“七艺”,共计三千余字。“六术”“七艺”相合,便是“术艺”。如今在西方,“战争的艺术”成为《孙子兵法》的代名词。殊不知,两千多年前,汉人早就将《孙子兵法》视作“艺术”了。

汉武帝时期,《吴孙子》十三篇就已定型。与今本不同,其篇目依次是《计》《谋攻》《作战》《势》《形》《九变》《军争》《实虚》《行军》《地形》《九地》《用间》《火攻》。《火攻》末章文字,既是该篇的结撰之言,同时也是《吴孙子》全书的结束语。

## 二、《吴孙子》的篇义概略

《汉书・艺文志》说兵家有四科,即兵权谋、兵形势、兵阴阳和兵技巧。兵权谋是战略论,对应着现代战略学;兵形势是战法论,对应着现代战役学;兵阴阳和兵技巧是战术论,对应着现代战术学。《吴孙子》十三篇的前三篇《计》《谋攻》《作战》是战略论,中五篇《势》《形》《九变》《军争》《实虚》是战法论,后五篇《行军》《地形》《九地》《用间》《火攻》是战术论。

《孙子・计》篇说兵者有五事,“一曰道,二曰天,三曰地,四曰将,五曰法”。按此说法,《计》篇是兵学概论,内容涉及“道”“天”“地”“将”“法”;《谋攻》《作战》《势》《形》《九变》《军争》《实虚》《用间》八篇,应属论“道”之作;《行军》《地形》《九地》三篇,应属论“地”之作,兼涉论“将”论“法”;《火攻》则属论“道”之作,兼涉论“天”。可见,

《吴孙子》是军事哲学，其中以论“道”为主，论“地”为辅，兼及论“天”、论“将”、论“法”。

关于《吴孙子》十三篇每篇的详细内容，这里不再一一细说，下面单就《火攻》篇略做探讨。犹如今人讨论核战争一样，简本《吴孙子·火攻》篇也包含着古代兵家的战争论，其中涉及战争的终极伦理问题。

木牍《火□》一题，“火”下一字残缺严重，此字左半从阜，右半仅存残画，似为“隊”字。“隊”是“墜”的初文，“墜”通“隓”，通“隳”。所以“火隊”即“火墜（隳）”，以火墜城、以火隳城之意。《火隊（火隳）》是《火攻》篇的别名。

古时，太庙是发动战争的起点，同时也是结束战争的终点。

古代军队出征，要告庙。屈原《九章·惜往日》说：“奉先功以照下兮。”古代太庙的主要职能，便是“奉先功以照下”，与后世先贤祠、纪念碑的作用一样。《孙子·计》篇的核心内容是庙算。《火攻》篇又名《火隳》篇。“火隳”的意思是以火毁灭敌国的功业，尤其是像太庙、陵寝这类纪念性建筑。

简本《吴孙子》十三篇，以庙算之《计》作为始篇，以毁灭敌国之庙的《火隳》作为终篇。《火隳》与《计》前后呼应，有始有终，此种篇序安排比较合理。相比之下，传本《孙子》改变篇次，将《用间》篇作为十三篇的终篇，结构不如简本谨严。

春秋时期，战争多带有贵族气，人君和兵家讲求的是“兴灭国，继绝世”。直到战国中期，统治兵家思想的依然是这种战争观。《齐孙子·见威王》说：“夫兵者，非士恒势也，此先王之傅道也。战胜，则所以在亡国而继绝世也；战不胜，则所以削地而危社稷也。”其中的战争观，就体现了“兴灭国，继绝世”的思想。

到了战国晚期，情况就不同了。随着秦灭六国不断推进，战争变得越来越残酷。公元前 278 年，秦将白起伐楚，拔掉郢都，“烧先王墓夷陵”。公元前 225 年，秦将“王贲攻魏”，决河水“灌大梁，大梁城坏”。公元前208年,秦将章邯引兵入邯郸,“夷其城郭”。为了彻底消灭山东六国的原有势力及其据点,秦国在兼并战争中公然施行“堕坏城郭,决通川防,夷去险阻”的灭国政策。正是这种残酷的战争背景,孕育了《火隳》篇这样残酷的战争哲学。

《火隳》以毁灭敌国之“功”作为战争的终极目标,是秦灭六国兼并战争的题中之义。到了西汉时期,为了消解战争的残酷性,汉人将《火隳》改称《火攻》。于是,该篇便有了新、旧两个篇题,木牍所题应为旧名,简文所题应为新名。后来该篇中有关“火隳”和“费留”的内容又被后人进一步修改。结果,秦人的《火隳》篇,最终变成了宋本的《火攻》篇。

## 三、《吴孙子》的成书过程

如果我们相信《吴孙子》有些篇章可能出自孙子本人之手的话,那么,其作成时间应在孙膑居楚之时,即齐威王后期。其上限应为马陵之战,其下限应为齐宣王即位。

据《史记·孙膑传》记载,孙子被齐威王发现,是和赌马赛事有关。此前未见孙子献书于威王。

马陵之战后,孙子居楚二十年。其修列兵法,大约应在这个时期。不过,从十三篇的内容来看,其中有些篇的作成时间显然较晚。例如简本《用间》篇说:“燕之兴也,苏秦在齐。”说明该篇作成于燕伐齐,苏秦的反间身份暴露之后。又如《九地》篇有关“散地”“轻地”“重地”的理论,与白起答秦昭王问有关,应作于白起伐楚入郢以后。

避实击虚是孙子的拿手策略。桂陵之战前,孙膑对田忌说:“夫解杂乱纷纠者不控卷,救斗者不搏撠,批亢捣虚,形格势禁,则自为解耳。”于是“引兵疾走大梁,据其街路,冲其方虚”,从而创造了“围魏救赵”的著名战例。就兵法内容和用兵策略的相似度来说,《吴孙子》中的《势》《形》《实虚》三篇都可能是孙膑兵法。

和孙膑、吴起齐名，王廖、兒良也是先秦六国兵家的旗帜人物。在《过秦论》中，贾谊曾列举山东六国的八位名将说："吴起、孙膑、带佗、兒良、王廖、田忌、廉颇、赵奢之朋制其兵。"《吕氏春秋·不二》篇也说："孙膑贵势，王廖贵先，兒良贵后。"《史记·孙膑传》说：孙膑谓田忌曰："兵法：百里而趣利者蹶上将，五十里而趣利者军半至。"其中所引"兵法"见之于《吴孙子·军争》。《军争》前半部分所论"军争之法"，可能和王廖的趋战理论有关；后半部分所论"用众之法"，可能和兒良的合战理论有关。与《势》篇一样，《军争》篇应该也是孙膑兵法。

十三篇里，最先作成的一组文章应是中五篇，即战法论五篇，包括《势》《形》《九变》《军争》《实虚》，其作成时间应在战国中后期。这五篇可能为孙膑所"修列"。

战国中期，古人所谓的孙子兵法，可能都是以单篇流传。战国后期，有人将这些单篇孙子作品中的某几篇（比如《势》和《实虚》）合编为一书，从而构成了原始的《吴孙子》文本，我们不妨称其为《吴孙子》奠基本或初编本。

《荀子·议兵》篇记载说：

> 临武君与孙卿子议兵于赵孝成王前。王曰："请问兵要。"
>
> 临武君对曰："上得天时，下得地利，观敌之变动，后之发，先之至，此用兵之要术也。"
>
> 孙卿子曰："不然。臣所闻古之道，凡用兵攻战之本在乎壹民。……故善附民者，是乃善用兵者也。故兵要在乎善附民而已。"
>
> 临武君曰："不然。兵之所贵者势利也，所行者变诈也。善用兵者，感忽悠暗，莫知其所从出。孙、吴用之无敌于天下，岂必待附民哉？"

临武君论述“兵要”，说道：“观敌之变动，后之发，先之至，此用兵之要术也。”接着又说：“兵之所贵者势利也，所行者变诈也。”并说：“孙、吴用之无敌于天下。”而《吴孙子·军争》篇也说：“后人发，先人至，此知迂直之计者也。”《吴孙子·势》《形》篇侧重讨论“势利”问题，《九变》《实虚》篇侧重讨论“变诈”问题。《荀子·议兵》有关“兵要”问题的论述，对于我们理解简本《吴孙子·实虚》篇末“神要”一题具有启发意义。

简本《实虚》篇末，汉简有“神要”二字。对此，整理小组注释说：“简文此二字上有圆点，疑是本篇之别名。也可能为读者所记，表示此篇重要。”以往论者如杨炳安等，大多赞同整理小组的后一推测。

《吴孙子·实虚》说：“微乎微乎，至于无形；神乎神乎，至于无声，故能为敌之司命。”文中提到用兵要微乎其微、神乎其神。本篇结尾，作者又说：“兵无成势，无恒形，能与敌化之谓神。”解释什么才是用兵如“神”。显然这些文字都与“神要”一题相呼应。所以，《神要》应是简文自带的原有标题，而不大可能是“读者所记”。《实虚》篇末章论用兵如“神”一段文字，应如《火攻》篇结尾一段告诫之语一样，都是作为一部兵书的总结之言。

那么，《神要》会不会如整理者所推测的那样，是《实虚》篇的“别名”呢？

我认为，不排除这种可能性。但是，还有一种可能性是：《实虚》为该篇篇题，而《神要》是《吴孙子》初编本的书题。

为什么这样说呢？

因为《吴孙子》十三篇的篇名《计》《谋攻》《作战》《势》《形》《九变》《军争》《实虚》《行军》《地形》《九地》《用间》《火攻》，其命名有一个共同点，这就是篇名和各篇主题有关，是对该篇内容的实际概括。“神要”就不同了。“神”有圣义，“要”即兵要，“神要”是指用兵的经典要术，也就是兵家之圣典。如同今人称孙子为“兵圣”一样，《神要》一题,可能也包含着古人对《吴孙子》一书的赞美与礼敬。如此题名,使得《神要》更像书名,而不似篇名。

马王堆帛书《经法》《十六经》《道原》等,书名也都题写在全书结尾。《神要》也可能是《吴孙子》初编本的书题而被题写在原书最后一篇《实虚》篇的结尾;后来,该初编本被后人整体纳入《十三篇》,原写在《实虚》篇结尾的《神要》一题被保留下来,未及删除。

据本书校本粗略统计,《势》篇334个字,《形》篇287个字,《九变》488个字,《军争》460个字,《实虚》555个字,五篇合计共2124个字,约“两千言”。

窃以为,在《十三篇》文本之前,可能先出现过一个两千言或少于两千言的《吴孙子》文本,该文本可能包括《势》《形》《九变》《军争》《实虚》五篇或五篇中的某几篇;《神要》可能就是这个两千言或少于两千言的《吴孙子》奠基本的原有书名。

在《吴孙子》战法论五篇基础上,古人于前又增入了战略论三篇(《计》《谋攻》《作战》),于后又增入了战术论五篇(《行军》《地形》《九地》《用间》《火攻》),于是便有了《孙子十三篇》。《十三篇》是《吴孙子》的再编本,其编纂者应为战国晚期人或秦汉时人。

古人作、述有别,作者曰圣,述者曰明。《神要》一题,或许也意味着在《吴孙子》奠基本的编者眼里,该书各篇应为孙子本人所作。

以上推测如果不误,那么韩非子、荀子和《吕氏春秋·不二》篇的作者所看到的《吴孙子》,可能是两千言或少于两千言的《神要》,而非五千言的《十三篇》;相反,司马迁所看到的《吴孙子》,则可能是五千言的《十三篇》,而非两千言或少于两千言的《神要》。

如果说《十三篇》属兵权谋,那么《神要》则属兵形势。战国人眼里的《吴孙子》,与西汉人眼里的《吴孙子》未必完全一样。

由于《势》篇对《形》《九变》《军争》《实虚》四篇的主要概念都曾有所论述,因此,它在《吴孙子》奠基本中似乎居于中枢地位:《势》篇应为首篇,《实虚》应为末篇;《势》篇具有导论性质,《实虚》则有总结之言;《势》篇之作用,一如《十三篇》中的《计》篇。《吕氏春秋·不二》篇说“孙膑贵势”,或许与此有关。

《势》篇说:“凡治众如治寡,分数是也;斗众如斗寡,形名是也;三军之众,可使毕受敌而无败者,奇正是也;兵之所加,如以碫投卵者,虚实是也。”

《势》篇先言“势”,后言“形”;先言“奇正”,后言“虚实”。根据《势》篇所论,我们甚至可以推测《吴孙子》奠基本中各篇兵法作品的排列次序:《势》篇言“势”,居首;《形》篇言“形”,次之;《九变》《军争》言“奇正”,又次之;《实虚》言“虚实”,殿后。简本《势》篇文中所述,与简本木牍所呈现出的《势》《形》《九变》《军争》《实虚》之篇次完全吻合。可以说,《势》篇上述引文为我们解开《吴孙子》奠基本的篇次之谜提供了密码。

概括而言,《吴孙子》战法论五篇作品各有主题:《势》篇论奇正,《形》篇论攻守,《九变》论利害,《军争》论众寡,《实虚》论虚实。这五篇,是孙子兵法精华中的精华。

在《吴孙子》里,《势》篇与《实虚》篇首皆无“孙子曰”三字,这两篇最有可能为孙膑原作,而篇首有“孙子曰”三字的其他各篇则可能为孙子弟子、孙子后学所整理。

《吴孙子》中,有两篇具有提要性质:一篇是《势》,另一篇是《计》。《势》是《吴孙子》奠基本(《神要》)的首篇,其中对《形》《九变》《军争》《实虚》等篇中的兵学范畴有所论及;《计》篇则是《吴孙子》再编本(《十三篇》)的总论,其对十三篇更具有提纲挈领的作用,概括力更强。

《十三篇》中,《行军》《地形》《九变》《九地》篇皆有论“地”内容。《行军》篇讨论了地之“高下”“死生”问题,是遭遇战中的地形学。《地形》篇讨论了地之“死生”“险易”“高下”问题,是阵地战中的地形学。

以上两者都属“战术地形学”的范畴。而《九变》《九地》两篇,除讨论“高下”“死生”“险易”外,还将“远近”问题纳入视野,其范围涉及国际和战区级别,属“战略地理学”和“兵要地理学”的范畴。简本《吴孙子·计》篇说:“地者,高下、广狭、远近、险易、死生也。”短短一句话,既包括“战术地形学”的范畴,也包括“战略地理学”的范畴,其概括力如此宽泛且全面,说明《计》篇的作成时间可能要晚于《九变》和《九地》篇。

《计》《谋攻》《作战》,这三篇属战略论之作,关乎战争决策与战争准备,是国家意志的体现,是各诸侯国有关发动战争、战前外交与战争动员的基本思维。涉及层级包括君、相、将和行人(外交官)。能将这几个方面纳入视野,体现的一定是国家最高权威的意志。站位如此之高,论述如此全面,说明它们可能是大一统体制形成后的产物,是集体智慧的结晶。所以,这三篇并不完全是兵家的作品,其编入兵法教科书应是较晚之事;其作成年代,或许晚到战国末期至秦汉之际。

《十三篇》中,战略论三篇与战术论五篇的作成时间相对较晚,大概作成于《韩非子》和《吕氏春秋》之后的战国末期至西汉初期,其作者应是孙子后学。其编入《十三篇》,应该是在秦汉时期。

根据邹衍五行相胜说,周为火德,秦为水德。西汉初,汉人也是以水为德。太乙九宫之数:六居西北,七居西方,六、七五行皆为金,金生水,水为秦、汉之德。所以简本《吴孙子》上卷为“六术”,下卷为“七艺”。如此结构篇目,或因“六”“七”之数利于秦、汉之国运。武帝太初改历以后,按照董仲舒的三统五行说,汉朝属于火德。《吴孙子》不宜再分“六术”“七艺”,十三篇于是归于一编。

简本《吴孙子》的篇目结构,应是秦汉古本《吴孙子》的本来面目。总之,从战国到西汉,此书应经过多次、多人编辑而成。

## 四、《吴孙子》的经传结构

《吴孙子》十三篇中,唐太宗认为《虚实》篇最为重要。那是他的个人看法。其实,就简本而言,《九变》才是十三篇的灵魂。

为什么这样说呢?

汉代儒家传承有绪,最讲家法。儒家认为学术著作可以分作“经”“传”“说”“记”四个类型。按此分类,《吴孙子·九变》相当于“经”,《吴孙子·九地》相当于“传”;《孙子翼·四变》相当于“说”,《孙子翼·见吴王》则相当于“杂记”即“外说”了。《九地》、《四变》和《见吴王》,都可以视为《九变》篇的传注文字。

汉人注解《吴孙子·九变》有三种样式:《四变》为经作传,依经循文解释者,为一种;《九地》有所见则说之,不依经循文解释者,是一种;《见吴王》依托古人,虚构故事,用寓言演绎兵法者,又是一种。

《九变》原义包括“四变”和“五利”。四变和五利是“君令有所不行”的前提。

《九地》是《九变》的解说文字。“九地”由“五利”加白起之说生成,是对《九变》“五利”说的引申和细化。

《四变》也是《九变》的解说文字,但受《九地》影响,应是作者在研读《九变》《九地》之后所作成,其中杂入了《九地》的“深入”“浅入”思想,由“四变”加白起之说(即《九地》的散地、轻地、重地说)引申而成,其中某些说法和《九变》原义存在差距。

《见吴王》则是《九变》“君令有所不行”主题的文学再现。西汉以后,这篇具有寓言和小说特征的《见吴王》,借壳《史记·孙武传》,竟然演变成有关孙子其人的历史叙述。假作真时真亦假,历史叙述与历史真相,并不是一回事儿。

由《九变》繁衍出《九地》,进而又繁衍出《四变》和《见吴王》,这在《孙子》文本里独此一例。《九变》的重要性由此可见。

由《九变》和《九地》的经传关系可以推论,《吴孙子》十三篇本身也是经传合编本。

## 五、《吴孙子》的结构调整

比起宋本《孙子兵法》来，本书《吴孙子》在文字结构方面主要做了以下调整：

一是篇次移动：将宋本《作战》与《谋攻》、《形》与《势》、《实虚》与《九变》、《火攻》与《用间》四组作品的篇目次序相互对调。这样，篇次有所变化的共有八篇。《计》《军争》《行军》《地形》《九地》五篇，篇次没有改变。

简本与宋本的篇次差别，主要表现在以下四组作品，即《谋攻》与《作战》、《势》与《形》、《九变》与《实虚》、《用间》与《火攻》。如果将简本的这四组篇题相互对调，就可得到传本篇次。同样地，如果将传本的以上四组篇题相互对调，也可得到简本篇次。

与今本即宋本相比，简本《孙子》十三篇的篇次排列更为合理。理由主要如下：

首先，《管子·七法》说："故凡攻伐之为道也，计必先定于内，然后兵出乎境。""计""谋"同义。简本《谋攻》紧接《计》篇，先于《作战》，显然更符合战争逻辑。

其次，"势"是孙子兵学的第一标志。《吕氏春秋·不二》说："孙膑贵势。"简本《势》篇对"形""势""奇正""虚实"几种古代兵学范畴都做了简明论述，因而对《形》《九变》《军争》《实虚》几篇具有引导作用。简本先《势》后《形》，有其内在深层逻辑。今本先《形》后《势》，或许是受任宏兵家分类有关"兵形势"先"形"后"势"的影响。

再次，《孙子》十三篇里，汉人最重《九变》，这有其传注文字多达三篇(《九地》《四变》《见吴王》)为证。而唐人则最重《虚实》，这有《唐李问对》为证。《九变》《虚实》前后互易，或为唐人所为。

最后，《齐孙子·篡卒》说："恒胜有五：得主专制，胜。知道，胜。得众，胜。左右和，胜。量敌计险，胜。"又说："恒不胜有五：御将，不胜。不知道，不胜。乖将，不胜。不用间，不胜。不得众，不胜。”在孙子看来，“用间”的终极目的无非是“量敌计险”。如果说《行军》“相敌”重在“知彼”，《地形》《九地》重在“知地”，那么，《用间》则既重“知彼”，又重“知地”。简本将《用间》与《行军》《地形》《九地》三者相连，可谓深通兵家“量敌计险”之妙道。接着，《火攻》篇既论述“火攻”，也涉及“天时”，同时又有对领兵者需要“慎战”的告诫之言，后者其实也是全书十三篇的结撰之语，它和《计》篇的“重战”之语可以遥相呼应。简本先《用间》，后《火攻》，其结构显然远较今本为优。

所以，简本《孙子兵法》不仅是目前已知的最早的《吴孙子》版本，同时其篇次也比今本即宋本更为原始、更为科学、更加合理。因此，本书决定采用经过校正的简本篇次进行编排。这是本书在结构方面区别于其他各本的一大特点。

二是篇章移动：将原宋本《吴孙子 · 九地》篇约 240 个字移入《九变》篇，这样一来，后者的篇幅大约增加了一倍。

在《宋本十一家注孙子》里，《九变》篇最短，只有 248 个字；《九地》篇最长，共有 1072 个字。造成二者篇幅如此悬殊的主要原因，在于其间存在错简问题。

宋本即今本《九地》篇，历史上至少经过战国、秦汉和东汉三次编纂过程。大致说来，宋本《九地》篇可以划分为 15 段，其中前 10 段为《九地》原本文字，第 10 段“九地之变，屈伸之利，人情之理，不可不察也”应是《九地》原本的结束语。汉简《九地》，是在《九地》原本的基础上，又增加了两段孙子后学的解说文字。也就是说，银雀山简本《九地》篇是由正文加注文连缀而成。至于宋本“故兵之情”（简本作“诸侯之情”）以下 3 段文字，则是由《九变》错入《九地》，错简发生时间大约是在东汉曹操注《孙子》以前。这里笔者通过篇章校勘，将错入《九地》的这 3 段文字（约 240 个字）全部移入《九变》，以恢复《九变》和《九地》两篇的原貌。

三是篇内移动：简本《军争》分前、后两部分，前半部分论述“军争之法”，后半部分论述“用众之法”。本书依据简本文序，将“故其疾如风，其徐如林，侵掠如火，不动如山，难知如阴，动如雷震”六句，由前半部分“军争之法”，移入后半部分“用众之法”。

以上文字改移，是笔者在《吴孙子》文字结构方面所进行的新的探索。是耶？非耶？则有待方家评说了。

## 六、《吴孙子》的参校版本

我们这次校勘《吴孙子》，使用的《孙子》版本主要有以下五种：

1.《宋本十一家注孙子》（中华书局上海编辑所 1961 年影印本），简称“十一家本”或“底本”。

2.《银雀山汉墓竹简（壹）·孙子兵法》（文物出版社 1985 年版），简称“简本”或“主校本”。

3.《宋本武经七书·孙子》（《续古逸丛书》影印本），简称“武经本”。

4.《魏武帝注孙子》（清平津馆刊顾千里摹宋本），简称“曹注本”。

5. 清孙星衍、吴人骥校《孙子十家注》（嘉庆二年兖州观察署刊本），简称“孙校本”。

在以上五种版本中，笔者主要是以十一家本为底本，以简本为主校本，以武经本、曹注本、孙校本为参校本。

此外，参校书目还有以下五种：

1. 唐魏徵《群书治要》（《国学基本丛书》本），简称“《治要》”。

2. 唐虞世南《北堂书钞》（中国书店影印南海孔氏校刊本），简称“《书钞》”。

3. 唐杜佑《通典》（中华书局校点本）。

4. 唐赵蕤《长短经》（中华书局《新编诸子集成续编》本）。

5. 宋李昉《太平御览》（中华书局影印宋本），简称“《御览》”。

本次校勘《吴孙子》，实际上是依照简本所提供的篇章结构与文本样式，对十一家本的既有正文进行校勘。这就如同裁缝制衣，用宋代的料子按照汉服的式样进行剪裁。这样做出的衣裳，究竟算汉服还是宋装？真不好说，我们还是称它为仿汉服吧。

最后，需要说明的是，本书《吴孙子》注释部分，有时会引用宋本《十一家注孙子》的有关注文。十一家注者是：曹操、孟氏、李筌、贾林、杜佑、杜牧、陈皞、王皙、梅尧臣、何氏和张预。引用时，文中径直称"曹操注""孟氏注""李筌注""杜牧注"等，一般不再出现"十一家本"的字样。

# 计

“计”有计算、合计之意。古人出兵前，都要在庙堂中用算筹对敌我优劣进行比较，对战争胜负进行算计，以作出是否出兵、如何出兵等战略决策。曹操注：“计者，选将、量敌、度地、料卒、远近、险易，计于庙堂也。”凡兵先计而后战。未战之前，必须先定下周密的作战计划，此所谓定计，又称“庙算”。作战计划的高明与否，对于整个战役、整场战争至关重要。这就是《吴孙子·计》篇所揭示的“计划原理”。

本篇首先论述了战争与国家存亡的重要关系；接着论述了战略决策的计划大要，所谓“五事”；然后论述了料敌之法，所谓“七计”；最后则提供了有关战略、战术的制胜策略，所谓“诡道”十二法。

《计》篇是孙子兵法体系化、学科化后的产物。《吴孙子》十三篇里，《计》篇的作成时间可能较晚。

《吴孙子·势》篇专门论“势”，其中既有自然之势，也有人为之势。《计》篇说：“势者，因利而制权也。”其中“势”字应读“设(shè)”，义同“设计”，其取义应源自《势》篇。

十三篇里，《形》篇的主题是“权衡”，《计》篇的主题也是“权衡”，二者都着重论述如何对敌我双方的国力、军力和战力进行权衡、比较。《计》篇所谓“五事”“七计”，就是将需要权衡、比较的问题具体化、条理化，并且扩大到政治、经济层面，是对《形》篇权衡理论的引申和发挥。

如果说《势》篇和《形》篇是《吴孙子》的经文，那么，《计》篇则是《势》篇和《形》篇的传注文字。当然，《计》篇同时还吸收了《九变》《军争》《虚实》等篇的思想精华，撮其要点，从而成为《十三篇》的纲领与提要。

孙子曰:兵者,国之大事也〔一〕。死生之地,存亡之道,不可不察也[1]。

故经之以五〔二〕,效〔三〕之以计,而〔四〕索其情[2]:一曰道,二曰天,三曰地,四曰将,五曰法。道者,令民与上同意者〔五〕也;故可与之死,可与之生〔六〕,民弗诡也〔七〕[3]。天者,阴阳、寒暑、时制也;顺逆,兵胜也〔八〕[4]。地者,高下〔九〕、广狭、远近、险易、死生也[5]。将者,智、信、仁、勇、严也〔一〇〕[6]。法者,曲制、官道、主用也[7]。凡此五者,将莫不闻,知之者胜,不知者不胜。

故效之以计,而索其情,曰:主孰有道[8]?将孰有能?天地孰得?法令孰行?兵众孰强[9]?士卒孰练?赏罚孰明?吾以此知胜负矣。

将听吾计,用之必胜,留之;将不听吾计,用之必败,去之[10]。

计利以听,乃为之势,以佐其外[11]。势者,因利而制权也[12]。

兵者,诡道也[13]。故能而示之不能[14],用而示之不用[15],近而示之远,远而示之近[16]。故利而诱之〔一一〕,乱而取之[17],实而备之,强而避之,怒而挠之,卑而骄之[18],佚而劳之[19],亲而离之〔一二〕[20]。攻其无备,出其不意。此兵家之胜,不可先传也[21]。

夫未战而庙算胜者,得算多也[22];未战而庙算不胜者,得算少也。多算胜少算,而况无算乎〔一三〕!吾以此观之,胜负见矣[23]。

**【校勘】**

〔一〕国之大事也:十一家本作“国之大事”,夺“也”字。简本作“国之大事也”,于义为长,据补。

〔二〕经之以五:十一家本作“经之以五事”,衍“事”字。今据简本、孙校本删。

〔三〕效：十一家本作“校”，简本作“效”。《墨子·小取》说古人论证方法有九种，其中之一为“效”：“效者，为之法也。”“效”是依据事实进行验证。简本作“效”，乃本字；传本作“校”，应为假借。简本是，据正。下文“效之以计”之“效”，并同。

〔四〕而：简本作“以”，下文“而索其情”之“而”并同。《书钞》卷一一三引此作“以”，与简本合。“而”“以”义近，古可通用。

〔五〕令民与上同意者：十一家本作“令民与上同意”，无“者”字。今据简本、《长短经·道德》引文补。

〔六〕故可与之死，可与之生：十一家本作“故可以与之死，可以与之生”，二“可”下皆衍“以”字。今据简本、武经本删。

〔七〕民弗诡也：十一家本作“而不畏危”，孟氏注：“一作‘人不疑’，谓始终无二志也。一作‘人不危’。”武经本作“而不畏危也”。简本作“民弗诡也”。先秦“弗”“不”二字通用，但“弗”的否定语气更重。传本“畏”字应是衍文，“人”字应是避唐太宗名讳所改，“不”字应是避汉昭帝名讳所改，“危”字借为“诡”。简本是，据正。

〔八〕顺逆，兵胜也：传本无此句，简本有。简本言“道”，引申说“故可与之死，可与之生，民弗诡也”；言“天”，引申说“顺逆，兵胜也”。“兵”和“民”对举，“兵胜也”与“民弗诡也”呼应，于义为胜，据补。

〔九〕高下：传本无此二字，简本有。古人论地形，首重“高下”，《吴孙子·行军》：“凡军好高而恶下，贵阳而贱阴。”《黄帝四经·称》：“天制寒暑，地制高下，人制取予。”简本先说“高下”，次说“广狭”，再说“远近”，是立体思维。传本不言“高下”，是二维思维。何况“远近”“广狭”之间插入“险易”，词序亦乱。简本义长，据改。

〔一〇〕将者，智、信、仁、勇、严也：《书钞》卷一一三引作“将者，智也、信也、勇也、严也”，《潜夫论·劝将》引作“将者，智也、仁也、敬也、信也、勇也、严也”，均繁“也”字。传本作“将者，智、信、仁、勇、严也”。

简本第3简b、c两段之间应缺9个字。简本原文疑如《书钞》,无“仁也”,只有四德。后人增以“仁”字,遂成五德。可惜简本残缺,失去凭据。此从传本。

〔一一〕故利而诱之:十一家本作“利而诱之”,无“故”字。《书钞》卷一一三、《御览》卷二七〇引此,皆有“故”字。简本“利”上存有残画,疑即“故”字。此句另起一义,有“故”义长,据补。

〔一二〕卑而骄之,佚而劳之,亲而离之:简本无此三句。“佚而劳之”,十一家本注曰:“一本作‘引而劳之’。”《御览》卷二七〇引作“引而劳之”。

〔一三〕多算胜少算,而况无算乎:十一家本作“多算胜,少算不胜,而况于无算乎!”简本作“……算少[□□□□]少□□□无算[□]”,整理者说:简本“无算”上一字已磨损,似是“兄”字,“兄”“况”古通。后一“少”字与“无算”间只缺三字。北宋版《通典》卷一四八、《御览》卷三二二引此,皆作“多算胜少算,而况无算乎”。简本空位与《通典》《御览》引文合。诸本引文义长,据改。

**【注释】**

[1]“兵”,本义为兵器,这里指军事和战争。《左传·成公十三年》说:“国之大事,在祀与戎。”古人认为祭祀和军事是国家的头等大事。“死生之地”,是说战争关系着国君的生死。“存亡之道”,是说战争关系着国家的存亡之路。刘向《新序·杂事第五·魏文侯问李克》曰:“国之存亡,主之死生,犹未可知也。”

[2]“经”,量度、衡量。“效”,验证。“计”,计算。杜牧注:“计者,即篇首计算也。”“效之以计”,即“以计效之”,意思是通过计算进行验证。“索”,探索。

[3]“道”,本义为道路、途径,引申为法术、方法、道义、道德、道理、规律、政治、治道等义。《管子·君臣》:“道也者,上之所以导民

也。”十一家本孟氏注：“道，谓道之以政令，齐之以礼教，故能化服士民，与上下同心也。故用兵之妙，以权术为道。大道废而有法，法废而有权，权废而有势，势废而有术，术废而有数。……故其权术之道，使民上下同进趋，共爱憎，一利害，故人心归于德，得人之力，无私之至也。”孟氏将“道”分解为“道”“法”“权”“势”“术”“数”六个层次，提出了“用兵之妙，以权术为道”的兵家道论，它融合了《尹文子·大道》与《荀子·议兵》的思想，和儒、墨、道、法、名等各家道论可以兼容，因而具有普适性。“诡”，违反、违背。《韩非子·诡使》：“是故下之所欲，常与上之所以为治相诡也。”

[4]“天”，天时，指天象、气候、时令方面的条件。李筌注：“应天顺人，因时制敌。”杜牧注：“《星经》曰：‘岁星所在之分不可攻，攻之反受其殃也。’《左传》昭三十二年：‘夏，吴伐越，始用师于越。史墨曰：不及四十年，越其有吴乎？越得岁而吴伐之，必受其凶。’……哀二十二年，越灭吴，至此三十八岁也。……夫吴、越之君，德均势敌。阖闾兴师，志欲吞灭，非为拯民，故岁星福越而祸吴。”郑玄说：“天文分野，斗主吴，牵牛主越。此年岁星在牵牛，故吴伐之凶。”“阴阳”，古代兵家有专讲阴阳之术的一派，叫“兵阴阳”。孟氏注：“阴阳者，刚柔盈缩也。用阴，则沉虚固静；用阳，则轻捷猛厉。”张预注：“夫阴阳者，非孤虚向背之谓也，盖兵自有阴阳耳。范蠡曰：‘后则用阴，先则用阳。尽敌阳节，盈吾阴节而夺之。’又云：‘设右为牝，益左为牡，早晏以顺天道。’”“时制”，时节，即四季时令，“节”“制”同义。王皙注：“时制，因时利害而制宜也。范蠡云：‘天时不作，弗为人客’，是也。”“顺逆”，顺天应时之意。“兵胜”，军队获胜。

[5]“地”，地利，指地形、地势方面的条件。“死生”，指死地和生地。死地是指前有阻敌，后无退路，战则生还，不战则亡的地形和情势；生地含义相反。

[6]杜牧注：“先王之道，以仁为首；兵家者流，用智为先。……楚

申包胥使于越，越王勾践将伐吴，问战焉，曰：‘夫战，智为始，仁次之，勇次之。不智，则不能知民之极，无以诠度天下之众寡；不仁，则不能与三军共饥劳之殃；不勇，则不能断疑以发大计也。’”梅尧臣注：“智能发谋，信能赏罚，仁能附众，勇能果断，严能立威。”

[7]“法”，指军事制度，其含义与今语“军制”相近。“曲制”，指军队编制与指挥合成。“官道”，指设官分职之道。“主用”，指掌管处置军需财用。梅尧臣注：“曲制，部曲队伍，分画必有制也。官道，裨校首长，统率必有道也。主用，主军之资粮百物，必有用度也。”古注各家多将“曲制官道主用”分作六事，唯有梅注分作三事，较为得体。“曲制”“官道”“主用”，大致相当于现代军队中的作训部、政治部与后勤部的职能。

[8]“主”，战国中期以前指宗主或卿大夫，战国中期以后指国君。“孰”，谁。“孰”是战国时代才有的疑问代词，始见于《左传》《国语》《论语》《墨子》等书。杜佑注：“主，君也；道，道德也。必先考校两国之君，谁知谁否也。若荀息料虞公贪而好宝，宫之奇懦而不能强谏是也。”

[9]“兵众”，为“众兵”之倒文，这里代指武器。

[10]“将”，将领。一说，“将”为副词，表示假设，犹“若”也。“计”，计策。“吾”，我方。“之”，代指部将。陈皞注“将听吾计，用之必胜，留之；将不听吾计，用之必败，去之”，是“孙武以书干阖闾……以此感动阖闾，庶必见用”。梅尧臣注：“武以十三篇干吴王阖闾，故首篇以此辞动之。”张预注也说孙子“以此辞激吴王而求用”。三家注曲解原文，皆非是。

[11]“以”，通已。“听”，听从、采纳。“佐”，辅佐、配合。“外”，庙堂之外。《管子·七法》：“故凡攻伐之为道也，计必先定于内，然后兵出乎境。”

[12]“势”，古作“埶”，通“设”，设计、部署之意。“权”，秤锤，引

申为权宜、权变、权谋之意。“势者,因利而制权也”,意思是“势”是根据利害关系,而制定出权变之策。这是《吴孙子》关于“势”的准确定义。后文《势》篇虽然专门论“势”,多次提到“势”字,但都不是定义。下文所谓“诡道”十二法,应是“造势”(“设计”)时可供参考的十二种法式,即应变策略。

[13]“诡道”,诡诈之道,即权变之道。张预注:“用兵虽本于仁义,然其取胜必在诡诈。故曳柴扬尘,栾枝之谲也;万弩齐发,孙膑之奇也;千牛俱奔,田单之权也;囊沙壅水,淮阴之诈也。此皆用诡道而制胜也。”

[14]“能”,能力。“示”,显示、呈现。张预注:“实强而示之弱,实勇而示之怯。李牧败匈奴、孙膑斩庞涓之类也。”

[15]“用”,用兵、用战。杜佑注:“言己实能、用,外示之以不能、不用,使敌不我备也。若孙膑减灶而制庞涓。”

[16]张预注:“欲近袭之,反示以远。吴与越夹水相距,越为左右句卒,相去各五里,夜争鸣鼓而进。吴人分以御之,越乃潜涉,当吴中军而袭之,吴大败是也。”

[17]“乱而取之”,张预注:“诈为纷乱,诱而取之。若吴、越相攻,吴以罪人三千,示不整以诱越。罪人或奔或止,越人争之,为吴所败是也。”

[18]“怒而挠之”,杜牧注:“大将刚戾者,可激之令怒,则逞志快意,志气挠乱,不顾本谋也。”“卑而骄之”,张预注:“或卑辞厚赂,或羸师佯北,皆所以令其骄怠。吴子伐齐,越子率众而朝,王及列士皆有赂。吴人皆喜,惟子胥惧,曰:‘是豢吴也!’后果为越所灭。”

[19]“佚而劳之”,何氏注:“孙子有治力之法,以佚而待劳。”张预注:“我则力全,彼则道敝。若晋、楚争郑,久而不决,晋知武子乃分四军为三部,晋各一动,而楚三来,于是三驾,而楚不能与之争。”李筌注:“吴伐楚,公子光问计于伍子胥,子胥曰:‘可为三师以肄焉。我一师

至，彼必尽众而出；彼出我归，亟肆以疲之，多方以误之，然后三师以继之，必大克。'从之。楚于是乎始病吴矣。"智武子曾任晋国正卿，帮助晋悼公制定了联吴制楚、三驾疲楚的战略，终于形成晋国复霸诸侯的局面。荀息是智武子的先人，智伯是智武子的五世孙。伍子胥"三师疲楚"的战略，脱胎于智武子的"三驾疲楚"战略。

[20]"离"，离间。杜佑注："以利诱之，使五间并入，辨士驰说，亲彼君臣，分离其形势，若秦遣反间欺诳赵君，使废廉颇而任赵奢之子，卒有长平之败。"

[21]"胜"，事物优越、佳妙的叫"胜"，如形胜、名胜等，这里是指兵家的高明之处。"传"，传扬、泄露。

[22]"庙"，祖庙，这里代指朝廷。"算"，计算。"算"，一作"筭"，指算筹，是一种用竹木小棍做成的工具，可用于战争、游戏的胜负计算。"庙算"，指兴师前君臣和将军在宗庙里谋划作战大计、预估作战胜负。"得算"，义为得胜之算，犹如现代球赛的"得分"，其反义词为失算。由于算、筹、策是一类东西，所以，"庙算"与"运筹""决策"意思相同。"庙算"有点类似于现代的兵棋推演。

[23]"见"，通"现"，显现、呈现。

## 【译文】

孙子说：战争，是国家的头等大事。它关系着君主的生死之事与国家的存亡问题，所以，不能不认真加以审视。

所以，要对以下五个方面进行衡量，通过计算进行验证，以弄清敌我双方的真实情况：一为道，二为天，三为地，四为将，五为法。所谓"道"，是为了使民众与国君意志统一；这样百姓才可以同生共死，没有二心。所谓"天"，是指阴阳向背、寒暑变化和四季时令；只有顺应天时，军队才能获胜。所谓"地"，是指地势高下、战场广狭、路途远近、形势险易、战地生死等。所谓"将"，必须具备足智多谋、赏罚有信、爱抚士卒、勇敢果断、庄严敬事等品格。所谓“法”，是指军队的组织编制、将吏职责的划分与军需后勤的保障等。对于这五个方面，将帅都要与闻，只有深刻了解、彻底掌握了，才能取得战争胜利，否则难以取胜。

所以，还要通过计算进行验证，以弄清敌我双方的以下七种情况：即哪一方的国君更为贤明？哪一方的将领更有才能？哪一方更为占据天时、地利？哪一方的法令更能切实执行？哪一方的兵力更为强大？哪一方的士卒更为训练有素？哪一方的赏罚更为分明？我们由此可以预知谁胜谁负。

将领如果听从我方的计划，用他指挥作战必然取胜，就留用他；将领如果不听从我方的计划，用他指挥作战必然失败，就放弃他。

计划有利且被采纳，于是需要为其造势，以求朝堂之外能够配合行动。所谓造势，就是要根据利害关系而制定权谋之策。

用兵打仗，讲求的是诡诈之道。所以，本来能战，却装作不能战；本来准备用兵，却装作不用兵；本来要攻打近处，却装作要攻打远处；本来要攻打远处，却装作要攻打近处。所以，敌方若是贪利，则要用利相诱；敌方出现混乱，则要乘机攻取；敌方治军严实，则要加倍防备；敌方军力强大，则要暂时躲避；敌方暴躁易怒，则要挑战扰敌；敌方骄傲轻敌，则要助其骄矜；敌方休整充分，则要设法疲敌；敌方内部和睦，则要设法离间。要在敌人没有防备的状态下实施攻击，要在敌人意想不到的情况下采取行动。这些都是兵家克敌制胜的奥妙所在，不可事先泄露出去。

尚未开战，“庙算”可以战胜敌人，是因为胜算的筹码多；尚未开战，“庙算”不能战胜敌人，是因为胜算的筹码少。胜算筹码多的一方，能够战胜胜算筹码少的一方，何况没有胜算的筹码呢。我们由此进行观察，谁胜谁负，就显现出来了。

# 谋 攻

先秦人言“战”,多指野战;言“攻”,多指攻城。《管子·霸言》说:“是故先王之伐也,必先战而后攻,先攻而后取地。”《商君书·赏刑》也说:“战必覆人之军,攻必凌人之城。”此篇简本题名《谋攻》,“谋”有筹策、计谋之义。“谋攻”,其初义是论述如何谋划攻城的各项策略与原则,以赢得胜利。但长城也是“城”,先秦国与国之间多修有长城。广义“谋攻”应是论述如何谋划进攻敌国的各项策略与原则,所对应的作战样式除围城、攻城外,还包括野战、侁战、避战等。

《吴孙子·谋攻》说:“上兵伐谋,其次伐交,其次伐兵,其下攻城。”“必以全争于天下,故兵不顿而利可全,此谋攻之法也。”“谋攻”的最高境界,是不经血战而使敌人屈服于我;只有这样的胜利,才能称得上是完全的胜利。这就是《吴孙子·谋攻》篇所揭示的“全胜原理”。此外,本篇还论述了统帅权的独立与知彼知己的重要性。

传世本里,本篇原位于《作战》篇之下;简本中,本篇则位于《作战》篇之上。此据简本,将两篇的位次对调。

孙子曰:凡用兵之法,全国为上,破国次之[1];全军为上,破军次之;全旅为上,破旅次之;全卒为上,破卒次之;全伍为上,破伍次之[2]。是故百战百胜,非善之善者也;不战而屈人之兵,善之善者也[3]。

故上兵伐谋[4],其次伐交[5],其次伐兵[6],其下攻城。攻城之法〔一〕:修橹轒辒,具器械〔二〕[7],三月而后成〔三〕;距堙[8],又三月而后已。将不胜其忿而蚁附之[9],杀士三分之一,而城不拔者,此攻之灾也。

故善用兵者,屈人之兵而非战也,拔人之城而非攻也,破〔四〕

人之国而非久也[10]，必以全争于天下，故兵不顿而利可全[11]，此谋攻之法也。

故用兵之法，十则围之，五则攻之[12]，倍则分之，敌则能战之[13]，少则能逃之，不若则能避之[14]。故小敌之坚，大敌之擒也[15]。

夫将者，国之辅也；辅周则国必强，辅隙则国必弱。

故君之所以患军[五]者三：不知军之不可以进而谓之进，不知军之不可以退而谓之退，是谓"縻军"[16]；不知三军之事而同三军之政[六]，则军士惑矣[17]；不知三军之任而同三军之权[七]，则军士疑矣[18]。军士[八]既惑且疑，则诸侯之难至矣，是谓"乱军引胜"[19]。

故知胜有五：知可以战与不可以战者胜[九]；识众寡之用者胜[20]；上下同欲者胜[21]；以虞待不虞者胜[22]；将能而君不御者胜[23]。此五者，知胜之道也。

故兵知彼知己[一○]，百战不殆；不知彼而知己，一胜一负；不知彼，不知己，每战必殆。

【校勘】

〔一〕攻城之法：十一家本作"攻城之法，为不得已"，衍"为不得已"四字。简本和《御览》卷一九三、《艺文类聚》卷六三引文皆作"攻城之法"，引导下文，文义更顺。据删。

〔二〕具器械：简文"三"上仅存残画，似非"器械"二字。传本"具器械"三字或为注文而误入正文。

〔三〕三月而后成：简本释文作"三月而止□"。

〔四〕破：十一家本作"毁"，简本作"破"。"毁""破"同义，但本篇上文数说"破国""破军""破旅""破卒""破伍"，简本作"破"义长，据改。

〔五〕患军：十一家本作“患于军”，衍“于”字。简本作“患军”，据删。

〔六〕三军之政：十一家本作“三军之政者”，衍“者”字。武经本作“三军之政”。此句句型与下句全同，下句各本均无“者”字。今据武经本与下句文例删。

〔七〕不知三军之任而同三军之权：十一家本作“不知三军之权而同三军之任”。晋写本残页作“……三军之任而同三……”，“权”“任”互乙，文义为长，据正。

〔八〕军士：十一家本作“三军”，疑涉上文“三军”之语而误。晋写本残页作“军士”。按：上文既然分说“则军士惑矣”，“则军士疑矣”，此处就应总说“军士既惑且疑”。晋写本是，据改。

〔九〕知可以战与不可以战者胜：简本作“知可而战与不可而战，胜”。“而”通“以”，无“者”字。

〔一〇〕故兵知彼知己：十一家本作“故曰知彼知己者”，衍“者”字。武经本作“故曰知彼知己”。简本作“故兵知彼知己”。简本是，据改。

**【注释】**

［1］“全”，保全。“破”，破损、破坏。“国”，此处指本国或本国的首都。

［2］“军”“旅”“卒”“伍”，都是古代军队的编制单位。据《周礼·夏官·大司马》记载，周代军队的编制是五人为伍，五伍为两，四两为卒，五卒为旅，五旅为师，五师为军。按此编制，则军、旅、卒、伍的人数分别为12500人、500人、100人、5人。此处“全军”“破军”至“全伍”“破伍”，句法一样，都是说明用兵应以保全我方整体为上策、毁损整体为下策。

［3］“善之善者”，好中之好。“善者”，即“善兵者”，指善于用兵打

仗的人。“不战”，不用硬打。陈皞注：“韩信用李左车之计，驰咫尺之书，不战而下燕城也。”张预注：“明赏罚，信号令，完器械，练士卒，暴其所长，使敌从风而靡，则为大善。若吴王黄池之会，晋人畏其有法而服之者是也。”

[4]“上兵”，用兵作战的上策，即最好的用兵策略。“伐谋”，伐敌之谋，以打乱敌人的作战计划。杜牧注：“晋平公欲攻齐，使范昭往观之，景公觞之。……范昭归，报晋平公曰：‘齐未可伐。臣欲辱其君，晏子知之；臣欲犯其礼，太师识之。’仲尼曰：‘不越罇俎之间，而折冲千里之外，晏子之谓也。’”

[5]“伐交”，布列阵势，威慑敌人，以迫敌退缩或降服。曹操注：“交，将合也。”这里，“交”的意思是指敌我双方摆好阵势，准备发起攻击的临战状态。陈皞注：“或云敌已兴师交合，伐而胜之，是其次也。若晋文公敌宋，携离曹、卫也。”

[6]“伐兵”，通过野战战胜敌人。

[7]“修”，制造。“橹”，大盾牌。《墨子・备城门》：“橹广四尺，高八尺。”六朝以后，也称巢车上的望楼为“橹”。“轒辒”，是“轒辒车”和“轒辒船”的统称。“轒辒车”是一种攻城器械，其下安四轮，上蒙牛皮，里面可藏十人，往来运土填堑，直抵城下，可在敌人眼皮底下攻掘，是原始的装甲车。《墨子・备水》载，水战时也可“以船为轒辒”。岑仲勉说，轒辒乃撕裂之意，“故冲裂城垣之车曰轒辒，冲破堤防之船也曰轒辒”。“具”，制备。

[8]“距堙”，指用人工堆成的土山。孙诒让《墨子间诂》说：“《书・费誓》孔疏云：兵法，攻城筑土为山，以窥望城内，谓之距堙。”

[9]“蚁附”，指大量士卒像蚂蚁缘墙一样登梯攻城。

[10]“久”，通“灸”，烧灼之意，其词性与前“战”“攻”二字同，都是动词。例同睡虎地《秦律十八种》：“公甲兵各以其官名刻久之。”

[11]“全”，指上文所言不战而屈人之兵的“全国”“全军”这类全

胜之道。“顿”，委顿、挫伤。

[12]古代城战，攻守两方所需兵员相差悬殊。《史记·楚世家》说：“军不五不攻，城不十不围。”这里，“十”“五”以及后文的“倍”“敌”“少”“不若”，皆指我方（攻方）的相对军力情况，而“围”“攻”以及后文的“分”“战”“逃”“避”，则是我方（攻方）根据不同军力情况应采取的不同战术。

[13]“倍”，加倍。《墨子·经上》：“倍，为二也。”这里指我方兵力两倍于敌。“分”，分为二军，一当敌前，一冲其后，这样可以使其腹背受敌。“敌”，势力相当。“战”，野战。

[14]“逃”，借为“佻”，指佻战，偷袭、轻击之意。《尔雅·释言》：“佻，偷也。”《广雅·释诂一》：“佻，疾也。”由于兵力少于敌人，所以不敢深入作战，只能偷袭或速战速决。李筌注：“量力不如，则坚壁不出，挫其锋；待其气懈，而出奇击之。齐将田单守即墨，烧牛尾，即杀骑劫，则其义也。”“避”，避战。

[15]前一“之”字犹“若”，后一“之”字犹“则”。大意是说，小不敌大，弱军若不量力，勉强坚守死战，则终将为强敌制服。李筌注：“小敌不量力而坚战者，必为大敌所擒也。汉都尉李陵以步卒五千之众，对十万之军，而见殁匈奴也。”

[16]“患”，危害、贻害。“谓”，告诉、命令。“縻”，羁縻、牵制。“縻军”，是古时常语，意谓出军行师，进退内御。

[17]“同”，共同，参与、干涉之意。“惑”，疑惑、迷乱。

[18]“任”，职任、任务。“权”，权变。“疑”，疑虑。

[19]“乱军引胜”，梅尧臣注：“自乱其军，自去其胜。”

[20]“众寡之用”，兵多时如何用兵？兵少时又如何用兵？王皙注：“谓我对敌兵之众寡，‘围’‘攻’‘分’‘战’是也。”

[21]“上下同欲”，王皙注：“上下一心。若先縠刚愎以取败，吕布违异以致亡，皆上下不同欲之所致。”先縠，食封于彘（今山西霍州市东

北)，故又称彘子、彘季。邲之战时，先縠任中军佐。中军帅荀林父欲撤军，裨将先縠不从，为楚所败。《史记》说他是先轸之子。先轸，《齐孙子·陈忌问道》称作“孙轸”。

［22］“虞”，预谋、准备。何氏注：“春秋时，城濮之后，晋无楚备，以败于邲。邲之后，楚无晋备，以败于鄢。自鄢已来，晋不失备，而加之以礼，重之以睦，是以楚弗能加晋。”

［23］“御”，驾驭、干预。李筌注：“将在外，君命有所不受者胜，真将军也。吴伐楚，吴公子光弟夫概王至，请击楚子常，不许。夫概曰：‘所谓见义而行，不待命也。今日我死，楚可入也。’以其属五千，先击子常，败之。审此，则将能而君不能御也。”

## 【译文】

孙子说，大凡用兵打仗的法则是，以保全本国为上策，以破损本国为下策；以保全本军为上策，以破损本军为下策；以保全本旅为上策，以破损本旅为下策；以保全本卒为上策，以破损本卒为下策；以保全本伍为上策，以破损本伍为下策。所以百战百胜，并非好中最好；不用硬战而使敌人屈服，才是好中最好。

所以，用兵打仗的上策是在未战之前使用谋略，而战胜敌人；次策是临战之际展示实力，而威慑敌人；再次是使用兵力与敌野战，进行较量；最下策是直接使用兵力，攻打敌人的城池。攻城的方法是修造大盾、轒辒，制备器械，需要三个月才能完成；构筑可以窥视城内的土丘，又要花三个月才能完成。将帅如果焦躁愤怒，(等不得完成攻城的备战)就指挥士卒登梯爬城，导致士卒伤亡三分之一，城池依然攻不下来，这就是攻城的灾难。

所以善于用兵打仗的人，不用硬战就能迫使敌人屈服，不用强攻就能夺取敌人的城邑，不用火攻就能袭破敌国。一定要用全胜的策略争夺天下。这样，军队就不会受挫，而能取得完全的胜利，这就是谋攻的法则。

所以用兵打仗的方法是：兵力十倍于敌，则可围城；兵力五倍于敌，则可攻城；兵力两倍于敌，则可分兵夹击；兵力与敌相当，则可野战；兵力少于敌人，则可佻战；兵力不如敌人，则可避战。弱小之军若不量力，一味死守硬拼，结果终必为大敌擒获。

将帅，是国家的辅佐。辅佐若是周密，国家就会强盛；辅佐若有疏漏，国家就会衰弱。

所以，国君可能贻害军队的情况有三种：不知道军队不可以前进却硬让它前进，不知道军队不可以后退却硬让它后退，这就叫作"縻军"；不知道军队的内部事务，却干涉军队的政令执行，军士就会产生迷惑；不知道军队的职责任务，却参与军队的机变谋略，军士就会产生疑虑。军士既迷惑又怀疑，列国诸侯就会趁机制造祸难，这就是所谓的"乱军引胜"。

所以从以下五条便可预知战争能否取胜：懂得战争可以打、或不可以打者，能够取胜；懂得兵多时该怎么打、兵少时又该怎么打者，能够取胜；全军将士齐心协力、同心同德者，能够取胜；以预有战备对付没有战备者，能够取胜；将帅能干而国君不加牵制者，能够取胜。这五条，就是预见胜利的途径。

所以用兵打仗，既了解敌人又了解自己，则百战不危；不了解敌人而了解自己，胜负各半；既不了解敌人，又不了解自己，每战必危。

# 作　战

《说文》："作，起也。""战，斗也。"此处"作战"，义即发动战争，而不是指通常所说的交战之事。孙子可能是世界上最先注意到战争与经济之间存在密切关系的思想家，本篇的大部内容主要用来讨论此种关系。换言之，本篇主要论述的是包括战争动员与战争准备在内的军事后勤问题。

孙子主张“兵贵胜，不贵久”。倘若不得已而战，则宜速战速决。文中，孙子一再强调速战之利，反复痛陈久战之害。这就是《吴孙子·作战》篇所揭示的“速战原理”。

另外，孙子还重视利用敌国的资财和人力。对于粮食、辎重，孙子主张“因粮于敌”；对于俘虏，孙子主张收编善待。认为只有这样，才可以“胜敌而益强”。

孙子曰：凡用兵之法，驰车千驷，革车千乘，带甲十万[1]，千里而馈粮〔一〕，则外内〔二〕之费，宾客之用，胶漆之材，车甲之奉，日费千金，然后十万之师举矣[2]。

其用战也胜久〔三〕，则顿兵挫锐，攻城则力屈，久暴师则国用不足[3]。夫顿兵挫锐，屈力殚货，则诸侯乘其弊而起，虽有〔四〕智者，不能善其后矣[4]。故兵闻拙速，未睹巧之久也〔五〕[5]。夫兵久而国利者，未之有也〔六〕[6]。故不尽知用兵之害者，则不能尽知用兵之利也[7]。

善用兵者，役不再籍，粮不三载[8]；取用于国，因粮于敌，故军食可足也[9]。

国之贫于师者：远者远输〔七〕，远输则百姓贫[10]；近师〔八〕者贵卖，贵卖则财竭〔九〕，财竭则急于丘役[11]。屈力〔一〇〕中原，内虚于家，百姓之费，十去其七[12]；公家之费，破车罢马，甲胄矢弩，戟楯蔽橹，丘牛大车，十去其六[13]。

故智将务食于敌，食敌一钟，当吾二十钟；萁秆一石，当吾二十石[14]。

故杀敌者，怒也[15]；取敌之利者，货也[16]。故车战，得车十乘已上，赏其先得者，而更其旌旗[17]；车杂而乘之，卒共〔一一〕而养之[18]，是谓胜敌而益强。

故兵贵胜，不贵久[19]。故知兵之将，生民之司命[20]，国家安危之主也。

【校勘】

〔一〕千里而馈粮：十一家本作“千里馈粮”，无“而”字。简本作“□里而馈粮”。《御览》卷三〇六引文同简本。据补。

〔二〕外内：十一家本作“内外”。简本作“外内”。此处，“外”指战场，“内”指后方。简本先“外”后“内”，其语序与下文“屈力中原，内虚于家”一致。据正。

〔三〕其用战也胜久：简本作“……用战，胜久”，无“也”字。十一家本作“其用战也胜久”。其中“也”字为语气词，表示停顿，其用法同《论语·学而》：“其为人也孝弟，而好犯上者，鲜矣。”

〔四〕虽有：简本作“虽”，无“有”字。

〔五〕未睹巧之久也：《御览》卷二九三引作“未有工之久也”。《文选》卷二九张景阳《杂诗》李善注引作“不睹工久”。《文选》卷三九任彦升《奉答敕示七夕诗启》李善注引作“未睹工久”。“工”“巧”义同。“未睹工久”与“兵闻拙速”对言，修辞更工。但《墨子·号令》有言：“誉敌，少以为众，乱以为治，敌攻拙以为巧者，断。”“攻拙”“攻巧”也是先秦兵家古语。底本作“巧”不误，故从底本。

〔六〕未之有也：倒装句，即“未有之也”。简本作“未有也”，无“之”字。

〔七〕远者远输：十一家本作“远输”。《通典》卷一五六引作“远师远输”。简本释文作“远者远输”。整理者说：“此简简身右侧残缺，据《通典》引文，疑简文‘远者远输’四字原有重文号。”谦按：此句与下文“近师者贵卖，贵卖则财竭”为并列关系，都是“国之贫于师者”的原因之一。简文“远者”与“近师者”对言，“远输”与“贵卖”对言。既然

“贵卖”重文而“近师者”不重，依照文例，则“远输”重文，“远者”不重。据补“远者”二字。

〔八〕近师：十一家本作“近于师”，衍“于”字。武经本作“近师”。简本释文作“近市”，“市”通“师”。据删。

〔九〕财竭：十一家本作“百姓财竭”，衍“百姓”二字，疑涉上文“远输则百姓贫”而误。此处，简本释文作“近市者贵□□□□则□及丘役”，“贵”下空位只有四字，不容再有“百姓”二字。据删。

〔一〇〕屈力：十一家本作“力屈财殚”，“屈”“力”互乙，并衍“财殚”二字。简本作“屈力”。武经本和《御览》卷三三二引文皆作“力屈”。据改。

〔一一〕共：十一家本作“善”。简本作“共”。“共”与上文“杂”字同义互文，于义为胜，据改。

【注释】

[1]“驰车”，驰敌攻战之车，是一种轻型战车。张预注：“驰车，即攻车也。”战车若以其作战特点分类，则称驰车、革车或攻车、守车；若以其运动速度分类，则称轻车、重车。“千驷”，同“千乘”，即千辆，四马合驾一车为一“驷”。“革车”，运送辎重之车。这类战车上多蒙皮革，利于防守，故名“革车”。张预注：“革车，即守车也。”曹操、杜牧和梅尧臣注，皆释“革车”为载运辎重的车，即“重车”。可见，“革车”的用途较为广泛，除行军时装运辎重外，宿营时可供卧息，可当军垒，作战时也可用来屯守，可以横阵。“带甲”，又名“甲士”，指披带铠甲的武装士卒，其中不含从事运输、炊事等后勤供应的非战斗人员。杜牧注引《司马法》曰：“一车甲士三人，步卒七十二人，炊家子十人，固守衣装五人，厩养五人，樵汲五人，轻车七十五人，重车二十五人。”

[2]“馈”，赠送、供应。“外内”，指境外与境内，即战场与后方。“宾客”，又称“客卿”，指列国所聘用的将校和谋士。“用”，用度、花

费。"胶漆",胶和漆是古代制作车甲的主要材料。"车甲",车辆和甲胄,这里泛指武器装备。"奉",通"俸",供养。"千金",千镒或千斤黄金,比喻巨额钱财。"举",出动。

[3]"其",代指上述"十万之师"。"胜",胜过、超过。"胜久",过久之意。《史记·乐书》:"乐胜则流,礼胜则离。"《正义》注:"胜,犹过也。""屈",音 jué,竭尽之意。"力屈",力量衰竭。"暴",读 pù,原指日下晒物。"暴师",指陈师于野。"国用",国家开支。

[4]"屈力殚货",损折兵力,耗尽财货。"弊",疲困、危机之意。张预注:"兵已疲矣,力已困矣,财已匮矣,邻国因其罢弊,起兵以袭之,则纵有智能之人,亦不能防其后患。若吴伐楚入郢,久而不归,越兵遂入吴。当是时,虽有伍员、孙武之徒,何尝能为善谋于后乎?"谦按:张预此注依据《史记》。先秦史料如《左传》《国语》记载吴、越之事甚详,皆未出现"孙武"其名。倒是桂陵之战和马陵之战,齐国两次对魏用兵,孙膑很可能吸取了越军伐吴乘人之弊、后发制人的成功经验。

[5]"拙速",虽拙而速战。"巧之久",虽巧而久拖。

[6]杜佑注:"兵者凶器,久则生变。若智伯围赵,逾年不归,卒为襄子所擒,身死国分。故《新序传》曰:'好战穷武,未有不亡者也。'"

[7]杜佑注:"言谋国、动军、行师,不先虑危亡之祸,则不足取利也。若秦伯见袭郑之利,不顾崤函之败;吴王矜伐齐之功,而忘姑苏之祸也。"

[8]"役",兵役。"籍",登记。"三",与"再"同义,皆指多次。"载",运送。杜牧注:"审敌可攻,审我可战,然后起兵,便能胜敌而还。郑司农《周礼注》曰:'役,谓发兵起役;籍,乃伍籍也。比参为伍,因内政寄军令,以伍籍发军起役也。'"

[9]"用",用品,这里泛指军用物资。"因粮于敌",取粮于敌。杜佑注:"兵甲战具,取用国中,粮食因敌也。取资用于我国,因粮食于敌家也。晋师馆谷于楚是也。"

[10]“师”,军队。“远者”,远征、远战之意。杜牧注:“《管子》曰:‘粟行三百里,则国无一年之积;粟行四百里,则国无二年之积;粟行五百里,则众有饥色。’此言粟重物轻也,不可推移;推移之,则农夫耕牛俱失南亩,故百姓不得不贫也。”

[11]“近师者”,指靠近驻军的地方。“丘役”,指乡野各丘所出军赋。“丘”为古代齐、鲁、宋、卫、郑等国的一级乡野户籍管理单位,每丘约含48户人家。张预注:“财力殚竭,则丘井之役急迫而不易供也。或曰:‘丘役,谓如鲁成公作丘甲也。’国用急迫,乃使丘出甸赋,违常制也。丘,十六井;甸,六十四井。”“丘役”言国家财力枯竭,急于加重丘井之役。

[12]“屈力”,折损军力。“中原”,原野、战场。

[13]“破车罢马”,使车破、使马疲之意。此处,“破”“罢”二字皆是使动用法。“甲胄”,指铠甲、头盔。“矢弩”,指弓箭、弩机。汉简《守法》说:“战国者,外修城郭,内修甲戟矢弩。”“戟”,是一种戈、矛合一的长兵器,既能直刺,又能横击。“楯”,同“盾”,盾牌。“蔽”,屏障。“蔽”和“幄幕”可能为同类器物。《周礼·幕人》郑玄注:“在旁曰帷,在上曰幕。帷幕皆以布为之,四合象公室曰幄。”“橹”,大盾牌。“蔽橹”为先秦军语。汉简《守法》:“可以破蔽橹百步之内者。”武经本改“蔽橹”为“矛橹”,疑非是。“丘牛”,指各丘所出之牛。《汉书·刑法志》记载,古代军赋每丘出“戎马一匹、牛三头”。“大车”,指丘牛所拉的辎重车。

[14]“钟”,原是一种草编容器,用来量谷,后成为齐国的量制单位。战国时,齐国以一千升为一钟,约折合现在的205升。孟氏注:“十斛为钟。计千里转运,道路耗费,二十钟可致一钟于军中矣。”“萁”,豆茎。“秆”,禾秸。“萁秆”,泛指牲畜饲料。“石”,重量单位,古以120斤为一石。战国时一石约合现在的60斤。

[15]“怒”,激怒。杜牧注:“万人非能同心皆怒,在我激之以势使

然也。田单守即墨,使燕人劓降者,掘城中人坟墓之类是也。"

[16]"货",货财。杜牧注:"使士见取敌之利者,货财也。谓得敌之货财,必以赏之,使人皆有欲,各自为战。"

[17]"已",通"以"。"已上",即"以上"。

[18]《睡虎地秦简·金布律》:"不盈十人者,各与其官长共养。"整理者注:"养,做饭的人,《公羊传·宣公十二年》注:'炊烹者曰养。'""共养",即共用炊事之意。之所以要"杂而乘之""共而养之",意在防范俘虏串通生变,而不是为了优待俘虏。

[19]"胜",速胜。"贵胜"即"贵速"。孟氏注:"贵速胜疾还也。"

[20]"生民",人民。"司命",古人心目中主宰人类生死寿夭之神,比喻为将者关系重大,决定着人民的生死存亡。

【译文】

孙子说,凡用兵作战,需要出动战车千辆,守车千辆,精兵十万,行程千里,运送粮草。那样,战场与后方的花费,聘用将校、谋士的花销,制造、修理车甲器械的所需物资,补给、保养武器装备的开支,每天要耗费千金,然后十万大军才能出动。

这样庞大的军队用于作战,战期如果过久,军队就会疲惫,士气就会受挫,攻城就会兵力耗尽。军队长期在外作战,国家就会财力不足。如果军队疲惫,士气受挫,军力耗尽,财源枯竭,其他诸侯就会乘此危机,起兵进攻。那时,即便有智谋之士,也不能善终其事,挽回危局。所以,用兵打仗只听说过宁要计策笨拙,也要速战速决;没有见过巧于谋攻,却久战不下。战争旷日持久而能利于国家,这种情况从未有过。所以,不能完全知悉用兵害处的人,就不能完全知悉用兵的益处。

善于用兵的人,兵员无需一再征调,粮草无需再三运送。武器装备从国内取得,粮草在敌国就地解决,这样,军队粮草就可充足供应了。

国家因军队而导致贫困的情况有两种：一种是远征会带来远途运输，远途运输会导致百姓贫困；另一种是靠近驻军的地方会物价飞涨，物价飞涨会导致公家财源枯竭，财源枯竭则会导致公家急征赋税。战场军力耗尽，国内家家空虚，百姓的财物耗去了十分之七。公家资财，包括战车损坏，军马疲惫，武器装备和攻守器械的损耗，运输车辆的损坏等，耗去了十分之六。

所以，明智的将帅务求就食于敌国，从敌国取得粮食一钟，抵得上本国转运二十钟。从敌国征集草料一石，抵得上本国转运二十石。

所以，要使士卒奋勇杀敌，就要使其同仇敌忾；要使士卒夺敌物资，就要奖赏士卒财物。所以在车战中，凡缴获敌人战车十辆以上的，就要奖赏首先缴获战车的人，并且要把车上敌军的旗帜换成自己的旗帜。要将所获敌车与我方车辆混杂使用，要让俘虏与我方士卒共同饮食，这就是所谓的战胜敌人而使自己日益强大。

所以，用兵作战贵在速胜，不宜久拖。所以，懂得用兵的将帅，是黎民百姓的“司命”神，是国家安危的主宰。

# 势

《吕氏春秋·不二》篇说：“孙膑贵势。”“势”是孙子兵学的一个标志性概念。

什么是势？

《吴孙子·计》篇说：“势者，因利而制权也。”其中“势”字通“设”，设计之意，即根据利害关系而制定出权谋策略。这是《吴孙子》有关“势”的主要定义。这个定义，若用现代军语来说，就是“部署”。

除此之外，《吴孙子·势》篇也有多处提到“势”字。

《势》篇说：“激水之疾，至于漂石者，势也。……是故善战者，其势险，其节短。势如彍弩，节如发机。”其中“势”字，为势能之意。

《势》篇又说:“勇怯,势也。”其中“势”字,为气势之意。

《势》篇还说:“故善战人之势,如转圆石于千仞之山者,势也。”其中“势”字,为任势之意。

所以,“势”有时指威,有时指权,有时指气,有时指态,有时指形,有时指能。总之,不同语境下的“势”字,可能有着不同的含义。

《齐孙子·设备》说:“凡兵之道四:曰阵,曰势,曰变,曰权。察此四者,所以破强敌,取猛将也。”十三篇里,《势》篇主要论“势”,《形》篇主要论“权”,《九变》主要论“变”,《军争》和《实虚》则涉及论“阵”。而《势》篇对于“权”“变”“势”“阵”四者,则皆有所论。

《势》篇首段说:“凡治众如治寡,分数是也;斗众如斗寡,形名是也。三军之众,可使毕受敌而无败者,奇正是也;兵之所加,如以碫投卵者,虚实是也。”此段论“权”,对应《形》篇;其中提到的“分数”“形名”“奇正”“虚实”四个概念,是古人“将兵”的基本法则,所谓“将兵”四法。

《势》篇第二段说:“凡战者,以正合,以奇胜。……奇正还相生,如环之无端,孰能穷之?”此段论“变”,对应《九变》,同时也和《军争》有关。

《势》篇第三段说:“激水之疾,至于漂石者,势也。鸷鸟之疾,至于毁折者,节也。是故善战者,其势险,其节短。势如彍弩,节如发机。”此段论“势”,对应《军争》。

《势》篇第四段说:“纷纷纭纭,斗乱而不可乱;浑浑沌沌,形圆而不可败。……治乱,数也;勇怯,势也;强弱,形也。善动敌者,形之,敌必从之;予之,敌必取之。以此动之,以卒待之。”此段论“阵”,对应《军争》和《实虚》;同时也涉及“数”“势”“形”三个概念。孙子善于布阵,“以此动之,以卒待之”,是孙子桂陵设伏、马陵设伏的战术要点,是孙子阵法的精华所在。

《势》篇第五段说:“故善战者,求之于势,不责于人,故能择人而任势。任势者，其战人也，如转木石。”此段论“任势”。这就是《吴孙子·势》篇所揭示的“任势原理”。而其结尾，则与《形》篇比喻相近。

由于内容上存在以上密切关系，所以，《势》篇可以看作是《形》《九变》《军争》《实虚》等篇的引论与提要。

本篇所述的“分数”“形名”“奇正”“虚实”将兵四法，是孙子将兵艺术的精华，也是读者不可忽略的兵法要点。

孙子曰：凡治众如治寡〔一〕，分数是也〔二〕[1]；斗众如斗寡，形名是也[2]；三军之众，可使毕〔三〕受敌而无败者，奇正是也[3]；兵之所加，如以碫〔四〕投卵者，虚实是也[4]。

凡战者，以正合[5]，以奇胜。故善出奇者，无穷如天地，无竭如河海〔五〕。终而复始，日月是也；死而复生，四时是也。声不过五，五声之变，不可胜听也。色不过五，五色之变，不可胜观也。味不过五，五味之变，不可胜尝也[6]。战势不过奇正，奇正之变，不可胜穷也。奇正还相生〔六〕，如环〔七〕之无端，孰能穷之[7]？

激水之疾，至于漂石者，势也；鸷鸟之疾，至于毁折者，节也。是故善战者，其势险，其节短。势如彍弩，节如发机[8]。

纷纷纭纭，斗乱而不可乱〔八〕；浑浑沌沌，形圆而不可败〔九〕[9]。乱生于治，怯生于勇，弱生于强[10]。治乱，数也；勇怯，势也；强弱，形也[11]。善动敌者〔一〇〕，形之，敌必从之；予之，敌必取之[12]。以此〔一一〕动之，以卒待之[13]。

故善战者，求之于势，不责于人，故能择人而任势[14]。任势者，其战人也，如转木石。木石之性：安则静，危则动，方则止，圆则行。故善战人之势，如转圆石于千仞之山者，势也。

【校勘】

〔一〕孙子曰：凡治众如治寡：简本作“治众如治寡”，无“孙子曰凡”四字。

〔二〕分数是也：简本作“分数是”，无“也”字。

〔三〕毕：十一家本作“必”，王皙注：“必，当作毕，字误也。”简本作“毕”。据正。

〔四〕碫：十一家本作“碬”。简本作“段”，借为“碫”。孙校本说：“碬当为碫，从段。”据正。

〔五〕无竭如河海：十一家本作“不竭如江河”。武经本作“不竭如江海”。简本作“无竭如河海”。《后汉书·皇甫嵩传》李善注引作“无竭如江海”。关于水系，先秦北人说河，南人说江。“河海”应为燕、齐之语，“江海”应为楚、越之语，“江河”应为中原之语，三者意思相近。简本原始，此从简本。

〔六〕奇正还相生：十一家本作“奇正相生”，无“还”字。简本作“奇正环相生”。《史记·田单传》及《文选》卷六《魏都赋》刘良注、卷二九《杂诗》李善注引此，均作“奇正还相生”。“环”“还”古通，简本“环”字当读作“还”。简本义长，据补。

〔七〕环：十一家本作“循环”，衍“循”字。简本作“环”。《史记·田单传》，《文选》卷六《魏都赋》刘良注、卷二九《杂诗》李善注，《长短经·奇正》引此，均无“循”字。《荀子·王制》也说：“始则终，终则始，若环之无端也。”据删。

〔八〕斗乱而不可乱：十一家本“乱”作“乱也”，衍“也”字。武经本与《通典》卷一四九、《御览》卷二八二引文均无“也”字。据删。

〔九〕形圆而不可败：十一家本“败”作“败也”，衍“也”字。简本此句作“……可败”，无“也”字。武经本及《通典》卷一四九引文亦无“也”字。据删。

〔一〇〕善动敌者：十一家本作“故善动敌者”，衍“故”字。今据简本删。

〔一一〕以此动之：十一家本“此”作“利”，简本作“此”。“以利动之”只有“予之,敌必取之”一意;“以此动之”兼有“予之,敌必取之”和“形之,敌必从之”两义。简本义长,据改。

【注释】

[1]“众”,大部队。“寡”,小部队。“分”,分兵、部署。“数”,合兵、集聚。“分数”,是指兵力的分合与部署,大约相当于现代的军事指挥学。孟氏注:“分,队伍也;数,兵之大数也。分数多少,制置先定。”一说,“分数”是指军队的组织编制。曹操注:“部曲为分,什伍为数。”“分”指军、旅、卒、伍等军队建制的层级划分;“数”指五人为伍、百人为卒、五百人为旅、一万二千五百人为军之类的员额规定。

[2]“斗众”,指挥部众,使之战斗。此处“斗”为使动用法。“形名”,又作“刑名”,“刑”是杀戮惩罚,“名”是授爵奖赏,“形”“名”合称,即指赏罚。《墨子·号令》:“凡将率斗其众失法,杀。”赏罚二术,是将帅“斗众”的主要手段。

[3]“奇正”,常规为正,超常为奇。《孙子翼·奇正》:“形以应形,正也;无形而制形,奇也。奇正无穷,分也。分之以奇数,制之以五行,斗之以[二柄]。分定则有形矣,形定则有名[矣]。”军事上,一般战法为正,特殊战法为奇;正面进攻为正,侧翼迂回为奇;公开接近为正,秘密偷袭为奇。

[4]“以碫投卵”,比喻以坚击脆,以实击虚。《荀子·议兵》“若以卵投石”意思相反。张预注:“夫合军聚众,先定分数;分数明,然后习形名;形名正,然后分奇正;奇正审,然后虚实可见矣。四事所以次序也。”“分数”“形名”“奇正”“虚实”,此可谓“将兵四法”。《吴孙子·势》篇集中体现了孙子的将兵艺术精华。

[5]“合”,合战,今称会战。“以正合”,义即使用正兵进行会战。

[6]“五声”,又称“五音”,指宫、商、角、徵、羽五个基本音阶。“五

色”,指青、赤、黄、白、黑五种基本颜色。“五味”,指酸、甜、苦、辣、咸五种基本味道。

[7]“战势”,战争态势。“还”,往复、环绕之意。《说文》:“还,复也。”“环之无端”,指圆环无头无尾,没有终端。

[8]“疾”,急速。“漂石”,冲荡石头。“势”,势能,指战争能量的释放形态。“鸷鸟”,指猛禽,如鹰、雕等。“毁折”,擒杀鸟雀。“节”,节点、时机。杜佑注引王子(王凌)曰:“鹰隼一击,百鸟无以争其势;猛虎一奋,万兽无以争其威。”“彍弩”,张满弓弩。“发机”,触发弩机。

[9]“纷纷纭纭”,即纷纭,散乱之貌,形容战场旗帜纷杂,人马众多。“斗乱”,义同混战,纷乱之中进行战斗。“浑浑沌沌”,即混沌,不分之貌。“形圆”,比喻战阵首尾相接,乱作一团,莫辨向背。杜牧注“此言阵法也”,并引《军志》曰:“阵间容阵,足曳白刃;队间容队,可与敌对。前御其前,后当其后;左防其左,右防其右。行必鱼贯,立必雁行;长以参短,短以参长。回军转阵,以前为后,以后为前。进无奔迸,退无违走。四头八尾,触处为首;敌冲其中,两头俱救。”

[10]“乱”,混乱。“治”,严整。梅尧臣注:“治则能伪为乱,勇则能伪为怯,强则能伪为弱。”李筌注:“吴王夫差兵无敌于天下,陵齐于黄池,陵越于会稽,是其强也;为越所败,城门不守,兵围王宫,杀夫差而并其国,所谓‘弱生于强’也。”

[11]“数”,指前文所言“分数”,即分兵合兵、部署指挥之术。杜牧注:“言行伍各有分画,部曲皆有名数,故能为治,然后能为伪乱也。夫为伪乱者,出入不时,樵采纵横、刁斗不严是也。”“势”,任势、造势。陈皞注:“勇者,奋速也;怯者,淹缓也。敌人见我欲进不进,即以我为怯也,必有轻易之心。我因其懈惰,假势以攻之。”“形”,形态、形象。杜牧注:“以强为弱,须示其形。匈奴冒顿示娄敬以羸老是也。”

[12]“形之”,即示之以形,用假象迷惑敌人。“从”,跟从。曹操

注："见羸形也。"杜牧注："非止于羸弱也。言我强敌弱，则示以羸形，动之使来；我弱敌强，则示之以强形，动之使去。敌之动作，皆须从我。"李筌注："善诱敌者，军或强，能进退其敌也。晋人伐齐，斥山泽之险，虽所不至，必旆而疏阵之，舆曳柴从之。齐人登山而望晋师，见旌旗扬尘，谓其众而夜遁。则晋弱齐为强也。齐伐魏，将田忌用孙膑谋，减灶而趋大梁。魏将庞涓逐之，曰：'齐虏何其怯也！入吾境，亡者半矣。'及马陵，为齐人所败，杀庞涓，虏魏太子而旋。形以弱，而敌从之也。"张预注："诱之以小利，敌必来取。吴以囚徒诱越，楚以樵者诱绞是也。"

[13]"此"，指上文所言调动敌人的两种办法，即"形之"和"予之"。"卒"，步卒、徒兵。古人奔袭用车骑，设伏用徒兵。"以此动之，以卒待之"，善于诱敌，善于设伏，是孙膑用兵艺术的精华所在。《新序·善谋下》：王恢曰："将顺因单于之欲，诱而致之边，吾伏轻卒锐士以待之，阴遮险阻以备之。"汉军马邑设伏，用的也是这一战法。清俞樾读"卒"为"诈(zhà)"，疑非是。

[14]"责"，与"求"义同，苛求之意。"择"，读"释(shì)"，放弃之意。"任势"，用势。

## 【译文】

孙子说，治理大部队和治理小部队一样，关键在于运用"分数"；指挥大部队作战和指挥小部队作战一样，关键在于运用"刑名"；率领三军作战，即使四面受敌也不致溃败，关键在于运用"奇正"；军队发起进攻，就像以石击卵那样粉碎敌人，关键在于运用"虚实"。

大凡作战，一般都是以正兵接敌会战，以奇兵破敌制胜。所以，善于出奇制胜者，其战法变化如同天地一样无穷，如同河海一样无尽。终而复始，就像日月运行一样；死而更生，就像四季更替一般。基本音阶不过五种，可是五声经过变化，却会产生许多听不胜听的美妙乐曲；

基本颜色不过五种，可是五色经过变化，却会产生许多美不胜收的色彩；基本味道不过五种，可是五味经过变化，却会产生许多尝不胜尝的美味。基本战势不过奇、正两种，可是奇、正变化，却会产生无穷无尽的战势。因奇生正，因正生奇，奇、正往复，如同圆环一样无始无终，不可捉摸，谁又能穷尽它呢？

湍流急速奔泻，以致能把石头漂移，这是由于势能强大的缘故。猛禽飞快搏击，以致能扑杀鸟兽，这是由于时机恰当的关系。所以善于用兵作战的人，一定要造成居高临下、势如破竹之态，要捕捉战机，猛然出击。“势”，就像张满弩弓，引而待发；“节”，则像扣动弩机，突然发作。

战场纷纭杂沓，局面看似混乱，但是自己的部队却不会被打乱；阵势混沌迷离，阵形乱作一团，但是自己的部队却可以立于不败之地。

治则能伪为乱，勇则能伪为怯，强则能伪为弱。部队的治或乱，取决于编制和组织优劣；部队的勇或怯，取决于态势和气势盛衰；部队的强或弱，取决于军事实力大小。善于调动敌人的人，做出某种姿态，敌人就会信从而行；给敌人一些小利，敌人就会来贪取这个便宜。用这两种手段调动敌人，并以步卒锐士伏击敌人。

所以，善于用兵作战的人，主要通过用势而取得胜利，不会苛求部属个人，这样，他就能舍弃人的因素，而一心致力于用势。善于用势的人，指挥士卒作战，就像滚动木头和石头一样；木头和石头的特性是，放在安稳的地方就静止，放在陡峭的地方就滚动，方形的木石容易静止，圆形的木石容易滚动。所以在作战中善于用势的人，如同从千仞之山往下滚动圆石一样，猛不可当。这就是所谓的“任势”。

## 形

春秋、战国之际，儒、墨两家经常讨论“名实”。《墨子·经说上》

曰:“所以谓,名也;所谓,实也;名实耦,合也。”意思是人们说出来的是名,说的对象是实,名实一致是合,否则是不合。“实”就是后来战国名家所谓的“形”。

“形”的本义为形体,引申为形象、形态、形状、形势等义。《吴孙子·势》篇说:“强弱,形也。”这是《吴孙子》关于“形”的基本定义。“形”即“实”。兵家所谓“形”,本义是指军事实力,引申之义为军事形态。根据不同的军事实力,分别采取不同的攻守之形。因此,《形》篇的主题首先是“实力论”,其次才是“攻守论”。

“权”的本意为秤或秤锤,引申为权衡、比较、权力、权势等义,《吴孙子·形》篇所谓“称”,与“权”同义,也是指权衡、比较敌我双方的兵力。通过权衡和比较,决定采取进攻策略抑或防守策略。所以,《形》篇的主题既是“实力论”,又是“权衡论”,也是“攻守论”,还是“主客论”。

孙子是运筹学的创始人,这有《史记·孙膑传》“田忌赛马”故事为证。《形》篇集中展示了孙子的运筹学思想。《形》篇说:“法:一曰度,二曰量,三曰数,四曰称,五曰胜。地生度,度生量,量生数,数生称,称生胜。”这是兵家运筹学的制胜模型,它昭示世人如何度地、如何量敌、如何筹策、如何较量、如何战胜。这是兵家提供给世人的一种系统性的决策模型。该模型不仅适用于中观层面的战役运筹,也适用于宏观层面的战争运筹与微观层面的战术运筹。所以,《形》篇可以视为《计》篇的原型,而《计》篇则可以看作是《形》篇的引申。《形》篇为兵略,为战法,为兵家原创。《计》篇则是政略,是君略,是统治者发动战争的方略。

战争之事,不管敌人强弱如何,重要的是首先充实本身,使自己立于不败之地,然后方能乘机取胜。“昔之善战者,先为不可胜,以待敌之可胜;不可胜在己,可胜在敌。”“是故胜兵先胜而后战,败兵先战而后求胜。”这就是《吴孙子·形》篇所揭示的“恒胜原理”即“不败原理”。

孙子曰：昔之善战者〔一〕，先为不可胜，以待敌之可胜[1]。不可胜在己，可胜在敌。故善者〔二〕[2]，能为不可胜，不能使敌可胜〔三〕。故曰：胜可知，而不可为也〔四〕[3]。不可胜者守也，可胜者攻也。守则有余，攻则不足〔五〕。昔善守者，藏九地之下，动九天之上〔六〕，故能自保全也〔七〕[4]。

见胜不过众人之所知[5]，非善者〔八〕也；战胜而天下曰善，非善者也。故举秋毫不为多力[6]，见日月不为明目，闻雷霆不为聪耳。所谓善者，胜易胜者也〔九〕。故善者之战，无奇胜〔一〇〕，无智名，无勇功，故其胜不忒〔一一〕[7]。不忒者，其所措必胜败者也〔一二〕[8]。故善者〔一三〕立于不败之地，而不失敌之败也。是故胜兵先胜而后战〔一四〕，败兵先战而后求胜[9]。故善者〔一五〕修道而保法，故能为胜败正〔一六〕[10]。

法〔一七〕：一曰度，二曰量，三曰数，四曰称，五曰胜[11]。地生度，度生量，量生数，数生称，称生胜[12]。胜兵若以镒称铢〔一八〕，败兵若以铢称镒[13]。称胜者战民也〔一九〕，若决积水于千仞之溪者〔二〇〕，形也[14]。

**【校勘】**

〔一〕昔之善战者：简本作“昔善……”，无“之”字，全句疑作“昔善者”，应省“战”字。“善者”是善兵者的省称，包括善谋者、善战者、善守者等。

〔二〕善者：十一家本作“善战者”，衍“战”字。简本作“善者”。此从简本。

〔三〕不能使敌可胜：十一家本作“不能使敌之可胜”，衍“之”字。汉简甲本作“……□使敌可胜”，于义为长，据删。

〔四〕而不可为也：十一家本作“而不可为”，夺“也”字。简本和

《御览》卷三一九、卷三二二引文均作“而不可为也”。据补。

〔五〕守则有余,攻则不足:十一家本作“守则不足,攻则有余”,“有余”“不足”互乙。简本作“守则有余,攻则不足”。《汉书·赵充国传》:“臣闻兵法:攻不足者守有余。”《潜夫论·救边》:“攻常不足,而守恒有余也。”汉人言兵,多说“攻不足,守有余”,说法与简本同。据正。

〔六〕昔善守者,藏九地之下,动九天之上:十一家本作“善守者,藏于九地之下;善攻者,动于九天之上”。汉简乙本作“昔善守者,藏九地之下,动九天之上”。汉简甲本“藏”字,罗福颐释作“搏”,并说“搏”通“摶”,通“團”。作“搏”于义似胜。又简本有“昔”作发语词,修辞更好;而无“善攻者”作并列主语,不仅文气完足,且和下句“故能自保全也”相互承接,文义更密。据改。

〔七〕故能自保全也:十一家本作“故能自保而全胜也”,衍“而”“胜”二字。汉简乙本释文作“故能自保全[□□]”,整理者说:“简本‘全’字下也可能仅缺一字,简本或无‘也’字。”谦按:此处摹本第40简定位准确,“见胜”之上应无缺文;第39简d段定位有误,似应上移一字位置;如此,则“全”下“见”上应缺一字。李筌注说:“知而用之,故‘全也’。”其底本也作“全也”。可见简本“全”下缺文应为“也”字。据改。

〔八〕善者:十一家本作“善之善者”。汉简乙本作“善者”。“善之善者”一般释为高明中之最高明。问题是,上句既然已说“见胜不过众人之所知”,可见预见者只有常人水平,哪里是什么“善之善者”!“善之”二字应是衍文,据删。下文“善者”同此。

〔九〕所谓善者,胜易胜者也:十一家本作“古之所谓善战者,胜于易胜者也”,衍“古之”“战”“于”四字。简本作“所谓善者,胜易胜者也”。简本上文“见胜不过众人之所知,非善者也;战胜而天下曰善,非善者也”,从反面讨论了两种“非善者”的情况。此处接着从正面论述何谓“善者”。简本先破后立,文义紧密,据改。

〔一〇〕故善者之战,无奇胜:十一家本作“故善战者之胜也”。简本作“故善者之战,无奇胜”。简本义长,据改。

〔一一〕故其胜不忒:十一家本作“故其战胜不忒”,衍“战”字。简本作“故其胜不贷”,“贷”借为“忒”。简本用词准确,据删。

〔一二〕其所措必胜败者也:十一家本作“其所措必胜,胜已败者也”,衍“胜已”二字。竹简乙本作“其所错[□]胜败者也”,“错”借为“措”,“错”下缺文据传本应作“必”。简本义长,据删。

〔一三〕故善者:十一家本作“故善战者”,衍“战”字。汉简乙本作“善……”,无“故”字。据删。

〔一四〕而后战:十一家本作“而后求战”,衍“求”字。“求”字或因下文“败兵先战而后求胜”而误。汉简甲本作“□后战”,无“求”字。《长短经·料敌》引作“而后战”,同简本。据删。

〔一五〕故善者:十一家本作“善用兵者”,夺“故”字,并衍“用兵”二字。今据汉简甲本改。

〔一六〕胜败正:十一家本作“胜败之政”,“政”借为“正”,衍“之”字。竹简甲本作“胜败正”。据改。

〔一七〕法:十一家本作“兵法”,衍“兵”字。简本作“法”,指程兵之法。简本是,据删。

〔一八〕胜兵若以镒称铢:十一家本作“故胜兵若以镒称铢”,衍“故”字。简本作“胜兵如以镒称铢”,“若”作“如”,无“故”字。据删。

〔一九〕称胜者战民也:十一家本作“胜者之战民也”,夺“称”字,并衍“之”字。武经本、曹注本作“胜者之战”,夺“民也”二字。简本作“称胜者战民也”,紧扣上文“称生胜”,于义为长。据改。

〔二〇〕若决积水于千仞之溪者:简本作“如决积水于千仞之溪”,“若”作“如”,无“者”字。

## 【注释】

[1]“不可胜”，不可战胜，此就我方而言。“可胜”，可以战胜，此就敌方而言。

[2]“善者”，善兵者，即善于用兵作战的人，包括善谋者、善战者、善守者等。

[3]杜佑注：“敌有备也。已料敌，见敌形者，则胜负可知；若敌密而无形，亦不可强使为败，故范蠡曰：‘时不至，不可强生；事不究，不可强成。’”

[4]“九地”，比喻隐蔽极深，秘而不宣。“九天”，比喻一旦爆发，气冲云霄。古人认为，地有九层之深，天有九重之高。“九地”“九天”，分别表示极深、极高之意。“保全”，保卫维护，使其不受损害。

[5]“见胜”，预见胜利。“不过”，没有超过。

[6]“秋毫”，原指鸟兽在秋天新生的细毛，多用来比喻事物轻微。

[7]杜牧注：“胜于未萌，天下不知，故无智名；曾不血刃，敌国已服，故无勇功也。”“忒(tè)”，疑惑。《诗经·曹风·鸤鸠》：“淑人君子，其仪不忒。”毛传：“忒，疑也。”

[8]“措”，措置、处置。“胜”，胜于、胜过。“败者”，与“善者”相对，指那些不善于用兵的人。

[9]杜牧注：“《管子》曰：‘天时、地利，其数多少，其要必出于计数。故凡攻伐之道，计必先定于内，然后兵出乎境。不明敌人之政，不能加也；不明敌人之积，不能约也；不明敌人之将，不见先军；不明敌人之士，不见先阵。故以众击寡，以治击乱，以富击贫，以能击不能，以教士练卒击欧众白徒，故能百战百胜。’此则先胜而后求战之义也。”

[10]“修”，学习、遵循。“道”，兵家之道，即用兵规律。“保”，保守、保持。“法”，程兵之法，指下文的“一曰度，二曰量，三曰数，四曰称，五曰胜”，这是孙子所建立的一种筹策模型，是运筹学的前身。

“正”，本义为箭靶，后引申为标的、主宰之意。“能为胜败正”，意谓能在胜败问题上成为准绳。

[11]“度”，忖度、计划。“量”，衡量。“数”，机数、策略。“称”，称量、权衡。“胜”，胜利、战胜。

[12]“地生度”，根据战场形势，计算远近、险易。梅尧臣注：“因地以度军势。”“度生量”，根据远近、险易，进行量敌料我。梅尧臣注：“因度地以量敌情。”“量生数”，根据量敌料我，制定应敌策略。梅尧臣注：“因量以得众寡之数。”“数生称”，根据应敌策略，权衡敌我轻重。梅尧臣注：“因数以权轻重。”“称生胜”，根据敌我轻重，推断战事胜负。梅尧臣注：“因轻重以知胜负。”

[13]“兵”，军队。“镒”“铢”是战国天平上最大、最小的两个砝码，同时也是两种衡量单位。“铢”最小，24 铢合 1 两。“镒”最大，其重量为 16 两至 24 两不等。战国时，各国“镒”的重量并不统一，楚国以 16 两为一镒，中山国以 20 两为一镒，齐国和三晋以 24 两为一镒。“以镒称铢”，表示兵力居于绝对优势；“以铢称镒”，表示兵力居于绝对劣势。

[14]“战民”，使民作战。此处，“战”字用作使动词。“溪”，指山间深谷或阻塞不通的山涧。“形”，指战争能量的外部形态，这里主要指军事实力。《吴孙子·势》篇说：“强弱，形也。”

## 【译文】

孙子说：过去善于作战的人，先要做到使自己立于不败之地，然后等待敌人有被我战胜的时机。能够使自己立于不败之地，主动权在于我方；能够战胜敌人，则在于敌方有可乘之机。所以善于作战的人，能够使自己立于不败之地，却不能使敌人一定被我战胜。所以说，胜利可以预见，但条件不具备时，也不能硬做强为。我方不能战胜敌人时，应该进行防守；我方可以战胜敌人时，则应采取进攻。同样兵力，用于防守显得有余,用来进攻则显得不足。以往那些善于防守的人,深藏时如入九地之下,秘不可知;发作时如登九天之上,气冲霄汉。所以才能自我保全,不受损失。

预见胜利,没有超出常人所知,不能算是善于用兵的人;打了胜仗,天下人都交口称赞,也不能算是善于用兵的人。所以,能够举起毫毛,算不上力气大;能够看见日、月,算不上眼睛亮;能够听见雷霆,算不上耳朵灵。所谓善于用兵者,总是战胜那些容易战胜的敌人。所以,善于用兵的人作战,既没有特奇的胜策,也没有多智的名声,更没有勇武的功劳。他们之所以胜利,只是因为不会疑惑。不会疑惑的原因,在于他所采取的作战措施一定胜过失败之敌。因此善于用兵的人总是立于不败之地,同时又不错失任何可以致敌失败的机会。因此,胜利之师总是先有取胜的把握,而后才同敌人交战;失败之师总是先同敌人交战,而后期求侥幸取胜。所以,善于用兵的人能够遵循兵家之道,坚守程兵之法,从而能够掌握胜败的准绳。

程兵之法有五:一是“度”,二是“量”,三是“数”,四是“称”,五是“胜”。根据战场情况,计算远近、险易,为“度”;根据远近、险易,进行量敌料我,为“量”;根据量敌料我,制定应敌策略,为“数”;根据应敌策略,权衡敌我轻重,为“称”;根据敌我轻重,推断战事胜负,为“胜”。胜利之师犹如以镒比铢,力量上占有绝对优势;失败之师犹如以铢比镒,力量上处于绝对劣势。经过比较,具有绝对优势的军队使其战斗,就像在高达千仞的山涧之上决开积水一样,谁也阻挡不住,这就是善战者所追求的“形”。

## 九　变

《吴孙子·军争》说:“兵以诈立,以利动。”这句话可以用来概括《吴孙子·九变》的两大主题:一是权变,二是利害。

权变论是孙子兵法的核心内容。此处“九变”应是泛言,“九变”是说兵情多变,在以下各种情况下,皆须临机应变,因事制宜:“泛地无舍,衢地合交,绝地无留,围地则谋,死地则战,途有所不由,军有所不击,城有所不攻,地有所不争,君令有所不行。”以上共十事,虚而言之,可称“九变”;实而言之,则应分称“五利”“四变”。“君令有所不行”(传世本作“君命有所不受”)这句话是结语,无需计入“九变”。如果计入,后“四变”就成“五变”了。

利害论是兵家阐述战争哲学的主要指针。本篇先说为将者遇到利、害,应知有所变通;接着说要运用利、害对付敌人;然后细论“诸侯之情”、“王霸之兵”、何谓“巧事”以及如何“以决战事”等应变策略;最后则从反面论述为将者不知变通可能带来的祸害即“将过”问题,所谓“五危”,也就是五种有害的性格,发人省察。

一切战法,必须因时、因地、因敌而使用,绝不能拘泥于一端。“故将通于九变之利者,知用兵矣。”为将之道,在于善变,这就是《吴孙子·九变》篇所揭示的“权变原理”。

兵出国境,即入绝地,如何利用战地周围各诸侯国,实在关系重大。《九变》“诸侯之情”一节专论如何评估“诸侯之情”。这也是《九变》的核心内容。

《吴孙子·九变》说:“彼王霸之兵,伐大国,则其众不得聚;威加于敌,则其交不得合。是故不争天下之交,不养天下之权,信己之私,威加于敌,故其国可拔也,城可隳也。”这段文字概括了“王霸之兵”所具有的战略优势,讨论了大国如何称霸这一问题,是单边主义外交的经典表述。对于研究古今中外的帝国现象,尤有借鉴意义。

在十一家本《孙子》十三篇里,《九变》篇最短,只有248个字;《九地》篇最长,共有1072个字;二者篇幅相差悬殊。造成这一现象的主要原因,在于存在错简问题:半篇《九变》文字,被后人整体移入了《九地》篇。

简本“四五者”一语原本代指“四变”或“五变”，曹操注却说：“四五者，谓九地之利害。”可见，早在曹操之前，《九变》《九地》两篇就发生了错简问题。

这里，笔者通过对校和理校，将误入《九地》篇的错简文字（自“诸侯之情，遝则御”开始，到“后如脱兔，敌不及拒”结束，共8简约240个字）全部移归本篇，以恢复简本《九变》篇的原貌。

底本《九地》“诸侯之情，遝则御”一段文字，与《九变》“是故屈诸侯以害，役诸侯以业，趋诸侯以利”文义紧承，若合符节。

《吴孙子·势》篇说：“以此动之，以卒待之。”如果说《九地》“敌人开阖，必亟入之”至“后如脱兔，敌不及拒”相当于“以此动之”，那么，《九变》“故用兵之法，无恃其不来，恃吾有以待之；无恃其不攻，恃吾有所不可攻”则无异于“以卒待之”。两者拼合后，也是文义顺接，密不可分。

经过如此校勘，《九变》《九地》的错简问题不能说全解决了，但《九变》貌似已接近完篇，《九地》也不再那么凌乱，则可以确定。

孙子曰：凡用兵之法，将受令于君，合军聚众〔一〕，泛地〔二〕无舍，衢地合交〔三〕，绝地无留，围地则谋，死地则战[1]，途有所不由，军有所不击[2]，城有所不攻，地有所不争[3]，君令有所不行〔四〕[4]。

故将通于九变之利〔五〕者[5]，知用兵矣；将不通于九变之利者，虽知地形，不能得地之利矣。治兵不知九变之术，虽知五利[6]，不能得人之用矣。

是故智者之虑，必杂于利害[7]。杂于利，故务可信〔六〕[8]；杂于害，故忧患可解〔七〕[9]。是故屈诸侯以害[10]，役诸侯以业[11]，趋诸侯以利〔八〕[12]。

诸侯之情〔九〕：遝〔一〇〕则御，不得已则斗，过则从[13]。故不知诸侯之谋者，不能预交；不能预交，不能得地利〔一一〕。四五者[14]，一不知〔一二〕,非王霸〔一三〕之兵也[15]。彼王霸之兵,伐大国,则其众不得聚;威加于敌,则其交不得合[16]。是故不争天下之交,不养天下之权,信己之私,威加于敌,故其国可拔也,城可隳也〔一四〕[17]。

无法之赏,无政之令〔一五〕,犯三军之众[18],若使一人。犯之以事,勿告以言[19];犯之以害,勿告以利〔一六〕。投之亡地然后存〔一七〕,陷之死地然后生[20]。夫众陷于害,然后能为败为胜〔一八〕[21]。故为兵之事,在于顺详敌之意,并敌一向,千里杀将[22],此谓巧事〔一九〕[23]。

是故政举之日,夷关折符,无通其使[24],厉于廊上〔二〇〕,以诛其事[25]。敌人开阖〔二一〕,必亟入之[26]。先其所爱,微与之期[27]。践墨随敌,以决战事[28]。是故始如处女,敌人开户;后如脱兔,敌不及拒[29]。

故用兵之法,无恃其不来,恃吾有以待之〔二二〕;无恃其不攻,恃吾有所不可攻〔二三〕[30]。

故将有五危:必死,可杀〔二四〕[31];必生,可虏[32];忿速,可侮[33];洁廉〔二五〕,可辱[34];爱民,可烦[35]。凡此五者,将之过也,用兵之灾也[36]。覆军杀将,必以五危,不可不察也。

**【校勘】**

〔一〕合军聚众:《艺文类聚》卷五九引作“凡用兵之法,将受令于君”,无“合军聚众”四字。简本缺文空间不容有此四字。传本此四字疑为衍文。

〔二〕泛地:十一家本作“圮地”。《御览》卷二七二引作“氾地”。简本作“泛地”。“氾”是“泛”的异体字。《说文》:“氾,滥也。”“泛,浮也。”“氾”“泛”二字音近,用法相同。传本作“圮”,应是“氾”字形误。

简本是,据改。

〔三〕合交:十一家本作“交合”。武经本、孙校本作“合交”。“合交”是,据正。

〔四〕君令有所不行:十一家本作“君命有所不受”。简本此处残缺,但简本《四变》引此,作“君令有所不行”,“命”作“令”,“受”作“行”。“命”和“令”都有命令之意,但二者意义稍有不同:作为动词,“命”是差使别人做某事,“令”是指示别人做某事;作为名词,“命”指重大政令,“令”指一般政令。古时战前国君拜将,将帅领命,此谓“受命”。上文“将受命于君”,即拜将之意;而战时国君所发出的具体作战指令则称“君令”。对于“君令”,古人习惯说“行”或“不行”。简本分受命、行令为二事,用词精准。据改。

〔五〕九变之利:十一家本作“九变之地利”,衍“地”字,疑涉下文“不能得地之利矣”而误。武经本、曹注本和《御览》卷二七二引此,皆无“地”字。据删。

〔六〕故务可信:十一家本作“而务可信也”,“故”作“而”,衍“也”字。简本作“故务可信”。《御览》卷二七二引作“而务可信”,无“也”字,与简本近。据改。

〔七〕故忧患可解:十一家本作“而患可解也”。简本作“故忧患可……”。《御览》卷二七二引作“而患可解”,无“也”字。据改。

〔八〕是故屈诸侯以害,役诸侯以业,趋诸侯以利:此篇每简约容30—32个字。简85作“利,故务可信;杂于害,故忧患可……”,“可”下残缺约18—20个字。对应缺文,十一家本作“解也。是故屈诸侯者以害,役诸侯者以业,趋诸侯者以利”,共22个字,比简本应有字数多2—4个字。“趋诸侯者以利”,《御览》卷二七二引作“趣之以利”,无“者”字。传本“解”下“也”字和三“者”字皆虚字,应为衍文。据删。

〔九〕诸侯之情:十一家本“诸侯”作“故兵”。简127作“□侯”,“侯”上一字残,似从“言”旁,整理者疑作“诸”字,应即“诸侯”。《九变》篇的核心是讨论“将在外”如何随机应变,“将在外”是“君令有所不行”的前提。而进入其他诸侯国作战,则是“将在外”的本义。竹简“诸侯之情”至“……可拔也,城可隳也”一段文字,与《九变》“屈诸侯以害,役诸侯以业,趋诸侯以利”文义紧承,应是《九变》错简。据简130,“无法之赏,无政之令”以下一段文字紧跟“……可拔也,城可隳也”。而据简132,“是故政举之日”以下一段文字又紧接“此谓巧事”。可见三段简文的文序与传本一致,也是前后相连;其文义都和《九变》篇紧密相关。简127b段至简134共8简约240个字(每简容字按30个字估算)。这240个字应移出《九地》,插入到《九变》简85、简86之间。据此校勘并移动如上。

〔一〇〕遝:十一家本作“围”。简本作“遝”,相及之意。《说文》:“遝,合也。”《方言》卷三:“遝,及也。东齐曰迨,关之东西曰遝,或曰及。”“逮”有抓住、持握之意。“遝”“逮”古初原为一字,六朝以后,“逮”字通行,“遝”字近废。“遝则御”或可写作“逮则御”。简本义长,据改。

〔一一〕故不知诸侯之谋者,不能预交;不能预交,不能得地利:十一家本作“是故不知诸侯之谋者,不能预交;不知山林、险阻、沮泽之形者,不能行军;不用乡导者,不能得地利”。此38个字又见于同书《军争》篇,明人赵本学疑其为“重出之误”,清人邓廷罗将其径直删去。谦按:由于发生错简,“四五者”一语在《九地》篇中失去原义,无从着落,有人便引《军争》文字以作弥合。但这38个字所言只有“预交”“行军”“得地利”三事,与“四五者”之数毕竟不合。曹操注:“上已陈此三事,而复云者,力恶不能用兵,故复言之。”说明错简和衍文发生在曹注本之前。经过重辑,简127b段应与简85相邻,其定位应上移半简。简127b段残简文字为“诸侯之情:遝则御,不得已则斗,过则从”,正好为半简,其下缺文应有15或16个字。简128则说“利。四五者,一不知,非王霸之兵也”,其中“利”字与传本这38个字末句“不能得地利”恰合，说明这 38 个字中应有衍文，但并非全衍。由于此处讨论“诸侯之情”，事关国际外交，属战略层面，与“谋交”“得地利”两事有关，不应涉及“行军”“用向导”这类战术问题，故“不知山林、险阻、沮泽之形者，不能行军；不用乡导者”这 20 个字应为衍文。故简 127b 下缺文应作“故不知诸侯之谋者，不能预交，不能得地”。“不能预交”为叠句，这 4 个字之下应有重文号。据改。

〔一二〕一不知：十一家本作“不知一”。简本作“一不知”。武经本同简本。据正。

〔一三〕王霸：十一家本作“霸王”，“王”“霸”二字互乙。简本作“王霸”。古人常言“王霸”。《尉缭子·制谈》：“独出独入者，王霸之兵也。”《荀子》有《王霸》篇。简本义长，据正。下文“彼王霸”，十一家本原作“夫霸王”，并从简本改。在《孙子》里，“王霸”“霸王”同义，都为“霸主”之意。

〔一四〕故其国可拔也，城可隳也：十一家本作“故其城可拔，其国可隳”，“国”“城”互乙。简本作“……可拔也，城可隳也”。《御览》卷三〇四引作“故其国可拔而其城可隳也”，与简本近。此从简本改。

〔一五〕无法之赏，无政之令：十一家本作“施无法之赏，悬无政之令”，衍“施”“悬”二字。简本作“无法之赏，无正之令”，“正”，通“政”。《长短经·禁令》引作“无法之悬，无政之令”。《御览》卷三〇四引作“无法之悬，无功之令”。都是四言句式，与简本合。简本“无法之赏”与“无政之令”都是名词短语，共同构成下文“犯三军之众，若使一人”之主语。传本“施无法之赏”与“悬无政之令”则是动词短语，与“犯三军之众，若使一人”共同构成并列句。简本义胜，据删。

〔一六〕犯之以害，勿告以利：十一家本作“犯之以利，勿告以害”，“害”“利”互乙。简本作“……以害，勿告以利”。简本说法与下文“投之亡地然后存，陷之死地然后生。夫众陷于害，然后能为败为胜”文义连贯，于义为胜。据改。

〔一七〕投之亡地然后存：简本作“芋之亡地然而后存”，“芋”借为“宇”，“而”为衍文。《说文》：“芋，覆也。”王引之《经义述闻》卷六：“芋当读为宇。宇，居也。”“芋”“置”“投”义近。此句《史记·淮阴侯列传》引作“置之亡地然后存”。《汉书·韩信传》引作“投之亡地然后存”，同今本。

〔一八〕能为败为胜：十一家本作“能为胜败”。简本作“能为败为……”，据文义，“为”下缺文应为“胜”字。简本“能为败为[胜]”，义即转败为胜，于义为长。据改。

〔一九〕此谓巧事：十一家本作“此谓巧能成事者也”，衍“能成”“者也”四字。简本作“此谓巧事”。“巧事”，即机变、巧诈之事。“此谓巧事”是本段文字的点睛之笔，它与篇题《九变》正相切合。简本义长，据删。

〔二〇〕厉于廊上：十一家本作“厉于廊庙之上”，衍“庙之”二字。简本作“厉于郎上”，“郎”通“廊”。据删。

〔二一〕敌人开阓：十一家本作“敌人开阖”。简本作“敌人开阓”。“阓”有门义，《说文》：“阓，市外门也。”古代商业市区有垣有门，阛为市阛，阓为市门。垣、门之内，则为市道，亦得“阛阓”之称。《尔雅·释宫》：“阓，道也。”可见“开阓”义为开门，也可释作开路。“阖”本门扇之称。《说文》：“阖，门扇也，一曰闭也。”清人于鬯认为传本“‘开阖’二字，似非对义。”简本义长，据改。

〔二二〕故用兵之法，无恃其不来，恃吾有以待之：简134作“……[以]决战事。是故始如处……”，据传本《九地》，“处”下缺文可补作“女，敌人开户；后如脱兔，敌不及拒”，共22个字，其下可容8个字。而简86“不攻”之上缺文有15个字。二者合计为23个字。十一家本《九变》于此作“故用兵之法，无恃其不来，恃吾有以待也；无恃其”，共19个字，较简本应少4个字。《通典》卷一五五、《御览》卷三三〇引此，皆作“用兵之法，无恃其不来也，恃吾有能以待之也；无恃其”，共

21个字。简本或与《通典》《御览》引文相近,文字更为繁复。“有以待也”,武经本作“有以待之”。《孙子·势》篇也说:“以卒待之。”此据武经本改。

〔二三〕不可攻:十一家本作“不可攻也”,衍“也”字。此据简本删。

〔二四〕可杀:十一家本作“可杀也”,衍“也”字。武经本作“可杀”,无“也”字。简本作“□杀”,亦无“也”字。据删“也”字。以下四句并同。

〔二五〕洁廉:十一家本作“廉洁”。简本作“洁廉”。《庄子·徐无鬼》:“其为人洁廉善士也。”《墨子·明鬼下》:“吏治官府之洁廉。”“洁廉”应是战国古语。据改。

## 【注释】

[1]“泛地”,浸洳之地,即地势地下,易遭水淹之地。“衢地”,指邻接多国,四通八达之地。“绝地”,义同绝境,指危险处境。“围地”,指前险后固,进退不便,易被包围之地。“死地”,指进退两难,非经死战则难以图存之地。

[2]“军有所不击”,张预注:“纵之而无所损,克之而无所利,则不须击也。又若我弱彼强,我曲彼直,亦不可击。如晋、楚相持,士会曰:‘楚人德刑、政事、典礼不易,不可敌也,不为是征。’义相近也。”士会即范武子,他是春秋晋国六卿范氏的得姓始祖。

[3]“地有所不争”,张预注:“如吴子伐齐,伍员谏曰:‘得地于齐,犹获石田也,不如早从事于越。’不听,为越所灭是也。”

[4]“君令有所不行”,李筌注:“苟便于事,不拘君命。穰苴斩庄贾,魏绛戮杨干是也。”

[5]“九变”,指“泛地无舍,衢地合交,绝地无留,围地则谋,死地则战,途有所不由,军有所不击,城有所不攻,地有所不争,君令有所不

行”。此处“九”为虚数,“九变”即多变。“利”,利弊。

[6]“五利”,五种地利,指“泛地无舍,衢地合交,绝地无留,围地则谋,死地则战”五种趋利避害、化不利为有利的战地应变策略。

[7]“杂”,掺杂。“杂于利害”,兼顾到“利”和“害”。意思是在特殊情况下,作战指挥要见利而思害,见害而知利;有利时,要看到不利条件;不利时,要看到有利因素。只有这样,才能趋利避害,取得完胜。

[8]“务”,任务、事情。“信”,通“伸”,伸张、完成。“信”“伸”同属真部,音近可通。这里,“务可信”与汉简《四变》“前事不信”义同。

[9]“忧患”,祸患。“解”,化解、消除。

[10]“屈”,屈服、制服。“诸侯”,本义是对古代天子所封各国君主的统称,引申之义则包括指称天子所封的国家即诸侯国。“屈诸侯以害”,贾林注:“为害之计,理非一途:或诱其贤智,令彼无臣;或遗以奸人,破其政令;或为巧诈,间其君臣;或遗工巧,使其人疲财耗;或馈淫乐,变其风俗;或与美人,惑乱其心。此数事,若能潜运阴谋,密行不泄,皆能害人,使之屈折也。”

[11]“役”,驱使。“业”,事业、功业。《盐铁论·力耕第二》:“今山泽之财,均输之藏,所以御轻重而役诸侯也。”

[12]“趋”,奔赴、驱赶。《战国策·齐五·苏秦说齐湣王》:“约于同形则利长,后起则诸侯可趋役也。”

[13]“过”,繁体作“過”,借为“祸”,祸害之意。“从”,听从,跟从。

[14]“四五者”,指“四变”或“五变”。“四变”是指“途有所不由,军有所不击,城有所不攻,地有所不争”,“五变”则是“四变”加上“君令有所不行”。一说,“四五者”是指“四变”和“五利”,义同“九变”。

[15]“王霸之兵”,指强大无敌的军队。《尉缭子·制谈》:“独出独入者,王霸之兵也。”

[16]“众不得聚”,面对王者、霸者,大国军心涣散,难以集中兵

力。“交不得合”，王、霸之国出兵敌国后，其他诸侯因惧怕王、霸，不敢与其敌国结交。张预注：“若晋、楚争郑，晋胜则郑附，晋败则郑叛也。小国既离，则敌国之权力分而弱矣。或我之兵威得以增胜于彼，是则诸侯岂敢与敌人交合乎？”

［17］“权”，权势、霸权。“信”，通“伸”，伸展。杜牧注：“言不结邻援，不蓄养机权之计，但逞兵威，加于敌国，贵伸己之私欲，若此者，则其城可拔，其国可隳。齐桓公问于管仲曰：‘必先顿甲兵、修文德、正封疆而亲四邻，则可矣。’于是复鲁、卫、燕所侵地，而以好成，四邻大亲。乃南伐楚，北伐山戎，东制令支，折孤竹，西服流沙，兵车之会六，乘车之会三。乃率诸侯而朝天子。吴夫差破越于会稽，败齐于艾陵，阕沟于商鲁，会晋于黄池，争长而反，威加诸侯，诸侯不敢与争。勾践伐之，乞师齐楚，齐楚不应，民疲兵顿，为越所灭。”

［18］“无法”，破格，超出常例。“无政”，没有明文规定。“犯”，触动之意，这里疑释作“范”，指规范、调动。

［19］“言”，谋略、意图。梅尧臣注：“但用以战，不告以谋。”

［20］曹操注：“必殊死战，在亡地无败者。孙膑曰：‘兵恐不投之死地也。’”

［21］“为败为胜”，将失败转变成胜利。此处二“为”词性不同：前者作介词，读 wèi，表示行为的对象；后者作动词，读 wéi，变成之意。

［22］“顺”，通“慎”。《荀子·强国》：“故为人上者，不可不顺也。”梁启雄注：“顺，借为‘慎’。”“详”，参详，审视。“顺详”，审慎考察之意。“并敌一向”，即“并一向敌”，合力向敌之意。

［23］“巧事”，机巧之事。“巧事”与“诡道”意思相近，但使用对象不尽相同：“诡道”主要对敌而言；“巧事”则包括我方将士。所谓兵不厌诈，“巧事”一语可谓道尽用兵真髓。

［24］“政”，指战争决策。“政举之日”，即决定开战之时。“夷关折符”，指关闭关卡，废除通行证。“无通其使”，是说与敌断绝外交关系。

［25］“厉”，通“励”，激励。“廊”，廊庙，指祖庙或朝堂。“诛”，断、决，这里为口诛、声讨之意。

［26］“开阖”，开门、开道。“敌人开阖”，指敌人打开门户，意谓敌方出现虚空。“亟”，急，疾。“必亟入之”，不失时机，乘虚而入。

［27］“先其所爱”，即先夺其所爱。“微”，训“无”。《论语·宪问》：“微管仲，吾其披发左衽也。”“微与之期”，即不宣而战。

［28］“践”，践履。“墨”，通“默”。“践墨随敌”，即尾随敌后，随机应变。一说，“践”通“划”；“墨”，绳墨；“践墨”义即抛开规矩，灵活应敌。陈皞注：“践墨，一作划墨。”

［29］张预注：“守则如处女之弱，令敌懈怠，是以启隙；攻则犹脱兔之疾，乘敌仓卒，是以莫御。太史公谓田单守即墨攻骑劫，正如此语，不其然乎？”

［30］“恃”，依靠、期待。“待之”，御敌之意。曹操注：“安不忘危，常设备也。”梅尧臣注：“所赖者，有备也。”

［31］“必死，可杀”，张预注：“勇而无谋，必欲死斗，不可与力争，当以奇伏诱致而杀之。故《司马法》曰：‘上死不胜。’言将无策略，止能以死先士卒，则不胜也。”

［32］“必生，可虏”，何氏注：“《司马法》曰：‘上生多疑。’疑为大患也。”张预注：“临阵畏怯，必欲生返，当鼓噪乘之，可以虏也。晋、楚相攻，晋将赵婴齐令其徒先具舟于河，欲败而先济是也。”

［33］“忿速，可侮”，张预注：“刚愎褊急之人，可凌侮而致之。楚子玉刚忿，晋人执其使以怒之，果从晋师，遂为所败是也。”

［34］“洁廉，可辱”，张预注：“清洁爱民之士，可垢辱以挠之，必可致也。”

［35］“爱民，可烦”，李筌注：“攻其所爱，必卷甲而救；爱其人，乃可以计疲。”

［36］陈皞注：“良将则不然。不必死，不必生，随事而用；不忿速，

不耻辱,见可如虎,否则闭户。动静以计,不可喜怒也。”何氏曰:“将材古今难之,其性往往失于一偏尔。故孙子首篇言‘将者,智、信、仁、勇、严’,贵其全也。”

## 【译文】

孙子说:大凡用兵的法则是,将帅受命于国君,聚集民众组成军队,遇到“泛地”,不要安营;遇到“衢地”,要结交邻国;遇到“绝地”,不要久留;遇到“围地”,要使用奇计;遇到“死地”,要殊死决战;有些道路不要通过;有些敌军不要攻击;有些城邑不要攻打;有些土地不要争夺;有些国君命令不要执行。

所以,将帅如果能精通九种应变策略的利弊,就是懂得如何用兵了;将帅如果不精通九种应变策略的利弊,即使了解地形,也不能取得地形之利。用兵打仗如果不懂得“九变”的方法,即使懂得“五利”,也不能充分发挥人的作用。

所以,聪明的将帅考虑用兵时,一定要兼顾到利、害两个方面。充分考虑了有利的一面,就可以顺利完成作战任务;充分考虑了有害的一面,就能消除意外的祸患。所以要使列国诸侯屈服,就要用其最害怕的事情去威胁它;要使列国诸侯被驱使,就要借由功业去烦劳它;要使列国诸侯疲于奔走,就要用小利去引诱它。

诸侯们的心理状态是:受到波及,就会抵御防守;迫不得已,就会拼死战斗;祸害来临,就会跟从参战。所以,不了解诸侯们的图谋,就不能与其结交;不能与其结交,就不能取得地利。“四变”或“五变”,若有一条不知道,就不能算是王霸型的军队。那些王霸型的军队,讨伐大国,能使敌人难以聚集到足够的兵力;施威于敌,能使敌人的外交陷入孤立。所以,王霸之国不必与他国争交于天下,也不必在他国培植势力,只要播撒自己的恩德,向敌国施加威力,就可占领它的国都,毁灭它的城邑。

不拘常法的奖赏，打破成规的命令，调动三军之众，就像使唤一个人一样。只向士卒下达作战任务，而不向其说明作战意图；只让士卒去完成危险任务，而不要告诉他们有利条件(以免他们心存侥幸)。把士卒投入危亡之地，然后可以图存；使士卒陷入死绝之地，然后可以求生。军队陷入危险的境地，然后才能化害为利，转败为胜。所以，作战之道，在于审慎察知敌人的意图，集中我方兵力，共同指向敌人，这样，即使长驱千里，也能擒杀敌将，这就是所谓的机巧之事。

所以，决定举事的时候，就要占据要塞关卡，实行凭证通行，不许敌国使者往来，要在庙堂之上誓师，声讨敌人。敌方若有隙可乘，要不失时机地乘虚而入，首先夺取敌人的战略要地，不宣而战；然后尾随敌人，随敌而变，寻机与敌进行作战。所以，开始要像处女那样沉静怯弱，使敌人存轻慢之心，不加戒备而敞开门户；得势之后要像野兔脱走那样行动迅速，使敌人来不及抵抗。

所以，用兵的法则是，不能指望敌人不来，而要依靠我军有充分准备，能严阵以待；不能指望敌人不会发动进攻，而要依靠我军有足够的实力使敌人不敢进攻。

所以将帅有五种危险：轻生决死，勇而无谋，可能会被敌人杀害；贪生怕死，怯懦不前，可能会被敌人俘虏；急躁易怒，偏激轻战，可能会被敌人欺侮；洁身自好，过于清廉，可能会被敌人污辱；溺爱其民，不审利害，可能会被敌人烦扰。以上这五条，是将帅容易犯的过错，也是用兵作战的灾难。全军覆没，将帅被杀，都是由这五种危险造成的，所以不能不警惕。

# 军　争

“军争”是两军相对而争利。“军争之法”有二，一是“趋战”，二是“合战”。“合战”如今习称“会战”。古人进行“军争”，一般是先用

“选卒”进行“趋战”,后用“众卒”进行“合战”。“选卒”是勇士,是精兵,组成先锋部队,用来争夺战略要地或突袭敌人。“众卒”是普通士卒,有勇者,也有怯者,组成大部队、大兵团,用来包围城池,或进行其他大规模作战。

在《过秦论》中,贾谊曾列举山东六国的八位名将说:“吴起、孙膑、带佗、兒良、王廖、田忌、廉颇、赵奢之伦制其兵。”《吕氏春秋·不二》篇则说:“孙膑贵势,王廖贵先,兒良贵后。”和孙膑、吴起一样,王廖、兒良也是先秦六国兵家的旗帜人物。

西汉焦延寿《焦氏易林》卷十一《益之临》记载:“带季、兒良,明知权兵,将师合战,敌不能当,赵、魏以强。”注:“带季即带佗,与兒良俱战国时人,善用兵,知权变。”钱穆《先秦诸子系年·诸子捃逸》疑带佗与宫佗为一人,宫佗为魏将,兒良应为赵将。根据《焦氏易林》所言,带佗、兒良都擅长“合战”即会战。“兒良贵后”既然指的是“合战”之法,那么与其相对的“王廖贵先”,就应该是指“趋战”之法。

本篇汉简本由前、后两部分组成,前部主要论述“趋战”,所谓“军争之法”;后部主要论述“合战”,所谓“用众之法”。全篇结构谨严,层次分明。传世本则显得文序凌乱,其中既有错简问题,也有衍文现象。

《史记·孙膑传》记载,孙膑谓田忌曰:“兵法:百里而趣利者蹶上将,五十里而趣利者军半至。”此“兵法”可能和王廖有关,王廖善于使用“选卒”远程奇袭,进行趋战,长于先发制人,以夺取先机。《吴孙子·军争》前半部分所论述的“军争之法”,主要阐述趋战理论。

兒良善于使用“众卒”进行大兵团作战,长于用正,长于后发制人,以夺取实利。《吴孙子·军争》后半部分所论述的“用众之法”,主要阐述合战理论。

“王廖贵先,兒良贵后。”《军争》篇既有趋战理论,又有合战理论,兼备“贵先”“贵后”两种战法,运用之妙,存乎一篇。

《吕氏春秋·不二》篇说:“陈骈贵齐。”讲求齐一均等是陈骈之学的一大特点。《吕氏春秋·用众》说："田骈谓齐王曰：'孟贲庶乎患术，而边境弗患；楚、魏之王，辞言不说，而境内已修备矣，兵士已修用矣；得之众也。'"陈奇猷注："田骈贵齐，使众庶合力，其效果与孟贲之勇无异，故不贵孟贲之勇而贵众人之力，因有是语也。"《吴孙子·军争》说："鼓金旌旗者，所以壹民之耳目也。民既已专，则勇者不得独进，怯者不得独退。"其中似包含陈骈的"用众"思想与"贵齐"思想。

依据简本文序，本书对《军争》篇进行了必要的校勘，其中重要者，是将"故其疾如风，其徐如林；侵掠如火，不动如山；难知如阴，动如雷震"六句共25个字，由上文"军争之法"移至下文"用众之法"。

利益和战争有着密切关系，《军争》篇把它归纳为三点：一是为利而战，见利而动（"故兵以诈立，以利动"）；二是激励士卒，以利服众（"指向分众，廓地分利，悬权而动"）；三是欲取故与，以利诱敌（"故迂其途，而诱之以利"）。这就是《军争》篇所揭示的"利动原理"。

本篇后面所述的"治气""治心""治力""治变"治兵四法与"用众"八戒，也是读者不可忽略的兵法要点。

孙子曰：凡用兵之法，莫难于军争〔一〕[1]。军争之难者，以益为直，以患为迂〔二〕[2]。故迂其途[3]，而诱之以利，后人发，先人至者〔三〕，知迂直之计者也。

军争为利〔四〕，军争为危。举军而争利，则力不及〔五〕；委军而争利，则辎重捐[4]。是故卷甲而趋利〔六〕，日夜不处，倍道兼行[5]，百里而争利，则擒三将〔七〕，军劲者先，疲者后，则十一而至〔八〕[6]；五十里而争利，则蹶上将〔九〕，法以〔一〇〕半至[7]；三十里而争利，则三分之二至。是故军无辎重则亡，无粮食则亡，无委积则亡[8]。

故不知诸侯之谋者，不能豫交[9]；不知山林、险阻、沮泽之形者[10]，不能行军；不用乡导者[11]，不能得地利。

故兵以诈立，以利动，以分合变〔一一〕者也[12]。指向分众〔一二〕,廓地分利,悬权而动[13]。先知迂直之道〔一三〕者胜,此军争之法也。

是故〔一四〕《军政》曰:“言不相闻,故为鼓金〔一五〕;视不相见,故为旌旗。”是故昼战多旌旗,夜战多鼓金〔一六〕[14]。鼓金〔一七〕旌旗者,所以壹民〔一八〕之耳目也。民既已专〔一九〕,则勇者不得独进,怯者不得独退[15];故其疾如风,其徐如林;侵掠如火,不动如山;难知如阴,动如雷震〔二〇〕。故三军可夺气,将军可夺心[16]。

是故朝气锐,昼气惰,暮气归[17]。善用兵者〔二一〕,避其锐气,击其惰归,此治气者也[18]。以治待乱,以静待哗,此治心者也[19]。以近待远,以佚待劳,以饱待饥,此治力者也[20]。无邀正正之旗,勿击堂堂之陈,此治变者也[21]。

故穷寇勿迫,锐卒勿攻〔二二〕[22],背丘勿迎〔二三〕,佯北勿从[23],围师遗〔二四〕阙,归师勿遏[24]。此用众之法〔二五〕也[25]。

## 【校勘】

〔一〕孙子曰:凡用兵之法,莫难于军争:简68残文作“……以□为直,以患……而诱之[□□]”,“以□为直”上缺文正好半简,据邻简字数估计约为16个字。十一家本对应文字作“孙子曰:凡用兵之法,将受命于君,合军聚众,交和而舍,莫难于军争。军争之难者”,除去重文“军争”2个字,共29个字,较简本多13个字。《通典》卷一五四引此,作“然用兵之法,莫难于军争”,无“孙子曰”和“将受命于君,合军聚众,交和而舍”诸字。王正向说,简本应和《通典》相近,无“将受命于君,合军聚众,交和而舍”这13个字。王说是,据删。

〔二〕以益为直,以患为迂:十一家本作“以迂为直,以患为利”。简本作“以□为直,以患……”。吴九龙《释文》作“以益为直,以患……”。王正向作“以益为直,以患为迂”。简本语意简明,且紧扣下文“故迂其途,而诱之以利”。吴说、王说是,据改。

〔三〕先人至者:十一家本作“先人至,此”,改“者”为“此”,读属下句。简本作“先人至者”,与下文构成常见的“……者,……也”句型,于义为胜,据改。

〔四〕军争为利:十一家本作“故军争为利”,衍“故”字。简本、武经本作“军争为利”,无“故”字。据删。

〔五〕则力不及:十一家本作“则不及”,夺“力”字。简本作“则□不及”,“则”下一字缺文,整理者说:此“字不可辨,疑为抄书者错写后刮去”。王正向说“则”下残字应释作“力”。王说是,据补。

〔六〕卷甲而趋利:十一家本作“卷甲而趋”,夺“利”字。简本与《通典》卷一五四引文均有“利”字。“卷甲而趋利”与下文“百里而争利”“五十里而争利”“三十里而争利”构成并列关系,于义为长。据补。

〔七〕三将:以往各家注多把“三将”与“军”连属,读作“三将军”,唯有何氏注“言三将出奇求利……败则三将俱擒”,称“三将”。今据何氏注,将“军”字断入下句,成为“劲者先,疲者后,则十一而至”的主语,其用法和下文“是故军无辎重则亡”之“军”字相同。

〔八〕则十一而至:十一家本作“其法十一而至”。简本作“则十一以至”。“十一以至”即“十以一至”,句法与下文“法以半至”相近。传本“其法”二字疑涉下文“其法半至”而衍。据改。“以”“而”二字古通。

〔九〕上将:十一家本作“上将军”,衍“军”字。简本和张预注作“上将”。《通鉴》卷六五胡三省注引作“《兵法》:百里而趋利者,蹶上将”,也无“军”字。据删。

〔一〇〕法以:十一家本作“其法”,“其”字不知代指何物。简本作“法以”,于义为长,据改。

〔一一〕以分合变:十一家本作“以分合为变”。简本作“以[□]合变”,“合”下无“为”字。《御览》卷三一三引文同简本。“合变”为先秦军语,此句与上二句为并列句,“以诈立”、“以利动”与“以分合变”,三者句式相同。传本“为”字应是衍文。据删。

〔一二〕指向分众:“指向”,十一家本作“掠乡”。陈皞注下校语:“‘掠乡’一作‘指向’。”王皙注:“指所乡以分其众。‘乡’音‘向’。”《通典》卷一六二、《御览》卷三一三引此,并作“指向”。作“指向”是,据改。传本“掠乡分众”上原有“故其疾如风,其徐如林;侵掠如火,不动如山;难知如阴,动如雷震”六句共25个字。趋战时,选卒可以“劲者先,疲者后”。合战时,则要求众卒行动一致。上孙家寨汉简《合战令》引“孙子曰:战贵齐成”。古人会战主要使用众卒,讲究“齐成”。“故其疾如风”六句描述的是众卒“合战”时的状态,其内容应属下文“用众之法”。“指向分众”“廓地分利”皆是“以分合变”;“悬权而动”即“以利动”;“指向分众,廓地分利,悬权而动”三句,与上文“故兵以诈立,以利动,以分合变者也”文义连贯,内容紧承,应前后相接。传本此处因错入“故其疾如风”六句,不仅割裂了原本文义完足的本节文字,同时也导致下节文字衍误丛生,文脉不连。简本此处毁损严重,“故其疾如风”六句唯余“难知”二字,整理者据传本语序将其列为简74。简73“……动,以□合变”下约缺8个字,加上简74约33个字,合计缺文应有41个字。传本与此对应文字为“者也。故其疾如风,其徐如林;侵掠如火,不动如山;难知如阴,动如雷震。掠乡分众,廓地”,只有33个字,显然不合。可见简74定位有误,简73与简75应是前后相接;简73下端缺文8个字应是“者也。指向分众,廓地”;接着应是简75“分利,悬权而动……”。据移。

〔一三〕迂直之道:十一家本作“迂直之计”。简本作“迂直之道”。王皙注:“量敌审轻重而动,又知迂直必胜之道也。”其底本疑作“迂直之道”,同简本。简本义长,据改。

〔一四〕是故:十一家本“《军政》”上无“是故”二字,简本有。《御览》卷三三八引此同简本。据补。

〔一五〕故为鼓金：十一家本作“故为金鼓”，“鼓”“金”二字互乙。简本作“……鼓金”。“鼓金”与上文“相闻”音韵相谐，修辞略胜。据正。

〔一六〕是故昼战多旌旗，夜战多鼓金：十一家本作“故夜战多火鼓，昼战多旌旗，所以变人之耳目也”。简本无“所以变人之耳目也”一句。简本校语说：“按上下文义，简本文句次序显然较传本合理，疑传本有误。‘所以变人之耳目’句，亦疑是涉‘所以一人之耳目’句而误衍者。”据改。

〔一七〕鼓金：十一家本作“夫金鼓”。简本作“鼓金”。据改。

〔一八〕壹民：十一家本作“一人”。简本作“壹民”。“壹”通“一”。传本“人”字应是避唐太宗名讳所改。据正。

〔一九〕民既已专：十一家本作“人既专一”。简本释文作“民既已榑[□□]勇者不……”。“榑”，通“搏”。“搏”即古“專”字。整理者说：“释文‘榑’‘勇’之间空二字，乃据今本定。简本可能无‘一则’二字，也可能仅有‘一’字或‘则’字。”谦按：古文“专”字本身既有专一之意，同时又有集中之意。《商君书·农战》：“然后国家可富，而民力可抟也。”“民力可抟”与简本“民既已抟”说法一致。“既”，此处或读“气”，“民既”即“民气”。“已”是完成时态，其下应为动词。“专”字古体“搏”从手，为动词。“专一”则为形容词。简本此文应作“民既已榑，[则]勇者不……”，“榑”下应无“一”字。据改。

〔二〇〕传本“怯者不得独退”下原有“此用众之法也。故夜战多火鼓，昼战多旌旗，所以变人之耳目也”四句共25个字。简本中，“此用众之法也”居全篇结语；“故夜战多火鼓，昼战多旌旗”作“是故昼战多旌旗，夜战多鼓金”，已移至上文；而“所以变人之耳目也”与上文“所以壹民之耳目也”意思全同，传本却分见两处。此25个字应属衍文。《淮南子·兵略训》于“勇者不得独进，怯者不得独退”下，接着有“止如丘山，发如风雨，所凌必破，靡不毁沮，动如一体，莫之应圉”六句,与传本《军争》"故其疾如风"六句文义相近。传本《军争》此处疑有错简。实则"故其疾如风"六句是说众卒进退。简本中,"故其疾如风,其徐如林;侵掠如火,不动如山"17个字原应接在简77"[则]勇者不[得独进,怯者不得独退]"下;"难知如阴;动如雷震"8个字,与简78"[故三军可夺气],将军可夺心。[是故朝气锐,昼气惰,暮气归。善]"23个字构成另一枚整简。换言之,简74应插入简77、简78之间。据移。

〔二一〕善用兵者:十一家本作"故善用兵者",衍"故"字。今据武经本删。

〔二二〕穷寇勿迫,锐卒勿攻:此节文字十一家本作"故用兵之法:高陵勿向,背丘勿逆,佯北勿从,锐卒勿攻,饵兵勿食,归师勿遏,围师必阙,穷寇勿迫。此用兵之法也"。简本作"……背丘勿迎,佯北勿从,围师遗阙,归师勿遏。此用众之法也"。据摹本,简81上部完整,该简"背丘勿迎"上应无缺文;而简80上部完整,下部残断,"此治变者"下约缺10个字。据传本,"者"下可补出"也"字。剩余9个字空位只能容纳四言二句。传本"故用兵之法"与下文"此用兵(众)之法也"犯复,显属衍文,但发语词"故"字似可保留。"高陵勿向"与"背丘勿迎"犯复,"饵兵勿食"与"佯北勿从"犯复,应是注文误入正文。余下"锐卒勿攻"与"穷寇勿迫"疑似竹简原文。若将"穷寇勿迫"列为首句,"锐卒勿攻"列为二句,则"攻""迎""从"三字押韵,似更合理。所以简80"此治变者"下应作"也。故穷寇勿迫,锐卒勿攻"。据改。

〔二三〕背丘勿迎:十一家本"迎"作"逆"。《说文》:"逆,迎也。关东曰逆,关西曰迎。""逆""迎"义同。简本作"迎",与"从"押韵,文义更胜。据改。

〔二四〕遗:十一家本作"必"。简本作"遗",据改。

〔二五〕用众之法:简本《军争》分前、后两部分:前者论述"军争"问题,结语为"此军争之法也";后者论述"用众"问题,结语为"此用众之法也”。全篇结构谨严,层次分明。传本文序则显得凌乱,篇尾结语“此用众之法也”被移到文中“怯者不得独退”句下,结尾又多出“故用兵之法”“此用兵之法也”两句衍文。据改。

【注释】

[1]“军争”,两军争利,即争夺战场上的有利形势和战略要地。

[2]“益”,利益。“直”,直接、近便。“患”,祸患,祸害。“迂”,迂回、迂远。

[3]“故”,故意。“其”,代指敌人。

[4]“举”,包举。“举军”,指携带所有的辎重行动。“委”,委弃、丢掉。“委军”,指丢掉辎重,轻装前进。

[5]“卷甲”,收起铠甲。铠甲是古代战斗时的防护服,穿着笨重,不便行军。“趋利”,快速行军,夺取利益。“处”,处军,安营。“日夜不处”,指白天晚上都不休息。“倍道兼行”,表示军队日夜兼程,加速赶路。

[6]“擒”,被敌所擒。“三将”,三军之将。古时行军,分上、中、下三军,即前、中、后三军。“百里而争利,则擒三将”,说明三军主将都被敌擒,等于全军覆没。张预注:“若晋人获秦三帅是也。”《齐孙子·陈忌问道》记载孙子与田忌讨论殽之战孙轸的用兵艺术。这里,《吴孙子》作者可能也是暗用殽之战秦军三将被擒的故事,说明“百里而争利”乃兵家大忌。李筌注:“庞涓追孙膑,死于马陵,亦其义也。”

[7]“蹶”,跌倒,折损。“上将”,上军之将,即前军之将。“法”,常法,标准。

[8]“委积”,指物资储备。张预注:“无辎重,则器用不供;无粮食,则军饷不足;无委积,则财货不充。皆亡覆之道。此三者,谓委军而争利也。”

[9]“豫”,通“与”,参与。“豫交”,与诸侯结交。

[10]“沮(jù)泽”,指水草丛生的沼泽之地。

[11]“乡”,通“向”。“乡导”,即“向导”。张预注:“山川之夷险,道路之迂直,必用乡人引而导之,乃可知其所利而争胜。吴伐鲁,鄫人道之以克武城是也。”

[12]“立”,成立、成功。“以利动”,根据利益原则而采取行动。“分”,分配、部署,义同“分数”。“合变”,应变之意。《史记·蔺相如列传》:赵王欲以赵括为将,代廉颇,蔺相如曰:“括徒能读其父书传,不知合变也。”王伯祥注“合变”为“活用应变”。

[13]“指向分众”,贾林注:“三军不可言遣,故以旌旗指向;队伍不可语传,故以麾帜分众。故因敌阵形可为势,此尤顺,训练分明,师徒服习也。”“廓地分利”,李筌注:“得敌地,必分守利害。”“悬权而动”,杜牧注:“如衡悬权,称量已定,然后动也。”

[14]“《军政》”,古代兵书,其佚文散见于《左传》《晋纪》《通典》《十一家注孙子》。“鼓金”,鼓和金是古代军队用来指挥联络的两种听觉信号工具。一般是击鼓进军,鸣金收兵。“旌旗”,旗帜,是古代用来指挥联络的视觉信号工具。张预注:“越伐吴,夹水而阵。越为左右句卒,使夜或左或右,鼓噪而进。吴师分以御之,遂为越所败。是惑以火鼓也。晋伐齐,使司马斥山泽之险,虽所不至,必旆而疏阵之。齐侯畏而脱归。是惑以旌旗也。”

[15]杜牧注:“旌以出令,旗以应号。盖旗者,即今之信旗也。《军法》曰:‘当进不进,当退不退者,斩之。’吴起与秦人战,战未合,有一夫不胜其勇,前获双首而返,吴起斩之。军吏进谏曰:‘此材士也,不可斩。’吴起曰:‘信材士,非令也。’乃斩之。”

[16]“夺气”,挫伤士气。杜牧注引《司马法》:“战以力久,以气胜。”“夺心”,动摇决心和意志。《左传·昭公二十一年》引《军志》曰:“先人有夺人之心,后人有待其衰。”

[17]“朝气”,初始之气。“锐”,锋锐、旺盛。“昼气”,中间之气。“惰”,懈怠。“暮气”,结尾之气。“归”,穷尽、终结。

[18]“治气”,治理和掌握军队士气。《管子·枢言》:“应敌莫如后。”杜佑注:“避其精锐之气,击其懈惰欲归,此理气者也。曹刿之说是也。”

[19]“治心”,治理和掌握士卒的心理。

[20]“治力”,治理和掌握军队的战斗力。

[21]“邀”,邀击、截击。“陈”,通“阵”。“治变”,掌握和运用权变之法。

[22]“穷寇”,指已陷入绝境,准备决一死战的敌人。杜牧注:“春秋时,吴伐楚,楚师败走。及清发,阖闾复将击之。夫概王曰:‘困兽犹斗,况人乎?若知不免而致死,必败我。若使半济,而后可击也。’从之,又败之。”“锐卒”,即“锐士”,战国时秦人对“选卒”的习称。

[23]“背丘勿迎”,孟氏注:“敌背丘陵为阵,无有后患,则当引军平地,无迎击之。”“佯北勿从”,贾林注:“敌未衰,忽然奔北,必有奇伏,要击我兵,谨勒将士,勿令逐追。”

[24]“阙”,空缺。曹操注:“《司马法》曰:‘围其三面,阙其一面,所以示生路也。’”“遏”,阻截。

[25]“用众”,使用众卒进行大兵团作战。“众卒”相对“选卒”而言。“选卒”是精兵,可组成先锋部队。“众卒”是普通士卒,可组成大部队。《周礼·春官》:“大师之礼,用众也。”

## 【译文】

孙子说:大凡用兵作战,最难的莫过于争夺先机之利。争夺先机之利的难点,在于通过施敌以利而达到近敌目的,通过施敌以害而达到远敌目的。为了使敌人迂回绕远,就需要诱敌以利,比敌人后出发,却能先敌人而到达,这是因为懂得计算迂直的缘故。

军争既可带来利益,也可带来危险。如果出动全军,带上辎重,去争夺有利之地,军行迟缓,则力不能及;如果丢下辎重,去争夺有利之地，则会损失辎重。所以，收起铠甲，急进趋利，昼夜不停，加速赶路，日行百里而争利，则三军将领都会被擒，军中的健壮士卒虽先赶到，疲弱的士卒却落在后边，只有十分之一的士卒能够如期到达；日行五十里路而争利，则会折损前军将领，按照常法，只有一半的士卒能够如期到达；日行三十里路而争利，只有三分之二的士卒能够如期到达。所以，军队没有辎重就会灭亡，没有粮食就会灭亡，没有物资储备就会灭亡。

所以，不了解各国诸侯的图谋，就不能与其结交；不熟悉山林、险阻、沼泽等地形，就不能行军；不使用向导，就不能得地利。

所以，用兵作战要以诡诈之道制敌取胜，要以利害得失指挥调动，要以兵力配置灵活应变。指定方向，派遣部众；扩疆略土，分守要地；权衡利害，待机而动。谁先预知迂直之道，谁就能取胜，这就是军争的法则。

因此，《军政》说：打仗时士卒人多，将领说话听不见，所以制作锣鼓进行通讯；阵地辽远，将领的指挥动作士卒看不见，所以制作旌旗进行联络。所以，白天作战多用旗帜，夜里作战多用锣鼓。锣鼓、旌旗，是用来统一民众的视听和行动的。民众既然都已团结起来，则勇敢的不能单独前进，怯弱的也不能单独后退。所以，军队快速行动，要像疾风一样猛烈；军队缓慢推进，要像森林一样静中有动；军队侵掠敌境，要像烈火燎原一样势猛；军队驻守防御，要像山岳一样稳重；军队隐蔽埋伏，要像阴云一样莫测；军队出动威猛，要像雷霆一样轰动。如此，对于敌军，可以打击他的士气；对于敌将，可以动摇他的决心。

所以，战斗初始士气旺盛，战斗中间士气懈怠，战斗后期士气衰竭。善于用兵的人，总是避开敌军最初的锐气，等到它懈怠、衰竭时才去打它，这是掌握士气的一般法则。保持我军严整，等待敌军混乱，保持我军镇静，等待敌军喧哗，这是掌握军心的一般法则。保持我军接近战地，等待敌军远道而来，保持我军休整安逸，等待敌军奔走疲惫，保持我军粮草充足，等待敌军饥饿难耐，这是掌握军队战力的一般法则。不要迎击旗帜整齐的敌军，不要进攻阵容盛大的敌军，这是掌握因敌应变的一般法则。

所以，敌人陷入绝境，切勿紧逼；敌人选卒来袭，切勿进攻；敌人背靠丘陵，切勿迎击；敌人佯装败退，切勿追逐；敌人被我包围，要留缺口；敌人撤退回国，切勿阻击。这些，就是使用大部队进行会战的一般法则。

# 实　虚

此篇传世各本大多题名《虚实》，简本及一号篇题木牍题名《实虚》。《管子·七法》说："刚柔也，轻重也，大小也，实虚也，远近也，多少也，谓之计数。"其中也说"实虚"。本篇中，"角之而知有余不足之处"与"避实而击虚"二句，都是先"实"后"虚"。《实虚》应是原始题名，《虚实》应是后人改题。此从简本，题名《实虚》。

"实"与"虚"既相互对立，又相互转化，二者结合，概指兵力的集中与分散，或指兵力的强大与薄弱。只有充分掌握了敌人的"实虚"，才能"避实而击虚"。

作战时，我方必须立于主动地位，掌握战场的支配权，陷敌于被动，出其不意，攻其不备，以获得胜利："凡先处战地而待战者佚，后处战地而趋战者劳。故善战者，致人而不致于人。"这就是《吴孙子·实虚》篇所揭示的"主动原理"。

避实击虚是孙子的拿手策略。桂陵之战前，孙膑对田忌说："夫解杂乱纷纠者不控卷，救斗者不搏撠，批亢捣虚，形格势禁，则自为解耳。"于是"引兵疾走大梁，据其街路，冲其方虚"，从而创造了"围魏救赵"的著名战例，因此被赞为千古高手。

和《势》篇一样，本篇汉简本开头也无"孙子曰"三字，不像是出自后学之手。所以,本篇不排除为孙膑本人所著。

本篇简本与传本出入较大。简本文字多优于传本。所以,校勘时多从简本。

孙子曰:凡先处战地而待战〔一〕者佚,后处战地而趋战者劳[1]。故善战者,致人而不致于人[2]。

能使敌〔二〕自至者,利之也[3];能使敌不得至者,害之也[4]。故敌佚能劳之、饱能饥之者〔三〕[5],出于其所必趋也〔四〕[6]。

行千里而不畏〔五〕,行〔六〕无人之地也。攻而必取〔七〕,攻其所不守也;守而必固,守其所必攻也〔八〕。故善攻者,敌不知所守〔九〕;善守者,敌不知所攻。微乎微乎,至于无形;神乎神乎,至于无声,故能为敌〔一〇〕司命[7]。

进不可御〔一一〕者,冲其虚也[8];退不可止者,远而不可及也〔一二〕。故我欲战,虽高垒深沟,敌不得不与我战者〔一三〕,攻其所必救也[9];我不欲战,虽〔一四〕画地而守之[10],敌不得与我战者,胶〔一五〕其所之也[11]。

故善将者形人而无形〔一六〕[12],则我专而敌分[13]。我专而为一,敌分而为十〔一七〕,是以十击一也〔一八〕。我寡而敌众,能以寡击众者,吾所与战之日、与战之地不可知,则敌之所备者多〔一九〕;所备者多,则所战者寡矣〔二〇〕。备前者后寡,备左者右寡〔二一〕,无不备者无不寡〔二二〕。寡者,备人者也;众者,使人备己者也[14]。

故知战之日,知战之地〔二三〕,则可千里而战〔二四〕[15]。不知战之日,不知战之地〔二五〕,则前不能救后,后不能救前,左不能救右,右不能救左〔二六〕,况〔二七〕远者数十里、近者数里乎?

以吾度之,越人之兵虽多[16],亦奚益于胜〔二八〕哉?故曰:胜可擅〔二九〕也;敌虽众,可无斗也〔三〇〕[17]。

故料〔三一〕之而知动静之理[18]，形之而知死生之地[19]，计之而知得失之策〔三二〕，角之而知有余不足之处〔三三〕[20]。

故形兵之极[21]，至于无形；无形，则深间弗能窥也[22]，智者弗能谋也〔三四〕。因形而错胜于众[23]，众不能知；人皆知我所以胜之形，而莫知吾所以制形〔三五〕。所以胜者〔三六〕不复，而应形于无穷[24]。

夫兵形象水，水行避高而走下〔三七〕；兵胜〔三八〕避实而击虚。故水因地而制行〔三九〕，兵因敌而制胜。兵无成势，无恒形〔四〇〕，能与敌化之谓神〔四一〕。五行无恒胜〔四二〕，四时无常位[25]，日有短长，月有死生[26]。

【校勘】

〔一〕"待战"：十一家本作"待敌"。简本作"待战"，且句首无"孙子曰"三字。"待战"与下文"趋战"对言，简本义胜。据改。

〔二〕敌：十一家本作"敌人"，衍"人"字。此句简本作"能使敌□至者"，"敌"下应无"人"字。据删。下文"能使敌不得至者"之"敌"并同。

〔三〕饱能饥之者：十一家本作"饱能饥之，安能动之"，无"者"字，衍"安能动之"四字。简本作"饱能饥之者"。谦按："安能动之"与上文"佚能劳之"犯复，疑为注文误入正文。简本义长，据改。

〔四〕出于其所必趋也：十一家本作"出其所不趋，趋其所不意"。简本作"出于其所必[□□]"。"出"下有"于"字，"不"作"必"，"必"与下文"行千里"间只缺三字，不容有"趋其所不意"一句。《御览》卷二七〇引此，作"出其所必趋也"。简本"故敌佚能劳之、饱能饥之者，出其所必[□□]"与上下文一样，都是典型的"……者，……也"句式。据上下文例和《御览》引文，"必"下所缺二字应作"趋也"。简本义长，据改。

〔五〕行千里而不畏：十一家本作“行千里而不劳者”，“不畏”作“不劳”，并衍“者”字。简本作“□行千里而不畏”，“行”上还有一字，略存残画，疑是“故”字。《广雅·释诂三》：“訒、畏、病，难也。”“畏”与病、难义同，皆有受挫、遇阻之意。简本义长，据改。

〔六〕行：十一家本作“行于”，衍“于”字。简本作“行”。据删。

〔七〕攻而必取：十一家本作“攻而必取者”，衍“者”字。简本作“攻而必[□]”，据汉简下文“守而必固”文例，“必”下缺文当为“取”字，“取”下无“者”。据改。

〔八〕守而必固，守其所必攻也：十一家本作“守而必固者，守其所不攻也”。简本释文作“守而必固，守其所□[□□]”。“所”下缺文一字摹本释作“必”。《御览》卷三一七引文亦作“必”。据传本，既知敌人“不攻”，何必又要固守？简本义长，据改。

〔九〕敌不知所守：十一家本作“敌不知其所守”，衍“其”字。简本作“敌不知所守”。据删。下文“敌不知所攻”同此。

〔一〇〕敌：十一家本作“敌之”，衍“之”字。简本作“敌”。《御览》卷三一七引文同简本。据删。

〔一一〕进不可御：十一家本作“进而不可御”。简本释文作“进不可迎”，无“而”字。汉简“彳”旁字头多作二撇，“辶”旁字头多作三撇。今查图版和摹本，简 56“进不可”下一字左边为二撇一竖，竖脚略挑，形似“彳”旁，又似“辶”旁；中间残去，只剩一小横；右边为“卩”。该字究竟是“御”是“迎”？很难判定。《通典》卷一五八、《御览》卷三一七引此，皆无“而”字。据删。

〔一二〕退不可止者，远而不可及也：十一家本作“退而不可追者，速而不可及也”，“退”下衍“而”字，“远”作“速”。简本作“□□可止者，远……”。简本义长，据改。

〔一三〕虽高垒深沟，敌不得不与我战者：十一家本作“敌虽高垒深沟，不得不与我战者”，主语“敌”字领起上句。简本作“……敌不得不[□□□]者”,主语“敌”字领起下句,其句式与下文“我不欲战,虽画地而守之,敌不得与我战者”一致。简本义长,据移。

〔一四〕虽:十一家本“画地”之上无“虽”字。今据武经本、曹注本补。

〔一五〕胶:十一家本作“乖”。简本作“膠(胶)”。《方言》三:“胶,谲诈也。凉州西南之间曰胶,自关而东西或曰谲,或曰胶。诈,通语也。”《广雅》:“谬谲诈胶,欺也。”膠、谬、缪三字形近可通。膠有欺诈之意,缪有差错之意,谬有乖戾之意。简本作“胶”,应读本字。传本作“乖”,应是借义“谬”或“缪”,并换用近义词。简本义长,据改。

〔一六〕故善将者形人而无形:十一家本作“故形人而我无形”,夺“善将者”三字,失去主语,并衍“我”字。简本作“故善将者形人而无形”。简本义长,据改。

〔一七〕我专而为一,敌分而为十:十一家本作“我专为一,敌分为十”。简本作“我专而为壹(一),敌分而为十”,“我”对“敌”,“专而为壹(一)”对“分而为十”,修辞更佳。据补。

〔一八〕是以十击一也:十一家本作“是以十攻其一也”。简本作“是以十击壹(一)也”。“以十击一”是一个普遍军事原则,既可用于进攻,也可用于防守。传本改“击壹(一)”为“攻其一”,于义为狭。此从简本。

〔一九〕我寡而敌众,能以寡击众者,吾所与战之日、与战之地不可知,则敌之所备者多:十一家本作“则我众而敌寡,能以众击寡者,则吾之所与战者约矣。吾所与战之地不可知,不可知,则敌所备者多”。简本作“我寡而敌众,能以寡击□……地不可知,则敌之所备者多”。传本“不可知”三字重文,简本不重文。简本“能以寡击□……地不可知”缺文约为 11 个字。据文义和传本,缺文可补作“众者,吾所□□□□与战之”,其间仍缺 4 个字。王正向据汉简下文“知战之日,知战之地”之文例,将此缺文 4 个字补作“与战之日”,并说传本此处

"则吾之所与战者约矣"与下文"则吾所与战者寡矣"文义犯复,应是衍文。王说是。今据简本和王说改。

〔二〇〕所备者多,则所战者寡矣:十一家本作"敌所备者多,则吾所与战者寡矣"。简本作"所备者多,则所战者寡矣"。此从简本。

〔二一〕备前者后寡,备左者右寡:十一家本作"故备前则后寡,备后则前寡;备左则右寡,备右则左寡"。简本作"备前……者右寡",句前无"故"字,中间约缺4个字。整理者说:"疑此段简文本作'备前者后寡,备左者右寡',较十一家本少两句。"简本"备□者□寡"为叙述句。传本"备□则□寡"为判断句。传本多出"备后"与"备右"二句衍文,文义不如简本灵动。据改。

〔二二〕无不备者无不寡:十一家本作"无所不备,则无所不寡"。简本作"无不备者无不寡"。《通典》卷一五八、《御览》卷三一三引此,同简本。据改。

〔二三〕知战之日,知战之地:十一家本作"故知战之地,知战之日","日""地"互乙。简本作"知战之日,知战之地",无"故"字。简本先言天时,后言地利,符合古人时空观念。据改。

〔二四〕千里而战:十一家本作"千里而会战",衍"会"字。简本作"千里而战"。据删。

〔二五〕不知战之日,不知战之地:十一家本作"不知战地,不知战日","地""日"二字互乙,并夺两"之"字。简本作"不[□□□]日,不知战之地"。据改。

〔二六〕则前不能救后,后不能救前,左不能救右,右不能救左:十一家本作"则左不能救右,右不能救左,前不能救后,后不能救前"。简本释文作"前不能救后,后不能救前,左不能救[□□]不能救左",无"则"字,并且按前、后、左、右次序进行叙述,与上文"备前者后寡;备左者右寡"一致。古人布阵,前为先锋,后为主力,左右两翼,多为侧应。简本先说前后,再说左右,经纬分明。据改。

〔二七〕况：十一家本作“而况”，衍“而”字。今据简本删。

〔二八〕胜：十一家本作“胜败”，衍“败”字。今据简本删。

〔二九〕胜可擅也：十一家本作“胜可为也”。简本作“胜可擅也”。简本“擅”字用得传神，其意境一如成语“独擅胜场”。传本改“擅”作“为”，大为逊色，并且也和同书《形》篇“胜可知而不可为”说法矛盾。简本义长，据改。

〔三〇〕可无斗也：十一家本作“可使无斗”，衍一“使”字，夺一“也”字。简本作“可毋斗也”。“无”，通“毋”。简本“敌虽众，可毋斗也”与上文“胜可擅也”为并列句，二者皆为“故曰”的分句。简本说法，自然贴切。传本改作独立使动句，用在此处，显得突兀。简本义长，据改。

〔三一〕料：十一家本作“作”。简本释文作“绩”，整理者说：“‘绩’‘策’二字古音相近。简本‘绩’字疑当读为‘迹’。”谦按：今查图版简63，所谓“绩”字略显模糊，其写法与《齐孙子·威王问》简276“缭敌计险”之“缭”形近，应释为“缭”。简本释文作“绩”，疑误。“缭”，通“料”。“料”本义为估量，这里为触动之意，其用法与《庄子·盗跖》“疾走料虎头”相同。据改。

〔三二〕计之而知得失之策：十一家本作“策之而知得失之计”，“策”作动词，“计”作名词。简本作“计之[□□]得失之□”，“计”“策”互乙。“得失之策”，义为“得策”“失策”，即“得算”“失算”。简本义长，据正。

〔三三〕以上四句，十一家本作“故策之而知得失之计，作之而知动静之理，形之而知死生之地，角之而知有余不足之处”。可能是碍于兵家先计后战的成说，传本将“策之而知得失之计”移作首句。简本释文则作“故绩（缭）之而知动□……死生之地，计之[□□]得失之□，□之[□□]余不足之□”。其中一、二两句互韵，三、四两句散对。简本语顺，此从简本。

〔三四〕深间弗能窥也,智者弗能谋也:十一家本作“深间不能窥,智者不能谋”。简本作“深间弗能窥也,智者弗能谋也”。此从简本。

〔三五〕制形:十一家本作“制胜之形”,衍“胜之”二字,疑因上文“所以胜之形”而误。简本作“制形”。据删。

〔三六〕所以胜者:十一家本作“故其战胜”。简本作“所以胜者不……”,“不”与下文“兵形”间约缺8个字,对应传本文字为“复,而应形于无穷。夫”。简本“所以胜者”四字紧扣上文“所以胜之形”,文气自然。传本改为“故其战胜”,有失原意。据改。

〔三七〕水行避高而走下:十一家本作“水之形避高而趋下”。简本作“水行避高而走下”。《通典》卷一五八、《御览》卷二七〇引此,“水之形”皆作“水之行”;天明本《治要》卷三三引此同简本,亦作“水行”。简本是,据改。

〔三八〕兵胜:十一家本作“兵之形”。简本作“兵胜”。“兵胜”与下文“兵因敌而制胜”文义紧扣,于义为长,据改。

〔三九〕故水因地而制行:十一家本作“水因地而制流”。简本作“故水因地而制行”。《治要》卷三三引此,同简本。简本义长。据改。

〔四〇〕兵无成势,无恒形:十一家本作“故兵无常势,水无常形”,衍“水”字。简本作“兵无成势,无恒形”。简本义长,据改。

〔四一〕能与敌化之谓神:十一家本作“能因敌变化而取胜者,谓之神”。疑涉上文“兵因敌而制胜”,改“与”作“因”,改“化”作“变化”,并衍“而取胜者”四字。简本作“能与敌化之谓神”。“能与敌化”是兵家习语。《淮南子·兵略训》:“视其所为,因与之化。”《新序·善谋下》:“教与时变,备与敌化。”简本义长,据改。

〔四二〕五行无恒胜:十一家本作“故五行无常胜”,因避汉文帝刘恒或宋真宗赵恒名讳,改“恒”作“常”,并衍“故”字。简本作“五行无恒胜”。据改。

【注释】

[1]“处”，占据。“待战”，等待作战。“趋”，急行、奔赴。“趋战”，快速行进奔赴战场。“劳”，劳顿、疲劳。

[2]“致”，招、引。“致人”，调动敌人。这里“致”有二义：一为达之使往，一为引之使来，目的都是为了引敌出战。张预注：“致敌来战，则彼势常虚；不往赴战，则我势常实。此乃虚实彼我之术也。”

[3]“利之”，以利诱敌。梅尧臣注：“何能自来？示之以利。”

[4]“害之”，以害动敌。陈皞注：“子胥疲楚师，孙膑走魏将之类也。”张预注：“所以能令敌人必不得至者，害其所顾爱耳。孙膑直走大梁，而解邯郸之围是也。”

[5]“佚能劳之”，何氏注：“春秋时，吴王阖闾问于伍员曰：‘伐楚何如？’对曰：‘楚执政众，莫适任患，若为三师以肄焉：一师至，彼必皆出；彼出则归，彼归则出，彼必道弊。……’阖闾从之。楚于是乎始病。吴遂入郢。”“饱能饥之”，张预注：“我先举兵，则我为客，彼为主。为客，则食不足；为主，则饱有余。若夺其蓄积，掠其田野，因粮于彼，馆谷于敌，则我反饱，彼反饥矣，则是变客为主也。”

[6]陈皞注：“《左传》楚伐宋，宋告急于晋。晋先轸曰：‘我执曹君，而分曹、卫之田以赐宋人。楚爱曹、卫，必不许也。喜贿怒顽，能无战乎？’遂破楚师。”这里，陈皞是以城濮之战为例。先轸即孙轸，时任晋军元帅。

[7]“微乎微乎”，形容军形隐蔽，杳然无迹。“神乎神乎”，形容行动诡秘，悄然无声。

[8]“御”，抵御。“冲其虚”，击其懈怠。《史记·孙子吴起列传》引孙膑之语说：“君不若引兵疾走大梁，据其街路，冲其方虚。”

[9]“高垒深沟”，堡垒很高，壕沟很深。张预注：“我为客，彼为主；我兵强而食少，彼势弱而粮多，则利在必战。敌人虽有金城汤池之

固,不得守其险,而必来与我战者,在攻其所顾爱,使之相救援也。若楚人围宋,晋将救之。狐偃曰:‘楚始得曹,而新婚于卫;若伐曹、卫,楚必救之,则宋免矣。’从之而解。”

[10]“画地而守”,意思是不假城池沟垒为守,即假借阵法为守,而不用沟垒为防。孟氏注:“以物画地而守,喻其易也。盖我能戾敌人之心,不敢至也。”

[11]“胶”,欺诈。“胶其所之”,意谓使用欺诈手段,诱使敌人误判军情,不敢进攻我军。陈皞注:“《左传》楚令尹子元伐郑,入自纯门,至于逵市,悬门不发。子元曰:‘郑有人焉。’乃还。”郑人使用的空城计是以虚为实的典范。

[12]“形人”,诱敌现形。

[13]“专”,专一、集中,这里作动词,指集中兵力。

[14]孟氏注:“备人则我散,备我则彼分。”

[15]张预注:“知战地日,则所备者专,所守者固,虽千里之远可以赴战。若蹇叔知晋人御师必于殽,是知战地也;陈汤料乌孙围兵五日必解,是知战日也。又若孙膑要庞涓于马陵,度日暮必至是也。”

[16]“越人之兵”,指越国军队。战国中期,齐和越、楚和越,皆为敌国。《战国策·齐策五》载:“昔者莱、莒好谋,陈、蔡好诈,莒恃越而灭,蔡恃晋而亡。”《史记·魏世家》载:惠王三十年,外黄徐子谓太子申曰:“太子自将攻齐,大胜并莒,则富不过有魏,贵不益为王。”蒙文通《越史丛考》说:“此所谓‘大胜并莒’之莒,即‘恃越而灭’之莒,则齐之灭莒应为威王九年至十六年间事。”越、魏都是莒的盟国。齐灭莒时,越、魏两国或曾出兵相救。外黄徐子之言可能和灭莒之战有关。马陵之战发生在威王十六年(前341)。齐灭莒应早于马陵之战。《史记·魏世家》疑把灭莒之战与马陵之战混为一事。《吴孙子·实虚》说:“以吾度之,越人之兵虽多,亦奚益于胜哉。”应是孙膑针对灭莒之战时越、齐二军的力量对比而做出的预判。《史记·越世家》载:“王无疆

时,越兴师,北伐齐,西伐楚,与中国争强。当楚威王之时,越北伐齐,齐威王使人说越王……于是越遂释齐而伐楚。”可见《实虚》篇的题名作者应是孙膑。此是孙子兵法“明之吴越,言之于齐”的一个内证。

[17]“擅”,独断专行。《说文》:“擅,专也。”“擅”又有占有之意。《庄子·秋水》:“且夫擅一壑之水。”“可无斗也”,是说面对强敌,我方可以采取不全面接战的策略(但不排除以十击一,与其中一小部分敌人作战)。

[18]张预注:“发作久之,观其喜怒,则动静之理可得而知也。若晋文公拘宛春,以怒楚将子玉,子玉遂乘晋军,是其躁动也。诸葛亮遗巾帼妇人之饰,以怒司马宣王,宣王终不出战,此是其安静也。”

[19]“形之”,指以伪形示敌。“死生之地”,此处指死地和生地,其含义与《吴孙子·计》篇之“死生之地”有别。

[20]“角”,角力、触角,疑借为“触”。王晳注:“角,谓相角也。”“角之”,意谓触及敌人,进行武装侦察。一说“角”,角量,义同较量。曹操注:“角,量也。”

[21]“形兵”,用兵佯动,示形于敌,以欺骗敌人。“极”,极端,这里含有最高境界的意思。

[22]“深间”,隐蔽很深的间谍。“窥”,窥视、刺探。

[23]“错”,通“措”,措施、放置。

[24]“不复”,不会重复。“应形”,适应敌情。

[25]“五行”,指金、木、水、火、土。古人认为“五行”之间,既存在相胜关系,也存在相生关系。相胜关系是:金克木,木克土,土克水,水克火,火克金。相生关系是:金生水,水生木,木生火,火生土,土生金。“四时”,指春、夏、秋、冬四季。

[26]“日”,白昼。“短长”,长短不一。“死生”,古人把月亮由晦转明称作生霸,由明转晦称作死霸。“月有死生”,泛言月亮有盈有亏,时晦时明。

## 【译文】

孙子说:凡先到达战场等待开战,就从容主动;后到达战场仓促应战,就劳顿被动。所以善于作战的人,能够调动敌人而不被敌人调动。

能使敌人自来就歼,那是以利诱敌的结果;能使敌人不得来战,那是施害阻敌的结果。虽然敌人休整安逸,但能设法使其劳顿;虽然敌人给养充足,但能设法绝其粮道;虽然敌人沉着安静,但能设法使其躁动。之所以能做到这些,是因为攻其必救的缘故。

在敌后行军千里而未受挫,是因为行进在没有敌人防守的地方。要想进攻一定得手,就要攻打敌人不及防守的地方;要想防守一定坚固,就要防守敌人必然进攻的地方。所以,善于进攻的,能使敌人不知守哪里好;善于防守的,能使敌人不知攻哪里好。微乎其微,以至于看不出一点儿形迹;神乎其神,以至于听不到一点儿声息。这样,才能成为敌人命运主宰者。

进攻时要使敌人无法抵御,就应急冲其空虚之处;撤退时要使敌人无法拦阻,就应令辎重先退,待辎重走远,大军再撤。所以,如果我军想打,即使城池坚固,防御完善,敌人也不得不与我军交战,关键在于要进攻敌人的必救之地;我军不想打,即使划地为营进行守卫,敌人想与我军交战也不可能,关键在于要设法使用欺诈手段,诱使敌人误判军情,不敢进攻我军。

所以,善于领兵打仗的人,会诱使敌人暴露真形,而自己却不露形迹,这样,就能做到我军兵力集中,而使敌人兵力分散。我军兵力集中一处,敌军分散十处,这样,我军就能以十倍于敌的兵力打击敌人。我军兵力弱少,敌人兵力众多,之所以能做到以少胜多,是因为我军与敌人交战的日期与战场,不让敌人预知,这样,敌人就要多处设防;敌人多处设防,则直接交战的敌军兵力就不多了。敌人防备前面,后面兵力就薄弱;防备左面,右面兵力就薄弱;无处不防备,就会无处不薄弱。

兵力之所以薄弱,是因为需要处处防备敌人;兵力之所以雄厚,是因为可以迫使敌人处处防我。

所以,如果能预知交战的时间,能预知交战的地点,即使跋涉千里,也可以与敌人作战。不能预知交战的时间,不能预知交战的地点,就会前不能救后,后不能救前,左不能救右,右不能救左,何况远的有数十里,近的也有数里呢?

在我看来,越军兵力虽多,对于取得战争胜利又有什么益处呢?所以说,胜利可以独擅;敌人兵员虽多,我们却可以不和他们战斗。

所以,通过抵近侦察,可以知道敌人的活动规律;通过示形诱敌,可以知道敌人防守哪里为虚哪里为实;通过计算运筹,可以知道敌人计策的利弊得失;通过战斗较量,可以知道敌人兵力部署何处强、何处弱。

所以,示形诱敌的最高境界,是让人看不出一点儿形迹。到了无形的境界,即使有深藏的间谍,也不能窥探我军虚实;即使有智慧的高人,也不能预计我军行动。既使把因敌制宜而取得的胜利复盘于众人面前,众人依然莫名其妙。人们只知道我战胜了敌人这一现象,却不知道我因何制胜的道理。所以,胜利不可复制,而要因敌制宜,变化无穷。

用兵之法很像流水,流水会避开高处而流向低处,用兵则是避开实处而出击虚处;所以,流水会适应地形而流淌,用兵则要针对敌情而取胜。用兵作战并无固定不变的形势,也没有永恒不变的打法,能够根据敌情变化采取措施,这样才算用兵如神。五行相生相克,没有哪一行可以永远取胜;四季交替,没有哪一季可以固定不移;昼夜有短有长,月亮有死有生。

## 【申论】

### 《神要》可能是书题

简本《吴孙子·实虚》篇结尾“日有短长,月有死生”一句下,接着还写有“·神要”二字。对此,整理小组注释说:“简文此二字上有圆点,疑是本篇之别名。也可能为读者所记,表示此篇重要。”杨炳安《孙子会笺》说:“汉简有‘神要’二字,各本皆无。按上句已言‘谓之神’,此句又言‘神要’,似觉复赘,且亦不类十三篇文体,或为读者所记。”

就简本《吴孙子》而言,十三篇的篇名如《作战》《势》《形》《实虚》《火攻》等,尽管内容各自不同,但是其命名都有一个共同点,这就是:各篇篇名都和各篇内容有关,是对该篇主题的实际描述。而“神要”的字面意思为神圣兵要,是赞美之语,与《实虚》篇的主题无关。与十三篇其他各篇的篇名相比,“神要”一题显然扞格,属于另类。

所以,“神要”为“本篇之别名”的可能性不大。

那么,“神要”会不会是“读者所记”的旁注文字呢?笔者认为,这种可能性也可以排除。为什么这样说呢?

因为“神要”一题并非凭空写来,而是和《实虚》篇的结尾文字有关:“夫兵形象水,水行避高而走下;兵胜避实而击虚。故水因地而制行,兵因敌而制胜。兵无成势,无恒形,能与敌化之谓神。”

“夫兵形象水,水行避高而走下;兵胜避实而击虚。”——显然,这几句点出了《实虚》篇的主题,而“水因地而制行,兵因敌而制胜。兵无成势,无恒形,能与敌化之谓神”这几句,则概括了《势》《形》《九变》《军争》篇的主题。

银雀山《论政论兵之类·伍议》说:“百言有本,千言有要,万言有总。能总言,能知言之所至者也。”《实虚》篇结语这段文字,不仅扣合该篇主题,而且还扣合《势》《形》《九变》《军争》篇的主题,并与篇尾的《神要》一题相呼应,所以,不仅是本篇之“总言”,同时也是《势》《形》《九变》《军争》篇之“总言”。

这意味着在《十三篇》之前,可能还存在一个两千言或少于两千言的《吴孙子》文本。该文本可能由《势》《形》《九变》《军争》《实虚》这五篇(或五篇中的某几篇)所构成,我们不妨称其为《吴孙子》奠基本。《神要》应是该奠基本的原有书名,而五千言的《十三篇》则是包含了该奠基本的《吴孙子》再编本。

《荀子·议兵》篇记载:“临武君与孙卿子议兵于赵孝成王前。王曰:‘请问兵要。’临武君对曰:‘上得天时,下得地利,观敌之变动,后之发,先之至,此用兵之要术也。’孙卿子曰:‘不然。臣所闻古之道,凡用兵攻战之本在乎壹民。……故善附民者,是乃善用兵者也。故兵要在乎善附民而已。’临武君曰:‘不然。兵之所贵者势利也,所行者变诈也。善用兵者,感忽悠暗,莫知其所从出。孙、吴用之无敌于天下,岂必待附民哉?’”

临武君论述孙子“兵要”,说道:“观敌之变动,后之发,先之至,此用兵之要术也。”接着又说:“兵之所贵者势利也,所行者变诈也。”而《孙子·军争》篇说:“后人发,先人至者,知迂直之计者也。”《势》《形》二篇主要讨论“势利”问题,《九变》《实虚》二篇主要讨论“变诈”问题。孙子“用兵之要术”,集中体现在《势》《形》《九变》《军争》《实虚》这五篇。

东汉末年,曹操撰写兵书,题名《接要》。“接”有续接之意。《三国志·武帝纪》说,曹操“博览群书,特好兵法。抄集诸家兵法,名曰《接要》”。《隋书·经籍志》著录“《兵书接要》十卷,魏武帝撰”,又著有“《兵法接要》三卷,魏武帝撰”,二者当为一书。《三国志·曹植传》记载曹植疏陈举之义说:“撮风后之奇,接孙吴之要。”可证曹操书名《接要》,或许受到孙子《神要》影响。

# 行 军

此处,“行”为遂行之意,“军”作动词,为安营之意。“行军”意思大致相当于驻军,这和后世所言“行军”一语有所不同。

本篇由前、后两部分文字构成。前者主要讨论“处军”问题,即如何安营扎寨;后者主要讨论“相敌”问题,即如何侦察敌情,具体讲述了

30种敌情判断法。

由于“相敌”部分最后提到敌人有来投诚者，却又出现“兵怒而相迎，久而不合，又不相去”的现象，作者不得不告诫我方将领，对于投诚者要谨慎观察，格外小心，要对投诚士卒进行再教育，“以教其民”，从而顺带引出如何治军的问题。

军不治则不能用。治军的目的在于服众，服众的手段则是有奖有罚，使用软硬两手。“故合之以文，齐之以武，是谓必取。”“令素行以教其民者，民服；令素不行以教其民者，民不服。令素行者，与众相得也。”这就是《吴孙子·行军》篇所揭示的“服众原理”。

孙子曰：凡处军、相敌[1]：绝山依谷，视生处高，战降无登〔一〕[2]，此处山之军也。绝水必远水[3]；客绝水而来，勿迎之于水内，令半济而击之，利[4]；欲战者，无附于水而迎客[5]；视生处高，无迎水流[6]，此处水上之军也。绝斥泽，惟亟去无留[7]；若交军于斥泽之中，必依水草而背众树[8]，此处斥泽之军也。平陆处易而右背高，前死后生[9]，此处平陆之军也。凡〔二〕四军之利，黄帝之所以胜四帝也[10]。

凡军好高而恶下，贵阳而贱阴[11]，养生处实〔三〕[12]，军无百疾，是谓必胜〔四〕。丘陵堤防，必处其阳而右背之[13]。此兵之利，地之助也。

上雨水〔五〕，水沫至，止涉，待其定〔六〕。

绝涧，遇天井〔七〕、天牢、天罗、天陷、天隙〔八〕[14]，必亟去之，勿近也。吾远之，敌近之；吾迎之，敌背之。

军旁〔九〕有险阻、潢井、葭苇、小林、翳荟可伏匿者〔一〇〕，谨复索之[15]，奸之所处也〔一一〕[16]。

敌近而静者，恃其险也；敌远而挑战，欲人之进者〔一二〕，其所居者易利也〔一三〕。

众树动者，来也[17]；众草多障者，疑也[18]。鸟起者，伏也；兽骇者，覆也[19]。尘高而锐者，车来也[20]；卑而广者，徒来也[21]；散而条达者，薪来〔一四〕也；少而往来者，营军也。

辞卑而备益〔一五〕者，进也[22]；辞强而进驱者，退也[23]。轻车先出居侧者〔一六〕，陈也[24]；无约而请和者，谋也[25]。奔走陈兵〔一七〕者，期也[26]；半进〔一八〕者[27]，诱也。

杖而立者[28]，饥也；汲役〔一九〕先饮者[29]，渴也；向人见利而不进者[30]，劳倦也〔二〇〕。鸟集者，虚也[31]；夜呼者，恐也[32]；军扰者，将不重也；杀马肉食者，军无粮也[33]；不悬甀者〔二一〕、不返其舍者，穷寇也[34]。

谆谆闲闲，与言人者〔二二〕[35]，失其众者也〔二三〕；数赏者，窘也[36]；数罚者，困也[37]；先暴而后畏其众者，不精之至也。来委谢者，欲休息也[38]；兵怒而相迎，久而不合，又不相去，必谨察此〔二四〕。

兵非多益〔二五〕，惟无武进，足以并力、料敌、取人〔二六〕而已[39]。夫惟无虑而易敌者，必擒于人[40]。

卒未专亲〔二七〕而罚之，则不服，不服则难用也[41]；卒已专亲而罚不行，则不用〔二八〕。故合之以文〔二九〕，齐之以武，是谓必取[42]。令素行以教其民者，民服；令素不行以教其民者，民不服〔三〇〕。令素行者，与众相得也[43]。

**【校勘】**

〔一〕战降无登：十一家本作“战隆无登”，杜牧注：“一作‘战降无登’。”简本作“战降毋登”。简本是，据改。

〔二〕凡：十一家本作“凡此”，衍“此”字。简本、曹注本和《御览》

卷三〇六引文无“此”字。据删。

〔三〕养生处实：十一家本作“养生而处实”，衍“而”字。武经本、曹注本无“而”字。“养生处实”与“军无百疾”对言，应无“而”字，据删。

〔四〕军无百疾，是谓必胜：《通典》卷一五六、《御览》卷三〇六引此，作“是为必胜，军无百疾”，二句互乙。此处简本作“凡四军之利，黄帝之……无百疾。陵丘堤□处其阳，而右背之”。“无百疾”三字位居简93行首，其下无“是谓必胜”四字。简92为“凡四军之利，黄帝之”共8个字，其下缺24—25个字，缺文疑作“所以胜四帝（者）也。凡军好高而恶下，贵阳而贱阴，养生处实，军”。传本“是谓必胜”四字疑为注文而误入正文。

〔五〕上雨水：十一家本作“上雨”，夺“水”字。简本作“上雨水”。《御览》卷三〇六引文同简本。据补。

〔六〕止涉，待其定：十一家本作“欲涉者，待其定也”。简本作“止涉，待其定”。“止涉”是发出停止涉水的命令，比“欲涉者”更符合军事教令。“待其定”下，十一家本原衍“也”字。《御览》卷三〇六引此，同简本。简本是，据改。

〔七〕绝涧，遇天井：十一家本作“凡地有绝涧、天井”。简本缺文，但“天井”上残空只容三字。传本“天井”等五种地形皆冠“天”字，“绝涧”与其并列，不伦。宋本《御览》卷三〇六引作“绝涧，过天井”，无“凡地有”，字数与简本合。《通典》卷一五九引作“凡地有绝涧，遇天井”。有此“遇”字，“绝涧”和下文“天井”等不再是并列关系。“过”，繁体作“過”，与“遇”形近易误。《御览》“绝涧，过”，鲍刻本校作“绝涧，遇”。今据简本、《御览》，删“凡地有”三字，并据《通典》补出“遇”字。

〔八〕天牢、天罗、天陷、天隙：简本“天牢”作“天窖”。“窖”字省“口”作“窂”，“窂”同“牢”。“天牢”或为“天窖”之俗写。简本“天罗”作“天离”。古汉语中,“离”“罗”二字音同义通,可以通假。简本“天陷”作“天䫿”。“䫿”疑借为“招”。“天䫿”,简本《齐孙子·地葆》作“天招”。“招”“陷”二字右旁形近,“天陷”或为“天招”之误。简本“天隙”作“天郄”,“郄”是“隙”的异体字。

〔九〕军旁:十一家本作“军行”。武经本、孙校本作“军旁”。《通典》卷一五〇、《御览》卷三〇六引作“军旁”。据改。

〔一〇〕小林、翳荟可伏匿者:十一家本作“山林、翳荟者”,“小林”误作“山林”,并夺“可伏匿”三字。简本作“小林、翳荟可伏匿者”。此处“小林”特指容易掩蔽的灌木林。《御览》卷二九一、卷三〇六引作“小林”,与简本同。简本义胜,据改。

〔一一〕谨复索之,奸之所处也:十一家本作“必谨覆索之,此伏奸之所处也”,“复”作“覆”,并衍“必”“此伏”三字。简本作“谨复索之,奸之所处也”。“覆”“索”二字义同。传本“覆索”同义犯复,意为搜索。简本“复索”,意为反复搜索。简本是,据改。

〔一二〕敌远而挑战,欲人之进者:十一家本作“远而挑战者,欲人之进也”。简本作“敌远□……进者”。《通典》卷一五〇、《御览》卷二九一引此,“远”上也有“敌”字,与简本合。整理者说:“简文‘进’下是‘者’字,当非足句。疑简文原作‘敌远而挑战,欲人之进者’,与下文‘其所居者易……’连为一句读。”简本义胜,此从简本。

〔一三〕其所居者易利也:十一家本作“其所居易者,利也”。“者”“易”互乙。简本作“其所居者易……”。孙校本作“其所居者,易利也”,与简本合。据正。

〔一四〕薪来:十一家本作“樵采”,李筌注:“烟尘之候,晋师伐齐,曳柴从之。齐人登山,望而畏其众,乃夜遁。‘薪来’即其义也。此筌以‘樵采’二字为‘薪来’字。”《长短经·料敌》“樵采”引作“薪来”。“樵采”应是“薪来”之误。据改。

〔一五〕备益:十一家本作“益备”,“备”“益”二字互乙。简本作

"备益"。简本语法谨严,据正。

〔一六〕轻车先出居侧者:十一家本作"轻车先出居其侧者",衍"其"字。简本作"轻车先出居侧者"。据删。

〔一七〕奔走陈兵:十一家本作"奔走而陈兵车",衍"而""车"二字。简本作"奔走陈兵"。据删。

〔一八〕半进:十一家本作"半进半退",衍"半退"二字。简本作"半进"。据删。

〔一九〕汲役:十一家本作"汲而"。简本作"汲役"。《通典》卷一五〇、《御览》卷二九一引此同简本。据改。

〔二〇〕向人见利而不进者,劳倦也:十一家本分"劳""倦"为二事,作"见利而不进者,劳也"。"吏怒者,倦也。"简本作"……而不进者,劳倦也"。"劳"下有"倦"字,"汲役先饮"与"而不进者"间缺文7个字。《通典》卷一五〇、《御览》卷二九一引作"者,渴也;向人见利",与简本缺文字数相合,"见利"上有"向人"二字。"劳倦"为先秦习语。《荀子·大略》:"君子隘穷而不失,劳倦而不苟。"简本是,据补。

〔二一〕杀马肉食者,军无粮也;不悬甀者:十一家本作"粟马肉食,军无悬缻",并注曰:"一云:杀马肉食者,军无粮也;军无悬缻。"武经本作"杀马肉食者,军无粮也;悬缶"。"粟马肉食"上,十一家本还有"旌旗动者,乱也;吏怒者,倦也"二句。简本则作"……甀者",上文"将不重也"与"甀者"间约缺11个字。十一家本此处既有衍文,又有夺文。衍文是"旌旗动者,乱也;吏怒者,倦也",夺文是"粮也;军无"四字。据下文"不返其舍者"文例,传本"军无悬缻"一句,简本应作"不悬甀者"。简本和十一家本异文义长,据改。

〔二二〕谆谆闲闲,与言人者:十一家本作"谆谆翕翕,徐与人言者",衍"徐"字,"言""人"二字互乙。简本作"□□闲闲□言人者","言"上缺文当为"舆(与)"字。"举",繁体作"舉"。"与""举"形近,故可通假。《吴孙子·九地》"是故政举",简本作"是故正舆"。此处

"与"借为"举"。简本是,据正。

〔二三〕失其众者也:十一家本作"失众也",夺"其""者"二字。简本作"失其众者也"。《通典》卷一五〇、《长短经·料敌》引作"失其众也"。据补。

〔二四〕必谨察此:十一家本作"必谨察之",简本作"必谨察此"。此从简本。

〔二五〕兵非多益:十一家本作"兵非益多也","多""益"二字互乙,并衍"也"字。简本作"兵非多益"。先秦时,"益多"为专有名词。《庄子·人间世》:"是以火救火,以水救水,名之曰益多。""多益"只含有"多"义,两字表达同一个意思。简本是,据改。"兵非多益"以下文字与上文文义紧承,并非错简或衍文。

〔二六〕并力、料敌、取人:此处论述如何接收"来委谢者",此时对方亦"敌"亦"我",用"并力"二字即可说明文义。传本"料敌取人"四字疑为衍文。

〔二七〕专亲:十一家本作"亲附"。《治要》卷三三引作"附亲"。简本作"槫亲","槫""摶""専"古通。《御览》卷二九六引作"专亲",同简本。据改。下文"专亲"并同。

〔二八〕则不用:十一家本作"则不可用也",衍"可""也"二字。简本作"则不用"。"则不用"与上文"则不服"对言。据删。

〔二九〕合之以文:十一家本作"令之以文"。简本作"合之以文"。《淮南子·兵略训》引文同简本。"令"字应是"合"字形误。据正。

〔三〇〕令素行以教其民者,民服;令素不行以教其民者,民不服:十一家本作"令素行以教其民,则民服;令不素行以教其民,则民不服","则"读属下句,"素""不"二字互乙。简本作"……行以教其民者,民服;素□……","素"下一字残,疑为"不"字或"令"字。《通典》卷一四九、《御览》卷二九六引此,皆作"令素不行"。今据《通典》《御览》乙正"不""素"二字;并据简本文例,改"则"为"者",读属上句。

【注释】

[1]“处”,处置、安顿。“处军”,安置军队,即驻军。“相”,相看、观察。“相敌”,观察敌人,侦察敌情。

[2]“绝”,通过,穿越。“依谷”,靠近山谷。“绝山依谷”的好处是,既可背负险固,又可取水草之利。“视”,审视、选择。“生”,生地,指朝南、朝东的向阳之地。“战”,战栗、恐惧。此处讨论安营问题,不应涉及两军作战。以往将“战”字释作打仗,不确。“战降无登”是说,如果害怕敌人切断水源、粮道,被敌围困降服,就不要登高安营。

[3]“绝水”,渡水。“远水”,远离水边。

[4]“客”,客军,即敌军。战场上,一般称守方为“主”,攻方为“客”。“水内”,同“水汭(ruì)”,指河湾内侧。“济”,渡河。

[5]“附于水”,靠近水边。杜牧注:“言我欲用战,不可近水迎敌,恐敌人疑我不渡也。”

[6]李筌注:“恐溉我也。智伯灌赵襄子,光武溃王寻,迎水处高,乃败之。”

[7]“斥”,盐碱地。“留”,逗留。贾林注:“咸卤之地,多无水草,不可久留。”

[8]“众树”,即树林。张预注:“不得已而会兵于此地,必依近水草,以便樵汲;背倚林木,以为险阻。”

[9]“平陆”,平原。“易”,指平坦之地。“右背高”,古人认为安营扎寨向方应平坦开阔,这样便于迎敌;背方应高大突出,这样有所依托。“前死后生”,指地势前低后高。贾林注:“岗阜曰生,战地曰死。后岗阜,处军稳;前临地,用兵便;高在右,回转顺也。”

[10]张预注:“山、水、斥泽、平陆之四军也。诸葛亮曰:‘山陆之战,不升其高;水上之战,不逆其流;草上之战,不涉其深;平地之战,不逆其虚。此兵之利也。’”“黄帝”,传说中华夏各族的共同始祖。“四

帝”,指与东、南、西、北对应的四方之神——青帝、赤帝、白帝、黑帝。张预注:“兵家之法,皆始于黄帝,故云然也。”

[11]“高”,高爽之地。“下”,低湿之地。张预注:“居高则便于觇望,利于驰逐;处下则难以为固,易以生疾。”“阳”,指东方和南方。“阴”,指北方和西方。张预注:“东南为阳,西北为阴。”

[12]“生”,生灵。“养生”,指驻军应当邻近水草之地,这样便于养活战马、牲畜。“处实”,指驻军要选择物资供应充足之地。

[13]“阳”,此处指山之南或水之北。

[14]“绝涧”,通过溪涧。“天井”,指四周高峻、中央低凹、众水所归的地形。“天牢”,指四面绝壁、进出皆难、形如牢房的地形。“天罗”,指林木遮蔽,犹如罗网一样的地形。“天陷”,指地势低下、易被陷没的地形。“天隙”,指道路迫窄、峭壁林立的地形。杜牧注:“《军谶》曰:‘地形坳下,大水所及,谓之天井;山涧迫狭,可以绝人,谓之天牢;涧水澄阔,不测浅深,道路泥泞,人马不通,谓之天陷;地多沟坑、坎陷、木石,谓之天隙;林木隐蔽,葭苇深远,谓之天罗。’”

[15]“潢井”,指内涝积水、地势洼陷的地形。“葭苇”,指初生芦苇,泛言水草丛生。“小林”,指灌木丛林。“翳荟(yìhuì)”,草木蒙胧之貌。郭化若说,“绝涧、天井、天牢、天罗、天陷、天隙”和“潢井、葭苇、小林、翳荟”两节文字,其中所说多属南方山地,反映了中国南方的地理环境特点。“谨”,严谨,仔细。“复”,反复。“索”,搜索。

[16]以上论述“处军”问题,以下则论述“相敌”问题。

[17]曹操注:“斩伐树木,除道进来,故动。”

[18]曹操注:“结草为障,欲使我疑也。”

[19]曹操注:“敌广阵张翼,来覆我也。”“覆”,覆灭之意。

[20]张预注:“车马行疾而势重,又辙迹相次而进,故尘埃高起而锐直也。凡军行,须有探候之人在前,若见敌尘,必驰报主将。如潘党望晋尘,使骋而告是也。”

[21]“卑”，低下。“徒”，步兵。杜牧注：“步人行迟，可以并列，故尘低而阔也。”郭化若说，“尘高而锐……尘卑而广”应属北方齐卫之间的冀鲁豫平原上才看得到的征候，反映了中国北方的地理环境特点。

[22]“辞卑”，措辞谦恭。“备益”，加强战备。张预注：“使来辞逊，敌复增备，欲骄我而后进也。田单守即墨，燕将骑劫围之。单身操版插，与士卒分功，使妻妾编行伍之间，散食飨士，乃使女子乘城，约降，燕大喜。又收民金千镒，令富豪遣使遗燕将书曰：‘城即降，愿无虏妻妾。’燕人益懈。乃出兵击，大破之。”

[23]杜牧注：“吴王夫差北征，会晋定公于黄池。越王勾践伐吴。吴晋方争长未定，吴王惧……于是吴王以带甲三万人，去晋军一里，声动天地。晋使董褐视之。吴王亲对曰：‘孤之事君在今日，不得事君亦在今日！’董褐曰：‘臣观吴王之色，类有大忧；吴将毒我，不可与战。’乃许先歃。吴王即会，遂还焉。”

[24]“轻车”，战车。“陈”，读 zhèn，陈兵、布阵之意。杜牧注：“出轻车，先定战阵疆界也。”“阵”是后起字，先秦时，“阵”字一般写作“陈”。

[25]“约”，要约、盟约。李筌注：“无质盟之约请和者，必有谋于人。田单诈骑劫，纪信诳项羽，即其义也。”陈皞注：“因盟相劫，不独国朝。晋、楚会于宋，楚人衷甲欲袭晋，晋人知之，是以失信也。”

[26]“奔走”，疾行。“期”，期会。张预注：“立旗为表，与民期于下，故奔走以赴之。《周礼》曰：‘车骤徒趋，及表乃止’是也。”

[27]“半进”，似进非进之意。张预注：“诈为乱形，是诱我也。若吴子以囚徒示不整，以诱楚师之类也。”

[28]“杖而立”，即仗兵而立。

[29]“汲役”，指负责汲水的兵士。

[30]“向人”，向敌。“见”，通“现”。“见利”即“现利”，以利诱敌

之意。

[31]张预注:“凡敌潜退,必存营幕;禽鸟见空,鸣集其上。楚伐郑,郑人将奔,谍告曰:‘楚幕有乌。’乃止。又,晋伐齐,叔向曰:‘城上有乌,齐师其遁。’此乃设留形而遁也。”

[32]张预注:“三军以将为主,将无胆勇,不能安众,故士卒恐惧而夜呼。若晋军终夜有声是也。”

[33]“杀马肉食”,杀牛杀马,以肉代粮,说明敌军粮食匮乏。“军无粮也”,应是“军无粮草也”之省称。张预注:“捐粮穀以秣马,杀牛畜以飨士,破釜及甑不复炊爨,暴露兵众不复反舍。兹穷寇也。孟明焚舟、楚军破釜之类是也。”

[34]“缻”,一种小口陶罐。《说文》:“缻,小口罂也。”缻可用于盛放酱、豉之类调料,也可用来汲水,平时可以绳悬之。《淮南子·氾论训》:“抱缻而汲。”“不悬缻者”,是说敌人已收起缻器,准备开拔;“不返其舍者”,是说敌人不再返回营地。“穷寇”,指陷入绝境,准备决一死战的敌人。

[35]“谆谆”,恳切不厌之貌。“闲闲”,动摇不定之貌。《诗·大雅·皇矣》:“临冲闲闲。”“与”,通“举”,“与言”即“举言”,遍与人言之意。《左传·宣公十七年》:“举言群臣不信,诸侯皆有二志。”

[36]“数”,屡次。孟氏注:“军实窘也。恐士卒心怠,故别行小惠也。”梅尧臣注:“势穷忧叛离,屡赏以悦众。”

[37]梅尧臣注:“人弊不堪命,屡罚以立威。”

[38]“委谢”,委质赔礼,道歉谢罪。梅尧臣注:“力屈欲休兵,委质以来谢。”“休息”,休兵息战。

[39]“兵非多益”,兵不以多为贵,即兵不在多。“惟无”,先秦齐鲁方言,语助词,无实义。“惟无”犹“惟”。《墨子》《管子》作“唯毋”。“武”,勇猛。“武进”,猛进之意。“并力”,集中兵力。“料敌”,判断敌情。“取人”,取胜于人。

[40]“无虑”,没有远虑。“易敌”,轻视敌人。

[41]张预注:“骤居将帅之位,恩信未加于民,而遽以刑法齐之,则怒恚而难用。故田穰苴曰:‘臣素卑贱,士卒未附,百姓不信。’又,伍参曰:‘晋之从政者新,未能行令。’是也。”

[42]“合”,整合。“文”,文治、奖赏。“齐”,整齐、一致。用作使动,使整齐、一致。“武”,惩罚、军纪。

[43]陈皞注:“晋文公始入国,教其民。二年,欲用之。子犯曰:‘民未知义,未安其居。’此言欲令民不苟其生也。于是出定襄王。此言示以事君之大义。入务利民,民怀生矣。又将用之,子犯曰:‘民未知信,未宣其用。’于是伐原以示之信。此言在往年伐原,不贪其利,而守其信。民易资者,不求丰焉。此言人无贪诈也。明征其辞,公曰:‘可矣?’子犯曰:‘民未知礼,未生其恭。’于是大蒐以示之礼。及战之时,少长有礼,其可用也。此五者,教人之本也。夫令要在先申,使人听之不惑;法要在必行,使人守之,无轻信者也。三令五申,示人不惑也。法令简当,议在必行,然后可以与众相得也。”

## 【译文】

孙子说:关于驻扎军队和侦察敌情的问题,应该注意如下:穿越山地时,要靠近山谷驻军;要选择生地,居高向阳;如若担心被敌围困降服,就不要登高安营,这是山地驻军的基本原则。渡过河流后,要远离河边驻军。敌人渡河而来,不要靠近河滨去迎击它,而要让敌人渡过一半才去攻击,这样比较有利;准备与敌交战,不要靠近河流去迎击敌人;要选择生地,居高向阳,不要逆着水流在敌人下游驻扎(以防敌人放水淹我),这是水上驻军的基本原则。通过盐碱地和沼泽地,要迅速离开,不要逗留;假若在盐碱地和沼泽地与敌人遭遇,必须靠近水草而背倚树林驻扎,这是盐碱、沼泽地带驻军的基本原则。在平原地带,要选择平坦之地安营,要背倚高地,前低后高,这是平原地带驻军的基本原则。正确利用以上四种驻军原则，是黄帝之所以能够战胜“四帝”的重要原因。

大凡军队驻扎喜好高地，忌讳低洼；推崇向阳，忌讳向阴；要靠近水源、草地，要依托供应充实的地方。安营之地选择得当，可以预防百病，这是克敌制胜的必要条件。在丘陵、堤防地带，军队一定要驻扎到向阳的一面，并且背靠着丘陵、堤防。以上这些驻军原则不仅对驻军有利，而且也是利用地形作为辅助胜敌的辅助条件的一种表现。

上游下雨降水，水沫流至，要停止渡河，等待水流稳定后再渡。

通过溪涧，若遇到天井、天牢、天罗、天陷、天隙这类地形，要赶快离开，不可靠近。我军要远离以上地形，而让敌人靠近它；我军要面对着以上地形，而让敌人背倚着它。

军营旁边如果有险阻、潢井、芦苇、灌木、草丛这类可以藏匿人的地方，要仔细地反复搜索，这是奸细容易隐藏的地方。

敌人离我们很近却很安静，是仗着它占有了险要地势；敌人离我们很远却来挑战，想引诱我方进攻，是因为敌人所占之地容易取得胜利。

如果发现树林摇动，说明有敌人来了；如果发现草丛有许多障碍，说明敌人在使用疑兵之计；如果发现鸟儿惊飞，说明附近埋有伏兵；如果发现走兽奔突，说明敌人正在包抄掩袭。如果发现敌方上空的尘土高扬而尖锐，说明来的是敌人的车兵；如果望见敌方上空的尘土低压而广阔，说明来的是敌人的步兵；如果发现敌方上空的尘土分散而细长，说明敌兵正曳柴而行；如果发现敌方上空的尘土很少，并且有往来迹象，说明敌人用轻兵侦查地形，准备安营扎寨。

敌人来使措辞谦卑，敌军战备却在暗中加强，说明敌人准备进攻；敌人来使措辞强硬，敌军同时也摆出进攻的架势，说明敌人准备退兵。敌人战车先出，摆在军门两侧，说明敌人准备布阵；敌人没有盟约，却来要求讲和，说明背后另有阴谋；敌人一边奔走一边陈兵，这是期待与我交战；敌人以少许兵力佯攻，似进非进，这是为了诱我上钩。

敌兵倚着兵器站着，说明敌人饥饿了；挑水士兵自己先喝，说明敌人缺水了；以利诱敌，敌人却不进攻，说明敌人疲劳倦烦了。敌人营寨鸟雀集聚，说明敌营空虚；敌兵夜间呼喊，说明敌人恐慌；敌兵浮动扰乱，说明敌将没有威严；敌人杀马吃肉，说明敌军粮草匮乏；敌军收起汲水甀器，敌兵不再返回营舍，说明敌人已成穷寇，准备决一死战。

谆谆教导，动摇不定，广泛找人谈话，说明敌将已失去其部众支持；敌人多次赏赐，安抚军心，说明敌军已陷入窘境；敌人屡屡惩罚士卒，借以威众，说明敌军已陷入困局；敌将开始对部下严厉暴烈，后来却害怕部下众叛亲离，说明敌将极不精明。敌人委送人质，赠给礼品，前来谢罪，说明敌人准备休兵投诚；而敌兵则含怒相迎，过了很久也不与我军会合，又不退去，对此必须谨慎观察。

士卒不是越多越好，武力进攻只要足以集中兵力、判断敌情、取胜于敌，就可以了；那些没有深谋远虑而又轻视敌人的人，一定会被敌人俘虏。

投诚士卒没有专心拥护，将领擅行处罚，兵士就会不服，兵士不服就难以用来打仗；投诚士卒已经专心拥护，而将领不实行处罚，这样的士卒也不能用来打仗。所以，既要用文治来统合士卒，又要用惩罚来整肃士卒，这样才能得到士卒的真心拥护。平时一直认真执行法令，教育士卒，士卒就会服从；平时不认真执行法令，教育士卒，士卒就不会服从。平素所以能认真执行法令，是由于将帅与士卒相互取得信任的缘故。

# 地　形

本篇篇题，十一家本作《地形篇》，汉简一号篇题木牍有《□刑》一题，位置在《九地》之前，应即本篇篇题，但未发现此篇简文。今从木牍，题名《地形》。

本篇主题是说为将之道在于“料敌计险”。“计险”涉及“地形”问题。本篇首句说“孙子曰:地形有通者,有挂者”,因此取“地形”作为篇名。实则本篇主题,应是论述“将道”即“上将之道”。

从内容看,本篇共分五章:首章论述战地六形,此与“计险”有关;第二章论述将过六败,此与“料敌”有关;第三章点出本篇主题,指出“料敌制胜,计险厄、远近”是“上将之道”,并阐述“战道不胜,无战可矣”,与《九变》篇所谓“君令有所不行”义近;第四章论述如何治兵;第五章论述如何料敌。全做到了,即所谓“知彼知己”。这就是《吴孙子·地形》篇所揭示的“将道原理”。

孙子曰:地形有通者,有挂者,有支者,有隘者,有险者,有远者。我可以往,彼可以来,曰通。通形者,先居高阳[1],利粮道,以战则利。可以往,难以返,曰挂。挂形者[2],敌无备,出而胜之;敌若有备,出而不胜,难以返,不利。我出而不利,彼出而不利,曰支。支形者[3],敌虽利我,我无出也;引而去之,令敌半出而击之,利。隘形者,我先居之,必盈之以待敌;若敌先居之,盈而勿从,不盈而从之[4]。险形者,我先居之,必居高阳以待敌;若敌先居之,引而去之,勿从也[5]。远形者,势均,难以挑战,战而不利[6]。凡此六者,地之道也,将之至任[7],不可不察也。

故兵有走者,有弛者,有陷者,有崩者,有乱者,有北者。凡此六者,非天之灾,将之过也。夫势均,以一击十,曰走。卒强吏弱,曰弛[8]。吏强卒弱,曰陷。大吏怒而不服,遇敌怼而自战,将不知其能,曰崩[9]。将弱不严,教道不明,吏卒无常,陈兵纵横,曰乱[10]。将不能料敌,以少合众,以弱击强,兵无选锋曰北[11]。凡此六者,败之道也,将之至任,不可不察也。

夫地形者,兵之助也[12]。料敌制胜,计险厄[一]、远近,上将之道也[13]。知此而用战者必胜,不知此而用战者必败。

故战道必胜[14],主曰无战,必战可也;战道不胜,主曰必战,无战可也。故进不求名,退不避罪,唯民〔二〕是保,而利合于主[15],国之宝也。

视卒如婴儿,故可与之赴深溪;视卒如爱子,故可与之俱死[16]。厚而不能使,爱而不能令[17],乱而不能治,譬若骄子,不可用也。

知吾卒之可以击,而不知敌之不可击,胜之半也;知敌之可击,而不知吾卒之不可以击,胜之半也;知敌之可击,知吾卒之可以击,而不知地形之不可以战,胜之半也。故知兵者,动而不迷,举而不穷[18]。故曰:知彼知己,胜乃不殆;知地知天,胜乃可全〔三〕[19]。

## 【校勘】

〔一〕险厄:《通典》卷一五〇引作"险易"。《吴孙子·计》篇也有"险易、远近"之说。但《齐孙子·官一》说:"险厄以杂管。"《齐孙子·八阵》也说:"易则多其车,险则多其骑,厄则多其弩。""厄"可泛指险要之地,也可特指隘形之地。传世各本作"险厄"不误。无需校改。

〔二〕唯民:十一家本作"唯人","人"字应是避唐太宗名讳所改。武经本、曹注本和《治要》卷三三作"唯民"。据改。

〔三〕知地知天,胜乃可全:十一家本作"知天知地,胜乃不穷",后句疑涉上文"举而不穷"而误。武经本作"知天知地,胜乃可全"。日本宫内厅本《治要》卷三三、《御览》卷三二二、《长短经·天时》引此,作"知地知天,胜乃可全","天""全"为韵。孙校本也作"知地知天,胜乃可全"。孙校本是,据改。

## 【注释】

[1]"通形",指地形平坦,四通八达,敌我双方皆可自由进出的地

形。“高阳”,指向阳高地。

[2]“挂形”,指易进难出、易去难返的地形,这就好比把东西挂在高处不能取下一样。

[3]“支形”,指敌我双方壁垒互望、各守高隘、相持不下的地形。

[4]“隘形”,指高山之间的狭窄地形。“盈”,充满。杜佑注:“盈,满也。以兵陈满隘形,欲使敌不得进退也。”“如水之满器,与口齐也。若我居之,平易险阻皆制在我,然后出奇以制敌。若敌人据隘之半,不知齐口满盈之道,我则入隘以从之。盖敌亦在隘,我亦在隘,俱得地形,胜败在我,不在地形也。”

[5]“险形”,指形势险峻的地形。

[6]“远形”,指距离敌我双方都很遥远的地形。“远形”意味着敌我双方地势对等,不宜出兵挑战,谁先出兵挑战,谁先疲惫。“势均”,敌我双方地势相均。

[7]“地之道”,利用地形的基本原则。“至任”,至关重要的责任。

[8]“弛”,松弛、懈怠。张预注:“士卒豪悍,将吏懦弱,不能统辖约束,故军政弛坏也。吴、楚相攻,吴公子光曰:‘楚军多宠,政令不一,帅贱而不能整,无大威命。楚可败。’果大败楚师也。”

[9]“大吏”,指偏将、副将等。“怼”,狠戾,忿然。“能”,通“耐”,忍耐。“崩”,崩溃。杜牧注:“春秋时,楚子伐郑,晋师救之。伍参言于楚子曰:‘晋之从政者新,未能行令;其佐先縠刚愎不仁,未肯用命;其三帅者,专行不获,听而无上,众无适从。此行也,晋师必败。’晋魏锜求公族未得而怒,欲败晋师。请致师,不许;请使,许之,遂往请战而还。赵旃求卿未得,请挑战,不许;召盟,许之。与魏锜皆命而往。郤克曰:‘二憾往矣,弗备必败。’随会曰:‘若二子怒楚,楚人乘我,丧师无日矣,不如备之。’先縠曰:‘不可。’随会使巩朔、韩穿师七覆于敖前,故上军不败,而中军、下军果败。七覆,七处伏兵也。敖,山名也。”

[10]“道”,通“导”。“教道不明”,治军缺少法度。“吏卒无常”,

指下级将领和士卒的关系失常。“陈兵纵横”，布阵列兵，纵横交错。

[11]“合”，交合，指交兵作战。“以少合众”，即以少击众。“选锋”，即“选卒”，指经过选拔，由精锐士卒组成的先锋部队。“北”，败北、败退之意。何氏注：“昔齐以伎击强，魏以武卒奋，秦以锐士胜，汉有三河侠士、剑客奇材，吴谓之解烦，齐谓之决命，唐谓之跳荡，是皆选锋之别名也。兵之胜术，无先于此。”

[12]“助”，辅助、辅佐。陈皞注：“天时不如地利。”孟氏注：“地利待人而险。”

[13]“厄”，同隘，指两面高险的狭窄地带。“险厄”，地势险要。“上将”，上乘之将。

[14]“战道”，战争之道与战场之道，即战争规律与战场实情。

[15]“利合于主”，符合国君的利益。

[16]“视”，视同、看待。“深溪”，很深的溪涧，义同“深渊”，这里代指危难。张预注：“此古将所以投酒，楚子所以挟纩，吴起所以分衣食，阖闾所以同劳佚也。……以此观之，王者之兵，亦德刑参任而恩威并行矣。”

[17]“厚”，厚待、厚养。“令”，令使、使用。

[18]“迷”，迷惑、迷误。“穷”，困窘，困厄。杜牧注：“一云：‘动而不困，举而不顿。’”

[19]“殆”，危险。“全”，全胜。“胜乃可全”，即可获全胜。

## 【译文】

孙子说：地形有通形、挂形、支形、隘形、险形、远形六种。我军可以去，敌人可以来，这种地形叫作通形。在通形地带作战，要先占据高而向阳的地方，并保持粮道通畅，这样，交战才有利。容易进去、不容易回来的地形，叫作挂形。在挂形地带作战，如果敌人没有防备，出击可以取胜；如果敌人有所防备，出击不能取胜，而且易被敌人截断归路，难以返回，不利于作战。我军出击不利，敌军出击也不利，这种地形叫作支形。在支形地带，敌我相持，即使敌人诱我出战，也不应出战；最好自动退去，让敌人来追，等它半出险要时再反击它，这样较为有利。遇到隘形地带，我军应抢先占领隘口，部署重兵把守，以待敌军来犯。如果敌人抢先占据了隘口，并设重兵把守，我军就不要跟从布阵；如果敌人没有占据隘口，而在隘路中间布阵，我军则可以跟从布阵。如果我军先占据了险形地带，应当占据高阳之地等待敌来。如果敌人先占据了险要之地，就应主动撤退，不要追逐。敌我双方相距遥远，势均力敌，难以出兵挑战，战则于己不利。以上这六种，是有关地形的利用原则，是将帅的重大责任所在，不可不慎重对待。

所以，用兵而招致失败有走、弛、陷、崩、乱、北六种情形。这六种情形都不是由于天降之灾，而是由于将帅的过失造成的。敌我军力相当，却要以一击十，结果招致失败，叫作“走”。士卒强横而将领懦弱，不能统率，叫作“弛”。将领强勇而士卒疲弱，缺乏战斗力，叫作“陷”。将领愤怒而不服从统一指挥，遇见敌人就忿然出战，统帅又不知道忍耐，叫作“崩”。将领软弱，管理不严，训练、约束没有法度，官兵关系失常，布阵列兵纵横交错，杂乱无序，叫作“乱”。将领不能分析敌情，盲目地以少击众，用弱击强，又没有精锐的先锋部队，叫作“北”。以上这六种情形，是招致战败的主要原因，是将帅的重大责任所在，不可不慎重对待。

地形是用兵的辅助条件。正确判断敌情，制订取胜计划，分析地形险隘，计算距离远近，这是上乘之将的用兵之道。懂得这些道理而指挥作战的人，必然取胜；不懂得这些道理而指挥作战的人，必然失败。

所以，按照战争规律如果一定能够取胜，即使君主说不打，仍然一定作战；按照战争规律如果不能取胜，即使君主一定要打，仍可坚持不打。所以，进军不为贪求功名，退兵不怕担当责任，只求能保护民众，并于君主有利,这样的将领才是国家的宝贵财富。

看待士卒如同婴儿一样,就可以与他们共赴深渊;看待士卒如同爱子一般,就可以与他们同死国难。只知厚养而不能使唤,只知爱护而不能号令,秩序混乱而不能整顿,这样的军队就像骄子一样,是不能用来作战的。

知道我军有能力攻击,而不知道敌人不可以攻击,取胜的可能性只有一半;知道敌人可以攻击,而不知道我军没有能力攻击,取胜的可能性也只有一半;知道敌人可以攻击,又知道我军有能力攻击,而不知道地形条件不可以攻击,取胜的可能性仍然只有一半。所以,真正懂得用兵的人,采取行动而不迷失方向,举兵作战而不陷入困窘。所以说,既了解敌人,又了解我方,就能胜而无险;既了解地理,又了解天时,就能大获全胜。

# 九　地

此篇篇题,十一家本作《九地篇》,汉简木牍作《九地》。此从木牍,题名《九地》。

据《战国策·中山策·昭王既息民缮兵》记载,长平之战后,秦军围攻邯郸不利,秦昭王欲使武安君白起再次出山,武安君称疾不行。昭王乃使应侯往见武安君,责备说:"楚地方五千里,持戟百万。君前率数万之众入楚,拔鄢、郢,焚其庙,东至竟陵。楚人震恐,东徙而不敢西向。""此君之功,天下莫不闻。今赵卒之死于长平者已十七八,其国虚弱,是以寡人大发军,人数倍于赵国之众,愿使君将,必欲灭之矣。君尝以寡击众,取胜如神,况以强击弱,以众击寡乎?"

武安君回答说:"是时楚王恃其国大,不恤其政,而群臣相妒以功,谄谀用事,良臣斥疏,百姓心离,城池不修。既无良臣,又无守备,故起所以得引兵深入,多倍城邑,发梁焚舟,以专民心;掠于郊野,以足军食。当此之时,秦中士卒以军中为家,将帅为父母,不约而亲,不谋而信,一心同功,死不旋踵。楚人自战其地,咸顾其家,各有散心,莫有斗志。是以能有功也。"

白起之言与《吴孙子·九地》篇中的三种战地概念"散地""轻地"与"重地"似大有关系。这里,白起是在为自己称疾不行、不受君命进行辩护。如若其言出自《孙子》,那么,直接点明这是《孙子》之语,对于白起的自我辩护更为有利。这里,白起既然没有声明其言引自《孙子》,说明这些话都是白起本人的用兵心得。由此我们可以反过来推论说,《九地》的"散地""轻地"与"重地"概念很可能与白起的这段答话有关。

《九地》篇说:"诸侯自战其地,为散地。入人之地而不深者,为轻地。"又说:"入人之地深,背城邑多者,为重地。"依据白起的这段答话,《九地》篇一下子提出了三种新的战地概念。

在《孙子》十三篇里,《九地》篇和《九变》篇存在着密切关系。如果说《九变》篇是经文,那么,《九地》篇则是传文。《九变》说"泛地无舍,衢地合交,绝地无留,围地则谋,死地则战",其中包含"泛地""衢地""绝地""围地""死地"五种战地概念,即"五地"说。《九地》篇是在《九变》"五地"说基础上,将"衢地"一分为三,变作"衢地""交地""争地";然后,结合《九变》篇的"诸侯之情"理论与白起之言,再创立三种新战地概念——"散地""轻地""重地"。于是,便有了所谓的"九地"说。《九地》篇的作成时间应该晚于《九变》篇。

《中山策》"昭王既息民缮兵"所记秦围邯郸不利及白起称疾不行,事在秦昭王四十八年至五十年(前259—前257)。此章与中山国无关,所以鲍彪将其改隶《秦策》。《九地》篇中的"散地""轻地""重地"概念既然和白起上述所论有关,那么,该篇作成时间的上限就应该在白起去世以后,即不会早于公元前257年。

《九地》篇原包括十五段文字。这十五段文字,可以分作三类:

第一类，自开篇“孙子曰：用兵之法：有散地……”，到第十段“九地之变，屈伸之利，人情之理，不可不察也”。应是战国原文，主要论述“九地之变”“屈伸之利”“人情之理”“将军之事”四项内容，其结构明晰，条理清楚。第十段文字应是全篇的总结之言。

第二类，自第十一段“凡为客之道：深则专，浅则散”开始，到第十二段“是故散地，吾将一其志；轻地，吾将使之偻……死地，吾将示之不活”。此二段文字，应是后学注文而被缀入《九地》正文。由于文中出现齐国方言“使之偻”，注文作者或为齐人，其缀入正文的时间大约在秦汉之际。

第三类，自第十三段“诸侯之情，遝则御（传本作“故兵之情，围则御”），不得已则斗，过则从”开始，至全篇结尾“是故始如处女，敌人开户；后如脱兔，敌不及拒”，三段约240个字（十一家本为274个字），主要论述机变问题，应是《九变》文字错入《九地》篇。错简发生时间，应该是在西汉中期至东汉末年这一时段。

根据以上分析，依照简本文序，本书将第三类的错简文字从《九地》篇移出，归入《九变》篇。至于第二类文字，虽是注文缀入正文，但它在银雀山简本中已然如此，所以只好一仍其旧了。

重编后的《九地》篇，与《九变》篇存在一定的对应关系：其中所论“九地”，与《九变》篇的“五利”有关；所论“为客之道”及“散地”“轻地”“重地”三种战地概念，与《九变》篇的“诸侯之情”有关；所论“将军之事”，与《九变》篇的“将过”有关。总之，《九地》篇可以看作是《九变》篇的传注文字。

明人赵本学《孙子书校解》说：“《地形》之地，排兵布阵之地也，以宽狭、险易言之。《九地》之地，侵伐所至之地也，以浅深、轻重言之。兵之所至，其地有九等，其法不同，大要皆本于人情。”此处所谓“人情”，主要是指士卒心理、诸侯态势、敌我形势等具有战略价值的因素。

“将军之事，静以幽，正以治。能愚士卒之耳目，使之无知。易其事,革其谋,使民无识;易其居,迂其途,使民不得虑。”在军事上,对于作战计划、企图行动及一切设施等,都必须保守秘密,方可收效。这就是《吴孙子·九地》篇所揭示的“保密原理”。该原理在《形》《虚实》《用间》篇里也都有所涉及。

孙子曰:地形者,兵之助。故用兵之法〔一〕,有散地,有轻地,有争地,有交地,有衢地,有重地,有泛地〔二〕,有围地,有死地。诸侯自战其地〔三〕,为散地[1]。入人之地而不深者〔四〕,为轻地[2]。我得则利,彼得亦利者,为争地[3]。我可以往,彼可以来者,为交地[4]。诸侯之地三属,先至而得天下之众者,为衢地〔五〕[5]。入人之地深,背城邑多者,为重地[6]。行山林、沮泽〔六〕,凡难行之道者,为泛地[7]。所由入者隘,所从归者迂,彼寡可以击吾众者〔七〕,为围地。疾则存,不疾则亡者〔八〕,为死地[8]。

是故散地则无战,轻地则无止[9],争地则无攻,交地则无绝,衢地则合交,重地则掠[10],泛地则行,围地则谋,死地则战。

所谓古善战者〔九〕,能使敌人前后不相及也,众寡不相恃也;合于利而动也,不合于利而止也〔一○〕。

敢问:敌众以正〔一一〕[11],将来,待之若何?曰:夺其所爱〔一二〕,则听矣[12]。

兵之情主速也〔一三〕;乘人之不给也〔一四〕;由不虞之道,攻其所不戒也[13]。

凡为客之道,深入则专,主人不克[14];掠于饶野,三军足食;谨养而勿劳,并气积力;运兵计谋,为不可测[15]。

投之无所往,死且不北;死焉不得,士人尽力[16]。兵士甚陷则不惧,无所往则固;深入则拘,无所往〔一五〕则斗。是故不调〔一六〕而戒,不求而得,不约而亲,不令而信[17],禁祥去疑,至死无所之[18]。吾士无余财，非恶货也；无余命〔一七〕，非恶寿也[19]。令发之日，士〔一八〕坐者涕沾襟，卧〔一九〕者涕交颐[20]。投之无所往者，诸、刿之勇也[21]。

故善用军〔二〇〕者，譬如率然〔二一〕。率然者，恒山〔二二〕之蛇也，击其首则尾至，击其尾则首至，击其中身〔二三〕则首尾俱至[22]。敢问：军可使若率然乎〔二四〕？曰：可。越人与吴人〔二五〕相恶也，当其同舟而济也，相救若左右手〔二六〕[23]。是故方马埋轮[24]，未足恃也；齐勇若一，政之道也[25]；刚柔皆得[26]，地之理也。故善用军〔二七〕者，携手若使一人，不得已也。

将军之事，静以幽，正以治[27]。能愚士卒之耳目[28]，使之无知〔二八〕。易其事，革其谋，使民〔二九〕无识[29]；易其居，迂其途，使民不得虑。帅与之期，如登高而去其梯[30]；帅与之深入诸侯之地，发其机〔三〇〕，若驱群羊〔三一〕，驱而往，驱而来，莫知所之[31]。聚三军之众，投之于险，此谓将军之事也。

九地之变，屈伸之利[32]，人情之理，不可不察也〔三二〕。

凡为客之道：深则专，浅则散[33]。去国越境而师者，绝地也[34]。四彻〔三三〕者，衢地也；入深者，重地也；入浅者，轻地也；背固前隘者，围地也；背固前敌者，死地也；无所往者，穷地也〔三四〕[35]。

是故散地，吾将一其志[36]；轻地，吾将使之偻〔三五〕；争地，吾将使不留〔三六〕[37]；交地，吾将固其结〔三七〕[38]；衢地，吾将谨其恃〔三八〕[39]；重地，吾将趣其后〔三九〕[40]；泛地，吾将进其途；围地，吾将塞其阙；死地，吾将示之以不活[41]。

【校勘】

〔一〕孙子曰：地形者，兵之助。故用兵之法：十一家本作“孙子曰:用兵之法”。简本“散地”之“地”其上约缺17个字,文字多于十一家本。《通典》卷一五九引此,作:“孙子曰:地形者,兵之助。故用兵有散地……”整理者疑简本原文亦有“地形者,兵之助”一句及“故”字。整理者是,据补。

〔二〕泛地:十一家本作“圮地”,下文则又说“圮地则行”。简本作“泛地”。“泛”“氾”古通。传本作“圮”,应是由“氾”而误。简本是,据改。

〔三〕诸侯自战其地:简本作“诸侯战[□]地”。《史记·黥布列传》引作“诸侯战其地为散地”,“战”上也无“自”字,与简本合。

〔四〕入人之地而不深者:“轻地”和“重地”互为反义。既然“入人之地深,背城邑多者,为重地”,则“轻地”应指“入人之地而不深,背城邑少者”。此处,传本疑夺“背城邑少”四字。

〔五〕为衢地:简本省作“为衢”,无“地”字。下文“为重地”“为泛地”“为围地”“为死地”,简本各省作“为重”“为泛”“为围”“为死”,皆无“地”字。按此文例,则上文“为散地”“为轻地”“为交地”,简本应省作“为散”“为轻”“为交”,亦无“地”字。

〔六〕沮泽:十一家本作“险阻、沮泽”,衍“险阻”二字。简本作“沮泽”。据删。

〔七〕彼寡可以击吾众者:十一家本作“彼寡可以击吾之众者”,衍“之”字。简本作“□寡可[□□]吾众者”,“寡”上缺文应为“彼”字,“可”下缺文应为“以击”。“彼寡”与“吾众”对言。简本义长,据删。

〔八〕疾则存,不疾则亡者:十一家本作“疾战则存,不疾战则亡者”,衍二“战”字。简本作“疾则存,不疾则亡者”。此处“疾”字应指疾速通过,并无作战之意。简本是,据删。

〔九〕所谓古善战者:十一家本作“所谓古之善用兵者”。简本作“所谓古善战者”。此从简本。

〔一〇〕能使敌人前后不相及也,众寡不相恃也,合于利而动也,不合于利而止也：十一家本作“能使敌人前后不相及，众寡不相恃，贵贱不相救，上下不相收，卒离而不集，兵合而不齐。合于利而动，不合于利而止”。简 109“能使敌人前后不相及也”，“及”下有“也”字，“也”下约缺 6 个字。简 110“敌众以正……”，首字“敌”上约缺 15 个字，合计约缺 21 个字。传本此处作“众寡不相恃，贵贱不相救，上下不相收，卒离而不集，兵合而不齐。合于利而动，不合于利而止。敢问”共 38 个字，比简本缺文多 17 个字。据本篇题眼“九地之变，屈伸之利，人情之理，不可不察也”，可知本段文字的主题是“屈伸之利”。“屈伸”重在空间移动，强调打穿插战，强调分割包围敌人。“能使敌人前后不相及，众寡不相恃”当然属于“屈伸”范畴；而“合于利而动，不合于利而止”则扣合“之利”二字；至于“贵贱不相救，上下不相收，卒离而不集，兵合而不齐”四句（其实用“上下不相收”一句就可概括）则和“屈伸之利”无关，皆属“人情之理”，应是衍文。而“合于利而动，不合于利而止”两句，虽然与《火攻》篇“合乎利而用，不合而止”文句相近，意思却不完全一样，并非衍文。故据简本文例，校改如上。

〔一一〕敌众以正：十一家本作“敌众整而”。简本作“敌众以正”。《长短经·五间》引作“敌众而整”。“以”通“而”，“正”通“整”，传本“整而”或为“而整”误倒。简本“以正”似取本义：“以”作介词，可释为用；“正”可释作“奇正”之“正”。简本是，据改。

〔一二〕夺其所爱：十一家本作“先夺其所爱”，衍“先”字。简本作“夺［□□□］”，无“先”字。据删。

〔一三〕兵之情主速也：十一家本作“兵之情主速”，夺“也”字。简本作“□之情主速也”。“速”下有“也”，则“主速也”与下文“乘人之不给也”“由不虞之道，攻其所不戒也”三者构成并列句，其主语都为“兵之情”。简本义长，据补。

〔一四〕乘人之不给也：十一家本作“乘人之不及”，夺“也”字，“给”作“及”。“及”本义为追上、赶上，引申为达到、等到、说到等义。

“给”字则有多个义项：一为丰足；二为使丰足，即供应；三为供事、服役；四通及。此处，简本“给”字应为丰足之意，并非假借为“及”；“乘人之不给也”，意谓乘敌之虚。简本是，据改。

〔一五〕无所往：十一家本作“不得已”。简本作“无所往”。简本“兵士甚陷则不惧，无所往则固”与“深入则拘，无所往则斗”，两组分句联成一并列复句，于义为长，据改。

〔一六〕是故不调：十一家本作“是故其兵不修”，衍“其兵”二字。简本作“是故不调”。“修”，本义为修饰、修理，引申为修养、学习。“调”，调节、调教之义。“修”“调”义近。简本承上言，“是故”之下省去主语“兵士”。简本义长，据改。

〔一七〕无余命：简本作“无余死”。

〔一八〕士：十一家本作“士卒”，衍“卒”字。简本作“士”。上文既然说“吾士无余财”，此处承上而言，主语也应作“士”。据删。

〔一九〕卧：十一家本作“偃卧”，衍“偃”字。简本作“卧”。简本“卧”“坐”对举，于义为胜，据删。

〔二〇〕用军：十一家本作“用兵”。简本作“用军”。此处，是用“率然”首尾相顾，比喻号令全军若使一人。简本是，据改。

〔二一〕率然：简本作“卫然”。古文“衛(卫)”“衛(率)”二字形近易误。

〔二二〕恒山：十一家本作“常山”，因避汉文帝刘恒或宋真宗赵恒名讳所改。今据简本回改。

〔二三〕击其中身：十一家本作“击其中”，夺“身”字。简本作“击其中身”。简本义长，据补。

〔二四〕军可使若率然乎：十一家本作“兵可使如率然乎”。简本释文作“□可使若卫然乎”。“如”“若”二字同源，表示如同之义，先秦文献“如”“若”并用，汉代多用“如”字。整理者说：“简本‘问’下一残字左旁从‘贝’，疑是‘则’字。”刘春生说：“可”上残字应是“军”字，作

“则”无义。简本、刘说是，据改。

〔二五〕越人与吴人：十一家本作“夫吴人与越人”，“吴”“越”二字互乙，并衍“夫”字。简本作“越人与吴人”。此从简本。

〔二六〕当其同舟而济也，相救若左右手：十一家本作“当其同舟而济，遇风，其相救也，如左右手”。简本作“当其同舟而济也，相救若□……”，无“遇风”二字。《长短经·蛇势》引作“当其同舟而济，则救如左右手”，与简本近。简本义长，据改。

〔二七〕故善用军：十一家本作“故善用兵”。简本此处残缺，原文应同本段上文作“故善用军”，据改。

〔二八〕使之无知：简本作“使无之”，“之”“无”互乙，“之”作动词，意思犹“往”。据传本上文“至死无所之”与下文“莫知所之”，简本“之”上疑抄脱“所”字，原文或作“使无所之”。

〔二九〕使民：十一家本作“使人”。简本作“使民”。传本“人”字应是避唐太宗名讳所改，据正。下文“使民不得虑”，“使民”二字同此。

〔三〇〕发其机：十一家本作“而发其机”，衍“而”字。今据简本删。

〔三一〕若驱群羊：十一家本作“焚舟破釜，若驱群羊”，衍“焚舟破釜”四字。简本、武经本作“若驱群羊”。“焚舟破釜”故事发生在秦汉之际。据删。

〔三二〕不可不察也：十一家本作“不可不察”，无“也”字。简本、武经本、孙校本有“也”字。据补。

〔三三〕四彻：十一家本作“四达”。武经本作“四通”。简本作“四彻”。“通”“达”应是避汉武帝刘彻名讳所改。简本是，据改。

〔三四〕背固前敌者，死地也；无所往者，穷地也：十一家本作“无所往者，死地也”。简本作“背固前敌者，死地也；无所往者，穷地也”。简本与传本出入较大。传本此处梅尧臣注：“穷无所之。”张预注：“左右前后,穷无所之地。”梅、张二氏所据底本似也有“穷地”,与简本合,可见传本原文存在脱误。今据简本补。

〔三五〕使之偻:十一家本作“使之属”,简本作“使之偻”。“偻”,通“数”,通“速”,疾速之意。《公羊传·庄公二十四年》:“夫人不偻,不可使入。”何休注:“偻,疾也,齐人语。”朱骏声《说文通训定声》:“偻,假借为数,实为速。”“使之偻”,义即催促部队快速行军。简本是,据改。

〔三六〕使不留:十一家本作“趋其后”。简本作“使不留”。“争地”若“趋其后”,岂不是“后处战地而趋战者劳”乎?简本是,据改。

〔三七〕固其结:十一家本作“谨其守”。简本作“固其结”。《通典》卷一五九、《长短经·地形》引此,与简本同。据改。

〔三八〕谨其恃:十一家本作“固其结”。简本作“谨其恃”。《通典》卷一五九引作“谨其市”。《长短经·地形》引作“谨其守也”。古文“寺”“市”“守”三字形近易混,“守”“市”应是“恃(寺)”字之误。据改。

〔三九〕趣其后:十一家本作“继其食”。今据简本改。

【注释】

[1]“散地”,由于战场位于本土,士卒近家,人心易散,故称“散地”。

[2]“轻地”,由于战场位于敌国边境,士卒离本土不远,人心犹在进退之间,危机时士卒轻易可以返国,故称“轻地”。

[3]“争地”,指双方谁先占领谁就有利的必争之地。杜牧注:“必争之地,乃险要也。”

[4]“交地”,指敌我双方都可以自由进出的战地,或指两国交界之地。

[5]“三属”,三国交界之地。由于此种战地四通八达,故称“衢

地”。孟氏注:“若郑界于齐、楚、晋是也。”

[6]“背城邑”,背负城邑。由于进入敌境过深,难以返回,故称“重地”。李筌注:“坚志也。白起攻楚,乐毅伐齐,皆为重地。”

[7]“泛地”,指沮泽一类的难行之地。

[8]“死地”,指后有险隘,前有大敌,进退两难,不激战则无以生还之地。陈皞注:“人在死地,如坐漏船,伏烧屋。”

[9]“无止”,简本作“毋止”。“无”,同“毋”,禁止之意。本段上下文“无战”“无攻”“无绝”之“无”,皆取“毋”义。

[10]重地则掠,意思是由于深入敌方腹地,供给困难,因而“重地”必须“因粮于敌”,就地取食。

[11]“以”,介词。“正”,正兵,即正面进攻。“敌众以正”,意为敌人众多,并以“正”兵来攻。一说,“正”通“整”,严整之意。

[12]“听”,听从。李筌注:“孙子故立此问者,以此为秘要也。”杜牧注:“据我便地,略我田野,利其粮道,斯三者,敌人之所爱惜倚恃者也;若能俱夺之,则敌人虽强,进退胜败皆须听我也。”

[13]“主”,义同贵。“主速”,贵速。“不给”,不足。“不虞”,出乎意料。“不戒”,没有防备。

[14]“客”,客军,指离开本土进入他国作战的军队。“专”,专心、齐心。“深入”,进入敌国内部或中心。“主人”,主军,指防守领土一方的军队。

[15]“并”,合并、聚集。张预注:“兵在重地,须掠粮于富饶之野,以丰吾食。乃坚壁自守,勤抚士卒,勿任以劳苦,令气盛而力全,常为不可测度之计。伺敌可击,则一举而克。王翦伐荆,常用此术。”

[16]“投”,投置、投放。“往”,往去、逃走。“死且不北”,死也不会逃走。“死焉不得,士人尽力”,义同“死且不北,焉能不得士人尽力”。此处因取四字句式而减省文字。

[17]“调”,调教。“亲”,亲附。“信”,信从。

[18]“祥”,灾祥,指吉凶迷信。“疑”,疑惑,指妖言惑众。“之”,往、逃亡。张预注:“欲士死战,则禁止军吏不得言妖祥之事,恐惑众也。……倘士卒未有必战之心,则亦有假妖祥以使众者。田单守即墨,命一卒为神,每出入约束,必称神,遂破燕是也。”

[19]“恶”,厌恶。“恶货”,厌恶财货。“恶寿”,厌恶长寿。杜牧注:“若有财货,恐士卒顾恋,有苟生之意,无必死之心也。”

[20]“涕”,眼泪。“颐”,脸颊。古人出师时,命下之日,将士每每明必死之志,感而涕泣。杜牧注:“士皆以死为约。未战之日,先令曰:‘今日之事,在此一举!若不用命,身膏草野,为禽兽所食也!’”

[21]“诸”,专诸,春秋吴人,受公子光指使,刺杀吴王僚,自己当场被杀。“刿”,曹刿,又作“曹沫”,春秋时鲁国人。齐鲁会盟时,曹刿以匕首挟持齐桓公,迫使他归还鲁国失地。

[22]“用军”,使用军队作战。“率然”,本义为轻松自如、反应灵活之意,这里神异化,成为所谓“恒山之蛇”的特称。“恒山”,即“北岳”,主峰在今河北曲阳西北。秦汉时设有恒山郡,治所在今河北正定。后世因避汉文帝刘恒或宋真宗赵恒名讳,改称常山。梅尧臣注:“蛇之为物也,不可击;击之,则率然相应。”张预注:“率,犹速也。击之则速然相应,此喻阵法也。《八阵图》曰:‘以后为前,以前为后,四头八尾,触处为首,敌冲其中,首尾俱救。’”

[23]张预注:“吴、越,仇雠也,同处危难,则相救如两手。况非仇雠者,岂不犹率然之相应乎?”王皙注:“此谓在难地自相救耳。蛇之首尾,人之左右手,皆喻相救之敏也。同舟而济,在险难也,吴、越犹无异心,况三军乎?”《吴孙子·九地》说:“越人与吴人相恶也,当其同舟而济也,相救若左右手。”此是孙子兵法“明之吴越,言之于齐”的又一内证。

[24]“方”,借为妨,羁绊、损害之意。“埋”,掩蔽之意。“方马埋轮”,是说战马被绊,车轮深陷,仍然决一死战。“方马埋轮”一语出自

《楚辞·九歌·国殇》:“霾两轮兮絷四马,援玉枹兮击鸣鼓。”“方马埋轮”应是化用《国殇》语句作为典故。屈原约生于齐魏马陵之战后一年,比孙膑约晚一辈。《九地》既然化用了《国殇》“霾两轮兮絷四马”作为典故,说明其作成年代应该是在孙膑之后。

[25]“政”,为政,治理、统率之意。

[26]“刚柔”,古代地学有刚柔之说,内容大致相当于高下、险易、向背等。《易经·说卦》:“立天之道,曰阴与阳;立地之道,曰柔与刚。”

[27]“以”通“而”,“静以幽,正以治”,即“静而幽,正而治”。

[28]“愚”,愚弄、蒙蔽,封锁消息。

[29]“易”,改变。“革”,变革。“民”,民众,这里指士卒。

[30]“之”,这里代指士卒。“期”,约期作战。杜牧注:“使无退心,孟明焚舟是也。”

[31]“莫知所之”,不知所往。

[32]“屈”,收缩。“伸”,展开。

[33]梅尧臣注:“深则专固,浅则散归。此而下重言九地者,孙子勤勤于九变也。”说明梅尧臣已注意到下文与上文存在重复关系。

[34]“绝地”,王皙注:“此越邻国之境也,是谓孤绝之地,当速决其事,若吴王伐齐,近之。兵如此者鲜,故不同九地之例。”

[35]“穷地”,进退不得之地。

[36]“一其志”,统一意志。

[37]“留”,停留、驻扎。

[38]“结”,结点、要津。

[39]“恃”,依靠。由于“衢地”四通八达,所以也易四面受敌。因此,在“衢地”需要谨慎处理盟国关系。

[40]“趣”,读 cù,同“促”,催促。“趣”又作“趋”。“趣其后”,是说“重地”不可前驱至而后不及,当疾进其后,使首尾俱至。张预注:

"或曰:'趋其后,谓后发先至也。'"

[41]杜佑注:"励士也。焚辎重,弃粮食,塞井夷灶,示无生意,必殊死战也。"

【译文】

孙子说:地形是用兵的辅助条件。所以,用兵之法也可细分为九类,即散地、轻地、争地、交地、衢地、重地、泛地、围地和死地。诸侯在自己的土地上作战,这样的战地叫作"散地"。进入敌国的领土,还未深入,这样的战地叫作"轻地"。我军得到对我军有利,敌军得到对敌军有利,这样的战地叫作"争地"。我军可以去,敌军可以来,这样的战地叫作"交地"。诸侯的国土邻接多国,谁先占领谁就能得到天下援助,这样的战地叫作"衢地"。深入敌境,越过许多敌人的城邑,这样的战地叫作"重地"。在山林、沮泽地区行军,凡道路难行的战地叫作"泛地"。山川围绕,道路狭隘,归途迂回,敌人用小部队就可以打败我大部队,这样的战地叫作"围地"。快速通过就能生存,不快速通过就被消灭,这样的战地叫作"死地"。

因此在"散地",不要作战;在"轻地",不要停留;在"争地",如果敌人已先占领,不要进攻;在"交地",军队行进要连贯,不可断绝;在"衢地",要结交邻国,以为外势;在"重地",就要掠取敌人的粮食和财物;在"泛地",要迅速通过,不可稽留;在"围地",要使用计谋,突围而出;在"死地",要拼死激战,绝地求生。

所谓古代善于作战的人,能使敌人前队与后队不能互相策应,选锋与众卒难以互相协同;对我们有利就采取行动,对我们不利就待而不战。

请问:敌军众多,即将从正面向我进攻,那么,用什么办法来应付它呢?回答是:夺取敌人最为珍视的要害之地,使其陷入被动,就能听命于我。

用兵作战的要诀，贵在神速；贵在乘敌之虚；贵在通过敌人意料之外的路线，进攻敌人疏于防备的地方。

凡是进入敌国作战，其规律是：深入敌境则军心专一，敌人难以胜我；在富饶的乡野里掠取敌人的粮草，我军就可以得到充足的给养；精心供养士卒，勿使过于疲劳，提高士气，积蓄战力；部署兵力，谋划计策，使敌人无法察知。

把士兵投置于无路可走的绝境，他们就会死战而不败走；死战而不败走，焉能不获得士卒尽力。士兵深陷危险的境地，则会无所畏惧；走投无路，则会军心稳固；深入敌境，则会紧张拘束；走投无路，则会拼死战斗。因此，这样的军队不用调教就能加强警戒，不用要求就能完成任务，不用约束就能亲近相助，不待号令就能信守服从，禁止妖祥，排除疑惑，即使战死也不逃避。我军士卒不留余财，不是因为他们不喜爱财物；不留余命，不是因为他们不爱惜生命。当作战命令颁布时，士卒(明必死之志)坐着也会泪湿衣襟，躺着也会泪流满面。然而，如果把他们投送到无路可走的地方，他们就会像专诸、曹刿那样勇敢。

所以善于调动军队，就像“率然”那样。“率然”是恒山地方的一种蛇，打它的头部，尾部就来救应；打它的尾部，头部就来救应；打它的中身，头、尾都来救应。请问：军队能像“率然”那样使用吗？回答是：可以。越人和吴人虽然互相仇视，但是，当他们一同乘船渡河时，就会像一个人的左右手那样互相救助。所以战马被绊，车轮深陷，仍要与敌决一死战，这种英勇之气是靠不住的；使士卒整齐如一，奋勇杀敌，这才是领兵治军的为政之道；充分利用刚、柔两类地形条件，此乃军事地理的一般原则。所以，善于调动军队的人，提携三军如同使用一人那样容易，这是因为士卒被置于迫不得已的境地。

统帅军队这种事，既要沉着冷静，幽深莫测，又要严正持重，治而不乱。能遮掩士卒的耳目，使他们对于军事行动计划无从预知；改变任务，变更计谋，使人不能识破；转移驻扎营地，迂回行军路线，使士卒推测不出行军企图。将帅给士卒部署任务，要像登高而抽掉梯子一样，使其有进无退；将帅统领士卒深入诸侯领地，下达作战命令，就像驱赶羊群一样，赶过去，赶过来，使他们不知道到底要到哪里去。聚集全军士卒，把他们投入危险的境地（使其奋勇作战），这便是统帅军队的主要责任。

九种地势的种种变化，军队进退之间的利害，人情世故方面的道理，所有这些，指挥作战的人都不能不细心研究。

大凡作为客军在境外作战，其规律是：进入敌国越深，士卒就越专心一致；进入敌国越浅，士卒就越容易逃散。离开本土，穿越国境进行作战，这种境地叫作进入绝境。四通八达的战地，叫作“衢地”。深入敌境，是“重地”。初入敌境，是“轻地”。背后险固，面前狭隘，是“围地”。背后险固，面对强敌，是“死地”。陷入困境，没有出路，则是“穷地”。

所以，在“散地”，我将统一士卒的意志；在“轻地”，我将催促部队快速行军；在“争地”，我将命令部队不要滞留，切勿纠缠；在“交地”，我将固守险要之处；在“衢地”，我将谨慎处理所依赖的同盟关系；在“重地”，我将催促后续部队迅速跟进；在“泛地”，我将迅速行进，通过此路途；在“围地”，我将堵塞缺口，示以固守；在“死地”，我将示以必死之势，令士卒殊死战斗。

**【申论】**

### “率然”与《九地》篇的赵国背景

《九地》篇有所谓“率然”之说，“率然”即“恒山之蛇”，它涉及赵国的山川地名，其理论出处和战国合纵家的比喻有关。

“恒山”最早见诸文献，始于《尚书·禹贡》：“太行恒山，至于碣石。”《周礼·职方》则说：“并州，其山镇曰恒山。”汉代，因避汉文帝名讳，改称“恒山”为“常山”。

马陵之战后，魏国日渐衰落。齐、秦继之成为东西二霸。在争霸过程中，如何拉拢太行山沿线的燕、赵、魏、韩等国以及南方的楚国，成为齐、秦两国的外交重心所在，于是合纵连横之势起，产生了合纵家与连横家。合纵家的代表是苏秦，连横家的代表是张仪，他们都是孙膑以后的人物。

据《战国策·魏四·献书秦王》记载：秦昭王时，有人献书说："梁者，山东之要也。有蛇于此，击其尾，其首救；击其首，其尾救；击其中身，首尾皆救。今梁王，天下之中身也。秦攻梁者，是示天下要断山东之脊也，是山东首尾皆救中身之时也。"《魏策四》以蛇首尾相顾的意象，比喻关东六国合纵相救，抗击强秦。此比喻应该是合纵家的原创。

吞灭中山后，三晋之中赵国最强，一时成为"天下之脊"。《战国策·赵二》苏秦曰："当今之时，山东之建国，莫如赵强。赵地方二千里……西有常山，南有河、漳，东有清河，北有燕国。"《战国策·赵三》记载说："今赵万乘之强国也，前漳、滏，右常山，左河间，北有代，带甲百万，尝抑强齐四十余年，而秦不能得所欲。"《史记·张仪列传》则说："（秦）虎贲之士百余万，车千乘，骑万匹……席卷常山之险，必折天下之脊，天下有后服者先亡。且夫为从者，无以异于驱群羊而攻猛虎，虎之与羊不格明矣。"

战国时，"五岳"已是天下名山，泰岳在齐，衡岳在楚，华岳在秦，恒岳在赵，嵩岳在韩。恒山是赵国的镇山。赵国左有黄河天险，右有恒山屏障。战国末期，赵国继魏、楚之后，曾一度是六国合纵抗秦的核心。于是，合纵家的上述比喻便和赵国扯上关系，这样便有了"恒山之蛇"的说法。再后来，这个比喻又经演变，便成了兵家的"率然"。这就是《吴孙子·九地》"率然"一说的形成经过。

越人、吴人"同舟而济"的寓言也和战国合纵家有关。《战国策·燕二·或献书燕王》曰："胡与越人，言语不相知，志意不相通，同舟而凌波，至其相救助，如一也。今山东之相与也，如同舟而济。秦之兵至，不能相救助如一，智又不如胡、越之人矣。”合纵家用“蛇”比喻前后相救，用“同舟而济”比喻左右相救，两种寓言（或叫比喻）的寓意其实一样。兵家则集而合之，借来用于描述阵法。

缪文远说，《战国策·魏四·献书秦王》应作于白起伐楚、取鄢、取郢之后。郭人民说，《战国策·燕二·或献书燕王》应作于燕昭王十三年。“率然”和“同舟而济”的寓言既然源自战国合纵家的说法，说明其作成年代应在孙膑以后。

“率然”是《吴孙子·九地》篇所叙述的一个神话寓言，该寓言带有赵国的地理标志，说明该篇作成可能和三晋中的赵国存在着某些关系。其作者或是赵人？或是旅赵之人？也未可知。

# 用　间

此篇篇题，十一家本作《用间篇》；汉简篇题木牍作《用间》，位列《九地》之后、《火攻》之前。此从简本，题名《用间》。

“知彼知己，胜乃不殆。知地知天，胜乃可全。”“知己”容易办到。但是，怎样才能做到“知彼”呢？其主要方法，就是使用间谍。《吴孙子·用间》篇说：“故明君贤将，所以动而胜人，成功出于众者，先知也。先知者，不可取于鬼神，不可象于事，不可验于度，必取于人智者。”这就是《用间》篇所揭示的“先知原理”。

《吴孙子·用间》篇是军事情报学的奠基文献。它将间谍分为乡间、内间、反间、死间、生间五类，而以生间为用间之枢纽，以反间最具战略价值，并主张选择一流人才充当间谍。

孙子曰：凡兴师十万，出征千里，百姓之费，公家之奉，日费〔一〕千金[1]；内外骚动，怠于道路〔二〕，不得操事者，七十万家[2]。相守数年，以争一日之胜，而爱爵禄百金，不知敌之情者，不仁之至也，非民〔三〕之将也，非主之佐也，非胜之主也[3]。

故明君贤将，所以动而胜人，成功出于众者，先知也[4]。先知者，不可取于鬼神，不可象于事，不可验于度，必取于人智者〔四〕[5]。

故用间有五：有乡间〔五〕，有内间，有反间，有死间，有生间。五间俱起，莫知其道，是谓神纪[6]，人君之宝也。生间者，反报者也〔六〕[7]。乡间者，因其乡人而用者也〔七〕[8]。内间者，因其官人而用者也[9]。反间者，因〔八〕敌间而用者也[10]。死间者，为诳事于外，令吾间知之，而传于敌者也〔九〕[11]。

故三军之亲〔一〇〕，莫亲于间，赏莫厚于间，事莫密于间。非圣〔一一〕不能用间，非仁〔一二〕不能使间，非微妙不能得间之宝〔一三〕[12]。微哉微哉〔一四〕！无所不用间也！间事未发，闻〔一五〕，间与所告者皆死[13]。

凡军之所欲击，城之所欲攻，人之所欲杀，必先知其守将、左右、谒者、门者、舍人〔一六〕之姓名[14]；必索敌间之来间我者〔一七〕，因而利之，导而舍之[15]，故反间可得而用也。因是而知之[16]，故乡间、内间可得而使也；因是而知之，故死间为诳事，可使告敌；因是而知之，故生间可使如期。五间之事必知之〔一八〕，知之必在于反间，故反间不可不厚也[17]。

殷之兴也〔一九〕，伊挚在夏[18]；周之兴也，吕牙在殷[19]；越之兴也，率师比在陉[20]；燕之兴也，苏秦在齐〔二〇〕[21]。唯明主〔二一〕贤将，能以上智为间者，必成大功。此兵之要，三军〔二二〕所恃而动也[22]。

**【校勘】**

〔一〕日费：简本作“费日”，“日”“费”二字互乙。

〔二〕怠于道路:《治要》卷三三、《御览》卷二九二引此,无“怠于道路”四字。此四字或为注文而误入正文。

〔三〕民:十一家本作“人”,应是避李世民名讳所改。简本作“民”。此从简本。

〔四〕必取于人智者:十一家本作“必取于人知敌之情者也”,衍“敌之情”及“也”字。简本作“必取于人知者”,“知”通“智”,“人智”指人的智慧。简本是,据删。

〔五〕乡间:十一家本作“因间”。张预注:“‘因间’当为‘乡间’,故下文云:‘乡间可得而使。’”据改。下文“乡间”并同此例。

〔六〕生间者,反报者也:简本“生间者,反报……”,紧接“人君之葆也”下,列于五间释名之首。传本作“生间者,反报也”,列在五间释名之末,二者文序不同。谦按:“乡间”“内间”“反间”都是敌国之人,“死间”因长期潜伏,形同敌国之人。唯有“生间”为我方临时派出间谍,在敌、我之间往返,对其他四种间谍进行联络或传递情报。鉴于“生间”在“五间”中居于中枢地位,简本释名先言“生间”。《长短经·五间》、《通典》卷一五一、《后汉书·高彪传》李贤注引此,皆作“生间者,反报者也”,与简本合。简本义长,据改。

〔七〕用者也:十一家本作“用之”。简本作“用者也”。《御览》卷二九二、《后汉书·高彪传》李贤注引作“用之也”。《通典》卷一五一、《长短经·五间》引作“用之者也”。简本义长,故从简本。下文内间、反间、死间释名句尾之“者也”,并同此例。

〔八〕因:十一家本作“因其”,衍“其”字。据删。

〔九〕传于敌者也:十一家本作“传于敌间也”。《通典》卷一五一、《长短经·五间》引作“待于敌间者也”。《后汉书·高彪传》李贤注引作“得于敌者也”。孙校本作“传于敌”,删“间”字。无“间”义长,据改。

〔一〇〕三军之亲:十一家本作“三军之事”,“事”借为“士”。简本、孙校本作“三军之亲”。此从简本。

〔一一〕非圣：十一家本作“非圣智”，衍“智”字。简本作“非圣[□□□□]”，缺文可容四字。结合上文“不仁之至”及下文“非仁不能使[间]”推断，简本“圣”下缺文应作“不能用间”。据删。

〔一二〕非仁：十一家本作“非仁义”，衍“义”字。简本作“非仁”，无“义”字。据删。

〔一三〕间之宝：十一家本作“间之实”。简本作“……之葆”，“葆”借为“宝”。“宝”，繁体为“寶”；“实”，繁体为“實”。二字形近易混。简本是，据改。

〔一四〕微哉微哉：简本作“密哉密哉”。《韩非子·内储说》：“司马喜，中山君之臣也，而善于赵，尝以中山之谋微告赵王。”“微”“密”同义，作“微”、作“密”皆可。

〔一五〕闻：十一家本作“而先闻者”，衍“而先”与“者”三字。简本作“闻”，据删。

〔一六〕守将、左右、谒者、门者、舍人：杜佑注：“守，谓官守职任者；谒，告也，主告事者也；门者，守门者也；舍人，守舍之人也。”其中未注“左右”。《御览》卷二九二引此，作“守将、左右、谒者、舍人”，无“门者”。此间或有衍文。

〔一七〕必索敌间之来间我者：十一家本作“令吾间必索知之。必索敌人之间来间我者”。武经本作“令吾间必索知之。必索敌间之来间我者”。《史记·燕召公世家》裴骃《集解》引此，作“令吾间必索敌间之来间我者”。传本“令吾间必索知之”与上文“必先知”三字文义犯复，应是衍文，据删；武经本后句义长，据改。

〔一八〕必知之：十一家本作“主必知之”，衍“主”字。简本作“必知之”。“五间之事”不单明主需要知道，贤将也需要知道。简本是，据删。

〔一九〕殷之兴也：十一家本作“昔殷之兴也”，衍“昔”字。简本作

“□……”，首字已残泐，从残存偏旁看，似为“殷”字右半，而非“昔”字。《御览》卷二九二引文亦无“昔”字。据删。

〔二〇〕越之兴也，率师比在陉；燕之兴也，苏秦在齐：十一家本无此文。简本作“□□□□率师比在陉；燕之兴也，苏秦在齐”。此处，“率师比”应指卫国大夫褚师比。汉简“率”“卫”二字形近易混，传本《吴孙子·九地》“率然”，简本即作“卫然”。“率师比”，原文或作“卫师比”。依《左传》史实和上下文例，缺文四字应作“越之兴也”。参见本篇申论《“率师比在陉”考释》。据补。

〔二一〕唯明主：十一家本作“故惟明君”，衍“故”字，“主”作“君”，“唯”作“惟”。简本作“唯明主”。《通典》卷一五一引此，作“唯明主”，同简本。此据简本改。

〔二二〕三军：十一家本作“三军之”。武经本和《通典》卷一五一、《御览》卷二九二引此，无“之”字。据删。

**【注释】**

[1]“奉”，俸禄。“公家之奉”，指国家开支。“千金”，谓黄金千镒或千斤。战国以一镒金为一金；汉代以一斤金为一金，值万钱。

[2]“内外骚动”，举国不安。“怠于道路”，指转运物资，疲于路途。“操事”，操作农事。“七十万家”，“兴师十万”只是就战斗人员而言，要供应这十万甲士，还需要大量的民夫去从事运粮、炊事、喂马、杂役等后勤工作，其数量大约是战斗人员的六倍。所以“兴师十万”，则疲于道路、废于农耕者会有“七十万家”。

[3]“相守”，指两军相持。“相守数年”，形容战争旷日持久。“爵禄”，指爵位和俸禄。战国中期以后，各国普遍实行等级制，根据功劳特别是军功大小来授予爵位和俸禄。“百金”，泛言金银财宝，并非实数。

[4]“动”，出动、行动。“动而胜人”，军队出动，便能克敌制胜。

"先知",预先知悉敌情。

[5]"取",求助。"象",比附、占卜。《易经·系辞下》:"吉事有祥,象事知器,占事知来。""验",验证。"度",星度。古人用兵,常"夜观天象",根据日月星辰的运行轨迹与明暗程度推验战事的吉凶祸福。张预注:"鬼神、象类、度数,皆不可以求,先知必因人而后知敌情也。"

[6]"起",起用。"道",门道、规律。"神纪",神理、神道,即神妙莫测之道。一说,"纪"通"极","神纪"即"神极",义为神妙至极。

[7]"生间",指往返敌我之间的流动间谍,现在习称"交通"或"联络员",负责完成特定任务,或者递送情报。"反",通"返"。杜牧注:"往来相通报也。生间者,必取内明外愚、形劣心壮、趫捷劲勇、闲于鄙事、能忍饥寒垢耻者为之。"

[8]"乡间",指利用目标国本乡本土之人作为间谍。杜佑注:"因敌乡人知敌表里、虚实之情,故就而用之,可使伺候也。"

[9]"内间",指利用目标国有重要地位的官吏作为间谍。杜牧注:"敌之官人,有贤而失职者,有过而被刑者,亦有宠嬖而贪财者,有屈在下位者,有不得任使者,有欲因败丧以求展己之材能者,有翻覆变诈、常持两端之心者,如此之官,皆可以潜通问遗,厚贶金帛而结之,因求其国中之情,察其谋我之事,复间其君臣,使不和同也。"何氏注:"王翦为秦将,攻赵,赵使李牧、司马尚御之。李牧数破走秦军,杀秦将桓齮。翦恶之,乃多与赵王宠臣郭开等金,使为反间,曰:'李牧、司马尚欲与秦反赵,以多取封于秦。'赵王疑之,使赵葱及颜聚代将,斩李牧,废司马尚。后三月,翦因急击赵,大破,杀赵葱,虏赵王迁及其将颜聚也。"

[10]"反间",指一方派往另一方的间谍,为后者所降服征募,反为后者效劳的间谍,即双料间谍。何氏注:"燕昭王以乐毅为将,破齐七十余城。及惠王立,与乐毅有隙。齐将田单乃纵反间于燕,宣言曰:'齐王已死,城之不拔者二耳。乐毅畏诛而不敢归,以伐齐为名,实欲

连兵南面而王齐;齐人未附,故且缓即墨以待其事。齐人所惧,唯恐他将之来,即墨残矣!'燕王以为然,使骑劫代乐毅。燕人士卒离心。单又纵反间曰:'吾惧燕人掘吾城外冢墓,戮辱先人。'燕军从之。即墨人激怒,请战,大破燕师,所亡七十余城,悉复之。"

[11]"死间",指长期工作在敌方的固定间谍,俗称"坐探"或"卧底"。"诳事",即欺诈之事,不限于造假情报,诸如造谣惑众、传播是非、挑拨离间、动摇民心、策动暴乱、制造政变等,凡不利于敌人的作为,都属"诳事"之范畴。一说,"死间"是指传递假情报使敌人信以为真而上当;事后敌人将因受骗而处死我方间谍。郭化若说:"楚汉战争中,刘邦派遣郦食其说齐王降,齐王不作准备,被韩信袭破,齐王怒极,烹了郦食其。但《孙子》之前未闻有此史例。"他认为,"死间"只在楚汉战争中才开始见到,因而反映了秦汉的时代特征。

[12]"微妙",深密精细。"宝",宝贝,精髓。

[13]"发",施行。《吕氏春秋·重言》:"谋未发而闻于国。"高诱注:"发,行。""闻",泄露情报。张预注:"间敌之事,谋定而未发,忽有闻者来告,必与间俱杀之,一恶其泄,一灭其口。秦已间赵不用廉颇,秦乃以白起为将,令军中曰:'有泄武安君将者,斩!'此是已发其事,尚不欲泄,况未发乎?"

[14]"守将",指敌方的守城主将。"谒者",指负责接待客人的礼宾官员,即今所谓传达。"门者",指负责守门的安保人员。"舍人",指侍从宾客,乃门客之流,非职官。

[15]"索",求索、搜集、搜查。"因而利之",趁机因势利诱。"导而舍之",引导招降,然后放归。意思是,反间成功后,将敌间遣返,让他归国执行任务。

[16]"因是而知之",通过反间而得知敌情。"因",借助、通过。"是",代指"反间"。"之",代指敌情。下文两句"因是而知之",用法相同。

［17］“厚”，厚待、重赏之意。

［18］“伊挚”，即伊尹，原是夏桀的臣下，后被商汤任为宰相，帮助商汤灭夏兴商。《御览》卷一三五引《纪年》记载：“后桀伐岷山，进女于桀二人，曰琬，曰琰。桀受二女……而弃其元妃于洛，曰末喜氏。末喜氏以与伊尹交，遂以间夏。”伊挚通过使用美男计，将失宠的夏桀元妃末喜氏发展为内间，以从事颠覆夏朝的秘密活动。

［19］“吕牙”，吕尚，即姜子牙，原是商纣王的臣下，后被周武王任命为太师，帮助武王灭商兴周。

［20］“率师比”，指春秋末年卫国大夫褚师比。“褚师比”又称“褚师声子”，简称“褚师”。《韩非子・难四》：“灵台之饮，卫侯怒而不诛，故褚师作难。”《史记・六国表》记载：“卫出公饮，大夫不解袜，公怒。即攻公，公奔宋。”“陉”，陉邑，为春秋鲁国大夫公孙有陉氏之封邑。“公孙有陉氏”又称“公孙有山氏”，《史记・鲁世家》称作“陉氏”。《吴孙子・用间》说：“越之兴也，率师比在陉。”此是孙子兵法“明之吴越，言之于齐”的又一内证。

［21］“苏秦”，战国东周洛阳人，合纵家的代表。苏秦是燕昭王的亲信。他为燕国出谋划策，奔走于齐、赵、魏等国之间进行游说，目的在于恶化齐、赵两国关系，防止齐国进攻燕国。公元前290年，苏秦入齐从事反间活动，目的在于使齐国疲于战争。次年，齐湣王任命苏秦为相国。不久，苏秦发动赵、齐、燕、魏、韩五国合纵攻秦。秦国被迫废去帝号，向魏、韩两国归还领土。齐国乘机灭宋，天下震动。公元前285年，燕将乐毅率领赵、秦、韩、魏、燕五国联军攻齐，苏秦身份暴露，被齐王处死。《史记・苏秦列传》说：“苏秦被反间以死，天下共笑之，讳学其术。”或许是碍于苏秦“独蒙恶声”的缘故，传本《用间》篇删去了有关苏秦的文字。其实，纵横家的两大代表人物都是王牌间谍，苏秦如此，张仪也是这样。《吴孙子・用间》说：“燕之兴也，苏秦在齐。”此是孙子兵法“明之吴越，言之于齐”的又一内证。

[22]“恃”,依靠。“动”,行动。杜牧注:“历观古人之用间,其妙非一,即有间其君者,有间其亲者,有间其贤者,有间其能者,有间其助者,有间其邻好者,有间其左右者,有间其纵横者,故子贡、史廖、陈轸、苏秦、张仪、范雎等,皆凭此而成功也。”

【译文】

孙子说:大凡兴兵十万,出征千里,百姓的费用,公家的开支,要日费千金。举国为之骚动,奔走于道路,不能操持农事的人家,约有七十万户。敌我双方相持数年,来争一朝的胜负,如果吝啬爵禄和金钱,不肯重用间谍,不能探知敌情,那就太不仁义了,这种人不是百姓的好将帅,不是国君的好助手,也不是能打胜仗的好主官。

所谓明君贤将,之所以出兵就能战胜敌人,成就出众的伟业,是由于他们能预先了解和掌握敌情。要想“先知”,不可求助于鬼神,不可占卜以吉凶,不可验证以星度。唯有依靠人的智慧。

间谍分为五种,即乡间、内间、反间、死间和生间。五种间谍同时起用,就能使敌人摸不着门道,因而无从应付,这就是所谓的神妙之道,它是人君作战取胜的法宝。所谓“生间”,就是可往来敌我之间、递送情报的间谍。所谓“乡间”,就是利用敌军或敌国将领的乡亲作为我方的间谍。所谓“内间”,就是利用敌军或敌国的官吏作为我方的间谍。所谓“反间”,就是利用敌军或敌国的间谍作为我方的间谍。所谓“死间”,就是将欺诈之事泄漏出去,使我方其他间谍知之随声附和,在敌人内部扩散传播。

所以,三军中的亲信,没有比间谍更亲信的,赏赐没有比间谍更丰厚的,事情没有比间谍更机密的。若非圣贤之人,不能用作间谍;若非仁义之人,不能使用间谍;若非深密精细之人,不能掌握间谍的精髓。保密啊,保密!真是无处不用间谍。间谍计谋尚未施行,就已泄露,间谍和他所告诉的人都要处死。

凡我准备进攻的敌军，准备攻占的城邑，准备杀死的敌人，一定要预先了解其守城主将、左右亲信、传达、门卫和近侍宾客的姓名；一定要搜索前来我方进行活动的敌人间谍，趁机因势利诱、招降放归，这样，反间就可以为我所用。通过反间了解到敌情，这样，乡间、内间才可以利诱致，加以使用；通过乡间、内间了解到敌情，这样，死间的假情报才可以传递给敌人；通过死间了解到敌情，这样，生间才可以如期往返，传递情报。关于五种间谍的事情，明君贤将必须知道；而要知道这些事情，必须通过反间；所以，对于反间，不可不给以优厚的待遇。

殷朝兴起的时候，伊尹在夏朝为间谍；周朝兴起的时候，吕牙在殷朝为间谍；越国兴起的时候，褚师比在(鲁国)陉邑为间谍；燕国兴起的时候，苏秦在齐国为间谍。唯有明君贤将，能用上智之人做间谍，必然可以成就丰功伟业。这是用兵作战的要事，全军都要依靠间谍提供情报而采取行动。

**【申论】**

"率师比在陉"考释

《左传·哀公十三年》记载：黄池之会后，吴国发生饥馑，吴申叔仪乞粮于公孙有山氏曰："佩玉繠兮，余无所系之。旨酒一盛兮，余与褐之父睨之。"(玉佩已经整整齐齐全备了，我可没有什么来悬挂它。美酒斟满了杯子啊，我可和穿粗布衣服的人那样，只能看看它。)对曰："粱则无矣，粗则有之。若登首山以呼曰：'庚癸乎！'则诺。'"杜预注："申叔仪，吴大夫。公孙有山，鲁大夫。"并说："军中不得出粮，故为私隐。庚，西方，主谷；癸，北方，主水。"谦按："庚癸"隐喻粥饭。申叔仪即文之仪，曾为吴王阖庐师。申叔仪借粮时说的是隐语即暗语，公孙有山答话时使用的也是隐语。此时，公孙有山的官职可能是负责鲁国的外交或安全工作。

《史记·越世家》说："句践已平吴，乃以兵北渡淮，与齐、晋诸侯会于徐州,致贡于周。周元王使人赐句践胙,命为伯。句践已去,渡淮南,以淮上地与楚,归吴所侵宋地于宋,与鲁泗东方百里。当是时,越兵横行于江淮东,诸侯毕贺,号称霸王。”

关于越王勾践称霸与褚师比勾结越人、驱逐卫出公之事,《左传》记载大致如下:鲁哀公二十二年(前473),越灭吴,夫差自杀,越王勾践迁都琅琊。地处鲁国南部边界的陉氏封邑,因位于鲁国和吴越之间的交通线上,一时成为越、鲁、宋、卫的会盟要地。哀公二十三年(前472),鲁、越互派使臣朝聘。哀公二十四年(前471),越人执邾子以归,鲁哀公如越,“得太子适郢,将妻公而多与之地。公孙有山使告于季孙。季孙惧,使因太宰嚭而纳贿焉,乃止”。

“公孙有山”即“陉氏”;“季孙”指季康子,此时为鲁国执政;太宰嚭原为吴国旧臣,此时效力于越王。越灭吴后第三年,陉氏开始在越、鲁两国间活动,并将鲁哀公欲借力越人干预鲁国内政的预谋密报给季康子。

哀公二十五年(前470),褚师比、公孙弥牟等人遂“因三匠与拳弥以作乱”,卫出公听从拳弥之言“适城鉏以钩越”。公孙弥牟,又称子南弥牟、卫将军文子,据《汉书·武帝纪》引《纪年》记载,其后人子南劲“朝于魏,后惠成王如卫,命子南为侯”。子南劲“援外以挠内”并得国,商鞅就是子南劲的后人。城鉏位于宋、卫两国边境,宋又近越。卫出公出奔城鉏的计划是由宠臣拳弥所建言。但吊诡的是,拳弥此时却在为褚师比一党做内应。在城鉏,卫出公请师于越。次年,越以纳卫侯复国为名,派大夫皋如、舌庸率师西向,会同鲁、宋两军伐卫。鲁军统帅为叔孙舒,属三桓中的叔孙一族。越军大胜,褚师比重贿收买越军统帅皋如,双方达成默契:卫人大开城门,假装迎接卫出公;越军却不跟进护驾,卫出公不敢回国;越军撤退,褚师比一伙改立悼公即位,并将城鉏割让给越人,以安置卫出公。卫出公后来死在越国。

哀公二十七年(前468),越人故伎重演,在陉邑又主持调解鲁哀公与三桓的矛盾。

《左传》说：哀公“患三桓之侈也，欲以诸侯去之。三桓亦患公之妄也，故君臣多间。……公欲以越伐鲁，而去三桓。秋八月甲戌，公如公孙有陉氏，因孙于邾，乃遂如越。国人施公孙有山氏”。

《史记·鲁世家》说：“哀公患三桓，将欲因诸侯以劫之；三桓亦患公作难，故君臣多间。……公欲以越伐三桓。八月，哀公如陉氏。三桓攻公，公奔于卫，去如邹，遂如越。国人迎哀公复归，卒于有山氏。”哀公先是奔卫，后又亡邹，最后在陉邑遇害。

童书业先生说，《左传》不载“三桓攻公”与哀公死于陉氏等事，似有偏袒季氏之嫌。陉氏为三桓中的季氏一党，陉氏可能受季氏之命，暗杀哀公。《左传》说：“国人施公孙有山氏。”施者，先拘后放。若无弑君之罪，恐怕不会有此事。

结合《左传》有关勾践称霸、褚师比作难、褚师比卖卫、陉氏弑君以及汉简“率师比在陉”的记载进行推断：决定卫出公、鲁哀公命运的两次诸侯会盟，事先可能都在陉邑密谋；作为卫国的主事者，褚师比事先可能曾到陉邑与越人、陉氏预谋其事。所以，汉简“率师比在陉”的记载，可补《左传》《史记》有关文献之缺环，使我们看到台面下的另外一种情景：鲁国陉氏依靠霸主越国，勾结卫国褚师比与鲁国三桓，参与驱逐卫出公、弑杀鲁哀公的活动，从而结束了春秋时代。所以，“率师比在陉”之“陉”，应指鲁国陉氏无疑。据此，可推断“率师比”之上缺文四字应作“越之兴也”。

# 火　攻

此篇篇题，十一家本作《火攻篇》，简本作《火攻》。一号篇题木牍释文作《火□》，“火”下残字左半从阜，右半仅存残画，疑是“隊”字。“隊(队)”是“墜(坠)”的初文。《说文》：“隊，从高隊也。”段玉裁注：

“隊、墜正俗字，古书多作‘隊’，今则墜行而隊废也。”作为本篇异名的“火隊”，与作为正文“五火”之一的“火隊”含义不同，应读“火墜”。“墜”通“隳”，字又作“隳”，《火隊》即《火隳》，以火隳敌之意。《火隳》应是先秦旧名，《火攻》或为汉人新称。此从简本，题名《火攻》。

“火攻”，即用火助攻，以夺取胜利。冷兵器时代，火攻和水攻是两种具有强大威力的作战样式。因为孙子倡导速战速决，所以主张不择手段，运用水、火进行佐攻：“故以火佐攻者明，以水佐攻者强。”这就是《吴孙子·火攻》篇所揭示的“佐攻原理”。本篇列举了五种火攻法以及天时、风向的利用法，并附带论及水攻。最后，作者警告国君和将帅应郑重兵事，不可轻启战端。

“用间”事关阴谋之事，“火攻”事关残暴之事。如果说《用间》为阴谋之道，不宜大肆宣扬；那么《火攻》则是毁灭之道，更须谨慎行事。因此之故，作者才将《用间》和《火攻》放在十三篇的最后部分进行论述。

在传世本里，《用间》为十三篇的终篇。而在简本里，《火攻》才是十三篇的终篇。

也许是碍于火攻、水攻这两种战争样式过于残酷，作者于心不安，所以在本篇结尾接着又写了一段告诫之文：“非利不动，非得不用，非危不战。主不可以怒兴军，将不可以愠战；……故明主慎之，良将警之，此安国全军之道也。”这段文字，不仅是《火攻》篇的结语，同时也是《吴孙子》十三篇的结语。它与《计》篇开头的“孙子曰：兵者，国之大事也。死生之地，存亡之道，不可不察也”前后呼应，构成首尾。简本将《火攻》作为终篇显然比传本更为原始，也更加合理。

孙子曰：凡攻火〔一〕有五：一曰火人[1]，二曰火积[2]，三曰火辎，四曰火库[3]，五曰火队[4]。

行火〔二〕有因，因〔三〕必素具[5]。发火有时，起火有日。时者，天之燥也；日者，月在箕、壁、翼、轸也[6]。凡此四者〔四〕，风之起日〔五〕也。

火发于内〔六〕，则早应之于外。火发其兵，静而勿攻〔七〕[7]；极其火央〔八〕，可从而从之[8]，不可从而止之〔九〕。火可发于外，无待于内，以时发之。火发上风，无攻下风。昼风久，夜风止。凡军必知〔一〇〕五火之变，以数守之[9]。

故以火佐攻者明，以水佐攻者强[10]。水可以绝，不可以夺[11]。

夫战胜利得，不隳其功者，凶，命之曰费留〔一一〕[12]。故曰：明主虑之，良将隳〔一二〕之。

非利不动，非得不用，非危不战。主不可以怒兴军，将不可以愠战〔一三〕；合乎利而用〔一四〕，不合〔一五〕而止；怒可复喜也，愠可复悦也〔一六〕，亡国不可复存也，死者不可复生也〔一七〕。故明主〔一八〕慎之，良将警之，此安国全军之道也。

## 【校勘】

〔一〕攻火：十一家本作“火攻”。简本作“攻火”。《周礼·考工记》：“凡攻木之工七，攻金之工六，攻皮之工五。”其中“攻”字含义皆为从事某项作业。简文“攻火”用法同此，其含义为从事放火。传本疑因篇题“火攻”而倒。据正。

〔二〕行火：十一家本作“行火必”，衍“必”字。今据简本删。

〔三〕因：十一家本作“烟火”，“因”讹作“烟”，并衍“火”字。今据简本删。

〔四〕四者：十一家本作“四宿者”，衍“宿”字。简本作“四者”。这里，“四者”是指月在箕、月在壁、月在翼、月在轸四种情况，而不是指四宿本身。简本是，据删。

〔五〕风之起日：十一家本作“风起之日”，“之”“起”二字互乙。简本作“风之起日”。此从简本。

〔六〕火发于内：传本“火发于内”上，原有“凡火攻，必因五火之变而应之”句。简本此处残缺，整理者疑无此文。整理者是，据删。

〔七〕火发其兵，静而勿攻：十一家本作“火发兵静者，待而勿攻”，夺“其”字，并衍“者”“待”二字。简本作“火发其兵静而勿攻”。此从简本。

〔八〕火央：十一家本作“火力”。简本作“火央”。“央”，古训尽。《广雅·释诂一》：“央，尽也。”简本作“央”是，据正。

〔九〕不可从而止之：十一家本作“不可从而止”，夺“之”字。简本作“〔□□□□〕止之”。简本义长，据补。

〔一〇〕凡军必知：十一家本作“凡军必知有”，衍“有”字。武经本作“凡军必知”。《通典》卷一六〇、《御览》卷三二一引此，同武经本。据删。

〔一一〕夫战胜利得，不隳其功者，凶，命之曰费留：十一家本作“夫战胜攻取，而不修其功者，凶，命曰费留”。简本作“……得，不隋其功者，凶，命之曰费留”。王正向据下文“非利不动，非得不用”，将“得”上缺文补作“利”字。此处简本“隋”读“隳”。传本改“利得”为“攻取”，衍“而”字，“隋”误作“脩（修）”，并省“之”字。简本与王说是，据改。

〔一二〕隳：十一家本作“修”。简本作“随”。“随”，同“隋”，此处读“隳”。简本是，据改。

〔一三〕主不可以怒兴军，将不可以愠战：十一家本作“主不可以怒而兴师，将不可以愠而致战”，衍“而”“而致”三字，“军”作“师”。简本作“主不可以怒兴军，将不可以愠战”。宫内厅本《治要》卷三三作“主不可以怒兴军，将不可以愠而战”，与简本近。此处简本二“以”作介词，与下文连读；传本二“以”作语助词，与上文连读。简本义长，据改。

〔一四〕合乎利而用:十一家本作“合于利而动”。简本作“合乎利而用”。《治要》卷三三、《通典》卷一五六、《御览》卷二七二引此,皆作“合于利而用”,与简本近。此处论述使用“火攻”之原则,应说“用”。据改。

〔一五〕不合:十一家本作“不合于利”,衍“于利”二字。简本作“不合”,据删。

〔一六〕怒可复喜也,愠可复悦也:十一家本作“怒可以复喜,愠可以复悦”。简本作“怒可复喜也,愠可复……”,依照文例,“愠可复”下应作“悦也”字。《治要》卷三三引此,作“怒可复喜,愠可复悦”,亦无二“以”字,与简本近。简本句末有“也”字可加强语气。据改。

〔一七〕亡国不可复存也,死者不可复生也:十一家本作“亡国不可以复存,死者不可以复生”,衍二“以”,并夺二“也”。《御览》卷二七二引作“亡国不可复存,死者不可复生”。《治要》卷三三引作“亡国不可复存,死者不可复生也”。此文与上文同例,据改。

〔一八〕明主:十一家本作“明君”。武经本作“明主”。上文说“主不可以怒兴军,将不可以愠战”,“主”和“将”对言。此处,也应是“明主”和“良将”互文。据改。

【注释】

[1]“火人”,此处“火”作动词,焚烧之意。“火人”义即焚烧敌营。何氏注:“鲁桓公世,焚邾娄之咸丘,始以火攻也。后世兵家者流,故有五火之攻,以佐取胜之道也。”

[2]“积”,委积,即储备物资。“火积”义即焚烧敌人的储备物资。

[3]“辎”,辎重。“火辎”义即焚烧敌人的辎重装备。“库”,武库。“火库”义即焚烧敌人的武器仓库。

[4]“队”,繁体作“隊”,此处通“隧”,路径、通道之义。梅尧臣注:

“队,一作隧。”贾林注:“隧,道也。烧绝粮道及转运也。”“火队”,指焚毁道路,断绝交通,使敌人难以转运兵员、武器和辎重。

[5]“因”,此处指火媒,即引火物。“素具”,平素准备。

[6]“箕、壁、翼、轸”,为二十八宿中的四宿。箕星为东方苍龙七宿的最末一宿,壁星为北方玄武七宿的最末一宿,翼星、轸星分别为南方朱雀七宿的第六宿与第七宿。古人认为月亮运行到以上四宿时容易刮风。《汉书·天文志》:“箕星为风,东北之星也……风,阳中之阴,大臣之象也,其星,轸也。月去中道,移而东北入箕,若东南入轸,则多风。”

[7]“而”,如“则”,《经传释词》:“而,犹则也。”

[8]“极”,终极、最后。“央”,尽、极之意。“从(從)”,通“纵”,放纵、进击。《汉书·李陵传》:“令曰:闻鼓声而纵,闻金声而止。”

[9]“数”,原理、规律。“守”,奉行、实施。

[10]“明”,与“强”互文同义。《左传·哀公十六年》:“与不仁人争,明无不胜。”王引之《经传述闻》释曰:“明,犹强也。”

[11]“绝”,隔绝、断绝。“夺”,剥夺、摧毁。张预注:“水止能隔绝敌军,使前后不相及,取其一时之胜,然不若火能焚夺敌之积聚,使之灭亡。”

[12]“隳”,简本作“隋”,通“隳”,毁灭。“其”,代指敌人,而非自指。“功”,功业。“隳其功”,是要毁灭敌人的各种功业;其反义——“不隳其功”,就叫“费留”。“费”,通“怫”,通“拂”,背戾、忤逆之意。“留”,通“瘤”,肿瘤。“费留”,是说战时如果不毁灭敌人的功业,就如同人身长了肿瘤一样,会给被征服者日后复辟作乱埋下祸源。

**【译文】**

孙子说:大凡从事放火作业,其类别有五种:第一是焚烧敌军的人马与营舍,第二是焚烧敌军的储备物资,第三是焚烧敌军的辎重装备,第四是焚烧敌军的武器仓库,第五是焚烧敌军的转运通道。

纵火要有引火之物,引火之物平时一定要准备好。发火要选择有利的天时,起火要选择有利的日期。所谓“有利的天时”,是指天气干燥的时候;所谓“有利的日期”,是指月亮运行经过箕、壁、翼、轸这四个星宿的日子,这些时段容易起风。

敌营内部起火后,应当及时从外边策应。敌营起火后,如果敌兵安静不乱,那么我军则不要轻易攻入;等到大火烧尽,可纵兵进击则纵兵进击,不可纵兵进击则应休兵勿进。若能从外部放火,就不要等待内应,按时放火就是。火从上风的地方发起,就不要从下风的地方进攻。白天风刮得久了,夜里就会停止。军队打仗必须懂得五种火攻方法的灵活运用,要依照规律而施行。

所以,用火来辅助进攻,效果明显;用水来辅助进攻,威力强大。水攻可以断绝敌人,但是不能摧毁敌人。

打了胜仗,夺取了敌人的战略利益,却没有毁灭敌人的功业(如城池、宫殿、宗庙等),是凶险的,这种现象可以称之为“费留(悖瘤)”。所以说,明智的君主要考虑如何毁灭敌人功业,优良的将帅则要实施毁灭敌人功业。

于我不利就不动武,不能得胜就不用兵,除非危急,不宜轻易发动战争。君主不可凭一时恼怒而兴师动众,将帅不可凭一时怨愤而与敌交战。必须合乎利益才能使用火攻,不合乎利益就必须停止。恼怒了可以重新欢喜,生怨了可以再次高兴,可是国亡了就不能再存,人死了就不能复生。所以明主对战争要十分慎重,良将对战争要十分警惕,这些都是关系到国家和军队安全的根本之道。

**【申论】**

## 费留说与战争论

简本《吴孙子·火攻》篇说:“夫战胜利得,不隳其功者,凶,命之曰费留。”意思是:打了胜仗,夺取了敌人的战略利益,却没有毁灭敌人的功业,是凶险的,这种现象可以称为“费留”。

如同人得了癌症就会要命,战时如果保留敌国的功业,“不隳其功”,无异于为占领者埋下了一个乱瘤。将来,一旦时机成熟,这个乱瘤就会发作并恶性膨胀,从而对新生政权的命运造成威胁。

传本《火攻》篇则作:“夫战胜攻取,而不修其功者,凶,命曰费留。”意思是:攻取敌国,为了得利,没有整治敌人的功业,是凶险的,此可称作“费留”。

简本和传本的最大区别在于:简本说“隳其功”,传本改作“修其功”。“修”与“隳”虽是一字之差,却反映了两种不同的战争观。

战国中期以前,流行的是以《司马法》为代表的战争观。《司马法·仁本》说:“冢宰与百官布令于军曰:‘入罪人之地,无暴神祇,无行田猎,无毁土功,无燔墙屋,无伐林木,无取六畜、禾黍、器械。”要求战时“无毁土功”。《司马法》主张的是王道战争观。

与《司马法》的说法不同,简本《吴孙子·火攻》篇则主张“隳其功”,主张对敌要进行毁灭性打击,并将其反面“不隳其功”称作“费留”。此可谓霸道战争观。战争观上,简本《吴孙子》与《司马法》适成对比。

马王堆帛书《经法·国次》说:“兼人之国,修其国郭,处其廊庙,听其钟鼓,利其资财,妻其子女,是谓[重]逆以荒,国危破亡。”并说:“圣人之伐也,兼人之国,堕[隳]其城郭,焚其钟鼓,布其资财,散其子女,裂其地土,以封贤者,是谓天功。功成不废,后不逢殃。”

简本《吴孙子·火攻》与帛书《经法·国次》的这种战争观,可能和战国末期秦灭六国的战争实践有关。为了加强中央集权,消灭关东六国的原有势力及其据点,秦王朝对新占领区普遍采取了“堕坏城郭、决通川防、夷去险阻”的政策。简本《吴孙子·火攻》之所以又名《火隳》,该篇之“费留理论”之所以主张“隳其功”,可能都和这一时期兼并战争趋于残酷的历史背景不无关系。

“隳”为毁坏、消灭之义。“修”有装饰、整治等含义。将“隳其功”改作“修其功”，应是汉武帝之后、曹操以前的汉代人所为。

比较而言，“隳其功”重在战时摧毁，“修其功”则重在战后重建；“隳其功”说出了战争真相，“修其功”则是战后宣传；“隳其功”应是兵家原意，“修其功”则是后人美言；“隳其功”代表了先秦的战争观，“修其功”则代表了汉人的战争观。

将篇题由《火隳》改作《火攻》，在汉武帝以前就已发生。而将“隳其功”改作“修其功”，则是后来者所为。我们从本篇的篇题和“费留”理论的修正中，不难体会出先秦与汉代战争观的不同。

“隋”通“遂”，“隋功”又作“遂功”。《荀子·富国》说：“徙坏堕落，必反无功。故垂事养誉不可，以遂功而忘民亦不可，皆奸道也。”对于兵家的“遂功”之说，大儒荀子持批评态度。后来，本篇之所以将“隳其功”改作“修其功”，也许和汉武帝尊崇儒术后荀学影响大增有较大关系。

最初，“隋”改作“修”，用辞虽然有别，意思并未大变。但是，曹操作注时，由于误将“不修其功”释为“赏不以时”，改变了“修其功”的语义，从此“费留”概念彻底大变。

总之，简本《吴孙子·火攻》篇的核心是讨论“毁灭”问题，其中的“费留”说体现的是战国末期从事兼并战争的先秦人的战争观。传本《火攻》篇经过修正，部分吸纳了周人的战争观，淡化了战争的残酷性，是汉代人的战争论。就此而言，简本《吴孙子·火攻》篇可能成于秦人之手；其作成时间应晚于《齐孙子·见威王》，可能是在战国末期。

# 齐孙子

# 《齐孙子》序

1985年,《银雀山汉墓竹简(壹)》出版,其中《孙膑兵法》收录有《擒庞涓》《见威王》《威王问》《陈忌问垒》《篡卒》《月战》《八阵》《地葆》《势备》《兵情》《行篡》《杀士》《延气》《官一》《五教法》《强兵》,共十六篇。2021年,《银雀山汉墓简牍集成(贰)·孙膑兵法》出版,此书是简本《孙膑兵法》的新整理本。新整理本与原整理本的最大不同是,将《势备》一题改作《设备》。截至2023年底,《银雀山汉墓简牍集成》只出版了卷二《孙膑兵法》和卷三《尉缭子》,其余各卷尚未面世。加之新整理本竹简序号以篇为单位,每篇自成序列,不如原整理本全书统编序号便于引用,因此本书《齐孙子》校勘,仍以原整理本为底本,以新整理本为主校本。

## 一、《齐孙子》的篇目变化

比起底本来,本书《齐孙子》在篇目上的变化主要有以下三点:

一是将《陈忌问垒》篇附简独立列篇,题名《陈忌问道》,置于《陈忌问垒》之前。

二是将《强兵》篇附简独立列篇,题名《齐胜诸侯》,移入《孙子翼》;同时又将汉简《富国》篇缀入《齐孙子·强兵》篇,并改题为《富国强兵》。

三是将《黄帝伐赤帝》由《吴孙子》移入《齐孙子》。黄老之学是齐学的灵魂，《黄帝伐赤帝》是孙子兵学与黄老之学相结合的产物。该篇篇首有“孙子曰”三字，形式上与《齐孙子》各篇无异。与其列为《吴孙子》佚文，不如列入《齐孙子》正文更为合适。

## 二、《齐孙子》的篇次调整

本书《齐孙子》共收兵法十八篇，依据文体不同，大致可以分作三类：

第一类，孙子故事，只有《擒庞涓》一篇。

第二类，孙子对话，包含孙子与齐威王、孙子与田忌两人的对话，计有《见威王》《威王问》《富国强兵》《陈忌问道》《陈忌问垒》，共五篇。

第三类，孙子语录，包含《黄帝伐赤帝》《月战》《篡卒》《八阵》《地葆》《设备》《兵情》《行篡》《杀士》《延气》《五教法》《官一》，共十二篇。

本书篇次，就是按照以上三类文体的不同，并结合文章内容进行排列的。

在底本中，《擒庞涓》被列为《孙膑兵法》的首篇。参照《孟子》和《尉缭子》的编辑体例，最该列为《齐孙子》首篇的是《见威王》。但是《见威王》有“在亡国而继绝世”之语，和孔子“兴灭国，继绝世”的说法如出一辙。当年银雀山汉简公布时，恰逢理论界开展评法批儒，孙膑被列为法家人物，与儒家对垒。为了避免引起非议，整理者将《见威王》挪到次篇位置，而将《擒庞涓》列为首篇。如此处理可谓用心良苦，虽然不符合汉代人的编书体例（《史记》《汉书》都是把书序类文字置于全书之末），却符合后世“以史实为序”的编书惯例。例如《商君书》首篇之《更法》、《公孙龙子》首篇之《迹府》、《韩非子》首二篇之《初见秦》《存韩》，就都属于生平史料而被编集者置于全书之首。所以，尽管《擒庞涓》文体为故事体，并且作成时间较晚，本书仍依循底本,把它列为《齐孙子》的首篇。

第二类孙子对话五篇文章,连同首篇《擒庞涓》,主要属战略论,内容多涉及“兵权谋”。本书依据文章内容和对话时间的先后,对各篇次序略作调整,将《富国强兵》移至《威王问》下。

第三类孙子语录十二篇,根据内容又可分作三小类:一类是《黄帝伐赤帝》和《月战》,属战争论,内容接近“兵权谋”;二类是《篡卒》《八阵》《地葆》《设备》《兵情》五篇,属战法论,内容接近“兵形势”;三类是《行篡》《杀士》《延气》《五教法》《官一》五篇,属战术论,内容接近“兵技巧”和“兵阴阳”。关于这十二篇兵法作品,本书依照先“战争论”、次“战法论”、再次“战术论”进行排序。

《黄帝伐赤帝》认为,古代帝王发动战争,都需要观察“天之道”“地之理”“民之情”,认为这才是圣明的“授伐之道”。《黄帝伐赤帝》是《见威王》之外集中阐述孙子战争论思想的又一重要文献,故应列为孙子语录十二篇的首篇。

《月战》认为,进行战争必须掌握“天时、地利、人和,三者不得,虽胜有殃”,其理念与《黄帝伐赤帝》一致。由于《月战》的主题也是战争论,故次《黄帝伐赤帝》。

《篡卒》篇由六段语录构成,其中三段语录论述“知胜之道”,即“恒胜有五”“恒不胜有五”“所胜者也五”。《篡卒》篇曾提到“数战”是兵败的原因之一,《月战》篇则说“十战而十胜,将善而主过也”。两者内容相关,故次《月战》。

《八阵》主题有两个:一是“知道”,二是“八阵”。《八阵》“知道”,与《篡卒》“知胜之道”意思相同。所以,《八阵》应次《篡卒》。银雀山汉简《五名五恭》作为一个大篇,由《五名》《五恭》等三个小篇所构成。《齐孙子》中可能也存在这类大小篇的现象。《八阵》篇首简有简背标题《八阵》,篇尾又有《八阵》一题。《地葆》篇则只有尾题,而无简背标题。《八阵》《地葆》篇题的这种特殊现象,说明它们相互之间可能存在着大小篇的关系:《八阵》居前,《地葆》居后;《八阵》作为大篇标题写于该篇首简简背,同时又作为小篇标题写于该篇之末;《地葆》作为小篇标题只出现于该篇之末。因此,《地葆》与《八阵》前后相承,也属必然。

《设备》以剑、弓弩、舟车、长兵作比喻,说明阵、势、变、权四者在军事上的重要作用。《兵情》以矢、弩、发作比喻,说明士卒、将帅和君主三者只有充分协作,才能战胜敌人。这两篇文体相近,应前后相连。

《设备》说:"凡兵之道四:曰阵、曰势、曰变、曰权。"《八阵》说"阵",《设备》说"势",《行篹》说"权"("权衡"之道)。所以《设备》《兵情》《行篹》三篇,应次《八阵》《地葆》。

《行篹》主题是如何组织"选卒",如何组织突击队和敢死队。《杀士》与《行篹》内容相关。整理者将《杀士》排在《行篹》后面,也很合理。

《延气》与《五教法》二篇,内容涉及军人养成与军事训练。《延气》也是既有简背标题,又有篇尾标题。《五教法》则是只有尾题,而无简背标题。《延气》与《五教法》或曾同属一个大篇。《延气》与《吴孙子 · 军争》可以对读。《五教法》与《吴孙子 · 行军》结尾部分的内容有关。将这两篇排在《杀士》之后,较为合理。

《官一》为各种阵法、军事措施、军事条令的汇编,内容庞杂,神秘晦涩。将此篇置于《齐孙子》结尾,最为合适。

综上所述,本书《齐孙子》的篇次最终可调整为《擒庞涓》《见威王》《威王问》《富国强兵》《陈忌问道》《陈忌问垒》《黄帝伐赤帝》《月战》《篹卒》《八阵》《地葆》《设备》《兵情》《行篹》《杀士》《延气》《五教法》《官一》。经过调整,《齐孙子》的篇次井然有序,其内在结构与逻辑关系丝毫不逊色于《吴孙子》。

## 三、《齐孙子》的篇义概略

有关《齐孙子》各篇的内容,概括起来,主要如下:

《擒庞涓》，本篇以故事体裁，记述了孙子在桂陵之战中如何避实击虚、攻其必救、围魏救赵、大败魏军、擒获庞涓的全过程。该篇具有孙子个人传记的性质，其作者可能是秦汉之人。按照汉代人的编书习惯，该篇也可以作为《齐孙子》的末篇。

《见威王》，主要记述孙子初见齐威王时，所陈述的自己对战争的基本看法，这是《齐孙子》的“战争论”。

《威王问》，主要记述孙子与齐威王、孙子与田忌关于用兵的对话。与底本不同，本篇将《银雀山汉墓竹简（贰）》所收录的《曲将之法》一文共2简缀入本篇。

《富国强兵》，本篇由原《孙膑兵法·强兵》篇和汉简《富国》篇拼合而成，主要记述齐威王与孙子关于如何富国强兵的对话。

《陈忌问道》，本篇由原《孙膑兵法·陈忌问垒》篇附简缀合而成，主要记述田忌与孙子关于用兵之道的对话。

《陈忌问垒》，本篇主要记述田忌、孙子关于野外作战如何设垒布防的对话，其中对马陵之战战役部署的细节多有涉及。

以上六篇为“战略论”，属兵权谋。

《黄帝伐赤帝》，本篇论述了黄帝如何战胜四方之帝（赤帝、青帝、黑帝、白帝），内容上与《吴孙子·行军》“黄帝之所以胜四帝”貌似有关，却不是后者的传注文字，而是一篇独立的战争论著作，其核心主题是“授伐之道”，即战争发动论。

《月战》，本篇论述战争胜败与日、月、星的关系，认为从事战争要讲求“天时、地利、人和”，指出“间于天地之间，莫贵于人”，特别强调了人的作用。

以上二篇为“战争论”，属兵权谋。

《篡卒》，本篇主要论述有关战争胜败的“知胜之道”。

《八阵》，本篇主题有两个：一是“知道”，说明所谓“王者之将”应具备的条件；二是“八阵”，论述用“八阵”作战，如何根据敌情和地形而确定作战策略，配备兵力。

《地葆》，本篇从军事上阐述了各种地形的利害、优劣及其对军队作战行动的影响。

《设备》，本篇以剑、弓弩、舟车、长兵作比喻，说明阵、势、变、权四者在军事上的重要作用。值得注意的是，本篇"夫含齿戴角，前爪后距，喜而合，怒而斗，天之道也，不可止也。故无天兵者自为备，圣人之事也"的说法，在《淮南子·兵略训》与《史记·律书》中有着相近的文字表述。后二书的相关论述可能源自《齐孙子·设备》篇。

《兵情》，本篇以矢、弩、发三者比喻士卒、将帅和君主，认为只有三方面都齐一协同，才能战胜敌人。原整理者注释说："本篇字体与《势备》（即《设备》）篇相同，文章思路亦近，可能本是《势备》篇之后半。"

以上五篇为"战法论"，属兵形势。

《行篡》，本篇主要论述孙子关于"用兵移民"的观点。这里所谓"用兵移民"，是指用兵作战和使民移性之意。"移民"为引申义，与当今文义有所区别。

《杀士》，本篇论述将帅如何才能使士卒杀身效命、为国捐躯这一主题。

《延气》，本篇论述如何激气、利气、厉气、断气、泛气五事，反复强调激励士气、鼓舞斗志的重要意义。

《五教法》，本篇论述军队在国内驻守、行军调动、安营扎寨、两军对阵以及日常养习等不同场合的教戒问题。

《官一》，本篇论述各种军事措施及阵法的作用，是齐地兵学家所整理的有关行军、布阵的各种具体条令和简明表述，是孙子学派有关"兵技巧"的重要文献。

以上五篇为"战术论"，属兵技巧。

## 四、《齐孙子》的特质论断

关于《齐孙子》的特质，我们可以论断如下：

一、与《吴孙子》一样,《齐孙子》各篇主要也是兵法经语,而非传注。

二、《齐孙子》的作成时间与《吴孙子》大致相近,其中的若干篇可能始作于齐宣王、齐湣王时期。有些篇如《威王问》大约作于齐襄王时期。《威王问》作于公元前284年燕伐齐以后,此时离马陵之战已有几十年了。而《擒庞涓》篇的作成时间甚至晚至秦汉之际。

三、《齐孙子》为北派所传《孙子》文本,《吴孙子》为南派所传《孙子》文本。

四、《齐孙子》多言兵技巧和兵阴阳,《吴孙子》少言兵技巧和兵阴阳。

五、《齐孙子》篇幅长短差异较大,《吴孙子》篇幅长短差异较小。

六、《齐孙子》存在大小篇的现象,《吴孙子》不存在大小篇的现象。

七、《齐孙子》篇题字多文少(少则二字,多则三至五字),《吴孙子》篇题字少简练(少则一字,多则二字)。

汉初学术,承战国而分为南、北两派。南派绎丽材辩,北派古朴纯厚。南派偏向百家、辞赋,以吴、楚、淮南为重镇;北派偏向经学、史学,以齐、鲁、赵、韩为重镇。南、北学风的不同,对《吴孙子》《齐孙子》的风格多少会有所影响。《隋书·儒林传序》论及经学传授地区差异时说:"大抵南人约简,得其英华;北学深芜,穷其枝叶。"此话若用来形容《吴孙子》和《齐孙子》两书的差别,也十分恰切。

东汉末年,《齐孙子》易名《谋》,名亡而实不亡。《隋书·经籍志》所载《孙子八阵图》一卷、《孙子兵法杂占》四卷之类《孙子》佚文,既可能出自《吴孙子》系统,也可能出自《齐孙子》系统。

## 五、《齐孙子》的参校版本

本次校勘,以《银雀山汉墓竹简(壹)·孙膑兵法》(文物出版社

1985 年版)作为底本(简称“简本”或“底本”),以《银雀山汉墓简牍集成(贰)·孙膑兵法》(文物出版社 2021 年版)作为主校本(简称“新本”或“主校本”)。除此之外,参校版本还有以下数种:

1.《银雀山汉墓竹简(贰)》(文物出版社 2010 年版),简称“竹简本贰”。

2. 张震泽《孙膑兵法校理》(中华书局 1984 年版),简称“《校理》”。

3. 赵逵夫《古典文献论丛·〈孙膑兵法〉校补》(中华书局 2003 年版),简称“《校补》”。

4. 傅振伦《孙膑兵法译注》(巴蜀书社 1986 年版)。

5. 刘心健《孙膑兵法新编注译》(河南大学出版社 1989 年版)。

6. 李京《齐孙子兵法解》(中国书店 1990 年版)。

# 擒庞涓

在古汉语里,擒或禽字,经常用来指在战争中被杀死。篇题"擒庞涓",义即擒杀庞涓。

桂陵之战是战国中期齐、魏两国所进行的一次著名战争。本篇以故事体裁,叙述了孙子在桂陵之战中采用示疑于敌、调动敌人、乘其方虚、击其必救的策略,大破魏军,擒杀庞涓的事迹。按照本篇记载,齐军参战后,首先佯攻魏国"人众甲兵盛"的平陵,既坚定卫国抗魏的决心,又使魏军产生威胁不大的错觉,继续全力攻卫;继而趁魏军在卫久战疲惫之际,遣轻车"西驰"魏都大梁,"攻其所必救",调动魏军"弃其辎重",兼程回救;最后"出其不意",集中主力于桂陵,截击并大败魏军,擒杀魏军主将庞涓,创造了历史上著名的"围魏救赵"的战例。

本文开篇说"昔者,梁君将攻邯郸",说明齐军参战是在邯郸之难发生之前。文中又说:"若不救卫,将何为?"说明齐军的救援对象既有赵国,也有卫国。就此而言,桂陵之战的战略目标,既是"围魏救赵",同时也是"围魏救卫"。

本文开篇,作者用"昔者"作发语词,说明他是在谈论历史事件——桂陵之战,并且这场战争和作者相隔久远。文中,又称魏惠王为"梁君",称齐威王为"齐君";称庞涓为"庞子",称孙膑为"孙子";没有爱憎,不分敌我,将两国君臣等量齐观。说明作者已经远离战事纷争,是个局外人。所以,该篇的作成时间应该是在秦汉时期。

篇题《擒庞涓》,原写在本篇第一简的简背。比起简本《擒庞涓》来,本篇新补缺文凡16个字。

**昔者,梁君将攻邯郸[1],使将军庞涓带甲八万至于茌丘[2]。**

齐君闻之[3],使将军忌子带甲八万至□境〔一〕[4]。

庞子攻卫之鄗项〔二〕[5]。将军忌子……□卫鄗项,救与不救……?"孙子曰:"……救卫是失令〔三〕[6]。"田忌曰:"若不救卫,将何为?"孙子曰:"请南攻平陵[7]。平陵其城小而县大,人众甲兵盛,东阳战邑[8],难攻也。吾将示之疑。吾攻平陵,南有宋[9],北有卫,当途有市丘[10],是吾粮途绝也[11]。吾将示之不知事。"于是徙舍而走平陵[12]。

□平陵〔四〕,忌子召孙子而问曰:"事将何为?"孙子曰:"都大夫孰为不识事[13]?"曰:"齐城、高唐[14]。"孙子曰:"请取所□□□□□□□□□□二大夫合以□〔五〕,当术臧□〔六〕[15],彼都横、卷〔七〕[16],四达环途[17],进横、卷所遣阵也〔八〕[18]。环途彼甲之所处也[19]。吾末甲劲,本甲不断[20]。环途击柀其后[21],二大夫可杀也。"于是段齐城、高唐为两[22],直将蚁傅平陵[23]。挟柛环途[24]夹击其后,齐城、高唐当术而大败。

将军〔九〕忌子召孙子问曰:"吾攻平陵不得而亡齐城、高唐,当术而蹶[25]。事将何为?"孙子曰:"请遣轻车西驰梁郊[26],以怒其气。分卒而从之[27],示之寡[28]。"于是为之。

庞子果弃其辎重,兼取舍而至[29]。孙子弗息而击之桂陵[30],而擒庞涓[31]。故曰,孙子之所以为者尽矣[32]。　　四百六[33]

【校勘】

〔一〕至□境:底本作"至……境",此从新本。

〔二〕庞子攻卫之鄗项:底本作"庞子攻卫□□□"。新本作"庞子攻卫之□□"。赵逵夫说缺文二字应为地名。其中第一字左半似"矢",为人喘气象形字;右半为"阝(邑)"。第二字左边残存两横画,似为“王”旁;右半为“页”。根据残简笔画及此地方位,并结合长沙子弹库楚墓帛书上的“颛顼”写法推测,缺文二字应为“颛顼”。谦按:新蔡葛陵村楚简甲三 11.24 号简“昔我先出自颛顼”,其中“颛”字右半也作“卩”旁。赵说是,据补“颛顼”。下文“颛顼”二字并同。

〔三〕救与不救……孙子曰……救卫是失令:底本作“救与……救卫是失令”。“救与”二字应属田忌所问。据下文“若不救卫”推断,“救与”之下可补出“不救”二字。“……救卫是失令”为孙子答语,据文例,其上可补出“孙子曰”三字。据补。

〔四〕□平陵:底本作“[□□]陵”,新本作“[□]□陵”,“陵”上二字残缺。据上文“徙舍而走平陵”,“陵”上缺文应为“平”字。据补。

〔五〕二大夫合以□:底本作“二大夫□以□”。今从摹本和张震泽之说,“以”上缺文应作“合”。据补。

〔六〕当术臧□:简本释文作“□□臧□”。“臧”上二字缺文存有残画,第一字残存上部似“尚”字,第二字残存右旁“亍”字,二字似为“當術(当术)”。结合下文“齐城、高唐当术而大败”,“齐城、高唐,当术而厥”,缺文二字应作“当术”。据补。“臧”,通“藏”,收藏之意。“臧”下缺文,疑为“卒”字。

〔七〕彼都横、卷:“都”上一字缺文,整理者说:“似投字或扱字。”张震泽说:“此字当是柀,借为彼。”张说是,据补。

〔八〕进横、卷所遣阵也:底本作“□横、卷所□阵也”,“横”上缺文,整理者“疑是‘襍(杂)’之坏字”。张震泽疑即“惟”字。谦按:细审摹本,此字实从车(辶)从隹。其左“辶”旁,与银雀山简 733“進”字形近,应释作“進(进)”。“阵”上缺文尚存右半,应释作“遣”。据补。

〔九〕军:底本作“军”。新本作“單”,陈剑疑是“军”之误写。李均明读“單”为“战”,并在其后断句。此从底本和陈剑说。

## 【注释】

[1]“梁”,大梁(今河南开封),地名兼国名。“梁君”,指梁惠王魏

莹(公元前 369—前 319 年在位)。据《竹书纪年》,魏惠王六年(前364)将国都由安邑迁至大梁。故此后魏国又称梁国,魏君又称梁君。“邯郸”,也是地名兼国名,战国时赵国国都,故址在今河北邯郸市。公元前 386 年,赵敬侯自晋阳迁都于此。

[2]“带甲”,甲士,穿戴铠甲的士卒,泛指战斗部队。“茬丘”,卫国地名,茌、沮音近,“茌丘”即《水经注·瓠子河》所言“濮阳城西南十五里”之“沮丘城”,亦称鉏城。黄盛璋说,“茬丘”现地位置应在滑县小韩村和濮阳市大韩村之间的五爷庙一带。

[3]“齐君”,这里指齐威王田因齐(公元前 356—前 320 年在位)。

[4]“忌子”,指陈忌,即田忌,田齐宗室成员,齐国官制改革、文武分设后的首任将军,曾举荐孙子于齐威王。“境”,这里似指齐境。

[5]“卫”,国名,原建都于朝歌(今河南淇县),春秋时迁都帝丘。因在濮水之北,战国时帝丘改名濮阳。黄盛璋说,卫都濮阳即汉濮阳县,其位置大约在今濮阳县城南十八里故县村的南边,故城城址早为黄河所湮没。“颛顼”,原为上古部落首领,其遗迹有“颛顼之墟”,战国时或简称“颛顼”,则“颛顼”又成地名之称。《大明一统志》说:“颛顼城,在开州东二十里。”《嘉靖开州志》载:“颛顼城在东郭里,去州二十里,所谓帝丘者。”《读史方舆纪要》卷一六谓:“昆吾城,州东二十五里。其地有古颛顼城,城中有古昆吾台,相传夏昆吾氏所筑。”可见,帝丘、颛顼城与卫都皆在一地。颛顼城的具体位置应在今濮阳县东南二十五里的高城村;颛顼应是卫都的外围城邑,卫都宫殿区应在颛顼城的北边。庞涓攻打卫都,应先经过“颛顼”此地。

[6]此段简文残缺过甚,大意是田忌、孙子二人讨论是否救卫。“失令”,违误命令。

[7]“平陵”,又称平丘。黄盛璋说,其地在今河南封丘县东约 40 里、长垣县南稍偏西约 50 里。清代称平丘集、平丘街,简称平街。由于黄河泛滥,平陵故城埋入地下,如今已无法看到。

[8]“东阳”,指魏国的东阳地区。“战邑”,战略要地,此处谓平陵是魏国东阳地区的军事重镇。

[9]“宋”,国名。周灭商后,封商纣王庶兄微子为宋国,建都商丘,春秋时为十二诸侯之一。公元前286年,为齐湣王所灭。辖地在今河南省东部及山东、江苏、安徽三省之间。

[10]“市(fú)丘”,一名“富丘”,在今河南省延津县南、封丘县西。市丘本为卫国城邑,它南临济水,北阻濮水与黄河,处大梁之北或西北。桂陵之战前,赵国伐卫,占领市丘。魏国出兵伐赵,夺取市丘,进而围攻邯郸,这才有了桂陵之战。《水经注·济水注》引《竹书纪年》说:“梁惠成王十六年,邯郸伐卫,取漆、富丘,城之。”记载的正是赵伐卫这件事。

[11]“是吾粮途绝也”,古代运输困难,兵入敌境,往往就地掠食。平陵南有宋国,北有卫国,宋、卫都是齐的盟国,不便就地取粮。而平陵本身的地理位置是南有济水,北有黄河,夹在两河之间,也不便运输。所以简文说:“是吾粮途绝也。”

[12]“徙舍”,拔营。“走”,奔赴、进发。

[13]“都大夫”,战国时各国多实行郡县制,边地之邑为郡,郡的长官称守;腹地之邑为县,县的长官称令。齐国不设郡县,其城邑沿用旧称叫“都”,治理“都”的长官称作“都大夫”。

[14]“齐城”,指齐国首都临淄。《史记·项羽本纪·正义》引《括地志》:“青州临淄县,即古临淄地也。一名齐城。”“高唐”,齐国都邑,故城在今山东禹城、高唐之间。这里,“齐城、高唐”是齐城大夫和高唐大夫的简称。

[15]“术”,大道。“当术”,当道、当路。

[16]“都”,都邑、城邑,古代都、邑可以通称。“横”,借为“黄”,指魏国的黄邑(今河南兰考县旧考城东),又名“黄城”或“外黄”。“卷”,指魏国的卷邑(今河南原阳县西)。“彼都横、卷”,即敌邑黄、卷,指敌

人的黄邑、卷邑。“都”字置于邑名前，此为古汉语常见之“大名冠小名”现象。

［17］“环途”，《考工记·匠人》说：“匠人营国，国中九经九纬。”“经途九轨，环途七轨，野途五轨。”这里，“国中”指首都城内，“轨”指车辙宽度。据贾公彦注疏，国都中的主干道称作“经途”，距国都二百里内为“环途”，二百里外为“野途”。可见，“环途”是指首都外围二百里内那种宽度可容七车并行的环城大道。整理者注：“环途，下文屡见，似为魏军驻地或将领之名。”疑非是。

［18］“进”，推进、进击。“遣”，派遣、调遣、部署之意。

［19］“彼”，彼方。“彼甲”，指敌方的带甲之士，这里指魏军的战斗部队。“处”，宿营，安营。

［20］“末甲”，指战斗力不强却被充作齐军先锋的齐城、高唐大夫所部。“本甲”，指齐军后续部队。

［21］“柀”，通“披”，分、析之意。《说文》：“柀，一曰析也。”简文手旁字往往作木旁。现代汉语或写作“劈”，或写作“批”，皆为分开之意。

［22］“段”，通“断”，断开。

［23］“直”，直到、直待。“将”，即将、将要。“蚁傅”，即“蚁附”，指士卒爬梯攻城，如蚂蚁附壁而上。

［24］“挟”，通达之意。《诗经·大雅·大明》：“使不挟四方。”毛传：“挟，达也。”“柮”，同拙（曳），牵引之意。《荀子·非相》：“君子之度已则以绳，接人则用拙（曳）。”杨倞注：“拙（曳），牵引也。”“挟柮”，连续通达之意，这里形容军队相连不断。

［25］“蹶”，简文原作“厥”，通“蹶”，本义指摔倒，引申为挫折、失败之意。《广雅·释诂》：“蹶，败也。”

［26］“轻车”，轻便的战车，主要用于进攻敌人，其用途和辎车（主要用于运输）、革车（主要用于防守）皆有区别。“梁郊”，指魏都大梁

城郊。这里,孙子采用“攻其所必救”的策略,调动魏军仓惶回救,从而为大败魏军于桂陵创造了条件。

[27]“从”,跟踪,尾随。《说文》:“从,随行也。”

[28]“示之寡”,示敌以寡。

[29]“取”,同“趣”,趋走。“舍”,止息、住宿。“取舍”,即趣舍。古人行军,一日三十里为一舍。“兼取舍”,是急行军,昼夜兼程,一日两舍。

[30]“桂陵”,地名,在今河南长垣县西北。

[31]“擒”,本义为活捉。但在古汉语里,“擒”字有时也含有制服或杀死之意。

[32]“尽”,终极之意。此句应是作者对孙子的赞美之辞。

[33]“四百六”:此为原简记载的本篇字数。今现存正文331个字(不含重文5个字),补出缺文16个字,实际缺文59个字,约当二简。

## 【译文】

从前,魏国国君准备攻打赵国首都邯郸,派将军庞涓领兵八万进至茬丘。齐威王听说后,派将军田忌领兵八万进至齐国边境。

庞涓进攻卫都濮阳北边的颛项墟,将军田忌问道:“魏军已进至卫国颛项,救还是不救卫国?”孙子回答说:“……若要救卫,则违反命令。”田忌问道:“如果不救卫国,那么,将如何行动?”孙子回答说:“请南攻平陵。平陵这个地方,城小而管辖范围大,人口众多,军力强盛,是东阳地区的战略重镇,难以攻打。我们可用假象迷惑敌人。我们攻打平陵,南边有宋国,北边有卫国,途中又有富丘,这样我军的运粮通道将被隔绝。我们将装作不懂这件事的利害。”于是拔营,奔赴平陵。

到达平陵后,田忌召见孙子,问道:“下一步该如何行动?”孙子反问道:“都大夫中谁最不熟悉用兵之事?”田忌回答说:“齐城大夫和高唐大夫。”孙子说:“请派他们二部攻打平陵。……二大夫合战……敌人横、卷两邑，从四面可以直达环城大道。二大夫所部容易陷入黄、卷两邑之兵所组成的战阵，环途又被魏军主力部队所占领。我军前锋部队进攻强劲，后续部队却不跟进断后。环途上的魏军主力就会从后边破袭我军前锋部队。这样，就要牺牲两位都大夫了。”于是，将齐城、高唐所部分作两队，准备“蚁附”平陵。魏军果然沿着环城大道不断增援而来，对攻城齐军进行夹击。齐城、高唐所部招架不住，半途而败。

将军田忌召见孙子，问道：“我们没有攻下平陵，反而损失了齐城、高唐二部，半途而败，下一步该怎么办呢?”孙子回答说：“请派遣战车向西直驱大梁城郊，以激怒魏军。然后，分出少量步卒跟随战车，以此显示我方兵力不足。”田忌于是照计而行。

庞涓果然丢弃辎重，日夜兼程急行军。孙子不失时机地截击魏军于桂陵，擒杀了魏将庞涓。所以说，孙子对这次战役的谋划，真是尽善尽美啊！

# 见威王

本篇记述孙子初见齐威王时，陈述自己对战争的看法。与孟子等人所倡导的“责仁义，式礼乐，垂衣裳，以禁争夺”的去战主张有所不同，孙子一派主张“举兵要之”，主张“战胜而强立，故天下服矣”，明确提出了以战争解决政治问题的思想。同时，他还把充足的物资储备和政治上的正义性看作是赢得战争胜利的重要条件，强调“有委”“有义”“事备而后动”，反对“乐兵”“利胜”。孙子的这种战争观，至今仍不失其指导意义。篇题《见威王》，为整理者所拟加。

《吴孙子·计》篇起首说：“兵者，国之大事也。死生之地，存亡之道，不可不察也。”本篇起首也说：“夫兵者，非士恒势也，此先王之傅道也。战胜，则所以在亡国而继绝世也；战不胜，则所以削地而危社稷也。是故兵者不可不察。”二者说法高度相近，其间是否存在因袭关系,值得研究。

《太平御览》卷二七一引刘向《新序》说:“上古之时,其民敦朴,故三皇教而不诛,无师而威,故善为国者不师,三皇之德也。至于五帝,有师旅之备而无用,故善师者不阵,五帝之谓也。汤伐桀,文王伐崇,武王伐纣,皆阵而不战,故善阵者不战,三王之谓也。……至齐桓侵蔡而蔡溃,伐楚而楚服,而强楚以致苞茅之贡于周室,北伐山戎,使奉朝觐,三存亡,一继绝,九合诸侯,一匡天下,衣裳之会十有一,尝有大战,亦不血刃。至晋文公设虎皮之威,陈曳柴之伪,以破楚师而安中国,故曰善战者不死,晋文公之谓也。楚昭王遭阖闾之祸,国灭,昭王出亡,父老迎而哭之。……秦君怜而救之。秦楚同心,遂走吴师,昭王返国,故善死者不亡,昭王之谓也。是故自晋文公以下至战国,而暴兵始众,于是以强并弱,以大吞小。故强国务攻,弱国备守,合纵连横,群相攻伐。故战则称孙、吴,守则称墨翟。”这段引文应是刘向为《新序·善谋》撰写的序论,可以作为《见威王》篇的辅助材料,有助于理解什么是“责仁义”、什么是“式礼乐”、什么是“垂衣裳”、什么是“举兵要之”等不同的古代战争形态。

《见威王》篇起首说“孙子见威王”。《孟子》开篇《梁惠王上》起首第一句也说“孟子见梁惠王”。二者叙述方式相近。如果按照《孟子》体例编纂《齐孙子》,本篇也可以列作首篇。

孙子见威王[1],曰:“夫兵者[2],非士恒势也,此先王之傅道也[3]。战胜,则所以在亡国而继绝世也[4];战不胜,则所以削地而危社稷也[5]。是故兵者不可不察。

然夫乐兵者亡[6],而利胜者辱[7]。兵非所乐也,而胜非所利也。事备而后动,故城小而守固者,有委也[8];卒寡而兵强者,有义也。夫守而无委,战而无义,天下无能以固且强者。

尧有天下之时[9],黜王命而弗行者七[10],夷有二[11],中国四[12]。故尧伐负海之国而后北方民得不苛[13]，伐共工而后兵寝而不起[14]，弛而不用[15]。其间数年，尧身衰而治屈[16]，胥天下而传舜[17]。舜击讙兜，放之崇[18]；击鲧，放之羽[19]；击三苗，放之危[20]；亡有扈氏[21]。中国有苗氏存〔一〕，独为弘[22]。舜身衰而治屈，胥天下而传之禹[23]。禹凿孟门而通大夏[24]，斩八林而焚九□〔二〕，西面而并三苗[25]□□……素佚而致利也[26]。战胜而强立[27]，故天下服矣。

昔者，神农战补遂〔三〕[28]；黄帝战涿鹿〔四〕[29]；尧伐共工；舜伐劂管[30]；汤放桀[31]；武王伐纣[32]；商奄反〔五〕，故周公浅之[33]。

故曰，德不若五帝[34]，而能不及三王[35]，智不若周公，曰我将欲责〔六〕仁义，式礼乐，垂衣裳[36]，以禁争夺。此尧舜非弗欲也，不可得，故举兵要〔七〕之。"

**【校勘】**

〔一〕苗氏：底本作"苗民"。新本作"苗氏"。此从新本。

〔二〕焚九□：整理者说："'九'下一字不清，似是'薮'字。"

〔三〕补遂：底本作"斧遂"，整理者注："《战国策·秦策一》'昔者神农伐补遂'，斧遂即补遂。"新本作"斧(补)遂"。此从新本。

〔四〕涿鹿：底本作"蜀禄"，整理者注："《战国策·秦策一》'黄帝伐涿鹿而擒蚩尤'，蜀禄即涿鹿。"新本作"蜀禄(涿鹿)"。此从新本。

〔五〕商奄反：底本作"帝奄反"，整理者注："'帝'字当是'商'字误写。"新本作"商奄反"。此从新本。

〔六〕责：简本释文读"责"为"積(积)"。关德仁说，此处"责"应读本字，为讲求之意。《说文·贝部》："责，求也。"关说是，故从。

〔七〕要：底本作"绳"。新本作"□"，并注曰："此字非'绳'，或说释'要'，或说释'嚣'。"谦按："要"通"邀"，截击之意。《陈忌问道》："子言晋邦之将荀息、孙轸为晋要秦于殽，灭秦军，获三帅。"作"嚣"无意,作“要”是,据改。

【注释】

[1]“威王”,齐威王,公元前356—前320年在位,本名婴齐,大概是取婴儿齐齿之义,史书多用同音假借字而写作“因齐”。

[2]“兵者”,原指兵械、武器,此处指军事和战争。

[3]“傅”,整理者疑是“傳(传)”字误写。一说“傅”通“敷”,布施之意。

[4]“在”,存在。“继”,延续。孙膑“在亡国而继绝世”与孔子所言“兴灭国,继绝世”含义相同。《韩非子·说林上》曰:“晋人伐邢,齐桓公将救之。鲍叔曰:‘太蚤。邢不亡,晋不敝;晋不敝,齐不重。且夫持危之功,不如存亡之德大。君不如晚救之以敝晋,齐实利。待邢亡而复存之,其名实美。’”为了博得美名,齐桓公待邢灭而救之。桂陵之战与马陵之战时,齐国答应出兵相救,却不马上发兵,与此情况相类。

[5]“削地”,割让土地。“社稷”,原指社神(土地神)和谷神(财神),这里代指国家。

[6]“乐兵”,好战、轻率用兵。《司马法·仁本》:“国虽大,好战必亡。”这里,“乐兵者亡”与《齐孙子·篡卒》“恶战者王”文义相成,是孙子的一贯思想。说明孙子不但是一位军事家,也是一位有头脑的政治家。

[7]“利胜”,贪图胜利。

[8]“委”,委积,指粮草储备。

[9]“尧”,唐尧,上古部落联盟首领。所属氏族为陶唐氏,简称唐氏。西周时,晋国又叫唐国。《诗经·唐风》就是晋国人的诗歌。陶唐氏可能是一个善于制陶的民族,故以陶为名。“陶”,古读为“尧”,后世遂把族名陶唐氏人格化为传说中的帝尧。《左传·文公十三年》记载士会是刘氏的祖先,刘氏与范氏同宗。《左传·襄公二十四年》记载

士会之孙士匄（范宣子）对鲁大夫叔孙穆子说：“昔匄之祖，自虞以上为陶唐氏，在夏为御龙氏，在商为豕韦氏，在周为唐杜氏，晋主夏盟为范氏。”按此记载，晋国六卿中的范氏与汉朝的刘邦家族皆是帝尧后人。

［10］“黜”，废除、拒绝之意。“弗行”，不执行。

［11］“夷”，东夷，指我国古代东部地区的部族。《说文》：“夷，东方之人也。”《礼记·王制》：“东方曰夷，被发文身。”

［12］“中国”，指中原地区的华夏部族。

［13］“负海之国”，即背海之国，如战国时的齐国。《商君书·兵守》：“四战之国贵守战，负海之国贵攻战。”“苛”，苛待，骚扰。

［14］“共工”，古代部族首领，其居住地大约在汉代的共县（今河南辉县），古时叫作共头，也名共首。《逸周书·史记解》：“唐氏伐之，共工以亡。”“寝”，停止，平息。“兵寝”，战事平息。

［15］“弛”，简文原作“施”，借为“弛”，解除、放弃之意。

［16］“衰”，衰老、衰落。“屈”，通“拙”。

［17］“胥”，全。《方言》第七：“胥，皆也。……东齐曰胥。”“胥天下”即“全天下”。“舜”，虞舜，古代部族联盟首领，其所属氏族居于虞地，故称有虞氏，简称虞氏。《水经注·河水》记载：軨桥“东北有虞原，原上道东有虞城，尧妻舜以嫔于虞者也”，并说河东“郡南有历山，谓之历观，舜所耕处也”。軨桥位于大阳县，即今山西省平陆县。虞氏故土大约在今山西南部的运城、平陆、虞乡、永济一带。

［18］“讙”，读 huān。“兜”，简文原作“收”，借为“兜”。“讙兜”，又作驩兜、驩头、讙朱、丹朱，上古人名，传说为尧舜时的部族首领，见于《尚书》《孟子》《史记》等书。“放”，放逐。“崇”，崇山，即嵩山，在今河南登封市境。

［19］“鲧”，读 gǔn，古代部族首领。“羽”，羽山。《尚书·舜典》：“殛鲧于羽山。”注：“羽山在东海祝其县西南，鲧殛处也。”汉、晋祝其

县在今江苏连云港市赣榆区境内。

[20]“三苗”，古代部族。《史记·五帝本纪》：“三苗在江淮、荆州，数为乱。”《史记正义》引吴起云：“三苗之国，左洞庭而右彭蠡。”并注曰：“今江州、鄂州、岳州，三苗之地也。”“危”，三危，山名。《史记·五帝本纪》：“迁三苗于三危，以变西戎。”《正义》引《括地志》：“三危山有三峰，故曰三危，俗亦名卑羽山，在沙州敦煌县东南三十里。”

[21]“有扈氏”，古国名，在今陕西户县。《尚书》《史记》均谓有扈氏为夏启所灭。简文以为舜灭有扈氏，与传世文献记载不同。敦煌《六韬》抄本《周志二十八国》记载：“昔有虞氏兴，有扈氏弱而不袭，身死国亡。”认为有扈氏为虞舜所灭，与简文相合。

[22]“弘”，强大之意。

[23]“禹”，大禹，又称夏禹，夏后氏部族首领，姒姓。夏后氏最初出于西羌，后兴起于山西西南部，曾都安邑。自居夏而称夏，遂有夏禹。后来，夏后氏又渡河南下，定居洛阳、颍川。虞舜死去，夏禹继任部族联盟首领。

[24]“孟门”，山名，即壶口山，在今山西吉县西，绵延黄河两岸，因位于龙门之北，故称“龙门上口”。《水经注·河水》引《淮南子》说：“龙门未辟，吕梁未凿，河出孟门之上。”“大夏”，《史记集解·郑世家》引服虔注：“大夏在汾、浍之间。”顾炎武《日知录》卷三一说：“大夏者，正今晋、绛、吉、隰之间。”

[25]“并”，借为“屏”，屏除、放逐之意。马王堆出土遣策，“屏风”即作“并风”。

[26]“素”，平素。“佚”，同“逸”，安闲。“致利”，带来利益。《战国策·秦一》：“夫徒处而致利，安坐而广地，虽古五帝、三王、五伯、明主贤君，常欲坐而致之，其势不能，故以战续之。”可参考。

[27]“强”，强大、强盛。“立”，树立、建立。《韩非子·难一》：“战而胜，则国安而身定，兵强而威立。”与此义近。

[28]“神农”,传说中的远古三皇之一,为农业和医药的创始人。“补遂”,《战国策·秦一》:“昔者神农伐补遂。”高诱注:“补遂,国名也。”

[29]“黄帝”,相传为中原各族的共同始祖,姬姓,号轩辕氏、有熊氏。“涿鹿”,地名。吕思勉引《世本》“涿鹿在彭城”,考证说涿鹿应在今江苏省徐州市铜山区附近。一说在今河北省涿鹿县东南。《史记·五帝本纪》:“蚩尤作乱,不用帝命。于是黄帝乃征师诸侯,与蚩尤战于涿鹿之野,遂擒杀蚩尤。”

[30]“阙管”,可能也是一位远古部族首领,事迹不详。

[31]“汤”,商汤,又叫成汤、成唐,商王朝的开国之君。“桀”,夏桀,夏王朝的亡国之君。《史记·孙子吴起列传》:“夏桀之居,左河济,右泰华,伊阙在其南,羊肠在其北,修政不仁,汤放之。”

[32]“纣”,商纣王,商朝亡国之君。《史记·孙子吴起列传》:“殷纣之国,左孟门,右太行,常山在其北,大河经其南,修政不德,武王杀之。”

[33]“商奄”,简文原作“帝奄”,“帝”字应为“商”字之误。“商奄”又称“奄”。殷商末年,“奄”是东方大国,其国都在今山东曲阜奄里。“周公”,姓姬,名旦,周武王之弟。武王死后,成王年幼即位,周公辅政。“浅”,读 jiàn,践踏之意,引申为剪除、平定。周灭商,周武王封商纣王之子武庚于朝歌,让其统治殷族遗民。武王去世,武庚联合徐、奄等国判周。周公东征,举兵平定。一说,“浅”读 cán,摧残、残害之意。

[34]“五帝”,历来说法不一,《皇王大纪》认为是指伏羲、神农、黄帝、尧、舜。简文似以神农、黄帝、尧、舜等为五帝,与《皇王大纪》说法相近。

[35]“三王”,指夏、商、周三个朝代的开国之君,即夏禹、商汤和周武王。

［36］“式”，法式。“式礼乐”，推行礼乐。“垂衣裳”，古人上衣下裳，裳如后世长裙。若要操作，必须撩裳袒袖；平居无事，则衣裳垂整。所以“垂衣裳”原指安居无事，后用来比喻无为而治。《论衡·自然》：“垂衣裳者，垂拱无为也。”

**【译文】**

孙子面见齐威王，说：军事上，不能依赖永恒不变的形势，这是先王传下来的道理。战胜了，可以挽救一国灭亡，使其世代相传；战不胜，则将削地，危及社稷。因此，用兵之人不能不懂得这个道理。

然而，轻率用兵的则会败亡，贪求胜利的则会屈辱。战争不可以随意进行，胜利不可以一味贪求，只有做好战争准备，才能采取军事行动。所以，城池虽然很小，而防守却很坚固，是因为有充足的物资储备；士卒虽然很少，而战斗力却很强，是因为进行的是正义战争。凡是防守而没有物资储备，攻战而缺乏正义之名，天下谁也无法做到守必固、战必胜。

唐尧统治天下的时候，拒不执行王命的部落共有七个，其中东夷地区有二个，中原地区有四个。唐尧讨伐了沿海地域的部族，此后，北方地区的人民不再受到骚扰；唐尧讨伐了共工部族，而后战争结束，战事不起，军事手段也就放弃不用了。此后数年之间，唐尧身体衰老，治国日益见拙，于是将天下传给虞舜。舜举兵把讙兜部族赶到崇地，把鲧部族赶到羽山，把三苗部族赶到三危，又消灭了有扈氏。中原地区还有一些三苗部族生存下来，独自发展强大。虞舜身体衰老，治国没有起色，于是将天下传给大禹。大禹开凿孟门，通达大夏；砍伐了八处森林，焚毁了九处草滩；向西进攻，放逐了三苗。……君虽安逸，却能坐以致利。只有以武力战胜了敌人，国家才能强大，国威才能树立，天下之人才会归服。

以往，神农战于补遂；黄帝战于涿鹿；尧帝讨伐共工；舜帝讨伐劂管;商汤流放夏桀;周武王讨伐商纣王;商奄反叛,所以周公平灭了它。

所以说,那些道德不如五帝、能力不及三王、智谋不如周公的人,宣称自己要用讲求仁义、推行礼乐、无为而治的办法来禁止争夺、消除战争。这些办法尧舜也不是不想用,只是因为办不到,所以只好用武力来达到目的。

# 威王问

本篇记述了孙子与齐威王、田忌三人关于用兵的对话,阐明了指导战争的一些战略战术原则,在军事上明确提出了"必攻不守"这一积极进攻的战略主张,强调这是用兵作战最紧要的事情,要求战争决策者通晓用兵之"道",注重"料敌计险,必察远近",要善于因敌、因地制宜,采用"赞师""让威""营而离之""引而劳之""攻其无备,出其不意""并卒而击之"等战法,发挥优势,转变劣势,打破敌我均势,把握作战主动权,以求克敌制胜,实现战胜而强立的最高目标。同时,作者也借孙子之口,对最高统治者提出了告诫:"素信者昌,立义用兵无备者伤,穷兵者亡。"

简文说"威王问九",可简本现存只有八事,另有一事残去。竹简本《曲将之法》篇仅存二简,共73个字,主要讲述如何用将。而《孙膑兵法·陈忌问垒》附简第308简与306简两问"兵情奈何",内容重复,应有误收。据文义,《曲将之法》二简与简308"兵情奈何"正好构成一组问答,二者皆应移入《威王问》篇。

本篇结尾说:"威王问九,田忌问七。"按照这一说法,本书将《威王问》全文分作18段,其中威王、孙子问对9段,威王评论1段,田忌、孙子问对7段,结尾1段则是问对之后孙子向弟子们所发表的问对感言。

本篇首句说:"齐威王问用兵孙子。""威王"是谥号。称齐侯为"威王",说明该篇的作成时间应是在威王之后,不会早于公元前320年。另外,古人论述本国之事,在国君谥号前一般不加国名。此处在"威王"前加上"齐"字,说明此篇或者作于齐地之外,或者不出自时人之手。

从齐威王开始,中经齐宣王,再到齐湣王,齐国富国强兵,称雄诸侯,共历三世。齐湣王末年,乐毅伐齐,齐国败给燕国,国势遂衰。本篇结尾,孙子对弟子评论说:"齐三世其忧矣!"可见本篇的作成年代应在乐毅伐齐之后,最早不会超过公元前284年。

篇题《威王问》,原写在本篇第一简简背。比起简本《威王问》来,本篇新补缺文凡7个字,另将原简286、简290、简291三条附简移入正文。

齐威王问用兵孙子[1],曰:"两军相当,两将相望[2],皆坚而固,莫敢先举,为之奈何?"孙子答曰:"以轻卒尝之,贱而勇者将之[3],期于北,毋期于得。为之微阵,以触其侧[4]。是谓大得。"

威王曰:"用众用寡有道乎?"孙子曰:"有。"威王曰:"我强敌弱,我众敌寡,用之奈何?"孙子再拜曰:"明王之问。夫众且强,犹问用之,则安国之道也。命之曰赞师[5]。毁卒乱行,以顺其志[6],则必战矣。"威王曰:"敌众我寡,敌强我弱,用之奈何?"孙子曰:"命曰让威[7]。必藏其尾,令之能归。长兵在前,短兵在翼[一][8],为之流弩,以助其急者[9]。□□毋动,以待敌罢[二]。"

威王曰:"我出敌出[10],未知众少,用之奈何?"孙子[三]:"命曰……能相助,可以止而止,可以行而行,毋求□[四]……□"。

威王曰[五]:"兵情奈何?"孙子[六]:"……臣之能曲将之法[11],我使夸用而好见功伐于将长者[12],使之先遇之;其谦信而勇敢者,使救之;其上知天道,下知地利者,使旁大将[13];其年老长而数犯大战者,使居大后。□□□□〔七〕[14]……"

威王曰:"击穷寇奈何?"孙子:"……可以待生计矣[15]。"

威王曰:"击均奈何[16]?"孙子曰:"营而离之,我并卒而击之[17],毋令敌知之。然而不离,案而止,毋击疑。"

威王曰:"以一击十[18],有道乎?"孙子曰:"有。攻其无备,出其不意。"

威王曰:"地平卒齐,合而北者[19],何也?"孙子曰:"其阵无锋也[20]。"

威王曰:"令民素听,奈何?"孙子曰:"素信[21]。"

威王曰:"善哉!言兵势不穷。"

田忌问孙子曰:"患兵者何也?困敌者何也?壁延不得者何也[22]?失天者何也?失地者何也?失人者何也?请问此六者有道乎?"孙子曰:"有。患兵者地也,困敌者险也。故曰:三里沮洳,将患军行[23];□□□涉〔八〕,将留大甲[24]。故曰:患兵者地也,困敌者险也。壁延不得者渠塞〔九〕也[25],□……道也。"

田忌曰〔一〇〕:"……奈何?"孙子曰:"鼓而坐之,十而揄之[26]。"

田忌曰:"行阵已定,动而令士必听,奈何?"孙子曰:"严而示之利。"

田忌曰:"赏罚者,兵之急者耶?"孙子曰:"非。夫赏者,所以喜众[27],令士忘死也。罚者,所以正乱,令民畏上也。可以益胜,非其急者也。"田忌曰:"权、势、谋、诈,兵之急者耶?"孙子曰:"非也。夫权者,所以聚众也。势者,所以令士必斗也。谋者,所以令敌无备也。诈者,所以困敌也。可以益胜,非其急者也。"田忌忿然作色[28]:"此六者皆善者所用,而子大夫曰非其急者也[29]。然则其急者何也?"孙子曰:"料敌计险,必察远近,此上将之道也〔一一〕。必攻不守[30]，兵之急者也。□……”田忌曰：……善，则敌为之备矣〔一二〕。”孙子曰：……骨也[31]。”

田忌问孙子曰：“张军毋战有道[32]？”孙子曰：“有。倅险增垒，诤戒毋动[33]，毋可□有〔一三〕，毋可怒。”

田忌曰：“敌众且武，必战，有道乎？”孙子曰：“有。埤垒广志，严正辑众[34]，避而骄之，引而劳之[35]，攻其无备，出其不意，必以为久。”

田忌问孙子曰：“锥行者何也？雁行者何也[36]？选卒力士者何也？劲弩趋发者何也[37]？飘风之阵者何也？众卒者何也[38]？”孙子曰：“锥行者，所以冲坚毁锐也。雁行者，所以触侧应□也〔一四〕[39]。选卒力士者，所以绝阵取将也[40]。劲弩趋发者，所以甘战持久也[41]。飘风之阵者，所以回后〔一五〕□□也。众卒者，所以分功有胜也[42]。”孙子曰：“明主、知道之将，不以众卒几功[43]。”

孙子出而弟子问曰：“威王、田忌，臣主之问何如？”孙子曰：“威王问九，田忌问七[44]，几知兵矣，而未达于道也。吾闻：素信者昌，立义用兵无备者伤〔一六〕，穷兵者亡。齐三世其忧矣[45]。”

*　　*　　*

……孙子曰：“八阵已阵……

……□孙子曰：“毋待三日□……

……也。孙子曰：“战……

险成[46]。险成，敌将为正[47]，出为三阵，一□……。

**【校勘】**

〔一〕短兵在翼：底本作“短兵在□”。新本作“短兵在翼”。此从新本。

〔二〕以待敌罢:底本作“以待敌能”。关德仁说此处“能”应读“罷(pí)”。“罷(罢)”通“疲”,疲惫之意。关说是,据改。

〔三〕孙子:整理者说:“‘孙子’二字下当脱一‘曰’字。”不过,古书记言有“省曰字例”。此处无“曰”,或属省略。

〔四〕二六四简 a 段作“险成。险成,敌将为正,出为三阵,一□”。底本整理者说:“二六三、二六四号二简的系连以及二六四号 a、b 两段的缀合,把握不大,可能与实际情况不符。”新本整理者说:“从简背划痕来看,二六三、二六四号简不能系连,二六四号简 a、b 两段也不应缀合。”故将二六四号简 a 段归入附简。此从新本。

〔五〕威王曰:本篇中,除了后文“威王曰:‘善哉! 言兵势不穷’”为总结之言,威王的其他话语都是作为问句,与孙子答语构成一一对应关系。本篇附简 290 作“……□威王曰……”,今据文义,移入此处。“威”上缺文“……□”是孙子之语,应断属上句。“威王曰”则另起一句。

〔六〕兵情奈何? 孙子……:此为简 308,原列《陈忌问垒》附简。谦按:《陈忌问垒》简 306 已说:“田忌请问:‘兵情奈何?’”简 308 又问“兵情奈何”,显然重复。根据文义、书体和残缺形态,简 308 应属《威王问》,应与简 290 残片 a 段相接。据移。

〔七〕竹简本《曲将之法》篇仅存二简,简 1213 释文作“臣之能曲将之法,我使夸用而好见功伐于将长者,使之先遇之;其谦信而勇敢者,使救”共 34 个字;简 1214 释文作“之;其上知天道,下知地利者,使旁大将;其年老长而数犯大战者,使居大后”共 29 个字。据图版,简 1214“后”字下还有 4 个字痕迹,补出 4 个缺文符后,整简应有 33 个字。二简主要讲用将之法。篇题《曲将之法》为整理小组所拟定。《威王问》每简容字 33—35 个字,《曲将之法》每简字数与《威王问》相合。其二,《威王问》有君臣问对,而《曲将之法》说“臣之能曲将之法”,自称“臣”,其对话者应为国君。二者语境相合。其三,《曲将之法》两简书体与《威王问》各简接近。第四,所谓“兵情”,是因人性情而用兵,即因人制宜,《曲将之法》文义与此正合。据此,移动缀联如上。

〔八〕三里沮洳,将患军行,□□□涉:底本作“三里沮洳将患军……涉”。张震泽《校理》说,此处约缺四或五字,“军下缺文,当是‘行’字。言有三里之泥泞,即难行军矣”。赵逵夫《校补》也说:“今据原简字体大小及相邻各简的字数,应只缺四字。‘军’字下可补出‘行’字。”张说、赵说是,据补“行”字和缺文符。

〔九〕渠塞:底本作“渠寒”。张震泽《校理》说:“塞,影本释寒,今审原简,应是塞字。”张说是,据改。

〔一〇〕……道也。田忌曰:整理者说:“‘……壁延不得者渠寒也……’为孙膑语,‘……奈何’为田忌语,其间有缺简。”本篇附简第291简作:“……道也。’田忌……”整理者说:“此简原来位置可能在二七一与二七二号二简之间。”整理者是,据移,并补“曰”字。

〔一一〕此上将之道也:底本作“……将之道也”。赵逵夫说,“必察远近”与“将之道也”间只缺二字。《孙子·地形》曰:“料敌制胜,计险厄、远近,上将之道也。”缺文应为“此上”二字。赵说是,据补。

〔一二〕田忌曰:……善,则敌为之备矣:本篇附简286原为“……善则敌为之备矣’。孙子曰……”上文田忌问:“权、势、谋、诈,兵之急者耶?”孙子答:“非也。……谋者,所以令敌无备也。”此处,简286说“善则敌为之备矣”,应是田忌围绕着“权、势、谋、诈”问题所做出的后续讨论,故应移入正文此处。依照文例,简286上可补出“田忌曰”三字。

〔一三〕毋可□有:底本作“毋可□前”,原整理者说:“可”下残文左半从“禾”,疑为“利”字。新本作“毋可□有”,王辉说,“可”下残文应是“私”字。此从新本。

〔一四〕所以触侧应□也:“应”下残字,王辉说应是“前”或“首”

字。汉简《十阵》说:“雁行之阵者,所以接射也。”“接射”为前、后两排士卒先后次第展开射击,意思与“应前”相合。

〔一五〕所以回后:底本作“所以回□”,新本作“所以回后”。此从新本。

〔一六〕立义用兵无备者伤:底本作“立义……用兵无备者伤”。此从新本标点。

【注释】

[1]“齐威王问用兵孙子”,犹言“齐威王问用兵于孙子”,即齐威王向孙子问用兵的方法。此处省略介词“于”字。

[2]“相当”,相敌、相对。“相望”,对峙。

[3]“轻卒”,小部队或轻装部队。“尝”,尝试、试探。“贱而勇者”,指地位较低但非常勇敢的人。“将”,率领、带领。

[4]“微阵”,似指雁行一类的轻型阵法。这种阵形,运动迅速,开阖简单,便于发扬弓矢威力,缺点是它的侧翼暴露,纵深单薄,攻击力差,不能实施正面强攻,因此不太适合大部队作战,故称“微阵”。战国时期,担任前锋、后卫、侦察、警戒、突袭等任务的轻车锐骑,可能常用这种阵形。“触”,抵触,指突然冲击。“侧”,简文原作“厕”,借为“侧”,侧翼。

[5]“命”,命名。“赞”,引导之意。“赞师”,引诱敌军出战。

[6]“卒”,军队的一种编制名称,百人为“卒”。“行”,读 háng,行列之意。“毁卒乱行”,是说故意摆出混乱阵列。“以顺其志”,顺敌之意。

[7]“让威”,避开敌人锋芒,待机破敌。

[8]“长兵”,长柄兵器,如戈、矛之类。“短兵”,短柄兵器,如刀、剑之类。“翼”,侧翼。

[9]“流弩”,指机动的弩兵。弩兵杀伤力大,危急之时,可用来

救应。

［10］“出”，出战。

［11］“曲”，局部、部分之意。《荀子·解蔽》：“凡人之患，蔽于一曲，而暗于大理。”章诗同《荀子简注》：“一曲，拘于一隅也。”“曲将”，一曲之将，指那些具有某一方面才能的偏才类将士，与《庄子·秋水》所谓“曲士”意思接近。《庄子·天下》也说：“不该不遍，一曲之士也。”

［12］“夸用”，自夸用命，爱出风头。“见”，读 xiàn，表现。“功”，通“攻”。“功伐”，即“攻伐”。

［13］“旁”，通“傍”，依傍。

［14］“大”，通“太”。“大后”，即“太后”，指最后方。

［15］“可以待生计矣”，上有缺文，句意未详。大意是说“穷寇勿迫”，应让敌人产生还有活路可以期待的想法。“生计”，活路。

［16］“均”，均衡、均势。

［17］“营”，通“荧”，迷惑。“离”，分离。“并卒”，集中兵力。

［18］“一”，指我方兵力。“十”，指敌方兵力。形容敌我兵力众寡悬殊。《吴孙子·地形》说：“夫势均，以一击十，曰走。”

［19］“平”，平坦。“齐”，整齐。“合”，交战、会战。“北”，败北。

［20］“锋”，前锋，指突击力量。《吴孙子·地形》说：“将不能料敌，以少合众，以弱击强，兵无选锋，曰北。”

［21］“素”，平日，一贯。《吴孙子·行军》：“令素行以教其民者，民服；令素不行以教其民者，民不服。令素行者，与众相得也。”“信”，信用。

［22］“壁”，城壁，壁垒。“延”，又作“埏”，延道，即隧道，类似于今天的交通壕。“壁延”，简本释作：“辟易之音变，是退避之意。”疑非是。

［23］“沮洳”，沼泽地带。“三里沮洳，将患军行”及下文“□□□

涉，将留大甲”，很像古代格言。此处“故曰”之“故”，似有旧时之意。“故曰”似可释为“故语曰”，即“老话说”。而下文“故曰”则为总结之言，有“所以说”之意。前后两个“故曰”，意义不尽相同。此二句是对上文“患兵者地也”的具体说明。

[24]“涉”，涉水。“留”，滞留。“甲”，甲士，这里泛指战斗军队。“大甲”，大军，指主力战斗部队。此二句是对上文“困敌者险也”的具体说明。

[25]“渠塞”，沟渠、隘塞。

[26]“鼓”，击鼓。“坐”，留止。《说文》：“坐，止也。”“揄”，牵引、挥手。《尉缭子·兵教上》：“伍长教其四人……击鼓而进，低旗则趋，击金而退，麾而左之，麾而右之，金鼓俱击而坐。伍长教成，合之什长。”《吴子·治兵》：“乡里相比，什伍相保。一鼓整兵，二鼓习阵，三鼓趋食，四鼓严辨，五鼓就行。”此处简文虽然残缺，田忌问话已失去向，但是从孙子答语“鼓而坐之，十而揄之”，可以推知田忌所问应和士卒操练有关。而且下文“田忌曰：‘行阵已定，动而令士必听，奈何？’”其中“行阵已定”应是承上而言。这也说明，田忌上句所问应和“行阵”有关。

[27]“所以”，是“所用来”的意思，与今天白话中的“所以”用法不同。

[28]“忿”，通“愤”，愤怒。“作色”，脸色大变。

[29]“子”，先生之意，为敬称。“大夫”，原为官名或职官，这里为尊称。战国时，齐国的地方首脑称作“大夫”，职权约相当于后世的州郡太守。齐威王、宣王时，曾尊称知名学者如邹衍、田骈、荀子等人为“列大夫”。这里，“子大夫”是对孙子的敬称。

[30]“必攻不守”，一定要攻击敌人的不守之地，即薄弱环节。

[31]《战国策·齐六》：“食人炊骨，士无反北之心，是孙膑、吴起之兵也。能以见于天下矣！”不知与此是否有关。

[32]“张军毋战”，陈兵而不交战。

[33]“倅”，借为“萃”，聚集之意。“增垒”，增加壁垒。“诤”，借为“静”。“戒”，戒备。

[34]“埤”，增益，《广雅·释诂》：“埤，益也。”“埤垒”，增厚军垒。“广志”，增广斗志。“正”，通“政”，政令、法令。“辑”，通“集”，团结之意。《尔雅·释诂》：“辑，和也。”

[35]“避”，避开、回避。“引”，引诱、牵引。《吴孙子·计》篇：“强而避之，怒而挠之，卑而骄之，佚而劳之”，与此义近。

[36]“锥行”，阵名，指前尖如锥的阵形。“雁行”，阵名，指横列展开、如群雁飞行(人字形)的阵形。

[37]“选卒”，精兵。“力士”，勇士。“选卒力士”，指精兵猛士。“劲弩”，强弩。“趋发”，疾射。

[38]“飘风之阵”，阵名，阵形未详。《齐孙子·官一》：“剽阵差车，所以从遗也。”意思是，飘风之阵和驰车，可用来追逐逃敌。“众卒”，与“选卒”相对，指普通士卒。

[39]“触”，抵触、猛击。“侧”，侧翼。“应”，接应。

[40]“绝”，断绝、横断之意。“取”，擒获、擒杀。

[41]“甘”，借为“酣”。“甘战”，酣战、激战之意。

[42]“功”，事功。“分功”，分担任务。“有”，通“佑”，辅助之意。“有胜”，有助于取得胜利。

[43]“几”，通“冀”，指望、希冀。《左传·哀公十六年》：“国人望君，如望岁焉，日月以几。”《释文》：“几，音冀，本或作冀。”

[44]“威王问九，田忌问七”，据简本，威王所问有“两军相当……”、“用众用寡”(此问包括“我强敌弱，我众敌寡”与“敌众我寡，敌强我弱”二问)、“我出敌出，未知多少”、“击穷寇”、“击均”、“以一击十”、“地平卒齐……”、“令民素听”八事，加上所补“兵情”一事，正好九事。田忌所问有“患兵者何也……”“……奈何”“行阵已定……”

“兵之急者”“张军毋战”“敌众且武必战”“锥行者何也……”七事，与简文所言之数正合。

[45]“三世”，指齐威王、齐宣王和齐湣王这三代人，在他们的统治下，齐国国力达到鼎盛。

[46]“险成”，冒险而成。由于这种应战策略虽有危险，终可成功，故名“险成”。

[47]“正”，通“征”。“敌将为正”，义为敌人将正面出击。

## 【译文】

齐威王向孙子询问用兵的方法，说：“两军对阵，旗鼓相当，双方将领互相观望，阵势都很坚固，谁也不敢先发动进攻，这该怎么办？”孙子回答说：“先用小部队试探敌阵，由地位低下却很勇敢的军官带领着。只许败北，不要取胜。然后，布下轻型之阵，从侧翼猛击敌人。这就是大获全胜的最好战法。”

威王问道：“兵力用多用少，有策略吗？”孙子回答说：“有。”威王问道：“我强敌弱，我众敌寡，应该如何用兵呢？”孙子再次向威王施礼，然后回答说：“只有圣明的君王才会如此提出问题。兵多而强，还要问用兵策略，这是安国定邦的根本之道啊！对付这种情况的策略称作‘赞师’：故意摆出混乱阵列，顺敌之意，诱其出战。”威王问道：“敌众我寡，敌强我弱，应该如何用兵？”孙子回答说：“对付这种情况的策略称作‘让威’。一定要隐蔽好我方的后续部队，以便能顺利撤退。使用长兵器的士卒布置在前面，使用短兵器的士卒布置在侧翼，并配备弩兵，用以援救危急的地方。……不要轻易行动，以便等待敌人疲惫。”

威王问道：“我方出战，敌人也出战，不知敌人兵力多寡。应该如何用兵？”孙子回答说：“对付这种情况的策略称作……待机相助，能停则停，能走则走，切勿……

威王问道：“如何根据将士的不同性情，进行用兵呢？”孙子回答说:"……臣下会采用'曲将'之法:我可以让那些夸口好斗,喜欢在长官面前表现攻战的人先和敌人交手;而让那些谦让、守信又很勇敢的人担任救援;再让那些上知天文下知地利的人依傍大将;最后,让那些年老年长而又屡经大战的人殿后。……"

威王问道:"攻击走投无路的穷寇,应该怎样用兵呢?"孙子回答:"……不要过于逼迫,应等敌人逃生的时候再歼灭它。"

威王问道:"势均力敌时,应该怎么打?"孙子回答说:"迷惑敌人使其分散兵力,我方集中兵力打击它,不要让敌人知道我方意图。如果敌人兵力不分散,那么,我方应按兵不动,不要攻击敌人的疑兵。"

威王问道:"敌我兵力众寡悬殊,以一击十,有办法吗?"孙子回答说:"有。攻其无备,出其不意。"

威王问道:"我方所处地势平坦,队形整齐,交战时却失败了,这是什么原因呢?"孙子回答说:"这是因为我方军阵没有突击敌人的冲锋分队。"

威王问道:"要使民众平素听从命令,应该怎么办?"孙子回答说:"平素要守信用。"

威王说:"讲得好啊!用兵之道真是奥妙无穷!"

田忌向孙子询问说:"妨害军队行动的是什么?困阻敌军行动的是什么?壁垒、延道不能攻克的原因是什么?失去天时的原因是什么?失去地利的原因是什么?失去人和的原因又是什么?请问应对这六种情况有什么原则吗?"孙子回答说:"有。妨害军队行动的是不利的地形,困阻敌军行动的是险阻隘塞。古语说:如果有数里沼泽泥泞地,就会妨碍军队行动;如果需要涉水渡河,就会滞留主力部队。所以,妨害军队行动的是不利的地形,困阻敌军行动的是险阻隘塞,壁垒、延道不能攻克的原因是因为它有沟渠、隘塞可守……这就是应对以上六种情况的原则。"

田忌问道:"(列队布阵),应该怎么办?"孙子回答说:"击鼓为号,操练坐立,十人一组,互相牵连。”

田忌问道:“阵列已定,行动时要使士卒听从命令,应该怎么办?”孙子回答说:“既要严格军纪,又要明示奖励。”

田忌问道:“赏罚,是用兵的紧要之事吗?”孙子回答说:“不是。奖赏,是用来鼓舞民众,使士卒忘死而战。惩罚,是用来整治违法乱纪的人,令民众畏惧上司。赏罚可以帮助取胜,但不是用兵的紧要之事。”田忌问道:“权力、威势、计谋、诈术,是用兵的紧要之事吗?”孙子回答说:“都不是。权力,是用来调集民众的。威势,是用来迫使士卒必须战斗的。计谋,是用来诱使敌人无法防备的。诈术,是用来迫使敌人陷入困境的。这些都有助于取胜,却不是用兵的紧要之事。”田忌生气,脸色大变,说:“这六个方面,都是善于用兵的人常用的,而先生却说它们都不是用兵的紧要之事。那么,您说用兵的紧要之事到底是什么?”孙子回答说:“分析敌情,研究险易,必须详细观察地形远近,这是上乘之将的用兵之道。一定要攻击敌人的薄弱环节,这才是用兵的紧要之事。……”田忌说:“……否则,计谋不善,敌人就会有所防备。”孙子回答说:……

田忌问道:“摆开阵势却不交战,有何办法呢?”孙子回答说:“有。据守险要,增高壁垒,悄然戒备,切勿妄动,不可取利私有,不可被敌激怒。”

田忌问道:“敌人众多而且勇猛,必须交战,有办法吗?”孙子回答说:“有。加厚军垒,增加斗志,严明法令,团结兵众,避开敌人锋芒使其骄傲,引诱敌人出动使其疲劳,攻其无备,出其不意,必须用这种方法与敌人进行持久战。”

田忌问孙子说:“锥行之阵做什么用?雁行之阵做什么用?选卒力士做什么用?强弩疾射做什么用?飘风之阵做什么用?普通士卒做什么用?”孙子回答说:“锥行之阵,可用来突破敌人的坚固防守,消灭其精锐部队。雁行之阵,可用来猛击敌人的侧翼部队,并与我方的后续兵力相配合。选卒力士可用来横断敌阵,擒杀敌将。强弩疾射可用来与敌激战,连续攻击。使用飘风之阵,可以回击逃敌。普通士卒可用来配合行动,有助于取得战争胜利。”孙子说:“贤明之君与知兵之将,都不会指望依靠普通士卒建功立业。”

孙子出来后,其弟子问道:“威王和田忌,君臣二人所提出来的问题怎么样?”孙子回答说:“威王提了九个问题,田忌提了七个问题,二人几乎懂得用兵了,但还没有达到掌握用兵之道的程度。我听说,一贯守信用的,国家就会昌盛;为了伸张正义,可以用兵作战;如果缺乏备战,国家就会受到伤害;如果滥用武力,国家就会遭到灭亡。齐国再过三代,就有忧患了。”

# 富国强兵

底本《孙膑兵法·强兵》篇正文共6简,附录6简。新整理本释文改作正文5简,附录8简。新本除将简449由正文移入附简外,于简449下另补入“王身,行之齐□□□……”一简。正文5简记述的是齐威王与孙子的问答之辞。附录8简,简449内容为后人对齐威王、宣王、湣王的论赞评述之语,简452所记齐败赵一事可能发生在齐威王时期,其余附简所记之事大都发生在齐宣王、湣王时期。由于历史年代不相符合,因此附简与正文应该不属于同一篇文章。

由于内容、文体皆有区别,因此,笔者赞同张震泽之说,认为附简应从《强兵》篇中移出,单独列篇。

附录8简移出后,《强兵》篇正文只剩下5简,残文70余字,显然不足以构成一篇文章。那么问题来了,本篇其余文字究竟到哪里去了?

通过反复比对,笔者发现,收入《银雀山汉墓竹简(贰)·论政论兵之类》中的《富国》篇与《孙膑兵法·强兵》篇,实为上下文关系,二者原本应属一篇文章。只是因为竹简出土后严重残断,简文失联,遂被整理者分作两篇罢了。

在简本《孙膑兵法·强兵》篇正文前5简里,当齐威王转述了齐国士人关于强兵的各种主张后,孙子做出了否定性的评论。在他看来,强兵之道的急务与关键是“富国”。把“富国”视为“强兵”的重要途径,是孙子区别于其他齐国士人的高明之处。至于如何才能“富国”,由于汉简下文缺失,难知其详。

而汉简《富国》篇,全文讨论的正是“富国”之道。文中讲述了商汤、周武王与吕尚、越王与文种等历史上有名的明君贤臣都把“富国强兵”作为治国理念,提出了“□(治)穷以实,来(徕)民以食”的富国之道。《富国》《强兵》两篇简文的主题与内容可谓一脉相承,若合符节。因此,笔者推断:《富国》篇与《强兵》篇正文5简应属一篇文章,殆无可疑。

《齐孙子·陈忌问道》篇说:“孙氏之道”“明之吴越,言之于齐”。本篇讨论“富国”“强兵”问题时,所引越王与文种的言论即属“明之吴越,言之于齐”的又一内证。孙子的《富国强兵》策中,依稀可见春秋越国“十年生聚,十年教训”的影子。

本篇释文是由简本《强兵》篇正文5简与《富国》篇18条残简拼合而成。重新校理后,根据内容,本篇题名改作《富国强兵》。《史记·孟子荀卿列传》说:“秦用商君,富国强兵。”先秦与秦汉时,“富国强兵”也是成语,义为使国家富有、军力强大。

从写作技巧看,《齐孙子·富国强兵》篇与同书《见威王》篇多少有些类同,都是借古喻今,通过历史故事,论述现实问题。作者认为,“富国”“强兵”之策,应是一条适用于“古今”各国的基本规律。事实上的确如此。20世纪,人类已进入核战争时代。针对当时的国际形势和战略要求,1972年,毛泽东主席向国人发出了重要指示:“深挖洞,广积粮,不称霸。”时隔两千多年,英雄所识略同。可见,在战略家眼里，粮食、食品问题对于国家安全的重要性。

在《孟子·梁惠王下》“齐宣王见孟子于雪宫”章中，孟子答话中嵌有“昔者齐景公问于晏子曰”一段古人对话。这是一种复式问对文——问对中套问对。这种叙述结构在《孟子》一书里并不鲜见，例如《孟子·公孙丑上》“夫子当路于齐”章、《滕文公上》“滕文公为世子”章、《滕文公下》“宋小国也”章，都是如此。复式问对文是一种巧妙地借故事以说理的写作手法。

孙子与孟子为同时代人。从叙述结构看，《齐孙子·富国强兵》篇应该也属于复式问对文。文中，周武王与吕尚、越王与文种的问答之辞，皆应是孙子回答威王问时的引用之语。为了表现这种复式问对结构，附简中的几组问对在双引号下又使用了单引号。

孙子提出的“富国”“强兵”思想，深刻揭示了经济对军事的基础作用和战争对经济的依赖关系，从根本上阐明了国防建设和军队建设的规律和依据，反映了孙子在政治、经济、军事上的主要观点。为了实现“富国”“强兵”的目标，孙子还向齐威王提出了发展农业、鼓励耕战、增强实力的具体措施。可以说，孙子不但是个善战的兵家，而且其“□(治)穷以实，来(徕)民以食”的政策建议，与商鞅的“农战”理论及商鞅后学的“徕民”主张存在许多相通之处。司马迁在《史记·孟子荀卿列传》里说：“当是之时，秦用商君，富国强兵；楚、魏用吴起，战胜弱敌；齐威王、宣王用孙子、田忌之徒，而诸侯东面朝齐。”战国中期，齐国之所以能够国富兵强，取得中原霸主的地位，和孙子所提出的富国论与强兵论密不可分。

文中，除简1598作为威王问话被缀入正文外，原《富国》篇其余17条残简，由于不能完全确定它们的原始位置，所以，在释文里只好将它们附列在正文之下，并用星号“*”把它们和正文隔开。这里，笔者基本沿用简本原《富国》篇的释文，并依照文义，对部分简文的先后次序进行了微调。比起简本《强兵》篇正文5简与《富国》篇简文来，此处新补缺文凡21个字。

威王问孙子曰〔一〕:"□□□与〔二〕齐士教寡人强兵者[1],皆不同道。有教寡人以□□者,有教寡人以□□者,有教寡人以□□者〔三〕,有教寡人以政教者[2],有教寡人以□敛者[3],有教寡人以散粮者[4],有教寡人以静者[5],……孙子曰:"……皆非强兵之急者也。"威王……□□。孙子曰:"富国[6]。"威王曰:"富国,岁、耕必大利,有道乎[7]?"□〔四〕……

* * *

"……夏国大饥,从汤者生,从桀者死[8]。汤……

"……吕尚曰:'以财。'武王曰[9]:'吾谁与生财?'吕尚曰……

"……□穷以实,来民以食。武王治其岐周□[10]……

"……武王之……

"……□行之六年〔五〕……

"……欲举大事而无货,吾谁与生之?'大夫种〔六〕[11]……

"……者师之。告大夫种曰:'人具矣[12],有……

"……夫〔七〕人有桑田,身有南亩[13],七年治地,以富越国。告大夫种……

"……□□□□〔八〕文锦。将欲战之,必成其□……

"……谁与举……

"……惰其身,荒其地者,后敌人,兵无备□[14]……

"……故圣王禁之。故圣王者治其实[15],不治……

"……□武有在良所,吾[16]……

"……□□□少而不图,吾视之[17]……

"……年而兵出,周流天下,不服之国莫之能拒[18]……

"……贤相所以成功者,古今一也。……

……王忠臣知之深。" 七百五

【校勘】

〔一〕威王问孙子曰:此为简 444 文字,简头已残。底本作"……威王问孙子曰",普及本作"威王问孙子曰"。简 444 为顶格排列,它和简 445 断痕相合,二者为一简之折。两简缀连后,"不同道"三字位居中间编绳以下;"威王问孙子曰:□□□与齐士教寡人强兵者,皆"共十九字位居中间编绳以上,正好相当于半条简文,其上应无缺文。普及本是,据删省略号。

〔二〕□□□与:底本作"□□□……□"。新本作"□□□……与"。简 444 与简 445 二者断痕相合,应为一简之折,"与"上缺文应有三字。简 444"孙子曰"下缺文第一字左半残存"彳"旁,疑为"往"字;第二字左半残存"貝(贝)"旁,疑为"则"字。今据文义标点如上。

〔三〕有教寡人以□□者:据文义,简 445"□□□与齐士教寡人强兵者,皆不同道",应是引出"齐士"各种建议的总冒;"皆不同道"句下接着应是"有教寡人以□□者"这类分句。据本简行款与邻简字数估计,简 445 下约缺 16 个字,简 446 上约缺 9 个字。除去整理者所补"教寡人以正教者"上之"有"字外,两简合计约缺 24 个字,相当于三组"齐士"建议。按照下文简 446"[有]教寡人以正教者,有教寡人以□敛者,有教寡人以散粮者"每句八字之例,补出三组"有教寡人以□□者"。

〔四〕富国,岁、耕必大利,有道乎?□:简 448 威王问"强兵之急"是什么?"孙子曰:'富国。'"威王接过话头继续问询,所以"威王曰:'富国'"下肯定还有文字。《富国》篇简 1598 说"……岁耕必大利有道乎?□……",其内容、语气,都像是简 448 威王问话的后半句。两简不仅文义相连,断痕也很吻合,应为一简之折。据此连缀如上。

〔五〕□行之六年：此为简 1602。《逸周书·明堂解》："是以周公相武王以伐纣，夷定天下。既克纣六年，而武王崩。"简 1602 与此相合，应指武王，据此移动如上。

〔六〕大夫种：底本作"大夫□"，"夫"下一字缺文。整理小组说："银雀山竹简中，'大夫'均书作'夫='，此处'大夫'字，右侧合文号已残去，今据下简释为'大夫'。'夫'下一字已残，当是'种'字。"整理者是，据补"种"字。

〔七〕夫：简本"人有桑田"上一字原为缺文。整理小组注："此简上折，疑'人'上所缺是'夫'字，'夫人'与下句'身'字为对文。"整理者是，据补"夫"字。

〔八〕□□□□：整理小组注："以上四字，第一字只残存极少笔划，不可识。第二字左半从'辵'。第三字左半似从'舟'。第四字不可确识，字形近于'圉'字。"

【注释】

[1]"齐士"，指当时齐国的各派学士。齐威王、宣王曾在齐国都城临淄的西门(稷门)附近设置学宫，招徕文学游说之士数千人，讲学议论，以备顾问。这里所谓"齐士"，可能就是指稷下学士。

[2]"政教"，指仁政德教，这是儒家学派所主张的政治理论。

[3]"敛"，集聚、敛财。"□敛"，缺文疑为"薄"字。"薄敛"，指施行轻税政策，政府敛财有度。"薄敛"是儒、墨和晏子学派的政治主张。

[4]"散粮"，发放粮食，赈济贫孤。"散粮"反映的是墨家的"兼爱"主张。

[5]"静"，清静，指黄老之学所主张的"无为而治"。

[6]"富国"，使国家富强。孙子把"富国"看作是"强兵之急"，表明他已认识到经济对军事的制约关系。

[7]"岁"，年景收成之意。"耕"，农耕、耕作之意。《荀子·王

制》:“岁虽凶败水旱,使民有所耘艾。”《吕氏春秋·制乐》:“岁害则民饥,民饥必死。”其中“岁”字用法同此。此处,除了简1598(“岁耕必大利,有道乎?”)作为威王问话缀入正文外,原《[富国]》篇其余17条残简,由于不能完全确定它们的原始位置,所以只好将它们附录在正文之下,并用星号“*”把它们和正文区别开来。

[8]“夏国”,即夏朝,中国历史上的第一个王朝。“汤”,商汤,殷朝的开国之君。“桀”,夏桀,夏朝的亡国之君。《逸周书·殷祝》记载:“汤将放桀于中野。士民闻汤在野,皆委货扶老携幼奔,国中虚。”

[9]“吕尚”,又名姜尚,习称姜太公。“武王”,即周武王。

[10]“实”,原意为果实、谷实,引申义为实业,特指农业。“来”,通“徕”,招徕。“岐周”,周文王、周武王时,周人立国于岐山一带,故称岐周。战国时地广人稀,劳动力普遍不足。所以,如何采用优惠政策,招徕别国民众,是当时各国共同面对的一个现实问题。《商君书·徕民》篇就明确建议秦王广辟土地,以招徕三晋之民。此处,孙子借吕尚之口,建议威王要“□(治)穷以实,来(徕)民以食”,可谓切中要害。

[11]“大夫种”,指越国大夫文种。

[12]“具”,具备。

[13]“南亩”,指田垄犁沟为南北向的耕地(田垄犁沟若为东西向,则称作“东亩”)。整理小组原注:“‘身’指句践,‘夫人’指句践夫人。《国语·越语上》谓句践败于吴国后,‘非其身之所种则不食,非其夫人之所织则不衣’,《史记·越世家》谓其‘身自耕作,夫人自织’。身自耕,故需有南亩。夫人自织,故需有桑田。”

[14]“惰”,简文原作“随”,通“惰”,懒惰之意。“荒”,简文原作“芒”,通“荒”,荒芜之意。“后”,落后。

[15]“实”,实业,此处主要指农业。《管子·治国》说:“凡为国之急者,必先禁末作文巧。”战国时,由于各国大多采取重农政策,认为农业才是实业,需要鼓励发展;而工商业则被视为“末产”,受到抑制。所

以，圣王们都会“治其实”，不治其末。

[16]“武”，人名，此处应为孙子自称。“有”，通“又”，表示更进一层之意。“在”，处于之意。“良”，借为“梁”。《战国策·东周》“大梁造”，《史记·商君列传》作“大良造”；《老子》第四十二章“强梁者不得其死”，汉帛书甲本写作“强良”。“所”，处所。“武有在良所”，意思是孙武我又在梁国。

[17]“图”，谋划，反复考虑。此句大意是：某某（疑指梁惠王或太子申）年轻而无谋，依我看他如何如何。此简文义与上简似前后相连，应是孙子对魏国君臣所做的负面评论。《国语·越语下》记载：勾践从吴国返回越国的第四年，即公元前486年，“王召范蠡而问焉，曰：‘先人就世，不穀即位。吾年既少，未有恒常，出则禽荒，入则酒荒。吾百姓之不图，唯舟与车。上天降祸于越，委制于吴。吴人之那不穀，亦又甚焉。吾欲与子谋之，其可乎？’对曰：‘未可也。……王无蚤图。’”可参考。

[18]“周流”，遍行之意。“拒”，简文原作“距”，通“拒”，抗拒之意。富国强兵的终极目标，是成就王霸之业。本简可以说捅破了这层窗户纸，其立论逻辑一如汉简《守法守令等十三篇·王法》所言：“国富则民众，民众则兵强，兵强则土广，土广则主尊，[主尊]则令行，[令行]则敌人制，[敌人制]则诸侯宾服，[诸侯宾]服则[威]立，[威]立则王者之翘治也。”本简所述内容，应是孙子向齐威王描绘的富国强兵之后超五霸、侔三王的终极愿景。这个愿景在齐威王、齐宣王时已部分实现。

## 【译文】

齐威王向孙子问道：“□□□与齐国学士给我提出许多强兵的方法，主张各不相同。……有人教我采用仁政德教的方法，有人教我采用薄敛轻税的方法，有人教我采用赈济贫孤的方法，有人教我采用无为而治的方法……”孙子回答说：“……这些都不是强兵的要紧之事。”威王问道：“（什么是强兵的要紧之事？）”孙子回答说：“国家富强。”威王问道：“要使国家富强，年成与农耕都必须获得大利，有办法吗？”……

*　　*　　*

……夏国发生饥荒，跟随商汤的人活了下来，跟随夏桀的人纷纷死去。商汤……

……吕尚说：‘使用财产。’武王说：‘谁能给我带来财产？’吕尚说：……

……治理贫穷需靠实业，招徕民众需足衣食。周武王治理岐周时……

……武王的……

……施行六年……

……（越王说：）‘我想举办大事，可是缺乏财货。谁能给我带来财货？’大夫文种回答说：‘……

……以……为师，告诉大夫文种说：‘人员已经具备了。有了……

……越王夫人自治桑园，越王本人自耕南亩，连续七年治理田地，以使越国富裕强大。然后，告诉大夫文种说：‘……

……要想战胜敌人，必须成为……

……谁来举事？……

……人员懈怠，土地荒芜，落后于敌，兵无战备……

……对于惰、荒、后等不良现象，历代圣王都会禁止。所以，圣王们都会治其实，不治其末。……

……我孙武又在梁国，我……

……某某年轻而无谋，依我看他……

……几年后出兵，横行天下，不服之国难以抵抗。……

……圣王贤相用以取得成功的道理，古今都一样。……

……圣王忠臣对于富国、强兵，都有深刻认识。

【申论】

孙膑本名是孙武

在《史记·孙子吴起列传》中，司马迁向世人展现了两个孙子形象：一个是面见过吴王阖闾的孙武；另一个则是面见过齐威王的孙膑。日本学者斋藤谦认为："武与膑本一人，武其名，而膑其别字，后世所谓绰号也。"斋藤此说对中国古史辨派影响甚大。

1935 年，钱穆《先秦诸子系年考辨》出版，其中也说："孙膑之称，以其膑脚而无名，则武殆即膑名耳。"钱穆说法流传更广。

然而，1974 年银雀山汉简公布后，许多学者认为孙武即孙膑的假说已被证伪。至于是谁证伪，如何证伪，无人深究。

但是，将汉简《富国》篇与《孙膑兵法·强兵》篇正文缀联后，笔者发现，银雀山简 1603 可能有利于我们解开孙武、孙膑到底是一人还是两人这个千古之谜。

简 1603 说："……□武有在良所，吾……"从字面看，这里"武"字可能具有多种含义：一是指与战争、暴力相关的事；二是指足迹，其用法如《诗经·大雅·下武》"绳其祖武"；三是人名，指孙武。而"良"作为形容词，本义为美、好之意；作为假借字，"良"可借为"梁"，如《战国策·东周》"大梁造"，《史记·商君列传》作"大良造"；《老子》第四十二章"强梁者不得其死"，汉帛书甲本写作"强良"。由于"武""良"二字存在多重含义，所以简文"武有在良所"可能存在以下四种解释：

(1)武力又在贵地；

(2)曾在梁国奔走；

(3)孙武我又在贵地；

(4)孙武我又在梁国那里。

如果仅就简 1603 来说，以上四种解释，好像都可以言之成理。加之简文残泐严重,究竟哪种解释正确,好像难以做出肯定回答。

不过,我们可以联系上下文进行深入分析。

简1604说:“……□□□少而不图,吾视之……”从文义看,简1604大意是:某某(疑指梁惠王或太子申)少而无谋,依我看他如何如何。此简文义与简1603前后相连,应是孙子对魏国君臣尤其是梁惠王或太子申所做的负面评论。根据简1604的内容,我们可以得出结论:简1603“武有在良所”的正确解释应是:“(以前)孙武我又在梁国那里。”

由此可证:齐孙子本名也叫孙武。

由此可证:吴孙、齐孙,原是一人;孙膑是外号,孙武是本名,而孙子则是尊称。

《史记·孙子吴起列传》说:孙膑生在“阿、鄄之间”。在孙膑生活的年代里,原属卫国的阿城与鄄城,曾先后被赵、齐两国占领。其间,鄄城曾一度回归卫国。一直到孙膑晚年,阿城和鄄城才完全划入齐国版图。所以,如果我们相信孙膑生于“阿、鄄之间”,那么,孙子早年曾是卫国人,中间一度是赵国人,最后才是齐国人;如果我们相信孙膑就是越人蒙,那么,孙膑的母国就可能是越国了。

能够证明孙膑不是齐裔人的最有力的证据,来自本篇:“威王问孙子曰:“□□□与齐士教寡人强兵者,皆不同道。”威王是齐国国君,面对孙子,威王用“齐士”指称本国学士,在“士”上冠以国号“齐”字。显然,这是相对于他国之士所做出的一种自称,“齐士”中并不包括孙子。换言之,孙子此时是以外宾身份会见齐威王。这说明,此前孙子不是齐国人。

其实,孙子是个跨国人士,他或出生于越,或出生于卫,受刑于魏,成名于齐,后又流亡于楚。可以说,孙子是个齐籍越裔人或齐籍卫裔人,而不是一个纯粹的齐国人,当然也不是一个纯粹的卫国人、赵国人、越国人或楚国人。

# 陈忌问道

本篇简文所收各简原为《孙膑兵法·陈忌问垒》篇正文后的附简。经过反复比对，笔者发现：这些附简与正文部分不可能同属一篇文章，附简需要单独列篇。理由如下：

首先，书写密度存在差异。《陈忌问垒》篇的正文与附简，尽管文体和书体都很像，但是，每简容字大不一样：正文比较完整的简295、简297、简298整简都是36个字，字数较少的简294也有34个字；而附简部分的简300、简301、简317半简只有15—16个字，整简应为30—32个字。与正文相比，附简的书写密度显然要稀疏些。

其次，先秦之书，多无篇题，其标题多是后来编纂者所拟定。此时篇题取名，或是以文章首句的关键字眼为标题，或概括文章内容而拟题。《陈忌问垒》属于后者，是作者根据文章内容专门拟定。该标题的外延非常具体，只针对《陈忌问垒》篇的正文部分，并不包括正文之外的各条附简。

第三，尽管简文有所残失，但《陈忌问垒》正文开篇，简292说："田忌问孙子曰：'吾卒少不相见，处此若何？'"而正文结尾，简299则说："列(例)：去守五里置候，令相见也。高则方之，下则圆之，夜则举鼓，昼则举旗。"正文部分首尾呼应，文义完足，结构谨严，不容再有其他后续文字。

第四，简299"昼则举旗"下约余六字空白，当为一篇结尾。而简300上端标有分篇分章符"·"，说明它是另一篇的开头。

凡此说明，《陈忌问垒》附简肯定另属他篇，而不属于《陈忌问垒》，殆无可疑。

作为问答体，以提问者的人名为篇题，古书中比较常见，一般只取"问"字以上文字。如《论语》"颜渊问仁"，篇题《颜渊》；"子路问政"，篇题《子路》。再如《孟子》“公孙丑问曰”，篇题《公孙丑》；“万章问曰”，篇题《万章》。与此稍异，《孙膑兵法·威王问》多了个“问”字，可能是为了和《见威王》相区别。而《陈忌问垒》的标题，之所以不取名《陈忌问》，可能是因为该书中以“陈忌问”开头的文章不止一篇，因而需要在标题中再加文字进行限定，以便区分。按此推测，与《陈忌问垒》并列的另外一篇“陈忌问”，其篇题应该也叫《陈忌问□》。

《孙膑兵法·八阵》说：“夫安万乘国，广万乘王，全万乘之民命者，唯知道。知道者，上知天之道，下知地之理，内得其民之心，外知敌之情，阵则知八阵之经。”可见，孙膑所说的“道”与“知道”皆为“兵之道”，其含义非常广泛，上至天文，下至地理，内至民心，外至敌情，以及阵法等，都在其讨论范围，其外延大致与“兵学”相当，而内涵则更加丰富而深刻。本篇中，简300—303首先以春秋秦晋殽之战为例，切入“未战而先知胜不胜”的话题，说明其主题即为“知道”；而简306—309有关“兵情”“兵伤”的话题，则相当于孙膑《八阵》篇所谓的“内得其民之心，外知敌之情”；简304有关“劲将之阵”的说法，则与《八阵》所谓的“阵则知八阵之经”相关；而简317—320更是点明主题，详细定义什么是“知道”。简317说：“明之吴越，言之于齐。曰知孙氏之道者，必合于天地。”简318说：“求其道，国故长久。”简319说：“田忌请问：‘知道奈何？’”简320说：“未战而先知胜不胜之谓知道。”由于“道”和“知道”是原《陈忌问垒》附简中陈忌、孙子二人问对的主要内容和中心思想，因此，独立列篇后，应仿《陈忌问垒》，题名《陈忌问道》。

本篇简306说：“……人。’田忌请问：‘兵情奈何？’”而简308也说：“……兵情奈何？’孙子曰……”同样一个问题——“兵情奈何”，田忌不应两次向孙子发问。今查简308与《威王问》篇书体相近，并且与《威王问》简290“……□威王曰……”文义相合，残缺形态一致。所以，简308应移入《威王问》篇。

鉴于本篇残缺过甚，文义不连，全文仅分两个段落。

与底本《陈忌问垒》篇原附简相比，本篇新补缺文凡36个字，改释2个字，另将简308凡6个字移出本篇。

田忌问孙子曰："子言晋邦之将荀息、孙轸之于兵也[1]，未战而先知胜不胜〔一〕……"孙子曰："……□□故未战而先知胜不胜之谓知道[2]。已战而知其所以〔二〕胜不胜之谓知道。"田忌请问："知道奈何？"孙子曰〔三〕："……所以知敌，所以自知〔四〕。故兵无……"田忌曰："善！独行之将也〔五〕[3]！……以也！"孙子曰〔六〕："……言而后中。"田忌请问〔七〕："……□见之。"孙子曰〔八〕："……见弗取。"田忌服[4]，问孙子曰〔九〕："……□应之[5]？"孙子曰："伍□〔一〇〕无以军[6]，恐不守。"忌子曰："善！"

田忌问孙子曰："子言晋邦之将荀息、孙〔一一〕轸为晋要秦于殽，灭秦军〔一二〕，获三帅□[7]□□□□□强晋，终秦缪公之身[8]，秦不敢与晋〔一三〕……□橐□□□焉[9]？"孙子曰："兵之□〔一四〕……"田忌曰："……也！劲将之阵也[10]！"孙子曰："士卒〔一五〕……人。"田忌请问："兵情奈何[11]？"孙子曰："彼〔一六〕……田忌请问："兵伤奈何[12]？"孙子曰〔一七〕："……求其道，国故长久。"孙子〔一八〕……则孙子〔一九〕……□明之吴越，言之于齐[13]，曰知孙氏之道者[14]，必合于天地。孙氏者〔二〇〕……

**【校勘】**

〔一〕未战而先知胜不胜：底本作"未□……"。简300上端有篇章符（圆点），说明它是本篇的首简。赵逵夫说，"未"下一字存左上部笔画，为两个"口"字，下有横画与竖画形成的小方格，全字当为"戰（战）"字。赵说是，据补。另据文义及下附简320，还可补出"而先知胜不胜"6个字。比照简301、简303与简304，"未"下应缺9个字，补出“战而先知胜不胜”7 个字后，仍缺 2 个字。

〔二〕□□故未战而先知胜不胜之谓知道。已战而知其所以：此为简 320，底本作“……而先知胜不胜之谓知道。已战而知其所……”，“而”上缺 13—14 个字，“所”下只缺 1 个字。这里简文既然说“先知胜不胜”，自然是指未战之时。据吴九龙《释文》，田野号第 3711 简作“……□□故未战……”，与此文义正合。据此，“而”上可补出“故未战”3 个字和两个缺文符。又，本篇为问答体，简 320 应为孙子答语，今据文例，“未战”上可再补出“孙子曰”3 个字。而田野号第 1433 简说：“是谓知道，已战而知其所以……”，文义与此全同。据此，简 320“所”下可补出“以”字。

〔三〕胜不胜之谓知道。”田忌请问：“知道奈何？”孙子曰：此为简 319，底本作“……田忌请问：‘知道奈何？’孙子□……”。此简现存 10 字，“田”上残去 7 个字，“子”下残去半简约 15 个字。今据文义和简 320，“田”上缺文 7 个字可补作“胜不胜之谓知道”，“子”下缺文可补作“曰”字。

〔四〕所以自知：原简此 4 个字毁损严重，惟存右半残画，整理者释作“所以曰知”。先秦时，“所以”结构的语法要点是，介词“以”与其后动词或动词结构结合，构成偏正结构，然后再与“所”构成所字结构。从残画看，简文“知”上一字，形似“曰”字，也像“自”字。上文说“所以知敌”，“知敌”为动词结构。此处说“所以曰知”，“曰知”为名词结构，其词性与所字结构的语法要求不符。而“自知”则为动词结构，与“知敌”相对，合起来表示知己、知彼。作“自”义胜，据改。又，简 319 与简 321 应为一简之折。简 321 现存 11 个字，其上应缺 4 个字。除上文新补一“曰”字外，另缺 3 个字或为“知道者”。

〔五〕田忌曰：“善！独行之将也”：此为简 305。《管子・七法》：“故早知敌人如独行。”“早知”即“先知”。由于荀息、孙轸“未战而先知胜不胜”，具有“早知”敌人的能力，所以田忌称赞他们为“独行之将”。依文义,此简应接在田忌、孙子讨论“知道”的话题之后,据缀。

〔六〕以也!”孙子曰:此为简315,底本作“……以也。’孙……”,“孙”下缺文。今据文例,补出“子曰”二字。简315说“……以也”,其语气和简305“田忌曰:善! 独行之将也”相近,皆属判断句,应是田忌对荀息、孙轸的赞颂之辞,而不是问话。依文义,简315与简305应前后相连,据缀。

〔七〕言而后中。”田忌请问:此为简307。上文说未战“而先知胜不胜之谓知道”。可见,“知道”者应具有预见力。而简307说“言而后中”,显然也是指预见力,并且预言应验了。所以该简内容应和“知道”话题相关。据此,简307应移至简320下。

〔八〕□见之。”孙子曰:此为简314,底本作“……□见之。’孙子……”,今据文例,补出“曰”字。

〔九〕见弗取。”田忌服,问孙子曰:此为简310,底本作“……见弗取。’田忌服问孙……”。今据文例,补出“子曰”二字。简310与简314为一简之折,二者拼合后,全简存12个字,残失18—20个字。《吴孙子·虚实》:“形之而知死生之地。”“形之”,是孙子“知”敌的四法之一。简314与简310中两个“见”字,应读xiàn。“见之”与“形之”含义相近,都是示形诱敌,属于“知敌”范畴。简314、简310应和简321文义相关。据缀。

〔一〇〕□应之。”孙子曰:“伍□:此为简312,现存6个字,上下各缺1个字。简314与简310讨论如何使敌人现形;简312则讨论敌人现形后如何应对;简310与简312二者之间应缺一简,除去上补“子曰”2个字外,仍约缺30个字。据缀。

〔一一〕无以军,恐不守。”忌子曰:“善!”田忌问孙子曰:“子言晋邦之将荀息、孙:此为简301,现存25个字,其上缺7—8个字。对照图版和摹本,简312下端与简301上端断口大致吻合,文义也互相连贯,据缀。荀息卒于公元前651年,殽之战发生在公元前627年。殽之战时,荀息早已去世。此处"荀息"二字或为衍文。

〔一二〕灭秦军:底本释作"溃秦军"。新本作"灭秦军",并注曰:"原释文'溃'于形、义皆不合,陈剑改释为'灭'"。新本是,此从新本。

〔一三〕□□□□□强晋,终秦缪公之身,秦不敢与晋:此为简303,底本作"……强晋,终秦缪公之身,秦不敢与……"。整理者说:此简"疑即三〇二号简之下段"。整理者是。今比照邻简,"强晋"上可补出5个缺文符。又,"与"下缺文1个字应为"晋"字。据补。

〔一四〕□橐□□□焉?"孙子曰:"兵之□:此为简311。"橐"字,摹本与图版似有出入。"橐""焉"二字之间可容4个字,其中3个字略存残画,中间还余1个字空白。空白处或因抄错而被刮去。"橐"作为名词,本义指皮囊,是一种没有底的口袋,两头都是口,用时以绳扎紧。这里,可能是说崤之战孙轸对秦军使用了口袋阵的战法。由于简311与简301、简302、简303文义相关,故而缀于此处。

〔一五〕也!劲将之阵也!"孙子曰:"士卒:"劲将"为猛将之意。简304说:"劲将之阵也!"显然,是二人讨论完阵法问题后,田忌对孙轸所做出的赞语。依文义,应系于简311下。

〔一六〕此处底本分作两段残简,即简306"……人。'田忌请问:'兵情奈何?'□……"与简313"□孙子曰:'□……"。赵逵夫说,二者断痕相合,应为一简之折。今从其说,接为一简。"孙子曰"下一字缺文左半残存一"丨",右半摹本释作"皮",应读作"彼(bǐ)",据补。另外,简308也说"……兵情奈何?'孙子……",其文义与简306重复,应移入《威王问》篇。据移。

〔一七〕田忌请问:"兵伤奈何?"孙子曰:此为简309,底本作"……请问兵伤□……"。今据文例,于"请"上补出"田忌"2个字,于"伤"下补出"奈何?孙子曰"5个字。

〔一八〕求其道,国故长久。"孙子:此为简318。《齐孙子·篡卒》说:"兵之胜在于选卒……其富在于亟归,其强在于休民,其伤在于数战。”“兵伤”的主要原因是“数战”。若能讲求用兵之道，懂得“休民”，懂得“亟归”，尽量将“兵伤”降到最低限度，自然利于国家长治久安。依文义，简 318 应接在简 309 下，据缀。

〔一九〕则孙子：此为简 316，底本作“□孙子”。“孙”上缺文残存左半“貝(贝)”，摹本释文作“则”。据补“则”字。

〔二〇〕□明之吴越，言之于齐，曰知孙氏之道者，必合于天地。孙氏者：此为简 317。先秦史传文如《左传》《国语》叙述一段史实后，往往接着再以“君子曰”一类口气进行评论。《齐孙子》中的记述性文章继承了这种写作手法，如《擒庞涓》篇尾赞颂说：“故曰，孙子之所以为者尽矣。”《陈忌问道》与此同例。作为赞语，简 317 应位于本篇结尾部分，据移。简 316 与简 317 应为一简之折。简 316 为简头，中间裂开，只剩左半边，上写“则孙子”3 个字。简 317 上端也是中间裂开，但失去左半边。两简拼合后，共有 27 个字，中间仍缺 5 个字。

**【注释】**

［1］“荀息”，春秋名将，晋献公大夫，卒于公元前 651 年，曾与里克一起“假途伐虢”，灭掉虞、虢两个小国。《战国策·秦一·田莘之为陈轸说秦惠王》记载：“晋献公欲伐郭，而惮舟之侨存。荀息曰：‘《周书》有言：美女破舌。’乃遗之女乐，以乱其政。舟之侨谏而不听，遂去。因而伐郭，遂破之。又欲伐虞，而惮宫之奇存。荀息曰：‘《周书》有言：美男破老。’乃遗之美男，教之恶宫之奇。宫之奇以谏而不听，遂亡。因而伐虞，遂取之。”“孙轸”，即先轸。先轸与荀息同族，“荀”“孙”二字古音相近，可以通假。故先轸又称孙轸。先轸封邑在原(今河南济源市西北)，因此也称原轸。孙轸是春秋第一名将，晋文公大夫。《左传》记载：僖公二十八年(前 632)“原轸将中军，胥臣佐下军”，“侵曹伐卫”以救宋，与楚战于城濮，指挥晋军，大败楚军。城濮一战，遏制住了楚人的北进势头，晋文公由此成为霸主。僖公三十三

年殽之战，“晋原轸……败秦师于殽，获百里孟明视、西乞术、白乙丙”，从而一举全歼秦军，扼杀了秦人的东进战略。此后，秦穆公不再谋求和晋国争强。公元前627年，晋伐狄，孙轸在“箕之役”中战死。《国语·晋语》说：“先轸有谋。”《说苑·指武》说：“文王不能使不附之民，先轸不能战不教之卒。”《汉志》兵权谋家有《孙轸》五篇、图二卷。

[2]“知道”，知晓战争规律。

[3]“独行”，本义指独自行走，后形容军队强大无敌，如入无人之境。《管子·七法》说：“故蚤知敌人如独行。”“有雷电之战，故能独行而无敌矣。”“独行无敌，故令行而禁止。”

[4]“服”，服气。

[5]“应”，响应、应对之意。

[6]“军”，安营。

[7]“殽”，山名，即“崤山”，在今河南三门峡市，削岩深涧，车辆不得并行，自古称为险地。“要”，同“腰”，邀击、截击。公元前628年，晋文公去世，晋襄公即位。次年，秦国以孟明视为主将，率兵车三百乘东进，准备偷袭郑国。中途被郑人发觉，于是退军，顺便灭掉滑国（今河南偃师西南）。滑国亲晋，晋襄公认为秦灭滑是对晋国的侮辱，于是派孙轸在殽山设伏，截击秦军。孟明视见地形险要，为防备晋军伏击，把秦军分为四队，每队相隔二里逐次前进。当秦军第一队在殽山东与晋军遭遇时，晋军佯败，诱使秦军全部进入隘路，然后一举全歼秦军，俘虏了秦军三位统帅孟明视、西乞术和白乙丙。殽之战孙轸的用兵艺术，对于孙膑策划指挥桂陵之战和马陵之战具有重要的启示作用。

[8]“秦缪公”，即秦穆公，公元前659—前621年在位。他任用孟明视、蹇叔为执政大臣，励精图治，国势日强。曾击败晋国，俘晋惠公，灭梁、芮两国。殽之战后，秦穆公改变战略，向西发展，“益国十二，开地千里，遂霸西戎”，为日后秦国崛起打下了坚实的基础。

[9]“橐”，本义指皮囊，是一种没有底的口袋，两头都是口，用时

以绳扎紧。

[10]“劲”,猛烈,坚强有力。“劲将”,勇猛的将领。

[11]“兵情”,用兵作战的细节。

[12]“兵伤”,用兵作战的危害。

[13]“明”,洞明、晓明之意。“吴越”,指先秦时的吴国和越国。“言”,讲说、传播之意。“齐”,指战国时的田齐。汉简《[见吴王]》简216说:“……[十]三篇所明道言功也”,其中“明道言功”一语,和简317“明之吴越,言之于齐”说法相近。简文“明之吴越”与“言之于齐”,所指应是同一人,此人就是田忌的搭档——孙膑。

[14]“孙氏之道”,指孙子兵法,亦即孙膑兵法。吴、越原为楚属小国。吴、越见于《左传》,始于鲁宣公八年(前601),楚伐舒、蓼,“及滑汭,盟吴、越而还”。而吴、晋两国交往则始于巫臣使吴,时在吴王寿梦二年(前584)。简317若为孙膑答语,则文中“孙氏”应指孙轸。但孙轸卒于公元前627年,他在世时,吴、晋两国未见交往。既然简文说“孙氏”曾“明之吴越”,又“言之于齐”,可见此人定非孙轸。简317应是孙膑弟子对师尊的赞美之语,可证无疑。整理者说:“此处似以孙武、孙膑之军事理论作为一家之言。……由于兼包二孙子而言,所以称‘孙氏’,不称‘孙子’。”如果承认孙武、孙膑为一人,则整理者之说或可成立;如果认为孙武、孙膑为二人,则整理者所谓“兼包二孙”一说恐联想过度,疑非是。

## 【译文】

田忌向孙子问道:“您说晋国将军荀息、孙轸在用兵方面,没有交战,就能预知胜或不胜……”孙子回答说:“……所以,没有交战,就能预知胜或不胜,这叫懂得战争规律。已经交战,而知晓其所用来取胜或不胜的原因,也叫懂得战争规律。”田忌问道:“如何才能懂得战争规律?”孙子回答说:“……所用来知敌,用来知己。因此用兵……”田忌说:“好啊!真是无敌之将啊!……”孙子说:“……预见必定实现。”田忌施礼,问道:“……如何使其现形?”孙子回答说:“……若不现形,就不要夺取。”田忌表示佩服,问孙子说:“……如何应对?”孙子回答说:“……无处驻守军队,恐怕难以防守。”田忌说:“好!”

田忌向孙子问道:“您说晋国将军荀息、孙轸为晋国在崤山设伏,击灭秦军,俘虏秦军的三位将帅。经此一战,弱秦强晋,此后,终秦缪公一生,秦国再也不敢和晋国争强。……崤山之战,孙轸对秦军使用的是口袋阵的战法吗?”孙子回答说:“用兵作战……”田忌称赞说:“……真是猛将式的阵法啊!”孙子回答说:“士卒……人。”田忌再次施礼,问道:“什么是兵情?”孙子回答说:“敌人……”田忌又问道:“什么是兵伤?”孙子回答说:“……只有按照规律行事,国运才能长久。”孙子……则孙子……洞明于吴越,传播于田齐,所以,只要懂得孙子兵学,就能与天协和,与地同力。孙子兵学……

**【申论】**

### 孙子兵法的远源与近源

《陈忌问道》是一篇对“孙氏之道”即孙膑兵法的思想来源及其运用之妙进行总结的兵家文献。如果说《战国策》有关桂陵之战、马陵之战及孙膑本人言行的记载代表了纵横家的说法,那么,《陈忌问道》则透露了孙子学派内部有关“孙子兵法”源流的专业说法。

孙子兵法存在两种源头,一种是近源,另一种是远源。近源“明之吴越”,远源来自晋国。

本篇之所以说“孙氏之道”“明之吴越”,原因之一是孙膑与段干朋、越人蒙可能原指一人,其祖籍为越国,其兵法知识学于“吴越”。

原因之二是,吴、越两国都曾位列春秋五霸,两国的争霸战例对于战国中期的田齐政权来说尤有借鉴价值。

从作战对象看,春秋时期,吴国的主要作战对象是楚国,越国的主要作战对象是吴国,两国的作战对象都是当时的霸主。而战国中期,齐国的作战对象主要是魏国,魏国也是当时的第一强国,而齐国军力则处于上升期,属于次强。因此,孙膑所参与策划的桂陵之战与马陵之战,性质上都属于以弱胜强的争霸战争。齐国需要通过争霸战争,改变与列强的力量均衡。

这里,简文之所以要特别强调孙氏之道"明之吴越",一个主要原因就是,孙膑时代,齐国的国际地位和国际形势与春秋末期吴、越两国有着更多的相同点,它们所从事的战争,性质上都是崛起大国与原有霸主之间的争霸之战,因此,吴、越两国的战争经验对于战国中期的齐国来说,更具参考价值,也更具启示意义。

"孙氏之道"是东方兵学体系中的一颗璀璨明珠。孙膑兵学是一种可以因敌致胜、以弱胜强的军事战略,是东方智慧与东方文化的集中体现。

由于孙膑兵学既讲求"强兵",又讲求"富国",所以,简318才说"求其道,国故长久";由于孙膑兵学"明之吴越,言之于齐",所以,才有"威王、宣王以胜诸侯";由于"国故长久""以胜诸侯",所以简317才赞颂说:"曰知孙氏之道者,必合于天地。"对照史料,反观兵学,简317对"孙氏之道"的赞颂之词可谓名实相符,其中并无任何溢美成分。

"明之吴越,言之于齐",是孙子兵法的近源和流向。

"明之"于晋,才是孙子兵法的远源和根本。

本篇所提到的荀息、孙轸,都是春秋时期晋国名将。荀息曾策划指挥了伐虢、伐虞之战。孙轸则向晋文公提出"报施救患、取威定霸"的计策,并策划指挥了城濮之战。城濮之战的前期战略是"侵曹伐卫"以救宋,它和桂陵之战中孙膑所采取的"围魏救赵"的战略有异曲同工之妙。

另外,根据本篇记载,孙膑对孙轸在崤之战中的截击战术也很了解,因此策划桂陵之战、马陵之战时,也参考了孙轸崤之战的打法。可以说,孙轸才是孙膑的导师。

# 陈忌问垒

“垒”，即壁垒，又称垒壁或军壁，是古代军营四周所构筑的防御工事。本篇记述的是田忌与孙子关于设垒布防的对话。简文残缺，但主要文字尚存。最为可贵的是，本篇详细记述了孙子在马陵之战中的战术部署，阐述了在时间仓卒、来不及构筑壁垒时，如何组织配备各种武器、兵力进行作战，变无垒为有垒，以战胜敌人；反映了孙子善于因地制宜，积极创造制胜条件的用兵思想。本篇所述马陵之战的经过，与《史记·孙子吴起列传》的记载基本符合，对于我们加深认识孙子与马陵之战是一种极佳的史料补充。

篇题《陈忌问垒》原写于本篇第一简的简背。“陈忌”即田忌。齐人古无舌上音，读“陈”如“田”，二字通用。比起简本《陈忌问垒》正文部分来，本篇新补缺文凡8个字。

田忌问孙子曰：“吾卒少不相见[1]，处此若何？”曰：“传令趣弩舒弓[2]，弩□□□□□……

田忌曰〔一〕……不禁，为之奈何？”孙子曰：“明将之问也。此者人之所过而不急也[3]，此谚〔二〕之所以疾……志也。”田忌曰：“可得闻乎？”曰：“可。用此者，所以应猝窘处隘塞死地之中也[4]。是吾所以取庞涓〔三〕而擒太子申也[5]。”

田忌曰：“善。事已往而形不见[6]。”孙子曰：“蒺藜者，所以当沟池也[7]。车者，所以当垒也[8]。□□者，所以当堞也[9]。发者，所以当埤堄也[10]。长兵次之，所以救其隋也[11]。鏦次之者，所以为长兵翼〔四〕也[12]。短兵次之者，所以难其归而邀其衰也[13]。弩次之者，所以当投机也[14]。中央无人，故盈之以树〔五〕[15]。□卒已定，乃具其法[16]。制曰：以弩次蒺藜，然后以其法射之。垒上弩戟分[17]。法曰:见使谍来言而动□[18]。列〔六〕:去守五里置候[19],令相见也。高则方之,下则圆之,夜则举鼓,昼则举旗[20]。"

【校勘】

〔一〕田忌曰:此三字据文例补。

〔二〕谚:底本"此"下缺文,整理者疑是"谤"字。赵逵夫说,此字左半为"言",右半当系"彦"之省笔,应释作"谚","谚"即谚语。赵说是,据补。

〔三〕庞涓:底本作"庞□",整理者说:"庞"下缺文当是"子"或"涓"字。谦按:"子"为敬称。作为仇敌,同时又是手下败将,孙子对庞涓不应说"子"。再者,本句对"太子申"直呼其名,对庞涓也应称名。据补"涓"字。

〔四〕翼:底本"所以为长兵□也","兵"下一字缺文。谦按:简本《威王问》"长兵在前,短兵在翼",说法与此相近。据此,"长兵"下缺文可补作"翼"。

〔五〕故盈之以树:底本作"故盈之以□……"。张震泽说,"以"下缺文第一字残存左旁"木"字,右旁也有痕迹,似"寸"字,当为"树"字。谦按:张说近是,然此字左旁残存应为"壴"字,右旁残画似"寸"字,应释为"尌"。《集韵·遇韵》:"树,古作尌。"《字汇·寸部》:"尌,籀文树字。"此处"尌"为古写,无"木"旁。《地葆》简344"迎众树"之"树"则有"木"旁。《史记·孙子吴起列传》说孙膑于马陵设伏,乃斫大树,书曰:"庞涓死于此树之下。"与此相合。据补"树"字。

〔六〕列:底本此字缺文,整理者说:"此字残损,似是'列'字或'死'字。"谦按:汉简"列""死"二字写法相近,难以区别。不过,此处应释作"列",读"例(lì)",惯例之意。《礼记·服问》:"上附下附列也。"《释文》:"列本亦作例。"据补"列"字。

【注释】

[1]“不相见”,互相看不见。

[2]“趣”,急速。“舒”,扩展、舒张。

[3]“过”,越过、放过。“急”,要紧,这里引申为重视。

[4]“猝”,突然。“窘”,窘迫。“应猝窘”,指应付突然变故。

[5]“取”,斩杀。“太子申”,魏惠王长子。

[6]“事”,这里是指马陵之战。“形”,当时的情形、战法。

[7]“蒺藜”,原为一种带硬刺的植物,后用来指人工制成的形似蒺藜的金属或木质的军用有刺障碍物。“沟”,沟堑。“池”,护城河。

[8]“垒”,营垒。

[9]“堞”,城上女墙,即矮墙。《淮南子·兵略训》“傅堞而守”,高诱注:“堞,城上女墙。”

[10]“发”,借为“瞂”,指中等大小的盾牌。“埤堄”,又作“俾倪”“睥睨”,指有探视之孔的城上矮墙。《释名·释宫室》:“城上垣曰睥睨,言于其孔中睥睨非常也。”

[11]“次”,编列。“隋”,通“堕”,同“隳”,毁坏之意。

[12]“鏦”,短柄小矛,其长度介于长兵与短兵之间。《说文》:“鏦,矛也。”“翼”,侧翼。

[13]“难”,作难、阻挡之意。“邀”,邀击、截击。“衰”,衰弱、疲惫。

[14]“投机”,原指设置用以捕捉鸟兽的机槛,这里是形容弩兵快速机动,又能及远,敌人若陷入这种阵地,将如鸟兽中机,难以逃脱。《吴子·料敌》:“乘乖猎散,设伏投机,其将可取。”弩是当时最为先进的高端武器,其精密的、半机械化的弩机装置,使得这种武器除发射标准的箭矢外,难以兼容其他打击物如石头之类。整理者注:“投机,抛石机。”疑非是。

［15］“盈”，充实、摆放。

［16］“具”，设置、制定。

［17］“分”，均分、一半。

［18］“法”，兵法。“使谍”，派到敌方去侦察敌情的间谍。

［19］“去”，离开、距离。“候”，斥候，指瞭望敌情的哨所。《尉缭子·兵令下》：“诸去大军为前御之备者，边县列候各相去三五里。”

［20］《吴孙子·军争》篇：“言不相闻，故为鼓金；视不相见，故为旌旗。是故昼战多旌旗，夜战多鼓金。”

**【译文】**

田忌向孙子问道：“我军兵员少，又不能确定什么时候遭遇敌人，处在这种情况下应该如何行动？”孙子回答说：“传令士卒迅速张弩引弓。……”

田忌问道：“……无力制止其进攻，应该如何行动？”孙子回答说：“这是明智的将领才能提出的问题。这些问题一般人容易放过而不予重视。这就是谚语所说的疾……”田忌问道：“可以说来听听吗？”孙子回答说：“可以。用这个办法，可以应付突然发生的事情，以及困处隘塞死地这种特殊情况。这也是我用以斩杀庞涓并活捉太子申的办法。”

田忌说：“很好。事情已经过去很多年了，当时的阵形、战法已经不太清楚了。”孙子回答说：“蒺藜，用来当作沟堑和护城河。战车，用来当作壁垒。……用来当作城上的女墙。盾牌，用来当作城上的埤堄。接着配置长柄武器，是用以救应危急的地方。接着配置小矛，是用以策应长柄武器。接着配置短柄武器，可以用来拦阻敌人归路，截击疲惫之敌。接着配置弓弩，是用以设置机关，射杀敌人。中央位置空虚无人，所以就摆上大树。士卒部署完毕，于是就制定具体的作战计划，规定：把弩兵配置在蒺藜后边，然后按要求发射。壁垒之上，弩兵、戟兵各占一半。兵法说，见到派遣出去的间谍报告情况后再采取行动。按照惯例：要在距离部队五里远的地方设置岗哨，使哨兵和营区之间能够互相看得见。岗哨建筑样式，位于高处的建成方形，位于低处的建成圆形。岗哨与营地之间的联络，夜里使用鼓声，白天使用旗号。”

# 黄帝伐赤帝

以往，学术界多认为本篇内容与《吴孙子·行军》篇“黄帝之所以胜四帝”有关，有论者甚至将本篇看作是《行军》篇的注释文字。这不能不说是一种误会。

实则，《吴孙子·行军》篇主要讨论处军、相敌问题，而《黄帝伐赤帝》则主要讨论伐敌问题，讨论“授伐之道”，二者主题并不相同。

周人以黄帝为始祖，姜齐以炎帝为始祖。战国七雄中，魏、韩、燕三国都是姬姓，共尊黄帝。为了便于国际联络，田齐以黄帝为号召，推崇黄老之学。黄帝传说见于出土文物者，当以陈侯因齐敦为最早。在田齐王室扶植下，黄老之学成为显学，流行至汉初。受其影响，兵家包括兵阴阳家，每每喜欢假托黄帝立言以自重。汉简《黄帝伐赤帝》就是如此。虽然文中也提到“黄帝”与“四帝”，但是其内容除“一帝”即“黄帝”外，还涉及“二王”即“汤之伐桀”与“武王之伐纣”，显然已超出“黄帝”与“四帝”的范围。此其一。

其二，《黄帝伐赤帝》结尾说：“一帝二王皆得天之道、□之□（地之理）、民之情”，故能取得成功，其核心思想是总结“一帝二王”的“授伐之道”。而《吴孙子·行军》篇只涉及“地之理”，不涉及“天之道”与“民之情”。《黄帝伐赤帝》的内容和思想远远超出《行军》篇“黄帝之所以胜四帝”的范围。

其三，即便是论述“地之理”，《行军》篇说的是地形、地貌、地物之类;《黄帝伐赤帝》说的是“右阴、顺术、背冲”之类。两者并无因袭之处。

可见,《黄帝伐赤帝》应是齐国黄老学派的流行,其内容和兵阴阳有关。《黄帝伐赤帝》是《见威王》之外集中阐述孙子战争论的又一重要篇章。所以,与其把它列为《吴孙子》佚文,不如收入《齐孙子》更为合理。

《黄帝伐赤帝》的主题是“伐”四方,“打天下”。

“右阴,顺术,背冲,大灭有之。”——反复论述的是“一帝二王”如何“大有天下”,即如何“打天下”。

“□年休民,熟谷,赦罪。”——反复论述的是“一帝二王”如何“以利天下”,即如何利国利民、利苍生。

“有天下”和“利天下”,一武一文,硬软两手,交相使用,这就是《黄帝伐赤帝》所总结的千古“授伐之道”,这就是孙子的战争论和战争发动论。

《见威王》所说的“五帝”“三王”包括黄帝、商汤和周武王。《黄帝伐赤帝》所说的“一帝二王”也包括黄帝、商汤和周武王。两篇作品都是借古代帝王故事,阐述孙子的战争论。

由于本篇涉及某些兵阴阳的专门术语,非常神秘难懂,并且多有重复。因此,这里只对部分内容进行注释和翻译,不再逐字逐句译注。篇题《黄帝伐赤帝》,原写在本篇第一简的简背。比起简本《黄帝伐赤帝》来,本篇新补缺文凡2个字。

孙子曰:黄帝南伐赤帝,至于□□,战于反山之原[1],右阴[2],顺术[3],背冲[4],大灭有之[5]。□年休民,熟谷[6],赦罪。东伐□帝[一],至于襄平[7],战于平□,右阴,顺术,背冲,大灭有之。□年休民,熟谷,赦罪。北伐黑帝,至于武隧[8],战于□□,右阴,顺术,背冲,大灭有之。□年休民,熟谷,赦罪。西伐白帝,至于武刚,战于□□,右阴,顺术,背冲,大灭有之。已胜四帝,大有天下[9],暴者[10]……以利天下,天下四面归之。

汤之伐桀也,至于□□,战于薄田[11],右阴,顺术,背冲,大灭有之。武王之伐纣,至于蕟遂,战牧之野[12],右阴,顺术,背冲,大灭有之。

一帝二王皆得天之道[13]、地之理〔二〕、民之情,故〔三〕……

## 【校勘】

〔一〕东伐□帝:《史记·封禅书》:“秦宣公作密畤于渭南,祭青帝。”古人称东方之神为青帝。但整理者说“帝”上残字不似“青”字。《广雅·释器》:“苍,青也。”古时“青”“苍”二字同义,“青天”又称“苍天”。“帝”上残字疑为“苍”字。

〔二〕地之理:简本释文原作“□之□”。《齐孙子·八阵》说:“知道者,上知天之道,下知地之理,内得其民之心,外知敌之情。”将“天道”与“地理”并称。所以,缺文二字应为“地”“理”,据补。

〔三〕“故”下缺文,疑为“能大有天下”。

## 【注释】

[1]“赤帝”,即炎帝。“反”,通“阪”。“原”字从“厂”从“泉”,《说文》:“原,水泉本也。”“反山之原”,当指阪泉。《史记·五帝本纪》说:黄帝“与炎帝战于阪泉之野”。旧说“阪泉”在今河北省涿鹿县或山西省阳曲县附近。但是此二地和简文“黄帝南伐炎帝”之说似不相合。王献唐《炎黄氏族文化考》认为“阪泉”在今河南省修武县附近。《水经注·清水》说“河内修武县”有“诸陂散泉”,或即“阪泉”。“陂”即“阪”。

[2]“阴”,与“阳”相对。《汉书·艺文志·兵书略》兵阴阳家小序曰:“阴阳者,顺时而发,推刑德,随斗击,因五胜,假鬼神而为助者也。”

古人以刑德表示阴阳、向背，左为阳、为德，右为阴、为刑。出兵，以左德、右刑为吉。马王堆帛书《刑德》对此有详细论述。银雀山汉简《地形二》也说："凡地形东方为左，西方为右……三军出阵，不问朝夕，右负丘陵，左前水泽。"这里，"右阴"二字，应与"刑德"之类阴阳术有关。

[3]"顺"，因循。"术"，似指"五胜"之术。"顺术"，指按照五行相胜的原则讨伐敌人，班固谓之"因五胜"。

[4]"背"，向背。"冲"，十二地支互相对冲，如卯、酉对冲、子午对冲等。汉代式盘，天盘中间为北斗，四周是二十八宿和十二星神；地盘上有与二十八宿对应的表示日月行度天干地支的记号。用式盘预测战争结果，一般是以斗柄所在者胜、所指者败。班固谓之"随斗击"。所谓"斗击"，或称"斗系"，是指北斗对冲之辰。《淮南子·天文训》："太阴所居，不可背而可乡。北斗所击，不可与敌。""背冲"，即背北斗。用兵以"背冲"为大利。

[5]"大灭有之"，大灭敌人，占有其地。

[6]"熟"，简文原作"孰"。"孰"是"熟"的本字，成熟之意。《荀子·富国》："高者不旱，下者不水，寒暑和节，而五谷以时孰，是天下之事也。""熟谷"，丰收之意。《尔雅·释天》："谷不熟为饥，蔬不熟为馑。"

[7]"襄平"，战国时齐地。清华简《系年》第20章说："晋幽公立四年，赵狗率师与越公朱句伐齐……越公、宋公败齐师于襄坪(平)。"此"襄平"或与殷墟卜辞中习见的"襄地"有关，其位置似在泰山的东麓或南麓，大致位于泰山山脉东南方的汶水上游沿岸。

[8]"武隧"，战国时燕地有武遂，在今河北徐水县西；西汉有武遂县，在今河北武强县东北。简文所谓武隧，不知与何者有关。

[9]罗泌《路史·后纪》卷五说黄帝"灭四帝而有天下"，与简文义同。

[10]"暴"，同"曝"，暴露、公开之意。《孟子·万章上》："昔者尧

荐舜于天，而天受之；暴之于民，而民受之。”

[11]“薄田”，整理者注：“薄”“亳”古通，“薄田”疑即指亳。亳乃商汤之都，在今河南商丘东南。

[12]“牧之野”，即牧野，在今河南淇县西南。

[13]“一帝二王”，指黄帝、商汤和周武王。

## 【译文】

孙子说：黄帝南征，讨伐赤帝，到达□□，与赤帝在阪泉大战，依照刑德，顺应五胜，随斗而击，大灭敌人，占有其地。停战□年，让人民休养生息，五谷丰登，并大赦天下的有罪之人。黄帝东征，讨伐青帝，到达襄平，与青帝在平□大战，依照刑德，顺应五胜，随斗而击，大灭敌人，占有其地。停战□年，让人民休养生息，五谷丰登，并大赦天下的有罪之人。黄帝北征，讨伐黑帝，到达武隧，与黑帝在□□之地大战，依照刑德，顺应五胜，随斗而击，大灭敌人，占有其地。停战□年，让人民休养生息，五谷丰登，并大赦天下的有罪之人。黄帝西征，讨伐白帝，到达武刚，与白帝在□□之地大战，依照刑德，顺应五胜，随斗而击，大灭敌人，占有其地。停战□年，让人民休养生息，五谷丰登，并大赦天下的有罪之人。黄帝战胜四帝以后，取得天下，暴露于民……以利天下，天下之人从四面八方赶来，归依黄帝。

商汤征伐夏桀，到达□□，在薄田与夏桀大战，依照刑德，顺应五胜，随斗而击，大灭敌人，占有其地。周武王征伐商纣王，到达薮遂，在牧野与商纣王大战，依照刑德，顺应五胜，随斗而击，大灭敌人，占有其地。

以上一帝二王，都是上合天道，下合地理，中合民情，所以才能战胜强敌，大有天下。……

# 月 战

本篇讨论的是战争胜败与日、月、星的关系。古人认为日主阳,象征生命;月主阴,象征刑杀。所以用兵作战宜在月盛之时。篇中涉及此类流行于当时的说法,认为:“天时、地利、人和,三者不得,虽胜有殃……故抚时而战,不复使其众。”这就是简本《月战》篇所揭示的“天时原理”。

本篇开篇指出“间于天地之间,莫贵于人”,特别强调了人的作用。这种以人为本的思想,在古代非常难能可贵。此外,本篇还提出了“将善而主过”的问题,其中也包含着祸福相依的深刻思想。

《淮南子·道应训》说:“魏武侯问于李克曰:‘吴之所以亡者,何也?’李克对曰:‘数战而数胜。’武侯曰:‘数战数胜,国之福。其独以亡,何故也?’对曰:‘数战则民罢,数胜则主憍,以憍主使罢民,而国不亡者,天下鲜矣。’”《淮南子·道应训》的这段话,对于理解本篇“将善而主过”的问题或有参考价值。

篇题《月战》,原写在本篇第一简的简背。比起简本《月战》来,本篇新补缺文凡二字。

孙子曰:间于天地之间[1],莫贵于人。战□□□〔一〕人不战[2]。天时、地利、人和,三者不得,虽胜有殃[3]。是以必付与而以战〔二〕[4],不得已而后战[5]。故抚时而战,不复使其众[6]。无方而战者,分胜〔三〕以付磿者也[7]。

孙子曰:十战而六胜,以星者〔四〕也。十战而七胜,以日者也。十战而八胜,以月者也[8]。十战而九胜,月有……十战而十胜,将善而主〔五〕过者也[9]。一战〔六〕……

*　　*　　*

……所不胜者也五，五者有所壹，不胜[10]。故战之道，有多杀人而不得将卒者，有得将卒而不得舍者[11]，有得舍而不得将军者，有覆军杀将者。故得其道，则虽欲生不可得也〔七〕[12]。　　八十[13]

## 【校勘】

〔一〕战□□□："人"上缺文一字尚存残画，似是"知"字。

〔二〕是以必付与而以战：底本作"是以必付与而□战"。张震泽说，"战"上缺文原简尚存残痕，似为"以"字。据补。

〔三〕分胜：底本作"小胜"，新本作"分胜"。此从新本。

〔四〕以星者：简本作"以星"，抄脱"者"字。今据下文"以日者""以月者"之例，补出"者"字。

〔五〕主：底本作"生"，新本作"主"。此从新本。

〔六〕一战：简文原作"一單"，"單"借为"战"。

〔七〕以上二简是《月战》篇所附简 334、简 335 的文字。整理者说："三三四、三三五两简字体与本篇相近，故附录于此。"张震泽说，此段简文独自成文，"与前不连"。赵逵夫说，此段简文与《月战》篇正文内容无关，"而与《佚书丛残》中之《略甲》相近"。

## 【注释】

[1]"间"，前一"间"字为居间之意。

[2]"战□□□人不战"：全句缺文三字，意思不明。

[3]"天时"，指宜于攻战的天候、季节。"地利"，指宜于攻战的地形、地势。"人和"，指上下齐心内部团结。《孟子·公孙丑下》："天时不如地利，地利不如人和。"赵岐注："天时，谓时日、支干、五行、旺相、孤虚之属也。地利，险阻、城池之固也。人和，得民心之所和乐也。""三者不得"，三者有一不得。"殃"，灾祸。

[4]"付"，通"附"，靠近之意。"与"，相与。"付与"，即"附与"，

义同“附丽”。

[5]“不得已而后战”:意思是如果上述条件不具备,就等待条件成熟再战。“后”,延迟、延期。

[6]“抚”,义同“循”。“抚时”,遵循天时,即把握有利战机。“不复使其众”,不反复使用民众。《吴孙子·作战》“善用兵者,役不再籍,粮不三载”,与此义近。

[7]“方”,方法,准则。“磿”,通“歷”。《史记·乐毅列传》:“故鼎反乎磿室。”《集解》引徐广曰:“磿,歷也。”“歷”,简体作“历”,历法、历数之意。

[8]古人认为战争胜败和日、月、星存在密切关系。《管子·四时》说:“日掌阳,月掌阴,星掌和。阳为德,阴为刑,和为事。”《史记·匈奴列传》也说:“举事而候星月。月盛壮则攻战,月亏则退兵。”本篇题名《月战》,即源于此。

[9]“将”,将领。“过”,通祸。“将善而主过”,古代兵家认为将领屡次胜敌,对国君来说并非好事。如《吴子·图国》说:“天下战国,五胜者祸,四胜者弊,三胜者霸,二胜者王,一胜者帝。”

[10]“五者有所壹”,即“五者有其壹”。此处“所”为代词,意思同“其”。《史记·孝武本纪》:“少君者……匿其年及所生长。”《封禅书》作:“少君者……匿其年及其生长”,“所”作“其”。

[11]“舍”,指舍人,战国至汉初,王公贵官的侍从宾客、亲近左右,通称舍人。

[12]《鹖冠子·能天》:“其得道以生者,天能生之。其得道以死者,天弗能生也。”与此义近。

[13]“八十”,赵逵夫说,末尾所注“八十”,应“系失去了表百位数之数字”。

**【译文】**

孙子说:居于天地之间,没有比人更宝贵的了。……天时、地利、人和,这三个条件如果不全具备,即使取得胜利,也会留下后患。所以,只有当天时、地利、人和三者都附丽于我,方可作战。万不得已,只好延期再战。所以,要遵循天时,一战而胜,不要反复聚众用兵。如果不遵循以上准则而与敌作战,那就只能将胜利希望寄托给历法了(只有天晓得)。

孙子说:十战而六胜,是由于星德有利。十战而七胜,是由于日德有利。十战而八胜,是由于月德有利。十战九胜,月有……。十战十胜,就将领来说是好事,对国君而言则是祸害。一战……。

* * *

……不算全胜的情况有五种,五种情况只要出现其中一种,就不算全胜。不算全胜的情况是:有的虽然杀人很多,却没有俘获敌人的将士;有的虽然能俘获敌人的将士,却没有俘获敌将的左右亲信;有的虽然能俘获敌将的左右亲信,却没有俘获敌将;还有的甚至会覆灭全军,牺牲将帅。所以,如果掌握了全胜之道,敌人想要生存,也是不可能的。

# 篡 卒

本篇为孙子短语集锦,由六段语录构成,其中三段语录论述知胜之道,即“恒胜有五”与“恒不胜有五”,内容涉及军队建设的一些关键要素如选卒、治兵、任势、守信、明道、速决、休民、慎战等,并总结出克敌制胜的五大要点,即:“得主专制,胜。知道,胜。得众,胜。左右和,胜。量敌计险,胜。”这就是《齐孙子·篡卒》篇所揭示的“恒胜原理”。

董安于是春秋末期晋卿赵鞅的谋臣。在赵氏与范氏、中行氏发生冲突之前,赵鞅派董安于经营晋阳。董安于最大的贡献是储存了大量的武器兵械和军用物资,把晋阳城变成了一座无形的设防城市,从而为后来赵鞅走保晋阳打下了坚实的物质基础。智伯发现了董安于的才干,怕他发挥作用对己不利,于是威逼赵鞅,迫使董安于自杀。《韩非子·难言》曾将董安于和孙膑、吴起、商鞅等“十数人”并称为“世之仁贤忠良有道术之士”。《说苑·政理》记载说:“董安于治晋阳,问政于蹇老,蹇老曰:‘曰忠,曰信,曰敢。’董安于曰:‘安忠乎?’曰:‘忠于主。’曰:‘安信乎?’曰:‘信于令。’曰:‘安敢乎?’曰:‘敢于不善人。’董安于曰:‘此三者足矣。’”《篡卒》篇末段文字可能就出自董安于问政一说。这体现了《齐孙子》和晋学的渊源关系。

篇题《篡卒》,原写在本篇第一简的简背。比起底本《篡卒》释文来,本篇新补缺文凡1个字。

孙子曰:兵之胜在于选卒[1],其勇在于制[2],其巧在于势[3],其利在于信[4],其德在于道[5],其富在于亟归[6],其强在于休民[7],其伤在于数战[8]。

孙子曰:德行者,兵之厚积也[9]。信者,兵明赏也[10]。恶战者,兵之王器也[11]。取众者[12],胜□□□也[一]。

孙子曰:恒胜有五:得主专制[13],胜。知道[14],胜。得众,胜。左右和,胜。量敌计险,胜。

孙子曰:恒不胜有五:御将[15],不胜。不知道,不胜。乖将,不胜。不用间,不胜。不得众,不胜。

孙子曰:胜在尽□[二],明赏,选卒,乘敌之顿[三],是谓泰武之葆[四][16]。

孙子曰:不得主弗将也[五]。……□□令,一曰信,二曰忠,三曰敢。安忠[17]?忠王。安信?信赏。安敢?敢去不善。不忠于王,不敢用其兵。不信于赏,百姓弗德。不敢去不善,百姓弗畏[18]。　　二百卅五[六][19]

## 【校勘】

〔一〕胜□□□也：张震泽《校理》释作“胜之胜者也”。谦按：疑非是。缺文第二字残存右半“青”旁，整理者疑是“静”字，笔者疑为“请（情）”字；缺文第三字残画也非“者”字。

〔二〕胜在尽□：张震泽说，根据本篇原附残简有“一曰信，二曰忠”之说，“尽”下缺文当是“忠”字。谦按：今查摹本第326简，“尽”下一字尚存残画，似为“艹”头，疑作“節（节）”字。汉简竹头、卓头每每通用。“尽节”为先秦古语。《管子·形势》：“出则尽节死敌，以安社稷。”

〔三〕乘敌之顿：简本释文作“乘敌之□”，“之”下一字缺文。摹本已摹出此字，但无释文。谦按：此字和简本《吴孙子·作战》“胜久则顿”之“顿”字形似，应释作“顿”。据补。

〔四〕泰武之葆：整理者说：“‘葆’‘宝’古通，‘泰武之葆’疑当读为‘大武之宝’。”

〔五〕孙子曰：不得主弗将也：此为简327，其下端约缺13个字。

〔六〕简328、简329共52个字，整理者将其收入本篇附简，张震泽《校理》将其缀入本篇正文。简329尾数记载，全篇应为235个字。若计入简328、简329，并补上简327缺文13个字，全文正好235个字。《校理》是，据移。

## 【注释】

[1]“兵”，这里指军队。“胜”，优秀、强大。“选”，原文作“篹”，“篹”“算”“撰”“選（选）”四字古通。“选卒”，精选士卒，即精兵之意。

[2]“勇”，英勇、勇敢。“制”，制度、教令、法规。

[3]“巧”，巧妙、灵活。“势”，通“设”，设计、部署。

[4]“利”，锐利、利益。“信”，通“伸”，伸展、屈伸。《吴孙子·九

地》:“九地之变,屈伸之利,人情之理,不可不察也。”

[5]“德”,品德。“道”,通“导”,引导、教导。

[6]“富”,富裕、充足。“亟”,通急。“亟归”,迅速返回。

[7]“强”,强劲。“休民”,让士兵休养生息。

[8]“伤”,挫伤、削弱。“数”,多次、频繁。

[9]“积”,委积,原指物资储备。“厚积”,丰厚的储备。此处用来比喻德行的基础作用。

[10]“明”,严明。

[11]“恶战”,厌恶战争,不好战,与“乐兵”相对。“王器”,缩略语,王者之器。战国时有王、霸之说,王者以德服天下,霸者以力服天下。“王器”即王者之兵所具备的条件。

[12]“取众”,取得大众拥护。一说,“取”通“聚”。“取众”,聚众之意。

[13]“得主”,得到君主信任。“专制”,专断制宜,即自主地控制。

[14]“知道”,简本《八阵》说:“知道者,上知天之道,下知地之理,内得其民之心,外知敌之情,阵则知八阵之经。”

[15]“御”,驾驭、控制。

[16]“泰武之葆”,能使军队强大的最大法宝。“泰”,同“太”,最大之意。“武”,武力。“葆”,通“宝”,法宝。

[17]“安”,疑问词,相当于现代汉语的“什么”或“如何”。

[18]“德”,感恩之意。“畏”,敬服。

[19]“二百卅五”,此为简文原统计字数。

**【译文】**

孙子说:军队强大威武,关键在于选拔士卒;军队作战勇敢,关键在于约束严明;军队机动灵活,关键在于设计部署;军队锐不可当,关键在于能屈能伸;军队品德优良,关键在于将帅能用心引导;军队若要用度充足,关键在于速战速决;军队要想战力强劲,关键在于适时休整,养兵蓄锐;军队战力受到挫伤,关键在于频繁作战。

孙子说:注重道德品行修养,是军队建设的基础工作。讲求信用,是军队严明奖赏的最低保障。慎重对待战争,是军队成为王者之兵所应具备的条件。取得大众拥护,是军队获取胜利的根本保证。

孙子说:军队常胜的条件有五个:将帅得到君主信任,能自主地指挥作战,可以取胜;熟知战争之道,懂得军事规律,可以取胜;能得到众多士卒拥护,可以取胜;将领之间相互和谐,同心协力,可以取胜;分析敌人情况,审察地形险易,可以取胜。

孙子说:军队常败的原因也有五个:将帅为国君所牵制,进退不能自主,不能取胜;不熟悉战争之道,不懂得军事规律,不能取胜;将帅之间相互乖离,彼此不和,不能取胜;不使用间谍刺探敌情,不能取胜;不能得到士卒拥护,不能取胜。

孙子说:取得胜利的关键在于将帅要尽职守责,赏罚严明,精选士卒,乘敌疲顿。这些就是所谓能使军队强大的重要法宝。

孙子说:得不到君主的信任,就不要领兵打仗。……将帅要具有三种品德:一是守信,二是忠诚,三是勇敢。要忠诚于什么呢?要忠诚于王。要守信于什么呢?要守信于奖赏。要敢做什么呢?要敢于去除不良现象。不忠诚于国君,就不敢使用其兵力打仗。不守信于奖赏,就不能让百姓拥护。不敢去除不良现象,就不会使百姓敬服。

# 八 阵

就兵学范围而言,古人关于八阵,主要有两种观点:一种认为八阵是指八种阵法,即方阵、圆阵、牝阵、牡阵、冲阵、轮阵、浮沮阵和雁行阵。另一种则认为,八阵是指一阵八体,即将全军按照八卦分为八个部分,大将居中,八部环绕于四周,它们“合而为一,离而为八”,分合进退，均由大将指挥。以上两种观点，前者接近于先秦和汉代人的说法，后者则为唐宋人所主张。篇题《八阵》，原写于本篇简末。

文中，作者强调"安万乘国，广万乘王，全万乘之民命"的"王者之将"，必须懂得战争的规律，了解天文、地理、民心、敌情和各种阵法；指出将帅指挥作战，要"因地之利，用八阵之宜"；趋利避害，"居生击死"；要善于根据敌情和地形确定战法，配备兵力。

"用阵三分""斗一守二""先其下卒以诱之"，这是孙子用兵布阵的精义所在。《史记·孙子吴起列传》中田忌赛马的故事，就运用了这种"斗一守二""先其下卒以诱之"的策略。

孙子曰：智不足，将兵，自恃也[1]。勇不足，将兵，自广也[2]。不知道，数、战不足，将兵，幸也[3]。夫安万乘国[4]，广万乘王[5]，全万乘之民命者[6]，唯知道。知道者，上知天之道，下知地之理，内得其民之心，外知敌之情，阵则知八阵之经[7]，见胜而战，弗见而静[8]。此王者之将也。

孙子曰：用八阵战者，因地之利，用八阵之宜。用阵三分，诲阵有锋，诲锋有后[9]，皆待令而动。斗一，守二[10]。以一侵敌，以二收[11]。敌弱以乱[12]，先其选卒以乘之[13]；敌强以治，先其下卒以诱之[14]。

车骑与战者[15]，分以为三，一在于右，一在于左，一在于后。易则多其车，险则多其骑，厄则多其弩[16]。险易必知生地、死地[17]，居生击死。　　二百七十四〔一〕　　八阵[18]

**【校勘】**

〔一〕二百七十四：底本作"二百一十四"，新本作"二百七十四"。此为本篇原有字数，实际只有207个字，相差67个字，约合二简。

【注释】

[1]“智不足”，智慧不足。“将兵”，领兵打仗。“恃”，依靠、背负。“自恃”，自负。

[2]“广”，大。“自广”，自大。

[3]“数”，通“术”，战术。“战”，作战、实战。“数、战不足”，战术和实战经验都不足。以上三句，底本标点为：“智，不足将兵，自恃也。勇，不足将兵，自广也。不知道，数战，不足将兵，幸也。”此从 1975 年版整理本标点，并将“数战”点作“数、战”，释“数”为“术”。“幸”，侥幸。

[4]“安”，安定、巩固。“万乘”，古代有万乘之车者为大国，故“万乘”代指大国。

[5]“广”，通“光”，光大之意。

[6]“民命”，指民众的生命。

[7]“八阵”，指方阵、圆阵、疏阵、数阵、锥行阵、雁行阵、钩行阵和玄襄阵。“经”，规则、要领。

[8]“见”，预见。“静”，静止。汉简《守法守令等十三篇 · 王兵》“见胜而起，不见胜而止”，与此义同。

[9]“诲”，通“每”，逐一之意。“锋”，前锋。“后”，后队。前锋用于攻击，后队用来接应。

[10]“斗”，战斗。“守”，防守。

[11]“侵”，侵入、突破。“收”，决战、聚歼。

[12]“敌弱以乱”，此处“以”字训“而”，下文“敌强以治”同。

[13]“其”，这里作词缀，而非代词。“选卒”，经过选拔的精兵锐卒。“乘”，战胜、压服。

[14]“下卒”，素质较低的老弱士卒。

[15]“与”，参与。

[16]“易”,平坦开阔之地。“险”,崎岖险阻之地。“厄”,高峻狭窄之地。“其”,词缀,用法同上。《淮南子·兵略训》:“易则用车,险则用骑,涉水多弓,隘则用弩。”

[17]“生地”,指利于攻守的有利地形。“死地”,指进退两难的不利地形。

[18]“八阵”,此为篇尾原有标题。

【译文】

孙子说:缺乏智慧,还要带兵,这是自负。缺乏勇气,还要带兵,这是自大。不懂用兵之道,缺乏战术和实战经验,还要带兵,这是心存侥幸。要巩固一个大国,要扩大大国的地盘,要保全大国国民的生命,必须懂得用兵之道。懂得兵家之道的人,上要懂得天文,下要懂得地理,内要掌握民心,外要了解敌情,布阵则要懂得八阵的要领,能有胜利的把握就与敌作战,没有胜利的把握就按兵不动。这才是能够帮助国君创立王业的将帅。

孙子说:运用八阵作战时,要根据地形情况,采用八阵中的适宜阵法。布阵时兵力要一分为三,每阵要有前锋,每阵要有后队,都要等待命令而行动。以三分之一兵力接敌战斗,以三分之二兵力留守待机。以三分之一兵力突破敌阵,以三分之二兵力与敌决战。如果敌人兵力弱小而且阵形混乱,就先用精兵锐卒战胜它;如果敌人兵力强大而且阵形严整,就先用弱兵羸卒去引诱它。

若是车兵和骑兵参战,也要分成三部,一部在右,一部在左,一部在后。地势平坦,则多用车兵;地势险阻,则多用骑兵;地势隘塞,则多用弩兵。不论地势险隘或平坦,都要知道哪里是生地,哪里是死地,要占据生地,攻击处于死地的敌人。

# 地 葆

地形条件是影响作战的一个重要因素。本篇以“地葆”为题，从军事上论述了战地的阴阳与生死关系及五行学说在军事地形方面的运用问题，内容涉及各种战场地形的优劣和对军队作战行动的影响。作者把大小道路看作是地形的纲纪，指出“纪纲则得，阵乃不惑”，强调陈兵列阵要利用有利地形，避开“死山”“死水”“杀地”。在古代，这种思想对指导战争有很重要的意义。

“葆”“宝”古通，地葆即“地宝”。篇题《地葆》，原写在本篇简末。比起简本《地葆》来，本篇新补缺文凡 2 个字。简本原文不分段。本书根据文义分为七段。首段论述的是地形的阴阳、术直问题。第二、三段论述的是战地的选择问题。第四段论述的是山、水的生死问题。第五至七段则论述的是“五地之胜”“五草之胜”“五壤之胜”“五地之败”“五地之杀”等具体问题。

如果说《吴孙子·地形》篇是兵形势家的战场地形学，那么，本篇则是兵阴阳家的战场地形学。

孙子曰：凡地之道，阳为表，阴为里[1]，直者为纲，术者为纪[2]。纪纲则得，阵乃不惑[3]。直者毛产〔一〕，术者半死[4]。

凡战地也，日其精也[5]，八风将来[6]，必勿忘也。

绝水、迎陵、逆溜[7]、居杀地、迎众树者[8]，均举也[9]，五者皆不胜。

南陈之山，生山也[10]。东陈之山，死山也[11]。东注之水，生水也[12]。北注之水，死水[13]。不流，死水也[14]。

五地之胜曰[15]：山胜陵，陵胜阜[16]，阜胜陈丘，陈丘胜林平地[17]。五草之胜曰：藩、棘、椐、茅、莎[18]。五壤之胜〔二〕：青胜黄,黄胜黑,黑胜赤,赤胜白,白胜青[19]。

五地之败曰[20]:溪、川、泽、斥〔三〕[21]。五地之杀曰[22]:天井、天窌〔四〕、天离、天隙、天柖[23]。五墓,杀地也,勿居也,勿倍〔五〕也[24]。

春毋降〔六〕,秋毋登[25],军与阵皆毋政前右[26],右周毋左周[27]。　　地葆[28]　　二百[29]

## 【校勘】

〔一〕毛产:底本作“毛产”。新本作“毛(屯)产”,并注曰:“或谓此‘毛’字当释‘屯’,读为‘纯’。纯,犹言‘全’。与下句‘半’字相对。”此从底本。

〔二〕五壤之胜:据上下文例,“胜”下疑抄脱一“曰”字。也可能是作者有意省略。

〔三〕溪、川、泽、斥:整理者说:“简文于五地之败下仅列举四地,抄漏一字。”张震泽说:“简文称五地,下仅列四地,疑溪下脱谷字。”

〔四〕天窌:底本作“天宛”,新本作“天窌”。《说文·穴部》:“窌,窖也。”简本《吴孙子·行军》作“天窖”。汉简“窌”“窖”通用。此从新本。

〔五〕勿倍:底本作“勿□”,“勿”下一字缺文。今查简348“勿”下一字残画,与简本《吴孙子·九地》简124“倍固前□”之“倍”字笔势形近,据补“倍”字。

〔六〕降:底本释文作“将”,摹本和新本释文作“降”。作“将”误,此从新本。

## 【注释】

[1]“阳”,指左方和前方。“阴”,指右方和后方。古人以面南为基准定位,故以东南、西北为左右表里,上南下北,左东右西。张家山

汉简《阖庐》说“南方为表,北方为里”,与此义近。

[2]“直”,直道,指城镇、村落外的大路。“纲”,原意为提网的总绳,这里为主导之意。“术”,指城邑、村落中的街巷小路。《说文》:“术,邑中道也。”“纪”,网上的小绳,这里为辅助之意。

[3]“惑”,迷惑、迷乱。

[4]“毛产”,“毛”和“产”都有生长的意思。《谷梁传·定公元年》“毛泽未尽”,范宁注:“凡地之所生谓之毛。”直道因为两侧有庄稼和水草,可供人马食用,故为生地;术道因无水草之利,故为半死之地。一说,“毛”应释作“屯”,通“纯”,“纯产”即“全生”之意。

[5]“日”,太阳。“精”,精灵、精华、重要之意。

[6]“八风”,八方之风。隋萧吉《五行大义》说:“《太公兵书》云:‘坎名大刚风,乾名折风,兑名小刚风,艮名凶风,坤名谋风,巽名小弱风,震名婴儿风,离名大弱风。’……大刚、小刚客胜,大弱、小弱主人胜,凶有凶害之事,谋有谋逆之人,折为将死,婴儿风主人强。”可见,八风之中,北风、西风利于客军,南风、东南风、东风利于主军,东北风主出凶事,西南风主有兵变,西北风则有损主将。

[7]“绝水”,渡河。《吴孙子·行军》:“客绝水而来,勿迎之于水中,令半济而击之,利。”两军隔岸对峙,若一方渡水而战,则易被敌军半渡而击。“陵”,高陵。《吴孙子·军争》:“背丘勿迎,佯北勿从。”《尉缭子·天官》:“背水阵为绝纪,向坂阵为废军。”“溜”,急流。简本释文读“溜”为“流”,疑非是。《孙子·行军》:“视生处高,无迎水流。”军处急流之下,极易遭到敌军水攻。

[8]“杀地”,指极其不利的地形,如下文所谓天井、天窌、天离、天隙、天招等。“众树”,即树林。树林既碍视线,又碍行军,并且易被火攻,所以,可背不可迎。《吴孙子·行军》:“若交军于斥泽之中,必依水草而背众树。”

[9]“钧”,通“均”,均衡、对等之意。“举”,举动、行动之意。“钧

举”,指敌我双方兵力相当而作战。

[10]“陈”,义同列。“南陈”,简本注:“当指东西走向。”“生山”,指有利于攻守进退的山头。

[11]“东陈”,简本注:“当指南北走向。”“死山”,指不利于攻守进退的山头,与“生山”相对。

[12]“注”,流。“东注之水”,即东流之水。“生水”,有益之水。

[13]“死水”,无益之水。

[14]《北堂书钞》卷一一三“常饮生水”条引《太公兵法》:“当饮生水,无食死水。所谓生水,长流者,冬夏有水,不地虚也。死水,不流,夏有冬竭也。”

[15]“胜”,胜于、胜过。

[16]“山”,高山,形势峻峭。“陵”,高陵,即大土山。“阜”,土山。《尔雅》:“大野曰平,广平曰原,高平曰陆,大陆曰阜,大阜曰陵。”“阜”“陵”皆为土山,但高度不同,“陵”的体量要大于“阜”。

[17]“陈丘”,即列丘,指连绵起伏的土丘群。“林平地”,即平林地,指平原上的林地。

[18]“五草”,指五种与作战有关的草木植被。“藩”,即知母草,根茎可入药,有清热生津作用。“棘”,荆棘,有刺,可以阻敌。“椐”,灵寿木,上多肿节,古时用来做手杖。“茅”,茅草,高四五尺,多长在山坡上。“莎”,香附子,高尺余,多长在湿地和沼泽地。

[19]“青”,东方之色,五行属木。“黄”,中央之色,五行属土。“黑”,北方之色,五行属水。“赤”,南方之色,五行属火。“白”,西方之色,五行属金。这里,作者采用五行相克的理论,来解释“五壤”之间的相胜关系。

[20]“五地之败”:指五种败军之地。

[21]“溪”,指山涧。“川”,河川,指无险可守、河流密布的平川之地。“泽”,沼泽地。“斥”,盐碱地。《吴孙子·行军》篇:“绝斥泽,惟

亟去无留。”

[22]“五地之杀”，指五种可以覆军杀将的地形。

[23]“天井”，指四周高峻、中间低洼的地形。“窌”，通“窖”，《说文·穴部》：“窌，窖也。”汉简《吴孙子·行军》作“天窖”。“天窌”即“天窖”，指周围高、中间低的地形。“离”，通“篱”。“天离”，似指四周树木遮天蔽日，如同篱笆一样的封闭地形。“天隙”，指两侧陡峭、中间狭窄的地形。简本“天隙”作“天郄”。“郄”是“隙”的异体字。“柖”，通“招”。“天柖”即“天招”，指目标明显、易受攻击的地方，所谓天然靶子。

[24]“五墓”，五行之墓位。隋萧吉《五行大义·论生死所》：“五行体别，生死之处不同。……戌是火墓……丑是金墓……未是木墓……辰为水、土墓。”“五墓”分别对应着十二地支中的戌、丑、未、辰四支。《唐开元占经》卷九一“五墓”条也说：“亥卯未木墓在未，寅午戌火墓在戌，申子辰水墓在亥，巳酉丑金墓在丑，土墓在辰。”简本原注说：“五墓，疑即指天井、天宛（即“天窌”）等五种杀地。”疑非是。“倍”，通“背”，背负、背靠之意。

[25]“春”，指春、夏。“秋”，指秋、冬。古人常以春秋代指四季。春夏雨水多，草木茂盛，低处易淹，所以不宜降居低洼之地。秋冬山地水泉少，草木枯落，高处易困，所以不宜登居高亢之地。

[26]“军”，处军、安营。“阵”，列阵。“政”，通“正”，正对、面对之意。古代兵家认为“右背山陵，前左水泽”是最好的阵势格局，此处疑即此意。

[27]“周”，周旋、环绕。根据五行说，东方、东南五行属木，南方属火，西南属土，西方、西北属金，北方属水，东北属土。按照顺时针方向旋转，八方之间存在着相生关系：东方、东南之木生南方之火；南方之火生西南之土；西南之土生西方、西北之金；西方、西北之金生北方之水；北方之水润东北之土，再生东方、东南之木。本篇“右周”之说，

不知是否与此有关。《御览》卷三二八引《孙子占》曰："三军方行，大风飘起于军前，右周绝军，其将亡；右周中其师，得粮。"其中"右周"一语，疑指右旋。

[28]"地葆"，此是篇题，写于简末。"葆"，通"宝"。《群书治要》卷三一引《六韬·龙韬》："故顺天道不必有吉，违之不必有害。失地之利，则士卒迷惑；人事不和，则不可以战矣。故战不必任天道，饥饱劳逸文武最急，地利为宝。""地葆"，指战场地形之宝典。其命名理路，与银雀山汉简《地典》相同。

[29]"二百"，此为本篇原有字数。今补上原文脱写的"也""曰"2个字，再加上重文10个字，实际共有212个字。

## 【译文】

孙子说：利用地形的一般原则是，以阳为外为表，以阴为内为里。以平直宽广的野外大道为主，以狭窄曲折的街巷小路为辅。把主辅关系弄懂了，列阵作战就不会迷惑。直道两侧草木茂盛，术道则为半死之地。

凡在作战地区，日照条件非常重要。八方之风吹来，一定不要忽略。

渡过河流、面向高陵、军阵处于急流下游、在杀地安营、面向树林，如果敌我双方势均力敌，以上五种情形都难以获得胜利。

东西走向的山，为生山。南北走向的山，为死山。东注之水，为生水。北注之水，为死水。不流动的水，也是死水。

五种地形的优劣关系是：高山胜过高陵，高陵胜过土山，土山胜过列丘，列丘胜过平原林地。五种适合于掩护的草木的优劣关系是：知母、荆棘、灵寿木、茅草、香附子。五种土壤的相胜关系是：青土克制黄土，黄土克制黑土，黑土克制红土，红土克制白土，白土克制青土。

五种容易导致失败的地形是：山涧、河川、沼泽与盐碱地。五种杀地是：天井、天窖、天离、天隙、天柖。五行之墓的位置，皆为杀地，所以不要在那些地方驻扎，也不要背靠那些地方。

春夏不要到低处安营，秋冬不要到高处安营。安营和布阵，都不要正面或右侧对着山岭。行军绕过山岭，应该右旋，而不要左旋。

# 设 备

本篇题名简本释文原作《势备》，新整理本改作《设备》。这里，所谓“设备”，是指人类自“设”兵器舟车等物以为“备”。本篇着重论述了军事力量的准备和使用。文中，用剑的构造特点和“旦暮服之，未必用也”喻指严阵以待；用弓弩的杀射迅猛喻指兵势险急；用水则载舟、旱则载车喻指战法因地制宜、因时而变；用长兵在握可远可近喻指用兵如神、进退自如；要求将帅研究掌握阵、势、变、权及其运用要领，以“破强敌，取猛将”。本篇反映了孙子注重战争准备，以立于不败之地的思想。

《淮南子·兵略训》说：“凡有血气之虫，含牙戴角，前爪后距。有角者触，有齿者噬，有毒者螫，有蹄者趹。”《史记·律书》也说：“兵者，圣人所以讨强暴，平乱世，夷险阻，救危殆。自含齿戴角之兽见犯则校，而况于人怀好恶喜怒之气？喜则爱心生，怒则毒螫加，情性之理也。”其说法，与本篇首段文义相近。

本篇所述的用兵四法（“阵”“势”“变”“权”），是孙子用兵艺术的精华，也是读者不可忽略的兵法要点。

篇题《设备》，原写于本篇第一简的简背。比起简本《设备》来，本篇新补缺文凡22个字，另将附简1条凡8个字移入正文。

孙子曰：夫含齿戴角，前爪后距[1]，喜而合，怒而斗，天之道也，不可止也[2]。故无天兵者自为备[3]，圣人之事也。黄帝作剑,以阵象之[4]。羿作弓弩[5],以势象之。禹作舟车,以变象之[6]。汤、武作长兵,以权象之[7]。凡此四者[8],兵之用也。

何以知剑之为阵也?旦暮服之[9],未必用也。故曰,阵而不战,剑之为阵也。剑无锋,虽孟贲之勇[10],不敢进□□〔一〕。阵无锋,非孟贲之勇也敢将而进者,不知兵之至也[11]。剑无首铤,虽巧士不能进□□[12]。阵无后,非巧士敢将而进者,不知兵之情者[13]。故有锋有后,相信不动,敌人必走[14]。无锋无后,□券不道〔二〕[15]。

何以知弓弩之为势也?发于肩膺之间,杀人百步之外,不识其所道至[16]。故曰,弓弩势也。

何以知舟车之为变也?高则……[17]故曰,舟车变也〔三〕。

何以知长兵之为〔四〕权也[18]?击非高下,非……□颅毁肩[19]。故曰,长兵权也。

凡此四者,兵之用也〔五〕。……人,得四者生,失四者死,□□□□〔六〕……所循,以成道也[20]。知其道者,兵有功[21],主有名。□用而不知其道者,兵无功。

凡兵之道四:曰阵,曰势,曰变,曰权。察此四者,所以破强敌[22],取猛将也。阵者〔七〕,……□势者〔八〕,攻无备,出不意……变者〔九〕,……视之远〔一〇〕,中之近。……也,视之近,中之远[23]。权者,昼多旗,夜多鼓,所以送战也[24]。凡此四者,兵之用也。民〔一一〕皆以为用,而莫彻其道[25]。

**【校勘】**

〔一〕不敢进□□:底本作“不敢□□□”。缺文三字张震泽疑作“将而进”。谦按:列阵士兵可以说“将”,剑不可说“将”,张说非是。据下文“非孟贲之勇也敢将而进者”与“非巧士敢将而进者”,其中“将而进”重复，可知“虽孟贲之勇，不敢□□□”与下文“虽巧士不能进□□”，其中“进□□”三字也应重复。据此，“敢”下缺文首字可补作“进”，“进”下缺文二字疑作“而击”。下同。

〔二〕无锋无后，□券不道：底本作“无锋无后……□券不道”。此从新本标点。

〔三〕故曰，舟车变也：赵逵夫说，上文“何以知弓弩之为势也”结尾说“故曰，弓弩势也”，下文“何以知长兵之为权也”结尾说“故曰，长兵权也”。根据上下文例，此段结尾应言“故曰，舟车变也”。赵说是，据补。

〔四〕为：此句简本原作“何以知长兵之权也”，整理者说：“据上文，此句‘权’字上应有‘为’字，抄写者误脱。”整理者是，据补。

〔五〕凡此四者，兵之用也：底本作“凡此四……”。赵逵夫说：上文依次论述四器之“象”后，总结说：“凡此四者，兵之用也。”下文论述完四器的作用后，也说：“凡此四者，兵之用也。”按此体例，“凡此四”下缺文应有“者兵之用也”五字。赵说是，据补。

〔六〕人，得四者生，失四者死，□□□□：此为简363，底本作“……□得四者生，失四者死，□□□□……”，原列本篇附简。张震泽据字体及上下文义，将其移入正文，但所拼接之下文不尽人意。今取简本释文、《校理》和《校补》之长，缀联如上。另据摹本，“得”上缺文一字，其残画与简353“敌人必走”、简354“杀人百步之外”、简365“则不听人”中的“人”字写法一致，应释作“人”，据补。

〔七〕阵者：简本残缺。以下文字应分别论述“阵”“势”“变”“权”的运用问题。根据下文“势者，攻无备，出不意”与“权者，昼多旗，夜多鼓”的文例，此处可补出“阵者”二字。

〔八〕□势者：底本作“势者”，新本作“□势者”。此从新本。

〔九〕变者：简本原文残缺。根据文例，此处可补出“变者”二字。

〔一〇〕视之远：下文说“视之近，中之远”。按此文例，“中之近”

上应有“视之远”三字，据补。

〔一一〕民：此句底本作“□皆以为用”，“皆”上一字缺文。整理者说：“此字残损，似是民字。”整理者是，据补。

【注释】

［1］“含”，简文原作“陷”，借为“含”。“距”，指雄鸡爪后突出像脚趾的部分。《淮南子·兵略训》说：“凡有血气之虫，含牙戴角，前爪后距。有角者触，有齿者噬，有毒者螫，有蹄者趹。”

［2］“天”，天性、自然。“道”，规律。“止”，停止、改变之意。

［3］“天兵”，指动物先天所具有的武器，如牙、角、爪、距等。“无天兵者”，指人。

［4］“作”，制作、发明。“象”，比拟、仿照。

［5］“羿”，后羿，传说是夏代有穷氏部落的首领，善于射箭。《楚辞·天问》中有羿射九日的神话。

［6］“禹”，夏禹，相传是夏朝的建立者。“变”，随机应变。

［7］“汤”，商汤。“武”，周武王。

［8］“四者”，指阵、势、变、权。

［9］“旦暮”，早晚。“服”，佩带。

［10］“锋”，简文原作“封”，借为“锋”，指前锋。“孟贲”，战国时勇士。《孟子·公孙丑上》：“若是，则夫子过孟贲远矣。”杨伯峻注引《史记·范雎蔡泽列传》集解引许慎曰：“孟贲，卫人。”《帝王世纪》则以为齐人。《帝王世纪》所谓“孟贲”，当是“孟说”之误。

［11］“将”，统率、指挥。“进”，进攻。“至”，借为“致”，情致、情理。“至”“致”古通。汉简《见威王》：“素佚而致利也。”“兵之至”与下文“兵之情”互文同义。

［12］“首”，剑首，指剑柄头部，其形状有盘形、卷边形、弓形、莲蓬形、耳形、环形等多种，功能在于防止剑从手中滑脱。“铤”，指剑柄中

连接剑身的金属内茎,如果外夹以木,再用绳、皮缠绕,即成剑柄。"首铤",代指剑柄。"巧士",指精明之士。

[13]"后",后队、后续兵力。"情",情理、道理。

[14]"信",信任、照应。"走",败走、败亡。

[15]"劵",通"拳"。缺文疑为"控"字,"控劵",即空拳,义为赤手空拳,代指孤军作战。"道",道路、办法。"不道",无办法。

[16]"膺",胸。"道",介词,由、从之意。《礼记·礼器》"礼不虚道",郑玄注:"道,犹由也,从也。""至",来、到达。

[17]这里,作者之所以用"舟、车"来比拟机变,是因为《尚书·益稷》言大禹乘"四载",《史记·河渠书》引《夏书》说:"禹抑洪水十三年,过家不入门。陆行载车,水行载舟,泥行蹈毳,山行即桥。"《吕氏春秋·慎势》则说:"水用舟,陆用车,涂用輴,沙用鸠,山用樏,因其势也者令行。"根据地形不同,采用不同的工具进行交通,可谓因地制宜、随时应变,这就是机变即变通。

[18]"长兵",指戈、矛一类长柄武器。据《考工记》记载,"长兵"最长者达二丈四尺(车兵使用),短者也有六尺六寸。持此击敌,上下左右击刺范围广,高下随意。"权",原指天平(衡)上的砝码,后引申出权力、权术、权谋、权变等义。这里,作者之所以用"长兵"来比拟兵权,可能是因为"长兵"有柄,柄可把握,可挥舞,柄如权柄。《吴孙子·势》说:"斗众如斗寡,形名是也。"银雀山汉简《奇正》说:"制之以□□(二柄)","二柄"即赏、罚。

[19]"颅",简文原作"卢",借为"颅",本指额头,这里代指头颅。

[20]"循",遵从、遵循。"道",规律。

[21]"兵",用兵、作战之意。

[22]"察",审视、详察。"所以",连词,表示因果关系,在古汉语中主要表示原因。

[23]由于舟、车为运动之物,具有机动性和可变性,所以在战场

上,它们可以改变敌我双方的距离概念。

[24]“旗”“鼓”是古代将帅下达命令、指挥军队的信号工具,是军权的标志。简本《吴孙子·军争》说:“是故昼战多旌旗,夜战多鼓金。鼓金旌旗者,所以壹民之耳目也。”意思相近。“送”,引导之意。“送战”,指挥战斗。

[25]“彻”,通达、明白。这里,简文不避汉武帝刘彻的名讳,说明本篇的作成年代应在汉武帝即位之前,即不会晚于公元前140年。

## 【译文】

孙子说:动物有齿有角,有爪有距,高兴时就合群,发怒时就争斗,这是自然规律,谁也改变不了。所以,没有天生武器的人类,就要自己制作装备,这就是圣人的事情了。黄帝发明的剑,可以用来象征军阵。后羿发明的弓弩,可以用来象征兵势。大禹发明的舟车,可以用来象征机变。商汤、周武王发明的长柄武器,可以用来象征军权。以上四种武器,都可以用来作为象征。

怎么知道剑可以象征军阵呢?剑早晚都佩带着,却未必使用。所以说,列摆阵势却不一定交战,剑可象征军阵。如果剑无锋刃,即使像孟贲那样的勇士,也不敢佩带使用。军阵没有前锋,又不如孟贲那样勇敢,却敢带兵进攻敌人,那是不懂得用兵的实情。如果剑没有把柄,就是再精明的人也无法用它进攻敌人。军阵没有后续部队,又不是精明之士,却敢带兵进攻敌人,那是不懂得用兵的真理。所以,军阵既有前锋又有后队,相互照应,巍然不动,敌人必然败走。军阵既无前锋,又无后队,则犹如空拳相斗,胜负难料。

怎么知道弓弩可以象征兵势呢?弓弩发射于肩胸之间,杀人于百步之外,而敌人却不知道箭从哪里射来。所以说,弓弩可以象征兵势。

怎么知道舟、车可以象征机变呢?高则……。(所以说,舟车可以象征机变。)

怎么知道长柄武器可以象征权术呢？用长柄武器攻击敌人时，不需要士卒上下跳跃。……击打头颅，毁伤肩膀。所以说，“长兵”可以象征权术。

以上四种武器，都可以作为军事象征。……掌握了以上四种用兵之法（阵、势、变、权），就能取胜；忽视了以上四种用兵之法，就会灭亡。……以上四者将帅必须遵循，这样才能掌握用兵的规律。懂得了用兵的规律，作战才能成功，国君才会成名。虽然用兵，却不懂得用兵的规律，作战将难以获得成功。

用兵作战的原则共有四项，分别为军阵、兵势、机变、军权。研究掌握了这四项原则，可以用来击破强敌，俘获敌人的猛将。所谓军阵，就是……所谓兵势，就是攻其无备，出其不意。所谓机变，就是……有时敌人舟车看着较远，但要击中它，却可能是在近处；相反，有时看着较近，但要击中它，却可能是在远处。所谓军权，就是白天多用旗帜，夜晚多用金鼓，其目的都是用来送达指挥命令。人们虽然都在用它，但是不一定明白其中的道理。

# 兵 情

本篇以矢、弩、发者分别比喻士卒、将帅和君主，认为只有君主正确发号施令，将帅指挥得当，士卒勇敢善战，才能胜敌。孙子这种强调上下一致、密切配合的思想，对于赢得战争胜利具有积极的意义。

本篇汉简原文既无统计字数，也无标题，整理者据首句“若欲知兵之情”，题名《兵情》，并注释说：“本篇字体与前《势备》（即《设备》）篇相同，文章思路亦近，可能本是《势备》篇之后半。”赵逵夫先生经过考证，认为本篇“肯定是《势备》篇之后半”。张震泽则说，本篇“集中论述者，乃治卒之法及将、卒、主之关系，与《势备》篇之论阵、势、变、权有别”，所以，“仍当作为独立之篇”。比起底本《兵情》来，本篇新补缺文凡10个字。

孙子曰:若欲知兵之情,弩矢其法也[1]。矢,卒也。弩,将也。发者[2],主也。

矢,金在前[3],羽在后[4],故犀而善走[5]。前重而后轻,故正而听人[6]。今治卒则后重而前轻,阵之则辨[7],辨〔一〕趣之敌则不听人[8],治卒不法矢也[9]。

弩者,将也。弩张柄不正[10],偏强偏弱而不和,其两洋之送矢也不壹[11],矢虽轻重得[12],前后适,犹不中招也[13]。……□□□将之用心不和……卒虽轻重得〔二〕,犹不胜敌也[14]。

矢轻重得,前后适,而弩张正,其送矢壹,发者非也,犹不中招也。卒轻重得,前后适,而将唯于……□兵□□,卒虽轻重得〔三〕,犹不胜敌也。

故曰,弩之中彀[15],合于四[16],兵有功……将也,卒也,□也〔四〕。故曰,兵胜敌也,不异于弩之中招也[17]。此兵之道也。

**【校勘】**

〔一〕阵之则辨,辨:底本作"阵之则辨(辨)",摹本作"阵之则辨く"。张震泽《校理》说,"く"是句号。谦按:张说疑非是。用斜竖一笔作句号,汉人一般写作"レ"。此处,简文"く"应是重文号"="的草体或异体,并非句号。据补一"辨"字,并断属下句。

〔二〕卒虽轻重得:底本作"……得"。整理者说:"'得'上似可补'卒轻重得'四字。"赵逵夫据上文"矢虽轻重得"与下文"卒轻重得"文例,也认为"得"上四字应补作"卒虽轻重"。据补。

〔三〕□兵□□,卒虽轻重得:底本作"兵□□□□□□□"。新本作"□兵□□□□□□□"。今据赵逵夫之说,补出"卒虽轻重得"五字。

〔四〕□也：据简本图版和摹本残画，“也”上缺文疑为“发”字。

【注释】

[1]“法”，样式、式样，这里为例子之意。

[2]“发者”，发射者，即射手。

[3]“金”，箭簇，即金属制的箭头。

[4]“羽”，箭羽，即箭尾的翎。

[5]“犀”，犀利、锋利。“善走”，疾行。

[6]“正”，指箭的飞行路线正确，不会偏移。“听人”，听从人的意愿。

[7]“辨”，同“辩”，本义为争论、辩论，引申则有相争之意。《吕氏春秋·淫辞》：“公无与孔穿辩。”高诱注：“相争夺也。”《后汉书·延笃传》：“观夫仁孝之辩。”李贤注：“辩，争也。”此处，“辨”为争竞之意。

[8]“趣”，赶赴。

[9]“法”，效法、效仿。

[10]“柄”，弩柄，又名弩臂。

[11]“洋”，借为“厢”，“两洋”，指弩弓的两厢，即两翼。“送矢”，发射箭矢。

[12]“虽”，简文作“唯”，借为“雖”，虽然之意。

[13]“招”，箭靶子，供练习射击用。

[14]“犹”，仍然。

[15]“彀(gòu)”，此处指箭靶。《管子·小称》：“羿有以感弓矢，故彀可得中也。”

[16]“合于四”，合乎四项条件，即矢前后轻重得、弩柄正、两洋送矢壹、发者是。

[17]“不异”，无异，没有差别。

【译文】

孙子说:要想知道用兵打仗的道理,弩箭的使用是最好的例子。箭矢,犹如士卒。弓弩,犹如将领。射手,则犹如君主。

箭矢,箭镞在前,箭羽在后,所以既犀利又神速。前重而后轻,所以其飞行既准确又听人指挥。现在治兵则是后重而前轻,使其列阵则相争,争相赴敌则不能听从命令,这都是因为治兵者没有效法箭矢的缘故。

弓弩,犹如将领。弩张开时弩柄不正,左右强弱不协调,弩弓两翼弹射箭矢的力量就不一致,箭头虽然轻重得当,前后适宜,还是不能射中靶子。……将帅心思不一,不能同心协力……士卒虽然前后适宜,也不能战胜敌人。

箭头轻重得当,前后适宜,弩张开时弩柄适中,弩弓两翼的弹射力量也相互一致,但弩手不善于发射,还是不能射中靶子。士卒轻重得当,前后适宜,而将帅……士卒即便轻重得当,还是不能战胜敌人。

箭要射中目标,必须符合四项条件,这样用兵打仗才能成功。……(军队要建立功勋),必须依靠将领、士卒和国君的同心协力。所以,军队战胜敌人,就像用弩射中箭把一样。这就是用兵的道理。

# 行　篡

两军相争,贵在先锋。“先锋”就是突击队,“先锋”就是敢死队。《吴孙子·地形》称“先锋”为“选锋”。《齐孙子·篡卒》称“先锋”为“篡卒”。

《史记·鲁仲连邹阳列传》说:“食人炊骨,士无反外之心,是孙膑之兵也。能见于天下。”如何才能造就出一支视死如归的突击队与敢死队?对此,孙子确有秘笈,秘笈就是《行篡》《杀士》。

“篡”,通“选”,通“算”。“行篡”即“行选”“行算”,施行选卒、算卒之义,其主题就是战时如何组织突击队即敢死队。围绕这一主题,本篇论述了如何选贤取良、使民效财效死的问题,反映了孙子治军用兵、使民移性的思想。

战国末期,各大国杀红了眼,兼并战争进入残酷阶段。此时,各国皆陷入穷者出力、富者出财、全民参战之境地。战时经济,全民动员,谈不上什么私财、公产之保护。所以,作者认为“私公之财壹也”,私产、公产皆可征用,以便奖励敢死之士。

本篇思想,与《商君书·去强》《算地》《弱民》等篇存在相通之处。其作成年代,大约在战国末期;其作者若为齐人,大概经历过乐毅伐齐的战时岁月。

由于篇中有“篡贤取良”之语,故以“行篡”作为篇名。篇题《行篡》,原写在本篇第一简的简背。比起简本《行篡》来,本篇新补缺文凡2个字。

孙子曰:用兵移民之道,权衡也[1]。权衡,所以篡贤取良也[2]。阴阳[3],所以聚众合敌也。正衡再累既中〔一〕[4],是谓不穷。称向悬衡〔二〕,唯其宜也[5]。私公之财壹也。

夫民有不足于寿而有余于货者[6],有不足于货而有余于寿者,唯明王、圣人知之,故能留之[7]。死者不毒,夺者不愠[8]。此无穷……□□□□民皆尽力,近者弗则,远者无能[9]。

货多则辨[10],辨则民不德其上。货少则向[11],向则天下以为尊〔三〕。然则为民赇也[12],吾所以为赇也。此兵之久也,用兵治国之宝也〔四〕。

**【校勘】**

〔一〕正衡再累既中:底本作“正衡再累……既中”。此从新本标点。

〔二〕称向悬衡：底本作“称乡悬衡”。新本作“称向悬衡”。此从新本。

〔三〕货少则向，向则天下以为尊：底本作“货少则□，□则天下以为尊”。缺文原简尚存右耳旁及重文符，张震泽释为“鄉”，据补。“鄉”，借为“嚮”，简体作“向”，向化之意。“向”与“辩”适成对比。

〔四〕用兵治国之宝也：底本作“用兵之国之宝也”。“用兵之”属简376，“国之宝也”为简377。谦按：传世本《老子》“以正治国，以奇用兵”，郭店楚简《老子》甲本和马王堆帛书《老子》甲、乙本均作“以正之邦，以奇用兵”，“之”借为“治”。此处简376“用兵”下的“之”字，应借为“治”。“用兵”“治国”并言，若合符节。据改。

【注释】

［1］“移”，移徙。《国语·齐语》：“相地而衰征，则民不移。”韦昭注：“移，徙也。”“移民”本义为使民迁徙。此处“移民”则为引申义，是指通过“号令”“斧钺”“禄赏”等手段，使民改移习性。《管子·版法》：“植固不动，倚邪乃恐。倚革邪化，令往民移。”《吕氏春秋·义赏》：“赏重则民移之。”陈奇猷注：“赏罚足以徙人之性。”可证。“权”，砝码。“衡”，天平。“权衡”，衡量、比较之意。

［2］“篡”，用计夺取。《说文》：“篡，逆而夺取曰篡，从厶，算声。”《尔雅义疏》：“言以计取之，不公然劫夺也。”此处，“篡”或读本字，与“夺”同义；或借为“选”，选择之意。

［3］“阴阳”，指阴阳占卜一类的东西，古代兵家聚众合敌，必辨阴阳。比较事物的阴和阳，是古人权衡事物、处理问题的主要方法，兵家亦然。

［4］“正”，校正。“衡”，指天平横杆。“累”，砝码。“再累”，指一再增减砝码。“既中”，指天平平衡、不偏不倚。“正衡再累既中”，是

以天平为喻,比喻“用兵移民”要公平合理。

[5]“称”,举。“向”,方向。“称向”,定方向。“唯”,汉简作“雖(虽)”,“雖”“唯”古通。

[6]“不足”,不满足。《吕氏春秋·义赏》:“臣闻繁礼之君,不足于文;繁战之君,不足于诈。”高诱注:“足,厌也。”《吴孙子·九地》:“吾士无余财,非恶货也;无余命,非恶寿也。”也是“货”“寿”并称。

[7]“留之”,使民留“货”留“寿”,“寿”“命”同义。

[8]“毒”,痛恨。“夺”,剥夺。“愠”,抱怨、愤怒。

[9]“则”,借为“贼”。《说文·戈部》:“贼,败也。”《荀子·修身》:“害良曰贼……窃货曰盗。”宋代以前,“贼”用作动词时,意为毁害;用作名词时,意为乱臣。宋元以后,“贼”字始有“盗”义。“能”,通“罷”,简体作“罢”。“罢”通“疲”,疲软、疲沓之意。

[10]“辨”,通“辩”,辩慧,形容人巧言狡黠。“辩慧”又作“辩惠”,《韩非子·扬权》:“辩惠好生,下因其材。”

[11]“向”,向化。百姓向往教化,则会忠君。《管子·版法解》:“凡人君者,欲众之亲上向意也……必先顺(训)教,万民向风。”

[12]“然则”,连词,表示“既然这样,那么……”。“赇”,贿赂,用财物买通别人。《说文》:“赇,以财物枉法相谢也。”“为民赇”,义即“赇民”,贿民、法外施恩之义。《管子·法禁》所谓“守委闲居,博分以致众,勤身遂行,说人以货财,济人以买誉,其身甚静,而使人求者”,与此义近。

## 【译文】

孙子说:用兵作战和使民移性的原则,在于权衡利弊得失。权衡比较,可以用来选择贤人和良民。讲求阴阳占卜,可以用来聚集民众,与敌交战。治军为政,只要不偏不倚,公平合理,就能左右逢源,无所不通。量功行赏,务求恰当。不管公产、私产,都是一个道理。

民众中有的人贪生怕死，却富有财力；有的人缺乏财力，却贪财轻生。只有明君、圣人明白这个道理，所以才能留住民众，使其为己效死效财。这样，亡命者无遗恨，失财者不抱怨，为我所用者则可无穷无尽……民众皆能尽心竭力，亲近之人不敢害良犯规，疏远之人不敢拖沓涣散。

财产多了人就辨慧；人若辨慧，就不会对君主感恩戴德。财产少了人就向化；人若向化，则天下人都会爱戴君主。即便如此，还是需要推行惠民政策，让百姓聚敛财富；这就是我所谓的“赇民”。这是从事战争的长久之计，也是用兵、治国的真正法宝。

# 杀　士

“杀”，牺牲、消耗之意。“杀士”，意谓善于用兵的将帅能使士卒杀身效命，为国捐躯。《尉缭子·兵令下》说：“臣闻古之善用兵者，能杀卒之半，其次杀其十三，其下杀其十一。能杀其半者，威加海内；杀十三者，力加诸侯；杀十一者，令行士卒。”其中所谓“杀卒”与本篇“杀士”义同。本篇“明爵禄”“明赏罚”“勉之亲，或死坟墓”“勉之欢，或死州间”“勉之酒，或死饮食”等语，也说明了这一点。

《管子·九变》说：“凡民之所以守战至死而不德其上者，有数以至焉。曰：大者亲戚坟墓之所在也，田宅富厚足居也。不然，则州县乡党与宗族足怀乐也。不然，则上之教训习俗慈爱之于民也厚，无所往而得之。不然，则山林泽谷之利足生也。不然，则地形险阻易守而难攻也。不然，则罚严而可畏也。不然，则赏明而足劝也。不然，则有深怨于敌人也。不然，则有厚功于上也。”其内容与本篇比较接近，可资参考。

篇题《杀士》，原写在本篇第一简的简背。比起底本《杀士》来，本篇新补缺文凡 14 个字，并将 11 条断简连缀为两段简文。

孙子曰:明爵禄而□之〔一〕,士死[1]。明赏罚而□之[2],士〔二〕死。挢而下之[3],士死。将而□〔三〕之,士死。□而传之〔四〕,士死。立□[4]……必审而行之,士死。

勉〔五〕之亲[5],或死坟墓。勉之欢,或死州闾〔六〕[6]。勉之酒,或死饮食。勉之□,或死□〔七〕□。处之安,或死疾疢之问[7],或死……

## 【校勘】

本篇损毁严重,简文先后次序难以确定。简本释文里,11 条残简,有 10 条都是提行排列。本书中,笔者尝试将这 11 条残简缀联为两段文字。

第一段由以下六条残简组成:简 378“孙子曰:明爵禄而……”;简 379“……士死。明赏罚□……”;简 380“……士死,立□……”;简 381“……必审而行之,士死”;简 382“……死。挢而下之,士死。□……”;简 383“……之,士死。□而传”。简 378“明爵禄”与简 379“明赏罚”文义相关,二者应是一简之折;简 381、简 383 都是简之下端,二者皆应置于简尾。6 条残简共可排出 4 种组合。经筛选,只有简 378+379+382+383+380+381 这一组合较为可取。据此,缀联如上。

第二段由以下五条残简组成:简 384“……勉之欢,或死州□……”;简 385“……之亲,或死坟墓……”;简 386“……之酒,或死饮食……”;简 387“……□处之安,或死疾”;简 388“疢之问,或死……”。简 387 为一简之尾,简 388 为一简之首,二简前后相连,应位于简 384、简 385 与简 386 之下;简 384 上部与简 385 下部断痕吻合,应是一简之折,理应倒置相连;从断痕和内容看,简 386 应位于简 384 之下、简 387 之上。这五枚残简的前后次序应为:385+384+386+387+388 简。除了简 388,其余四枚断简增补缺文后,共计 28 个字。若以每简容字 34 个推算,尚缺 6 个字。由于简 387“处之安”上尚有一字残存，故简386、简387不应直接相连。所以，缺文6个字应位于简386之下，简384之上并无缺文。据此，缀联如上。

〔一〕□之：底本简378作“孙子曰：明爵禄而……”，此据下文文例，补出“□之”。

〔二〕而□之，士：底本简379作“……士死。明赏罚□……”，此据上下文例，补出“而□之，士”。

〔三〕将而□：底本简382释文作“……死。挢而下之，士死。□……”，新本注曰：“末字旧未得释，王辉据残存笔划将此字释为‘将’。”王说是，据补“将”字，并据上下文例，补出“而□”二字。

〔四〕□而传之：底本简383作“□而传……”，整理者说：“‘传’字笔画不清，或为‘傅’字。此据上下文例，补出“之”字。

〔五〕勉之亲：底本简385作“□之亲”，句式与“勉之欢”一样。“亲”“欢”“酒”，皆能感动人心，功用相同。据下文“勉之欢”体例，“之亲”上缺文应补作“勉”。下文“勉之酒”之“勉”，与此同例。

〔六〕或死州闾：底本简384作“或死州□”，“州”下残存一竖划，似为“门”字右半，应为“闾”字。简本《孙膑兵法·官一》说：“制卒以州闾。”据补“闾”字。

〔七〕勉之□，或死□：此据文例，补出“勉之□，或死□”。

**【注释】**

[1]“明”，严明。“爵禄”，爵位、俸禄。“明爵禄”，严明军人的爵位等级和俸禄等级。“死”，效死卖命。

[2]“明赏罚”，严明军功奖惩制度。

[3]“挢”，通“矫”，矫情、屈尊之意。《说文》：“挢，举手也。”

[4]“立□”，“立”即设立之意。“立”下缺文疑为军法之类。

[5]“勉”，勉励、激励。

[6]“欢”，古代相爱男女间的互称，所谓“男欢女爱”，这里指恋人

或妻子。“州间”,泛指乡里本土。

[7]“处”,处置、安置。“疢疢(chèn)”,又作“疢疢”,指疾病。《说文》:“疢,热病也。”总之,“或死坟墓”“或死州间”“或死饮食”“或死疢疢”,都是因私而死,皆非为了效命国家。但是,将帅可以利用这种人情世故,驱使士卒为国效命。

【译文】

孙子说:爵禄分明,严格执行,这样士卒就会效死用命。赏罚分明,严格执行,这样士卒就会效死用命。屈尊礼贤下士,这样士卒就会效死用命。……(广泛传扬勇者之名,)这样士卒就会效死用命。设立……命令必须详审并得到坚决执行,这样士卒就会效死用命。

让至亲之人勉励士卒,士卒或许会为守护祖先坟墓而冒死作战。让心欢之人勉励士卒,他们或许会为本乡本土去冒死作战。以酒壮行勉励士卒,士卒或许会为宴饮而冒死作战。……优军优属,安置士卒,士卒或许会为将帅问病问寒而冒死作战,或许会为……而冒死作战。

# 延　气

一支充满斗志的优秀军队,依靠什么来维持活力?答曰“延气”。“延”有伸展、引入、继续之义。“治气”之说,始见于《吴孙子·军争》篇:“三军可夺气,将军可夺心。是故朝气锐,昼气惰,暮气归。善用兵者,避其锐气,击其惰归,此治气者也。”然而对于如何“治气”,其中并没有论及。竹简《延气》篇的出土填补了这一空白。该篇列举了“激气”“利气”“厉气”“断气”“泛气”五种“延气”之法,对它们的适用场合和具体运用,都一一进行了论述,反复强调激励士气、鼓舞斗志的重要性。这就是竹简《延气》篇所揭示的“延气原理”。

篇题《延气》,原写在本篇简末。在底本里,本篇原分正文和附录两部分，正文8简，附录6简。新本将原附录6简均编入正文，将原正文末二简缀合为一简，又从原《五教法》移来一简。新本义长，此从新本。

本篇根据文义分为三段。首段论述了在什么情况下需要激气、什么情况下需要利气等。次段从反面论述不激气会怎么样、不利气会怎么样等。第三段则论述的是激气、利气等的具体做法。

比起新整理本《延气》来，本篇新补缺文凡13个字，改释简文1个字。

孙子曰：合军聚众，务在激气[1]。复徒〔一〕合军，务在治兵利气[2]。临境近敌，务在厉气[3]。战日有期，务在断气[4]。今日将战，务在泛气〔二〕[5]。

……□□。气不激则惰，惰则难使；难使，则不可以合旨[6]。……营也[7]。以易营之众而贵武敌[8]，必败。气不利则拙，拙则不及[9]，不及则失利，失利则……必败〔三〕。气不厉则慑[10]，慑则众□，众□则……必败〔四〕。……气不断则迴，迴则不榑易散[11]。临难易散，必败。气不泛则□，□则〔五〕□，□则不知为已之节[12]，不知为已之节则事……必败〔六〕。

……□而弗救，身死家残[13]。将军召使而勉之，击〔七〕……以威三军之士，所以激气也。将军令：……其令，所以利气也。将军乃……短衣絜裘[14]，以劝士志，所以厉气也。将军令：令军人，人为三日粮；国人[15]，家为……望；国使毋来，军使毋往[16]，所以断气也。将军召将卫人者而告之曰[17]：饮食毋……垒途道[18]，使三军之士皆见死而不见生，所〔八〕以泛气也〔九〕。　　延气[19]

## 【校勘】

〔一〕复徒:底本作“复徙”。“徒”“徙”二字形近易讹,此处“徙”当作“徒”,指步卒。“复徒”与“合军”同义。

〔二〕泛气:底本作“延气”,新本作“泛气”。此从新本。

〔三〕失利则……必败:底本作“失利……”。此从赵逵夫之说,补出“则”与“必败”三字。

〔四〕慑则众□,众□则……必败:底本作“慑则众□,众□……”。赵逵夫《校补》作“慑则众,众则……必败”。赵说近是,据补“则”与“必败”三字。简文“慑则众□”疑作“慑则众服”,“众”下疑残去“服”字及重文号。

〔五〕气不泛则□,□则:简401残作“……□□则不知为已之节”。此从赵逵夫之说,于其上补出“气不泛则□,□则”等字。

〔六〕必败:此二字据赵说补。

〔七〕□而弗救,身死家残。将军召使而勉之,击:此简底本收入附录残简。新本缀入正文。此从新本。

〔八〕垒途道,使三军之士皆见死而不见生,所:此为简441,底本收入《五教法》附简。新本移入《延气》篇。此从新本。

〔九〕以泛气也:底本作“以延气……也”,新本作“以泛气也”。此从新本。

## 【注释】

[1]“务”,要务、要点。“务在”,重在之意。“激”,刺激。“激气”,激发士气。《吴孙子·作战》:“故杀敌者,怒也。”张预注:“激吾士卒,使上下同怒,则敌可杀。《尉缭子》曰:‘民之所以战者,气也。’谓气怒则人人自战。”

[2]“徒”,徒兵,即步卒。“复徒”与“合军”同义,指集解群众,组

建军队。“治兵”，整修队伍。“利”，锐利。“利气”，指增其锐气。

[3]“厉”，通“励”。“厉气”，即鼓励、勉励士气。“厉气”和“激气”，既有联系，也有区别。“激气”侧重于刺激士气，“厉气”侧重于鼓舞士气。

[4]“断”，断绝。“断气”，断然决战之气。《淮南子·兵略训》：“战日有期，视死若归。”

[5]“泛”，漂浮、泛滥之意。《说文》：“泛，浮也。”“泛气”，使士气高昂。

[6]“合旨”，合乎目的。

[7]“营”，通“荧”，荧惑、迷惑之意。

[8]“易”，容易。“众”，兵众，这里指士卒。“贵”，崇尚。“贵武敌”，推崇敌人的武力，即所谓长他人志气。

[9]“拙”，笨拙，迟缓。“及”，抓住。

[10]“厉”，通“砺”，磨砺之义，别作“励”，又有勉励、激励之义。“慑”，恐惧、害怕之意。《说文》：“慑，失气也。”

[11]“迥”，通“洞”，洞穿、通气之意。马王堆帛书《道原》：“恒无之初，迥同大(太)虚。”《淮南子·诠言训》：“洞同天地，浑沌为朴，未造而成物，谓之太一。”“槫”，同“抟”，借为“團”，简体作“团”，团聚、收拢之意。一说“槫”，借为“專”，简体作“专”，专一之意。这里，笔者释“槫”为“团”是取其本义，气“团”、气“散”，适成对比。他人释“槫”为“专”，则是取其引申之意。二说可以并存。

[12]“为已”，进退之意。整理小组注：“为，做。已，停止不做。”

[13]“身死家残”，是古代军法的习用语。《尉缭子·束伍令》：“亡伍不得伍，身死家残……亡长不得长，身死家残。”“身死家残”是严刑峻法、株连军属的一种表现。

[14]“短衣”，短装，古代为贫民、士兵等下层人士的服装。“絜”，读 jié。《礼记·大学》：“是以君子有絜矩之道也。”注：“絜，犹结也。”结裘是扎起衣襟，袖于腰际，以便操作。“短衣絜裘”，是说将帅暑则短

衣，寒则结裘，带头劳动，以励士气。

[15]“国”，国都。“国人”，国都人。

[16]“国使”，朝廷派往军队的使者。“军使”，军队派往朝廷的使者。

[17]“卫人者”，保卫他人者，指警卫人员或救援人员。

[18]“垒”，堆放。“途道”，道路。

[19]“延气”，此为篇尾篇题，延伸士气之意。

【译文】

孙子说：集合民众，组建军队，重在激发士气。连兵成军，重在整顿队伍，增强锐气。兵临敌境，接近敌军时，重在鼓励士气。战期已定，重在培养断然决战的士气。今日将战，重在保持高昂的士气。

……士气如果不激励就会懈怠，懈怠就难以使用；难以使用，就达不到预期的军事目的。……迷惑。带领着容易迷惑的士卒而高估敌人的武力，这样必定失败。兵无锐气，就会行动迟缓，行动迟缓就抓不住战机，抓不住战机就会失利，失利就……结果作战必定失败。士气如果不鼓励就会恐惧，恐惧就会众相屈服，众相屈服就会……结果作战必定失败。……士卒如果没有断然决战之气，就会出现漏洞，出现漏洞，军心就难以收拢，容易涣散。大难当前，军心易散，结果作战必定失败。士卒如果不能保持高昂的士气，就会怎样，怎样就会怎样，怎样就会不知进退之度，不知进退之度，则事情……结果作战必定失败。

……（如果被保卫者遇到危险）视而不救，则将处死失职者，让其家破人亡。将军命令使者去勉励士卒，进击（敌人）……用来威震三军士卒，可以用来“激气”。将军命令……其命令，可以用来“利气”。将军于是……轻装简服，带头劳动，以身作则，勉励士卒，可以用来“励气”。将军命令：军人，每人只能带三日口粮（以示决一死战）；城里人，每家只能……（而不能）探望。朝廷不再派人到军中来，将军也不再派人到朝廷去,可以用来“断气”。将军召集那些即将担任保卫任务的士卒,告诉他们说:饮食不要(特殊)……。(将阵亡者的尸体)堆在路边,使三军将士都能看到死亡的威胁,而不欲偷生,这样可以用来“泛气”。

# 五教法

本篇中的“五教”包含广、狭两种含义。广义的“五教”,是指处国之教、行行之教、处军之教、处阵之教和隐而不相见利战之教五类;狭义的“五教”,则是指对士卒进行目、耳、心、手、足的教育,属于广义的“五教”的最后一教——“隐而不相见利战之教”的范畴。

本篇中的广义“五教”,分别论述的是军队在国内驻守、行军调动、安营扎寨、两军对阵以及潜移默化等不同场合的教戒问题。由于简文残缺严重,已难以看出五项教戒规则的全貌,不过从中还是可以窥见一些古代军人教化的内容和原则。

篇题《五教法》,原写在本篇篇末。与新整理本《五教法》相比,本篇新补缺文凡9个字。

孙子曰:善教者于本,不临军而变,故曰五教[1]:处国之教一[2],行行之教一[3],处军之教一[4],处阵之教一[5],隐而不相见利战之教一[6]。

处国之教奚如[7]?曰:……孝弟良五德者,士无壹乎[8]?虽能射不登车[9]。是故善射为左[10],善御为御[11],毕无为右[12]。然则三人安车,五人安伍[13],十人为列,百人为卒[14],千人有鼓,万人为戎[15],而众大可用也。处国之教如此。

行行之教奚如?废车疲马[16],将军之人必任焉[17],所以率[18]……□足矣。行行之教如此。

处军之教奚如？……险幼，将自立焉[19]，所以敬□……也。处军之教如此。

处阵之教奚如？兵革车甲，阵之器也[20]。……以兴善[21]。然而阵既利而阵实蘩[22]。处阵之教如此。

隐而不相见利战之教奚如？……鍚所以教耳也〔一〕[23]，……□所以教足也。五教既至[24]，目益明，耳益聪，心益□，手益□，足益□〔二〕。……　　五教法[25]

【校勘】

〔一〕鍚所以教耳也：《管子·兵法》："五教：一曰教其目以形色之旗，二曰教其耳以号令之数，三曰教其足以进退之度，四曰教其手以长短之利，五曰教其心以赏罚之诚。五教各习，而士负以勇矣。"其中"五教"与本篇狭义"五教"一致。简439中间编绳以下文字为"此。隐而不相见利战之教……"，"教"下约缺8个字。除去整理者所补"奚如"二字，仍缺6个字。"鍚所以教耳也"为第442简，简头完整无缺。简443"……五教既至，目益明……"，首先说"目"，可知"教耳"之上应有"教目"一条。以往，笔者曾认为简443和简442为一简之折，简443应位于简442下方，其定位应下移半简。基于以上判断，笔者尝试于简439下补出"□所以教目也"，于简442下补出"□所以教心也，□所以教手也，□所"等字。今据新本简背划痕，简443下移半简难以成立。因此，所补文字与实际缺文应有半简之差，难以自洽。故仍从新本，阙而不补。

〔二〕耳益聪，心益□，手益□，足益□：古人习惯耳、目联称。既然"耳聪""目明"互文，简443又说"目益明"，其下缺文自然应有"耳益聪"三字。同理，据上文和《管子·兵法》"五教"概念，"耳益聪"下还可补出"心益□，手益□，足益□"三句。据补。

【注释】

[1]“五教”,本篇“五教”有广义和狭义之分,此处为广义的“五教”。“教”,教化、教戒。《吴子·治兵》:“故用兵之法,教戒为先。”“本”,根本、基本。“临军”,临阵、临时之意。

[2]“处国”,处在国内。

[3]“行行”,行动、行进。

[4]“处军”,安营之意。

[5]“处阵”,处在军阵之中。

[6]“隐”,隐蔽。“不相见”,不直接接触。“隐而不相见”,指潜移默化式的间接教育,与其他四种直接的、接触式的教戒有所不同。“利战”,利于作战。

[7]“奚”,疑问代词。“奚如”,如何、怎样。

[8]“孝”,孝顺长辈。“弟”,通“悌”,善事兄长。“良”,善待妻小晚辈。“五德”,指士卒需要具备的五种品德。“孝”前二“德”缺文。

[9]“虽”,虽然,即使。“射”,射箭。“登车”,此处指做车兵。

[10]左位一般为战士所立。

[11]“御”,驾车。

[12]“毕”,皆、都之意。“毕无”,指“射”“御”二术皆不具备。“右”,战车右位为力士所立,其职责是辅助左位的战士。

[13]“然则”,连词。“安”,安置、组成。“车”,古代车兵的最小组成单位。“伍”,古代步兵的最小组成单位。

[14]“列”,队列。“卒”,军队的一级编制。

[15]“戎”,军队编制名,由一万人组成。

[16]简本作“罢”,通“疲”。

[17]“将军之人”,指领兵打仗的人。“任”,担任、承担。

[18]“率”,率领、表率。

[19]“幼(yào)”,借为“要”。整理者注:“幼,疑当读为‘要’。‘险要’,险阻之地。”“自立”,独自站立。

[20]“兵”,兵器。“革”,盾牌。“车”,战车、辎车。“甲”,铠甲。“器”,工具。

[21]“善”,爱惜。“兴善”,兴起爱惜、悲悯之心。

[22]“利”,锐利。“蘩”,白蒿,此处借为“繁”,繁盛之意。“实蘩”,疑指密实繁盛。

[23]“鐲”,整理者注:“疑即‘铙’字之异体。‘弱’声与‘尧’声古音相近。“铙”,古代军中乐器,像铃铛,中间没有舌。“耳”,耳朵,这里指听力、听觉。

[24]“五教”,此处为狭义的“五教”,是指对士卒进行目、耳、心、手、足的教育,属于广义“五教”的最后一教——“隐而不相见利战之教”这个大类。“既至”,已经实现。

[25]“五教法”,此为本篇篇尾原有标题。

## 【译文】

孙子说:善于教化的人注重平时的基本教戒,不会临阵才仓促应变,所以称作“五教”:一种是在国内驻守时的教戒,一种是在军队行进时的教戒,一种是在安营扎寨时的教戒,一种是在临阵作战时的教戒,一种是隐蔽而非接触式的利于作战的教戒。

在国内驻守时的教戒是怎样的呢?孙子说……孝、悌、良五种品德,士卒难道一样也不具备吗?(如果是那样的话)即使善于射箭,也不能登车做车兵。所以,善于射箭的士卒,应该安排在战车的左位;善于驾车的士卒,应该安排在战车的御位即中位;(射箭和驾车)两种技能都没有的士卒,则应该安排在战车的右位。既然这样,那么,三人就组成一车,五人就组成一伍,十人组成一列,百人组成一卒,千人配备一面战鼓,万人组成一支军队,这样,兵众就能投入战争,大可利用了。

在国内驻守时的教戒就是这样。

行军时的教戒又是怎样的呢？战车报废，军马疲惫，军队统帅必须身先士卒，用以表率……这样就足够了。军队行进时的教戒就是这样。

安营扎寨时的教戒又是怎样的呢？……遇到险要之地，将领要停下来，站到高处，对……表示礼敬……安营扎寨时的教戒就是这样。

临阵作战时的教戒又是怎样的呢？兵器、盾牌、战车、铠甲，都是军阵中必不可少的器具。……以此使军阵更加完善。这样，军阵不仅锐利，而且繁盛密实。临阵作战时的教戒就是这样。

隐蔽而不需要直接面对士卒却有利于作战的教戒又是怎样的呢？……铙可以用来培养士卒的听力……□可以用来培养士卒的脚力。五种教戒都实现了，士卒的眼睛就会更加雪亮，耳朵就会更加灵敏，心灵就会更加机智，双手就会更加灵巧，双脚就会更加强健。……

# 官　一

本篇用词生僻，借喻较多，文义难懂，内容主要是论述各种军事措施及阵法的作用或适用的场合。此处，“官”为职官、官能之意。古人以“一”喻“道”。《吕氏春秋・圜道》说：“以言说一。……一也齐至贵，莫知其原，莫知其端，莫知其始，莫知其终，而万物以为宗。”高诱注：“一，道本。”帛书《十大经・成法》也说：“一者，道其本也。”“一”“道”义同，所以，“官一”即“官道”。《吴孙子・计》篇说：“法者，曲制、官道、主用也。”《官一》是一篇对各种军事职能进行简要说明的“官道”目录。

《官一》篇对各种阵法、各种军事措施、军事条令、军事事宜进行了简要说明，是孙子有关“兵技巧”的全面表述。

从文体看，《官一》属于注解体。如果说《吴孙子》《齐孙子》其他篇共同展示了孙子兵学的“博大”和“精深”,那么,本篇则更加集中、更为突出地展示了孙子兵学的“博大”一面,至于是否“精深”,倒可不论。

本篇原有两本,其中正文16简为一本,附简13简为另一本。附简与正文文字完全重复,故本书省略未录。篇题《官一》,原写于本篇第一简的简背。比起简本《官一》释文来,本篇新补缺文凡6个字,改释简文凡1个字。

孙子曰:凡处卒[1]、利阵[2]、体甲兵者[3],立官则以身宜[4]。贱令以采章[5],乘削以伦物[6],序行以□极〔一〕[7],制卒以州闾[8],授正以乡曲[9],辨疑以旌舆[10],申令以金鼓[11],齐兵以从迹[12],庵结以人雄[13]。

邋军以索阵[14],茭肆以囚逆[15],陈师以危□,射战以云阵[16],御裹以羸渭[17],取喙以阖燧[18],即败以包□,奔救以皮傅[19],燥战以错行[20]。用重以正轻〔二〕[21],用轻以正散[22],攻兼用行城〔三〕[23]。

为隈以山陆[24],秦怫以逶迤[25],便罢以雁行[26],险厄以杂管[27],还退以蓬错[28]。绕山林以曲次[29],袭国邑以水则[30],辩夜退以明简[31],夜警以传节[32],厝入内寇以棺士[33],遇短兵以必舆[34],火输积以车[35],阵刃以锥行[36],阵少卒以合杂[37]。

合杂,所以御裹也[38]。修行连削[39],所以结阵也。云折重杂,所以权趮也〔四〕[40]。猋凡振陈[41],所以乘疑也。隐匿谋诈,所以钓战也[42]。龙隋阵伏[43],所以山斗也。

□□乖举〔五〕,所以压津也[44]。引□卑卒〔六〕,所以□□也。不意侍卒,所以昧战也[45]。遏沟□陈,所以合少也[46]。疏削明旗[47],所以疑敌也。剽阵差车,所以从遗也[48]。椎下移师,所以备强也[49]。浮沮而翼,所以燧斗也[50]。禅括蘩避,所以莠聂也[51]。简练剽便,所以逆喙也[52]。坚阵敦刃[七][53],所以攻萶[八]也。揆断藩薄,所以眩疑也[54]。伪遗小亡,所以饵敌也[55]。重害,所以茭肆[九]也[56]。顺明到声,所以夜军也[57]。佰奉离积[58],所以利胜也。刚者,所以御劫也[59]。更者[60],所以过□也。□者,所以御□也。□者,所以□□也。序者,所以厌门也[61]。胡退□入,所以解困也[62]。

□地□□用方[63],迎陵而阵用封[64],险□石仁[一〇]用圜[65],交易武退用兵[66]。

埶厄[一一]阵临用方翼[67],泛战接厝用喙逢[68],因险解去以逃远[一二][69],草驵沙荼以阳削[70],战胜而阵以奋国[71],而……

【校勘】

〔一〕序行以□极:底本作"序行以□□",新本作"序行以□极"。此从新本。

〔二〕用重以正轻:底本作"用□以正□","正"下一字缺文,据摹本残画可补作"轻"。《司马法·严位》:"凡战,以轻行轻则危,以重行重则无功,以轻行重则败,以重行轻则战,故战相为轻重。"据文义,"用"下一字缺文应补作"重"。

〔三〕底本简 407 作"□地□□用方,迎陵而阵用封,险□□□用圜,交易武退用兵,□□阵临用方";简 408 作"翼,泛战接厝用喙逢,因险解谷以□远,草驵沙荼以阳削,战胜而阵以奋国,而"。简 407、简 408 原接简 406"攻兼用行城"下。新本将此二简移至简 418"所以解困也"下。此从新本。

〔四〕所以权趮也:底本原作"所权趮也"。整理者注:"简文'权'字上脱'以'字。"整理者是,据补"以"字。

〔五〕□□乖举:底本校语说:此句首字"不清,似是'杂'字"。新本校语说:“陈剑释此句首字为‘猛’,疑第二字为‘起’,第三字为羊(佯)。”此从底本。

〔六〕引□卑卒:底本作“□□□卒”,新本作“引□卑卒”。此从新本。

〔七〕坚阵敦刃:底本作“坚阵敦□”,新本作“坚阵敦刃”。此从新本。

〔八〕攻蔧:“攻”下一字为上下结构,上为“艹”头双叠,中为“彐”,下为“木”。简本释文作“槥”,“槥”字为左右结构。汉简“艹”头、“竹”头每每通用。帛书《战国纵横家书》第十二章也有此字,上作“竹”头,整理者释作“彗”,并注曰:“彗字与兑字音近,可能是李兑自称其名。”“蔧”“彗”“锐”“兑”古音相近,可以通假。此处“攻蔧”或为“攻锐”之借,义即攻击敌人的锐卒。

〔九〕荄肄:底本作“荄□”,“荄”下一字缺文。今据文义及上文“荄肄以囚逆”,补出“肄”字。

〔一〇〕险□石仁:底本、新本均作“险□□□”,“险”下三字缺文。新本校语说:“陈剑疑‘险’后二字为‘畏有’。”今据摹本残画,“险”下第2字应为“石”字,第3字应为“仁”字而残去上面一横,借为“仞”。据补。

〔一一〕埶厄:底本作“□□”,新本作“埶高”。谦按:银雀山汉简“高”字写法尽管多样,但下部皆含“口”字。简407此处“埶”下残字下不含“口”,而与简341、简409“厄”字写法相近,应释作“厄”。据补。

〔一二〕因险解去以逃远:底本作“因险解谷以□远”。新本作“因险解去以姚(逃)远”,读“姚”为“逃”。此从新本。

## 【注释】

[1]“处卒”,安置士卒。

［2］“利阵”，变化阵形，以利于指挥。

［3］“体”，分配。《周礼·天官》“体国经野，设官分职”，郑玄注：“体，犹分也。”“体甲兵”，配置甲仗兵器之意。

［4］“立”，设立。“官”，官职、官能。《吴孙子·计》篇“法者，曲制、官道、主用也”，刘寅注“官道”为“分官有道”，与此义近。

［5］“贱”，借为“践”，实践、履行。“采章”，彩色徽章。

［6］“乘”，搭载。“削”，借为“旓(shāo)”，原指旌旗上的飘带，这里代指旌旗。削、梢、稍、旓等字，古可通假。“乘削”，指在车上插载旌旗。“伦”，分类、分等之意。“伦物”，区别军队的等级。

［7］“序”，编列。“行”，阵形。

［8］“制卒”，编制卒伍。《周礼·地官》：“五人为伍，五伍为两，五两为卒。”战国时，军队每“卒”编制为百人。“州闾”，义同州里。汉简《守法守令·田法》：“五十家而为里，十里而为州。”《尉缭子·伍制令》：“百人为闾，闾相保也。”

［9］“授”，授予。“正”，通“政”。“授正”，指任用官吏。“乡曲”，义同乡里。

［10］“辨”，辨别。“疑”，疑惑。“旌”，古代用牛尾和羽毛装饰的旗帜。《说文》：“游车载旌，析羽注旄首，所以精进士卒。”“舆”，借为“旟”，古代绘有鸟纹的旗帜。《说文》：“旟，错革鸟其上，所以进士众。”“旌”和“舆”都是命令士卒前进的指挥旗帜。

［11］“申令”，下命令。“金”，指铙、铎等。“鼓”，战鼓。《尉缭子·勒卒令》：“鼓之则进，重鼓则击。金之则止，重金则退。”

［12］“齐兵”，整齐士卒所持兵器。“从”，繁体作“從”，借为“蹤”。“跡”，篆文作“迹”，籀文作“速”。简文原作“从速”，应即“蹤跡”（“踪迹”），意指脚印。

［13］“庵”，与“奄”相通，皆有“同”义。“庵结”即“同结”，意指联结不断。“雄”，读“肱(gōng)”，指手臂。“人雄”即“人肱”。

［14］“邋”，即“躐”，通“獵（猎）”，围、揽之意。《史记·日者列传》：“猎缨正襟危坐。”“索”，绳索。“索阵”，阵名，疑为绊马之用。

［15］“茭”，通“交”，交相、交替。“肄”，通“肆”，放肆。《左传·昭公三十年》：“若为三师以肄焉，一师至，彼必皆出。”杨伯峻注：“肄读为肆，即《文》十二年《传》‘若使轻者肆焉’之肆，突然袭击而又退也。”“茭肄”，阵名，疑为交相轮流袭扰敌人。“囚逆”，阵名，疑指制敌出入，追逐迎截，使其就获的阵法。

［16］“云阵”，形容箭矢像乌云一样密集。

［17］“御”，抵御。“裹”，包围。“羸”，缠绕。“渭”，流行之意。“羸渭”，指队伍缠绕流行，连绵不断。

［18］“喙”，本指鸟嘴兽口，因能开张噬人，故而用来喻指军队前锋。“阖”，闭合。“燧”，通“隧”，指道路。“阖隧”，封锁道路。

［19］“皮”，表皮、皮毛。“傅”，通“附”，依附、靠近。逼近敌人称作傅敌。“皮傅”，《方言》：“强也，秦、晋言非其事谓之皮傅。”原义为附会，此处或指强行傅敌。

［20］“燥”，通噪，“燥战”即“噪战”。《尉缭子·兵令上》：“矢射未交，长刃未接，前噪者谓之虚，后噪者谓之实，不噪者谓之秘。”此即所谓“噪战”。“错行”，行列错杂。

［21］“重”，重兵，指大部队或重装部队。“正”，通“征”，征伐。“轻”，轻兵，指小部队或轻装部队。

［22］“散”，散乱、散兵。

［23］“兼”，读“隒（yǎn）”，指层迭的山崖。“行城”，是一种用大木制作的云梯，可用于攻城和守城。《墨子·备梯》说：“行城”宽一丈，比城墙高二丈，左右探出之距各长二丈。

［24］“隈”，隐蔽处。“陆”，环形阵。《汉书·司马相如传》“江河为陆，泰山为橹”，郭璞注：“因山谷遮禽兽曰陆。”“山陆”与下文的“逶迤”“雁行”“杂管”“蓬错”“曲次”等，疑为阵名。

[25]“秦佛”，借为“榛茀”。“榛”，树丛。“茀”，草盛塞路。《说文》：“茀，道多草，不可行也。”“榛茀”，指草木丛生，遮蔽道路。“逶迤”，此处疑指阵名，形容蜿蜒曲折，如蛇行走。

[26]“便”，方便、便利。“罢”，通“摆”，摆开、摆布。“雁行”，阵名，阵形如群雁飞行。《武经总要》：“雁行前锐后张，延斜而行，便于绕人。”

[27]“杂管”，疑指鹿砦等障碍物。

[28]“还退”，退回、撤退。“蓬”，借为“锋”。“蓬错”，兵刃交错，此为殿军压阵之形。

[29]“曲”，部曲，指军队的基层组织。《尉缭子·兵教下》：“八曰全曲，谓曲折相从，皆有分部也。”可资参考。

[30]“国邑”，指国都和县邑之城。“则”，法则。“水则”，即水战之法。又，“则”可借为“贼”，“水则”，或可读作“水贼”，即从水中潜入敌方，也通。

[31]“辩”，借为“辦”，简体作“办”，办理之意。“明简”，明传简文。《诗·小雅·出车》“岂不怀归，畏此简书”，朱熹注：“简书，戒命也。邻国有急，则以简书相戒命也。或曰：简书，策命临遣之词也。”这里，之所以要求夜间使用“明简”，而不用口头命令，是为了避免敌人乘隙。

[32]“传节”，即“符传”和“符节”，是古代两种通行凭证。“符节”多为竹木或金属制成。“符传”则为手写，上书携带何物，到何处去，类似于今天的介绍信。“传”“节”相辅而行，缺一不可。

[33]“厝”，通“错”，交错。“厝入”，指突入敌阵。“寇”，《书经·舜典》伪孔传：“群行攻劫曰寇。”郑玄曰：“强取曰寇。”“内寇”，指从城邑内部袭击敌人。“棺士”，勇武之士，战国称为材士，汉代称为材官或材官士。“棺士”是材官士的省称。

[34]“必”，读“柲(bì)”，指长柄武器。“舆”，指兵车。

[35]“火”，火烧、焚毁。“输”，辎重。“积”，粮草、储备物资。

《吴孙子·火攻》篇:“二曰火积,三曰火辎。”

[36]“锥行”,阵名,可以攻坚毁锐,冲决敌阵。

[37]“少卒”,指兵员减少,人数不足。“合杂”,指打破建制,混合编组。

[38]“所以”,是“所用来”的意思。“御”,抵御。“裹”,包围。“御裹”,抵御包围。

[39]“修行”,修整行列。“削”,借为“旓”。“连削”,旌旗相连。

[40]“云折重杂”,指乱云相绞,上下重叠。“权”,权变,应付。“趮(zào)”,箭矢旁落,《周礼·考工记·矢人》:“羽丰则迟,羽杀则趮。”一说,“趮”通“躁”,急疾之意。“权躁”,指应付突发情况。

[41]“猋凡”,读作“飙风”,指疾风。“振陈”,读作“振阵”,指让士卒呼喊鼓噪,以振阵威,即所谓噪战。此处,“振”取本义,“陈”即“阵”,皆非假借。简本校语说:猋凡振陈“疑当读为‘飙风振尘’”。疑非是。

[42]“钓”,钓鱼、引诱之意。

[43]“龙”,形容队伍曲折蜿蜒,如龙盘踞。“隋”,读“墮(duò)”,简体作“堕”,垂落之意。“龙隋”,指阵形如卧龙在山,潜伏待机。“阵伏”,设下埋伏。

[44]“乖举”,举动乖张。“压”,崩坏、堵塞之意。《说文》:“压,坏也。一曰,塞补也。”“压津”,毁坏或堵塞渡口。

[45]“不意”,出其不意、保密之意。“侍卒”,侍从左右的亲近士卒。一说,“侍”借为“待”,“侍卒”即“待卒”。“昧战”,偷袭、不宣而战。

[46]“遏”,遏制。“沟”,沟池。“合”,交合、交兵接战之意。《吴孙子·行军》篇:“兵怒而相迎,久而不合。”《吴孙子·地形》篇:“将不能料敌,以少合众,以弱击强。”其中“合”字,皆为交战、迎击之意。

[47]“疏削”,疏列旌旗。“明旗”,旗帜鲜艳。汉简《十阵》有“疏

阵之法”,其要点是:“必疏距间,多其旌旗羽旄,砥刃以为旁。”说法相近。

[48]“剽阵”,飘风之阵。“差车”,适合于快速奔袭的战车,即驰车。“从”,跟从。“遗”,借为“逸”,逃逸。“从遗”,跟踪逃敌。

[49]“椎”,通“摧”。“椎下移师”,指攻下敌人阵地后,迅速撤离。“备强”,防备强敌。

[50]“浮沮”,阵名。“翼”,侧翼。“燧”,通“隧”,指两旁高、中间低的道路,今称道沟。“隧斗”,在隧道地形中进行战斗。孙膑曾利用此种地形(马陵道),战胜庞涓。《武经总要》前集卷八“裴子法”有罘罝阵图,其下曰:“昔太公三才之人阵,一曰飞翼阵,于卦属巽宫,则孙子之罘罝阵,吴起之卦阵,诸葛亮之名虎翼,以其游骑两傍而舒翼也。”可见,“浮沮”即“罘罝”。浮沮阵的特点是:“罘罝备在首尾,虚在两旁,其势不坚。”

[51]“禅”,单衣。“袥”,即“括”,扎、束头发,疑涉上字误从衣旁。“禅袥”,指士卒单衣光头,不施甲胄。“蘩避”,即“盘辟”,指士卒往来不止,行动随便。《文选·射雉赋》:“周环回复,缭绕盘辟。”李善注:“皆回从往复,不正之貌也。”“莠”,通“诱”,引诱。“聂”,通“蹑”,跟踪。“莠聂”,即“诱蹑”,诱敌跟进之意。

[52]“简练”,简要、精练,这里为精选之意。“剽”,通飘、轻疾。“便”,便捷。“剽便”,指士卒身手敏捷。“逆”,迎击。“喙(huì)”,前锋。

[53]“坚”,坚固、坚牢。“敦”,敦厚、加强。

[54]“揆”,破、断、背离之意。“断”,截断。“藩”,藩篱。“薄”,草木丛生。《楚辞·九章·涉江》“死林薄兮”,注:“丛木为林。草木交错曰薄。”“藩薄”,指草木藩落。“眩疑”,使敌眩惑。

[55]“遗”,遗弃。“亡”,亡失。“饵”,诱饵。

[56]“重害”,反复加害。“茭肆”,交相骚扰,使敌疲劳。

[57]“顺”,读“巡(xún)”。顺、巡同从川声,声义可通。“到”,通“致”。陕西岐山出土周匜铭文,“致”即作“到”。“致声”,今通常写作“吱声”。“顺明到声”,即“巡明致声”,指夜间巡逻要执炬打更。“夜军”,指夜间宿营。

[58]“佰”,通“百”,各种之意。“奉”,通“俸”,俸禄。《吴孙子·用间》篇:“百姓之费,公家之奉,日费千金。”“离”,通“罗”,通“列”,罗列之意。《楚辞·招魂》:“离榭修幕。”注:“离,列也。”《方言》七:“罗谓之离,离谓之罗。”“积”,堆积。

[59]“刚”,借为“岗”。“刚者”,指岗哨。“御”,防御。“劫”,劫营。

[60]“更者”,指更夫。

[61]“序”,次序、秩序。此处,“序”字含有引见之义。“序者”,指值守营门的属官,与“谒者”相当,其职能与现代行政、军事机关的门卫室相近。“厭(厌)”,通“壓(压)”。“厌门”,即“压门”,义同押门、守门之意。

[62]“胡”,通“故”。“胡退”,故意退却。“解困”,摆脱困境。

[63]“□地□□用方”,缺文难补,语义不明。“方”,方形之阵。

[64]《齐孙子·地葆》说:“绝水、迎陵、逆溜、居杀地、迎众树者,均举也,五者皆不胜。”“迎陵”乃兵家大忌,此处“迎陵而阵”似指敌军。“刲(kuí)”,《说文》:“刲,刺也。”《战国策·齐三》“刲卫之东野”,高诱注:“取也。”刲阵可能如同汉简《十阵》里的锥形之阵,前尖后宽。

[65]“仁”,通“仞”。“圜”,圆形之阵。

[66]“交”,交战。“易”,平易,这里指平坦之地。“武”,伐。“退”,退走,退兵。“兵”,这里指徒兵。《通典》引孙子曰:“远则用弩,近则用兵,兵、弩相解也。”由于徒兵每人都配备有手持的长、短兵器,便于展开大规模的近距离格斗。而弩兵则更适宜打包围战,骑兵更适

宜打突击战。

[67]“埶厄阵临”，指敌人居险列阵，进攻我方。“埶”，读“势(shì)”。“厄”，险隘。“方”，读“旁(páng)”。“方翼”，指军阵侧翼。

[68]“泛”，通“氾”，简本作“氾”，指水涨溢漫延。“泛战”，这里可能是形容士卒如泛堤之水，一齐冲出。“接”，此字简本图版和摹本左边为“亻”字旁，底本释文作“接”，新本释文作“倿”，“倿”应为“接”字的俗写体。“厝”，通“错”，交错。“接厝”，指敌我两军短兵相接，错杂混战。“喙逢”，指前锋即尖兵部队。

[69]“囚险”，指敌人据险作困兽斗，我方封锁围困，制其出入。“解去”，解除包围、围师遗阙。“远”，远形，指难以攻击的形势。

[70]“驵”，借为“苴”。“草苴”，特别茂密的杂草。“沙”，借为“莎”，莎草。“荼”，茅、芦之类的杂草。“草驵沙荼”，泛指杂草丛生之地。“阳”，鲜明。“削”，借为“旓”。“阳削”，指色彩鲜艳的旗帜。

[71]“奋国”，以奋国威。

【译文】

孙子说：凡安置士卒、布列军阵、配备武器时，设官分职一定要选用称职之人。执行命令时，要使用各种颜色的旗帜和徽章；要在车上插载不同的旗帜，来区别军队的类别和等级；要用……来编组阵形；要以州里为单位编组队伍；要以乡里为单位任命官吏；要根据旗帜来识别敌我和行动方向；要使用金、鼓来下达命令；要通过脚步来整齐部队行阵；要通过手臂来联结部队行阵。

猎歼敌军，要用索阵；交相袭扰敌人，要用囚逆之阵；部署兵力，要用危□之阵；用弓弩作战，要用云阵；抵御包围，要用羸渭之阵；夺取敌人先锋部队，要用阖燧之阵；追击败退之敌，要用包□之阵；奔驰救援，要用皮傅之阵；鼓噪而战，要用错行之阵。要用重兵，去征伐敌人的轻兵；要用轻兵，去征伐散乱之敌；进攻山崖上的敌人，可以用行城。

在山岭隐蔽处,可以布设环形阵;道路被草木遮蔽,可以采用逶迤之阵;方便摆开阵势时,可以采用雁行之阵;守卫险要隘塞之地,可采用杂管之阵;军队撤退时,要用锋错之阵。部队在山林中绕行时,要根据部伍先后次序依次行进;袭取敌人城邑,应该采用水攻之法;办理夜间撤退事宜,要使用书面命令;夜间警戒,要使用传节制度;侵入敌境,攻城略敌,要使用勇武之士(作选锋);遇到使用短兵器的敌军时,要用长兵器和兵车接敌迎战;焚毁敌人的辎重和粮草,需要使用兵车;布设精锐前锋,要用锥行之阵;列阵时如果兵力不足,可以打破建制,混合编队。

混合编队,可以用来抵御敌人的包围。修整队伍,旌旗相连,可以用来布设战阵。阵势如乱云翻滚,高低重叠,可以避免箭矢旁落。大风天气,振作军阵,可以乘敌疑惑之机发动攻击。隐蔽企图,施展计谋,可以用来诱敌出战。采用卧龙阵形,设置伏兵,可以用来进行山地作战。

……行动乖张,可以用来堵塞渡口。……不把真实意图告诉身边士卒,可以用来偷袭敌人。遏制沟池布列军阵,可以用来凭借有利地形,迎击弱小之敌。敌众我寡时,疏散列旗,旗帜颜色鲜艳,可以用来显示阵势威武,造成错觉,使敌人疑怯。使用飘风之阵和驰车,可以用来追逐逃敌。攻下敌人阵地后,迅速转移兵力,可以用来防备随后而来的强敌。使用浮沮之阵,从两侧袭击敌人,可以用来进行隧道作战。士卒衣着不整,往来随便,可以用来示敌无备,诱敌跟进。精选骁勇敏捷的士卒,可以用来迎击敌人的前锋。坚固阵地,整顿队伍,可以用来攻破敌人的尖兵穿插。破断草木藩落,使天然屏障断不相连,可以用来迷惑敌人。故意遗弃一些财物,受一些小损失,可以用来引诱敌人。反复袭击敌人,可以用来扰敌,使其疲于奔命。夜间巡逻要手执火炬,打更喊号,可以用来保证夜间宿营的安全。各种奖品都罗列堆积出来,可以用来鼓舞士卒夺取胜利。设置岗哨,可以用来防御敌人劫营。

设置更夫，可以用来……设置引见之官，可以用来镇守营门。故意撤退……可以用来摆脱困境。

……可以使用方形之阵；敌军如果面山布阵，可以使用封阵破敌；险阻、石仞之地，可以使用圆形之阵；平坦之地交战，伐取退走之敌时，宜用徒兵进行格斗。

敌人列阵若临近险隘，可以用侧翼包抄敌人；采用大军冲杀，接敌混战，一定要使用前锋部队；敌若占据险隘作困兽斗，则应围师遗阙，这样可以对付“远形”之敌；杂草丛生之地应插立彩旗，迷惑敌人；凯旋之时，可以列兵，以震国威；而……

# 孙　子　翼

# 《孙子翼》序

## 一、为何要编《孙子翼》

1975年初版的竹简本《孙膑兵法》共收文30篇，分上、下两编，出版后影响很大，但也招致多方批评。1985年修订后的《孙膑兵法》共收文16篇，出版后也没有得到学术界的完全认同。几十年来，许多《孙膑兵法》译注作品大都采取折中办法：正文采用修订版的16篇本，同时又将初版下编的原15篇作品作为兵家佚文附录于后。这样，便造成一种混乱的局面。

初版《孙膑兵法》下编原列的15篇兵法作品，大致可以分作以下四种类型：

第一类是《兵之恒失》《将失》《将败》《奇正》四篇。《兵之恒失》《将败》《奇正》三篇都是独立篇题，其篇题形制与银雀山3号木牍所列《效贤》《为国之过》及5号木牍所列《分士》《三乱》《三危》等篇相近。这和《齐孙子》皆为简背篇题判然有别。《将失》篇原无标题，整理者怀疑它和《将败》本为一篇。因此，这四篇大概都属于《齐孙子》之外的其他书籍。

第二类是《十阵》《十问》《略甲》三篇，它们和《齐孙子》的关系比较密切。

第三类是《客主人分》《善者》《将德》《将义》《积疏》《五度九夺》

六篇以及第一类中的《奇正》篇，它们和《齐孙子》关系不大，但是和《吴孙子》的关系却比较密切。

第四类是《五名五恭》和《雄牝城》二篇，其书体和《客主人分》《善者》等篇相近，但是其内容和《吴孙子》《齐孙子》关系不大。

既然如此，那么，将初版《孙膑兵法》下编原列的15篇兵法作品不加区分，全然收入《齐孙子》；或者不加区分，全然从《齐孙子》中撤除，两种处理方式看似相异，其实都不免失之简单。

为了弥补整理小组两次整理的缺憾，笔者在《吴孙子》《齐孙子》之外，另编《孙子翼》一书，专门收录银雀山汉简中与《吴孙子》《齐孙子》内容有关的传注文字与后学之作。这样或可既收拾遗珍，又不窜乱原著。

## 二、《孙子翼》的选文依据

本书共收银雀山汉简兵法佚文十八篇，大致包含以下几类文章：

第一类，是《四变》《地形二》《吴问》《见吴王》。

第二类，是《齐胜诸侯》。

第三类，是《十阵》《十问》《略甲》《客主人分》《善者》。

第四类，是《程兵》《万乘》《选卒》《奇正》《将志》《将德》《将义》《将过》。

第一类中的《四变》《地形二》《吴问》三篇，在《银雀山汉墓竹简（壹）》中曾被整理小组作为《孙子》佚文，与《见吴王》一同收入《孙子兵法》下编。第二类《齐胜诸侯》篇，在《银雀山汉墓竹简（壹）》中，曾被附入《孙膑兵法·强兵》篇（张震泽《孙膑兵法校理》则将其单独列篇）。将这五篇列入《孙子翼》，顺理成章。

关于第三类五篇文章，整理者曾经特别说明过。《银雀山汉墓竹简（壹）·编辑说明》说："墓中所出竹简中有很多篇是不见流传的佚兵书。其中肯定有我们所不知道的佚书，但是也可能有一些是未被我们识别出来的《孙子》佚篇和孙膑书。尤其是《十阵》《十问》《略甲》《客主人分》《善者》等篇，篇题写在简背，与《孙子》和孙膑书相同，书法和文体也分别跟《孙子》或孙膑书中的某些篇相似，但由于缺乏确凿的证据，我们没有把这几篇编入《孙子兵法》和《孙膑兵法》，而把它们暂时收在本书第二辑'佚书丛残'中。"经过考证，笔者发现《十阵》《十问》《略甲》三篇和《齐孙子》关系较为密切；《客主人分》《善者》两篇和《吴孙子》关系密切。因此将这五篇列入《孙子翼》，应该也没有什么问题。

剩下就是第四类了。这八篇中，《程兵》篇的主体部分曾被分作《积疏》与《五度九夺》两篇，与《将德》《将义》一同收入 1975 年版《孙膑兵法》下编。经过考证，笔者认为：《程兵》篇和《吴孙子·形》篇内容密切相关；《万乘》篇和《孙膑兵法·强兵》篇的形制、书体完全一致；《选卒》篇和《吴孙子·军争》及《齐孙子·篡卒》两篇内容有关；《奇正》篇和《吴孙子·势》《形》《实虚》三篇的内容有关，应是解释和申论这三篇的传注文字；《将志》篇和《吴孙子·九变》《九地》篇有关，同时其内容也和汉简《见吴王》所展现的孙子形象基本一致；《将德》篇和《吴孙子·计》篇论将内容有关，应是申论《计》篇将德的传注文字；《将义》篇是将荀子的"仁义之兵"与孙子的"诡诈之兵"进行嫁接所推出的一种新版将德标准，其中保留了少量的孙子将德理论成分。《将过》篇则是由《吴孙子·计》篇和《九变》篇论将之说演绎而成，主要讨论敌将的十种过失。基于此，所以第四类的八篇兵学佚文，也可视同孙子传注与后学之作，而列入《孙子翼》。

## 三、《孙子翼》的篇目次第

本书的前后次序主要根据内容进行拟定，其排列大致是按先战略论、次战法论、后将帅论的次序展开，具体说明如下：

《程兵》篇，主要讨论如何称量、比较敌我双方的兵力，其内容与

《吴孙子·计》篇和《形》篇相仿,所以列为首篇。

《客主人分》篇,主要论述兵力部署时,攻守(客主)两方兵力配置的不对称性,故次《程兵》。

《善者》篇,主要讨论什么是善用兵者,其部分文字与《客主人分》高度雷同,故次《客主人分》。

《万乘》篇,主要讨论大国的庙算战略,其内容与《吴孙子·计》篇和《用间》篇可以对读。此篇与《富国强兵》一样,原本可能属于《齐孙子》的其中一篇。只是由于残损严重,尚无十分把握将其列入《齐孙子》,只好暂时收入《孙子翼》。

《选卒》篇,主要引用历史故事,"以史解经",诠释选卒对战争胜负的重要作用。

《齐胜诸侯》篇,再现了先秦、秦汉之际齐地兵学团体的教学场景,是一篇兵家演讲稿。其书体与《万乘》相同,但内容属于战例分析。

以上六篇属兵权谋,为"战略论"。

接下来是《奇正》篇,它是《吴孙子·势》《形》《实虚》三篇的传注文字,故次《齐胜诸侯》。

然后是《四变》篇,它是《吴孙子·九变》的传注文字,故次《奇正》。

然后是《十阵》《十问》《略甲》三篇,其书体与《万乘》《齐胜诸侯》相同,其书写格式则与《四变》相同,也是每篇分若干章,各章之间不连写,故次《四变》。这里需要指出的是,本书《十问》篇根据文例和内容,对十组问答的排列次序进行了微调,"十问"依次为"击圆""击方""击强众""击争□""击车""击徒人""击保固""击锐""击衡""击箕"。此章节结构和底本略有不同。

接着是《地形二》篇,主要讨论地形问题,其内容和《齐孙子·地葆》关系密切。如同《齐孙子·八阵》与《地葆》相连,此处《地形二》应次《十阵》《十问》《略甲》三篇。

《奇正》《四变》《十阵》《十问》《略甲》五篇属兵形势,《地形二》属兵阴阳。以上六篇为“战法论”。

接下来,是论将之作。

《将志》和《吴孙子·九变》《九地》两篇有关,主要讨论为将者的意志修养;《将德》《将义》和《吴孙子·计》篇有关,主要讨论为将者的道德修养。《将过》是由《吴孙子·计》篇和《九变》篇论将之说演绎而成,主要讨论敌将的十种过失。以上四篇为“将帅论”。

四篇之中,《将志》所论为“王者之将”,与“王兵”“王霸之兵”一致,“独出独入”,有“独行”,最接近孙子时代与孙子精神。《将德》兼有此义。《将义》则是汉人的流行见识,没有多少孙子思想。依据《将德》《将义》,我们可以窥视汉人是如何折中“孙吴之兵”与荀子的“仁义之兵”,进而修正孙子的“将德”理论的。

最后,是《吴问》和《见吴王》篇。

《吴问》疑是战国晚期荀子学派的作品,它借“吴王”和“孙子”之口,主张“王者之道”要“厚爱其民”,反对“主骄臣奢,冀功数战”。该篇思想与墨家“兼爱”“非攻”“节用”“富民”相类,与惠施、公孙龙的“偃兵”学说相通,其论证方式具有战国辩者的风格。其中“孙子”,以指春秋卫国大夫孙文子可能性为最大,也不排除指兵家孙武或吴国大夫孙伯,尚难论定。

《见吴王》应作于战国末期至秦汉之际,该作品是以《韩非子·外储说》“晋文公杀颠颉”的历史故事为蓝本,掺入“平原君斩姬留士”的矫厉情节,再加工而成,此即《汉书·刑法志》所谓的“讲武之礼”、所谓的“戏乐”。《见吴王》用寓言体裁表现为将者要坚持己见,要“君命有所不受”,其立意取之《吴孙子·九变》“君令有所不行”的命题。《见吴王》所塑造的“孙子”形象,与《将志》所倡导的将兵者的人格高度一致。

《吴问》和《见吴王》属于孙子艺文类,将它们缀于《孙子翼》的结尾比较合适。

## 四、《孙子翼》的参校版本

本书校勘,采用《银雀山汉墓竹简(贰)》(文物出版社 2010 年版)有关各篇为底本(简称“简本”或“简本贰”)。参校版本还有以下三种:

1. 张震泽《孙膑兵法校理》(中华书局 1984 年版),简称“《校理》”。

2. 赵逵夫《古典文献论丛·〈银雀山汉墓竹简〉原列〈孙膑兵法·下编〉十五篇校补》(中华书局 2003 年版),简称“《校补》”。

3. 傅振伦《孙膑兵法译注》(巴蜀书社 1986 年版)。

# 程 兵

本篇文字是由原底本《程兵》《积疏》《五度九夺》三者连缀而成。《程兵》只有一枚残简，上剩一句简文："将受命□□□□……"篇题《程兵》，就写在这枚残简的简背上。

《文物》杂志1974年第12期刊布的《临沂银雀山汉墓出土孙子兵法残简释文》，曾将《程兵》与《吴问》《四变》《黄帝伐赤帝》《地形二》及《孙武传》（后改名《见吴王》）作为"竹简《孙子兵法》中佚出今本十三篇之外的"孙子佚文予以发表。或因《程兵》残简只有五字，难以成文，后来，简本《孙子兵法》其书正式出版时，该篇并未收入其中。

《吴孙子·形》篇说："法：一曰度，二曰量，三曰数，四曰称，五曰胜。地生度，度生量，量生数，数生称，称生胜。胜兵若以镒称铢，败兵若以铢称镒。"《形》篇的这段文字，是我们解读《程兵》的钥匙。

《说文·禾部》："程，品也。"《荀子·致仕》说："程者，物之准也。"杨倞注："程者，度量之总名也。""程兵"就是品论、称量与计算敌我双方的兵力。《程兵》说："五度既明，兵乃横行。"可见其内容与《吴孙子·形》篇有关。

对敌我双方的各个方面进行称量和比较，是"程兵"的核心内容。汉简《程兵》从"积疏""盈虚""径行""疾徐""众寡""佚劳"六个方面，对作战中常见的敌我双方力量对比的相互关系进行分析，将"量敌"具体化和简明化，并得出"敌积故可疏""众故可寡"的论断，为以弱胜强、制胜强敌提供了理论根据。

除《形》篇外，《程兵》还和《吴孙子·军争》篇有关。关于"趋敌术"，《吴孙子·军争》曾经有所论述。汉简《程兵》对此有所发展。《程兵》将"趋敌术"概括为"九夺"："一曰取粮，二曰取水，三曰取津，四曰取途,五曰取险,六曰取易,七曰取□,八曰取□,九曰取其所独贵。”“九夺”可以说是简明版的“军争之法”。

简本《程兵》为简背篇题,同时篇末又有尾数,其形制和体例与简本《孙子兵法》《孙膑兵法》非常相近,而有异于简本《尉缭子》(后者只有篇尾篇题,而无尾数)。就此而言,简本《程兵》应该也是孙子后学的著作。

比起简本《程兵》《积疏》《五度九夺》原释文来,本篇新补缺文凡6个字。

将受命□□□□〔一〕[1],积胜疏,盈胜虚[2],径胜行,疾胜徐[3],众胜寡,佚胜劳。

积故积之[4],疏故疏之,盈故盈之,虚故虚之,径故径之,行故行之,疾故疾之,徐故徐之,众故众之,寡故寡之,佚故佚之,劳故劳之。

积疏相为变,盈虚相为变,径行相为变,疾徐相为变,众寡相为变,佚劳相为变。

毋以积当积,毋以疏当疏,毋以盈当盈,毋以虚当虚,毋以疾当疾,毋以徐当徐,毋以众当众,毋以寡当寡,毋以佚当佚,毋以劳当劳。

积疏相当,盈虚相当,径行相当,疾徐相当,众寡相当,佚劳相当。

敌积故可疏,盈故可虚,径故可行,疾故可徐,众故可寡,佚故可劳。□其□则疏,美其欲则虚[5],动其务则行[6],骄其志则徐,□其轻则寡[7],欲其□则劳〔二〕……

……□矣〔三〕。救者至,又重败之。故兵之大数,五十里不相救也[8]。况近者百里,远者数百里〔四〕,此程兵之极也[9]。

故《兵》曰〔五〕:积弗如[10],勿与持久。众弗如,勿与接和[11]。□弗如,勿与□□。□弗如,勿与攘长〔六〕[12]。习弗如,毋当其所长[13]。五度既明[14],兵乃横行。

故兵……趋敌数〔七〕[15]:一曰取粮,二曰取水,三曰取津,四曰取途,五曰取险,六曰取易,七曰取□,八曰取□,九曰取其所独贵[16]。凡九夺,所以趋敌也。　　四百二字[17]

【校勘】

〔一〕将受命□□□□:底本作"将受命□□□□……",此为简1200,缺文中疑有"程兵"二字。简本《程兵》只有1简,《积疏》有8简,《五度九夺》有5简,计共14简。除《五度九夺》末简为21个字外,其他13简每简约容32个字。按此估算,全篇补足缺文后约有437个字。此数较简1224原记字数402个字多35个字,约当一简,说明其中应有2条残简原为一简之折而被重复计算。疑似重复者有两组:一组是简1200与简1225,一组是简1220与简1232。简1232补足缺文后有11个字,简1220缺文约有9个字,二者难以拼合,且文义不连,故可排除。剩下只有简1200与简1225疑为一简之折。简1200上有7个字,简1225上有24个字,两简接头处应残去2个字。整理者所补"积胜"二字与此恰合。据缀。

〔二〕徐,□其轻则寡,欲其□则劳:此为简1232,共有11个字,其中"徐,□其"与"□则劳"为整理者所补,其下约缺21个字。

〔三〕□矣:此二字位于简1220,"矣"上约缺9个字。简1232补足缺文后为11个字。可见简1220与简1232应非一简之折。

〔四〕况近者百里,远者数百里:底本作"况近[□□□□□]数百里"。此据文义,补出缺文"者百里,远者"五字。

〔五〕故《兵》曰:底本作"故兵曰"。张震泽《校理》作"故《兵》曰",将"兵"字释作书名。此从张说标点。

〔六〕勿与攘长：底本作“勿与□长”，并注释说：“此字残存‘襄’旁，疑是‘攘’字。”张震泽《校理》作“勿与攘长”。据补“攘”字。

〔七〕故兵……趋敌数：“故兵”二字位于简 1222 尾部。“趋敌数”三字位于简 1223 头部，“趋”上约缺 7 个字。缺文首字或如上文，也作“曰”字，“兵”字也为书名。

【注释】

[1]此简有残，意思不明。大意是说，将帅受命领兵，首先需要“程兵”，对敌我双方的兵力进行比较。《吴孙子·地形》：“料敌制胜，计险厄、远近，上将之道也。”“程兵”与“料敌计险”意思相近。所以，为将者受命之后，不能不首先关注这一问题。

[2]“积”，积聚。“疏”，疏散。“盈”，充盈。“虚”，空虚。

[3]“径”，捷径、步道。“行”，道路、大道。《尔雅·释宫》：“行，道也。”“疾”，快速。“徐”，缓慢。

[4]“故”，乃、就之意。

[5]“美”，美满、满足。《孟子·尽心下》：“可欲之谓善，有诸己之谓信，充实之谓美。”“欲”，欲望。

[6]“务”，通“侮”。《诗经·小雅·常棣》：“兄弟阋于墙，外御其务。”《左传·僖公二十四年》作“外御其侮”。

[7]“轻”，疑指轻兵，即小股部队。

[8]“大数”，要略。《管子·霸言》：“明大数者，得人；审小计者，失人。”古代军队通常日行三十里，五十里超过了一日行程。《吴孙子·军争》说：“五十里而争利，则蹶上将军。”

[9]“程”，度量、衡量。《礼记·儒行》：“鸷虫攫搏，不程勇者，引重鼎，不程其力。”注：“程，犹量也。”“程兵”，义同量敌、料敌，即衡量计算敌我兵力。

[10]“积”，委积，指粮草等物资储备。

［11］“和”，军门。“接和”，两军营门相对，比喻对面交战。《商君书·战法》：“兵起而程敌，政不若者勿与战，食不若者勿与久。”

［12］“攘”，侵夺、夺取。“长”，长处、优势。

［13］“习”，学习、训练。“当”，通“挡”，抵挡。

［14］“度”，度量、计算。“五度”，指上文所说的积、众、□、□、习五事。

［15］“趋”，趋战，快速行军，奔赴战场。《吴孙子·实虚》：“凡先处战地而待战者佚，后处战地而趋战者劳。”“趋敌数”，即“趋敌术”，指趋战策略。

［16］“易”，平易、平坦之地。“独贵”，独为珍贵，即最爱。

［17］“四百二字”，此为篇末原过录字数，与实际字数或有出入。

## 【译文】

将帅受命领兵，首先需要“程兵”，对敌我双方的兵力进行比较。兵力集中胜过分散，兵力雄厚胜过薄弱，兵走捷径胜过走大路，兵动迅速胜过迟缓，兵员众多胜过寡少，兵士安逸胜过劳顿。

该集中兵力就集中，该分散兵力就分散，该兵力雄厚就雄厚，该兵力薄弱就薄弱，该走捷径就走捷径，该走大路就走大路，该行动迅速就迅速，该行动迟缓就迟缓，该兵员众多就众多，该兵员寡少就寡少，该兵士安逸就安逸，该兵士劳顿就劳顿。

兵力集中与分散可以互相转变，兵力雄厚与薄弱可以互相转变，兵走捷径与走大路可以互相转变，行动迅速与迟缓可以互相转变，兵员众多与寡少可以互相转变，兵士安逸与劳顿可以互相转变。

不要用集中兵力对付集中之敌，不要用分散兵力对付分散之敌，不要用雄厚兵力对付雄厚之敌，不要用薄弱兵力对付薄弱之敌，不要用迅速行动对付迅速之敌，不要用迟缓行动对付迟缓之敌，不要用众多兵员对付众多之敌，不要用少量兵员对付少量之敌，不要用安逸兵士对付安逸之敌，不要用疲顿兵士对付疲顿之敌。

要用集中兵力对付分散之敌，要用雄厚兵力对付薄弱之敌，要用兵走捷径对付走大路之敌，要用迅速行动对付迟缓之敌，要用众多兵员对付寡少之敌，要用安逸兵士对付劳顿之敌。

敌人集中，可以使其分散；敌人雄厚，可以使其空虚；敌人走捷径，可以使其走大路；敌人行动迅速，可以使其行动迟缓；敌人兵员众多，可以使其寡少；敌人兵士安逸，可以使其劳顿。……敌人就会分散；满足敌人的欲望诱其出动，敌人就会空虚；对敌人表现出轻蔑之举使其生怒，敌人就会走大路；对敌人表现出畏惧之态使其骄傲，敌人就会行动迟缓；使用小股部队袭击敌人，敌人就会减少兵力；想……敌人就会疲于奔命。

……即使救兵到来，还会遭到重大挫折。所以用兵的一个重要战术原则是，相距五十里就不要救援了，况且近的相距百里，远的相距数百里。（五十里）是衡量兵力的极限数字。

所以，《兵书》说：物资储备不如敌人，就不要和它打持久战。兵员人数不如敌人，就不要和它正面对阵。……不如敌人，就不要和它……不如敌人，就不要和它争夺优势。训练不如敌人，就不要抵挡敌人的优势。掌握了以上五条衡量敌我兵力优劣的原则，军队就可以横行无阻了。

所以，《兵书》说：……趋战之术：一是夺取粮草，二是夺取水源，三是夺取渡口，四是夺取要道，五是夺取险要，六是夺取平地，七是夺取……八是夺取……九是夺取最爱。以上九种夺取之法，可以用于趋敌制胜。

## 客主人分

《吴孙子·势》篇说："凡治众如治寡，分数是也。"本篇就是一篇专门论述“分数”问题的古兵学文献。

《客主人分》开篇说:“兵有客之分,有主人之分。客之分众,主人之分少。客倍主人半,然可敌也。”《汉书·陈汤传》引录说:“《兵法》曰:客倍而主人半,然后敌。”对此,颜师古无注,后世注家大多不知此语出处。引文中只说“《兵法》”,不称作者,大概和本篇没有明写“孙子曰”有关。今据司马迁《报任安书》“孙子膑脚,《兵法》修列”和《史记·太史公自序》“孙子膑脚,而论《兵法》”,可知《陈汤传》所说的《兵法》应该就是《孙子兵法》。所以,本篇应该也是孙子后学的著作。

在本篇中,“客”指战争中攻入他国境内进行作战的一方,“主人”指在本土进行作战的一方,“分”指部署和配置兵力。本篇主要论述攻、守两种作战环境下如何部署和配置兵力的问题,分析了客主双方的利弊条件和影响战争胜负的各种因素,着重阐述了如何转化力量对比,以夺取作战主动权的问题。作者指出,作战时人众、粮多、武器精良都不足恃,只有掌握战争规律,明了敌我双方情况,善于利用有利形势和良好地形,才是取得胜利的保证。本篇强调“明主、知道之将”要善于周密地策划,“便势利地”“分人之兵”“按人之兵”,造成有利于己、不利于敌的态势,以取得“兵出而有功,入而不伤”的成效。

篇题《客主人分》,原写在本篇第一简的简背。比起简本《客主人分》释文来,本篇新补缺文凡 25 个字,另将附简 1 条凡 8 个字移入正文。

兵有客之分,有主人之分[1]。客之分众,主人之分少。客倍主人半,然可敌也[2]。

倍……〔一〕焉。为人客则先人作□〔二〕……主人者,先定者也〔三〕。客者,后定者也[3]。主人安地抚势以胥[4],夫客犯隘逾险而至[5]。夫犯隘逾险而至,则众者可使寡,饱者可使饥,佚者可使劳,三军之士可使毕失其志,则胜可得而据也[6]。

是以按左挟右[7],右败而左弗能救;按右挟左,左败而右弗能救。是以兵坐而不起,避而不用,近者少而不足用,远者疏而不能用〔四〕。

退敢刎颈,进不敢拒敌,其故何也?势不便[8],地不利也。势便地利则民自进,势不便地不利则民自退。所谓善战者,便势利地者也。

带甲数十万,民有余粮弗得食也,有余□□□□□□也〔五〕,居兵多而用兵少也[9],居者有余而用者不足。

带甲数十万,千千而出[10],千千而断之;万万而出,万万而剪之,则〔六〕万万以遗我。所谓善战者,善剪断之,如剪会锐者也〔七〕[11]。能分人之兵,能按人之兵,则锱铢而有余。不能分人之兵,不能按人之兵,则数倍而不足[12]。

众者胜乎?则投算而战耳[13]。富者胜乎?则量粟而战耳[14]。兵利甲坚者胜乎?则胜易知矣[15]。故富未居安也,贫未居危也,众未居胜也,少未居败也。以决胜败安危者,道也。敌人众,能使之分离而不相救也,受敌者不得相知也,沟深垒高不得以为固〔八〕,甲坚兵利不得以为强,士有勇力不得以卫其将,则胜有道矣。

故明主、知道之将,必先□〔九〕可有功于未战之前,故不失可有之功于已战之后[16],故兵出而有功,入而不伤[17],则明于兵者也。　五百一十四[18]

【校勘】

〔一〕倍:简文原作“负”,读为“倍”,“负”下约缺10个字。吴九龙《释文》第4827号残片作“……小倍众……”,与此文义相合,或为本篇漏收残简。“倍小倍众”,义为少倍于敌或数倍于敌。

〔二〕焉。为人客则先人作□：此为简1154，原为本篇附简。简本校语说："此简从字体及内容看，似当属本篇，其原来位置可能在一一四一与一一四二号简之间。"整理者是，据移。

〔三〕主人者，先定者也：底本作"……定者也"。整理者说："上文残缺，此句原文疑作'主人者，先定者也'。"谦按：此句与下文"客者，后定者也"文例一致，整理者是，据补"主人者先"4个字。

〔四〕远者疏而不能用：底本作"远者疏而不能……"，整理者说："疑一一四四与一一四五号简本相衔接，'远者疏而不能□'句末一字因正在换简转行处被抄脱。"整理者是。今据上文"近者少而不足用"文例，补出"用"字。

〔五〕有余□□□□□□也：底本作"有余……"。比较邻简，"余"下约缺7个字。赵逵夫据上文"民有余粮弗得食也"文例，认为"余"下缺文与上下文构成排比关系，应作"□而弗得□□也"。意思是说"有余力(财)而弗得为用也"。赵说近是。此据上下文例，补出"也"字和六个缺文符。

〔六〕万万而出，万万而剪之，则：简1147说"千千而断之"，"之"下约缺8个字；简1148说"万万以遗我"，"万"上应缺1个字。既然敌人"万万以遗我"，说明我军先已"万万"而截断它；又据上文"千千而出，千千而断之"文例及下文"所谓善战者，善剪断之"文义，简1147下缺文可补作"万=而出，万=而剪之"，其中两个"万"字下都有重文符，两个重文符约相当1个字的空间。简1148"万"上缺文1个字，据文义应补作"则"。据补。

〔七〕如剪会锐者也：底本作"如□会挩者也"，"如"下一字缺文。摹本摹出此字，但难以辨认，有人将其释为"善"字或"宰"字。今观图版，此字左半上为二横，中似"月"，下似"习"，与同简上文"翦"字形近，应释作"翦"。"翦"旧同"剪"。据补。"挩"，通"梲"，通"锐"。此处"挩"字应读作"锐(ruì)"。据改。

〔八〕受敌者不得相知也，沟深垒高不得以为固：底本作“受敌者不得相……以为固”，整理者说：“此处文字与下《善者》篇类似。以上二句原文残缺，参照旁行，‘相’字下似缺八字，据《善者》篇可补足‘受敌者不得相[知也，沟深垒高不得]以为固’。”整理者是，据补。

〔九〕必先□：据摹本，“先”下缺文尚存左半“言”旁，疑为“计”字或“谋”字。

**【注释】**

[1]“客”，客军，指进攻者或境外作战者。“主人”，主军，指防守者或本土作战者。“分”，部署、配置。《吴孙子·势》篇：“凡治众如治寡，分数是也。”

[2]“敌”，匹敌。《汉书·陈汤传》引作“客倍而主人半，然后敌”。

[3]“定”，完成部署。

[4]“安”，通“按”，控制。“抚”，依靠、凭借。“胥”，等待。

[5]“犯”，冲破。“逾”，逾越。

[6]“毕”，皆。“志”，斗志。“据”，占据。

[7]“扶(chì)”，通“挞”，打击之意。

[8]“便”，方便。

[9]“居兵”，屯聚养兵。

[10]“千千而出”，成千成千地出来。

[11]“剪”，剪刀。“会”，义同合。“锐”，锐利，此处指剪刀锋刃。

[12]“按”，控制、牵制。“锱铢”，锱和铢是古代两以下的计量单位，比喻份量极小。《淮南子·兵略训》：“故能分人之兵，疑人之心，则锱铢有余；不能分人之兵，疑人之心，则数倍不足。”

[13]“算”，算筹，是古人用来计算的一种筹签。

[14]“量”，称量。“粟”，谷子，此处泛指粮食。

[15]“兵”，武器。“甲”，铠甲。“知”，预知。

[16]《吴孙子·形》篇:“是故胜兵先胜而后战,败兵先战而后求胜。”与此义同。

[17]“出”,出兵。“入”,收兵。

[18]“五百一十四”,此为原有统计字数,本篇各简补足缺字后实有510个字。

**【译文】**

用兵部署有客方配置和主方配置之不同。客方兵力需要多配置一些,主方可以少配置一些。客方兵力需要两倍于敌,主方兵力需要一半于敌,这样敌我才能相互匹敌。

两倍于敌,则……。作为客军,则要先发制人。……主军先部署完备,客军后部署完备。主军控制有利地形,凭借有利形势,严阵以待;客军则需要冲破关隘,越过险阻,到达战地。(客军)既然必须冲破关隘、越过险阻才能到达战地,那么,其人数虽多,可使它变少;粮食虽足,可使它挨饿;军虽安逸,可使它疲劳;三军将士,可使他们都失去斗志,这样,取得胜利就有把握了。

所以,按住敌人左翼,打击右翼,使其右翼失败而左翼不能相救;按住敌人右翼,打击左翼,使其左翼失败而右翼不能相救。这样,敌人就会一蹶不振,避而不战;近处敌人兵力很少不够用,远处敌人兵力分散不能用。

宁愿撤退而杀头,而不敢向前与敌交锋,其原因是什么呢?形势不便,地形不利啊。如果形势方便,地形有利,士卒就会自行前进;如果形势不便,地形不利,士卒就会自行后退。所谓善于作战的人,就是能够因势利导,利用有利地形。

军队有几十万,民众虽有余粮,但不能得到有效供应;虽有(余财,但不能得到有效使用)。平时养兵虽多,战时用兵很少;平时觉得兵力有余,战时则感到兵力不足。

敌军有几十万，成千成千地出来，就成千成千地截断它；成万成万地出来，就成万成万地剪除它，这样，敌人就会成万成万地送给我。所谓善于作战的人，就是善于分割剪除敌军，就像剪刀合上利刃一样。能分散敌人的兵力，能牵制敌人的兵力，即使兵力再少也有余力；不能分散敌人的兵力，不能牵制敌人的兵力，即使数倍于敌也会感到兵力不足。

人多就能取胜吗？那岂不是数数双方的人员多少就可以打仗了！财力雄厚就能取胜吗？那岂不是称一称粮食就可以打仗了！武器精良、装备坚固就能取胜吗？那样胜利就太容易预知了！所以，富足未必就安全，贫困未必就危险，人多未必就胜利，人少未必就失败。真正决定战争胜败安危的，是用兵之道！如果敌人众多，能够使其分离而彼此不能相互救援，受到攻击而彼此不能相互联络；深沟高垒不能用以固守，武器精良不能用以逞强，士卒勇猛有力不能用以保卫他们的将领。这样，取胜就有办法了。

所以，英明的君主和懂得用兵之道的将帅，在开战之前必须计算出可以取得成功，这样，开战之后才不会失去应有的成功。所以，出兵才能获得成功，收兵不会受损，这才是真正懂得用兵的人。

# 善　者

“善者”是简本《吴孙子·形》篇的一个重要概念，用来指称那些善于打仗的人。此处，“善者”应是“善战者”与“善守者”的合称，是“善用兵者”的缩略语。汉简《善者》篇，可以看作是《吴孙子·形》篇的传注文字。两篇文章之间存在着很深的渊源关系。

此外，值得注意的是，汉简《善者》和《客主人分》两篇简文的某些内容高度相关。

例如，《客主人分》说：“敌人众，能使之分离而不相救也，受敌者不得相知也,沟深垒高不得以为固,甲坚兵利不得以为强,士有勇力不得以卫其将,则胜有道矣。”《善者》则说:“善者,敌人军□人众,能使分离而不相救也,受敌而不相知也。故沟深垒高不得以为固,车坚兵利不得以为威,士有勇力而不得以为强。”两段文字如出一人。

再如《客主人分》说:“夫犯隘逾险而至,则众者可使寡,饱者可使饥,佚者可使劳,三军之士可使毕失其志,则胜可得而据也。”《善者》则说:“故善者制险量阻,敦三军,利屈伸,敌人众能使寡,积粮盈库能使饥,安处不动能使劳,得天下能使离,三军和能使柴。”二者说法也很相近。

基于此,所以《善者》应该也是孙子后学的著作。

本篇详细论述了善于用兵的将帅如何夺取作战主动权的问题。作者认为,众与寡、强与弱、饥与饱、劳与逸,这些有利或不利因素都是相对的和可变的。强调将帅要发挥人的聪明才智,善于根据战场情况,因势利导,把握战机,使战争态势向有利于己、不利于敌的方向转化,陷敌于被动地位。

篇题《善者》,原写在本篇第一简的简背。比起简本《善者》释文来,本篇新补缺文凡1个字,改正释文凡1个字。

善者[1],敌人军□[一]人众,能使分离而不相救也,受敌而不相知也[2]。故沟深垒高不得以为固,车坚兵利不得以为威[3],士有勇力而不得以为强。故善者制险量阻[4],敦三军,利屈伸[5],敌人众能使寡,积粮盈库[二]能使饥,安处不动能使劳,得天下能使离,三军和能使柴[6]。

故兵有四路、五动[7]:进,路也;退,路也;左,路也;右,路也。进,动也;退,动也;左,动也;右,动也;默然而处,亦动也。善者四路必彻,五动必工[8]。故进不可迎于前,退不可绝于后,左右不可陷于阻[9],默然而处,威加于敌之人。

故使敌四路必穷[10],五动必忧。进则傅于前[11],退则绝于后,左右则陷于阻,默然而处,军不免于患。

善者能使敌卷甲趋远[12],倍道兼行,倦病而不得息,饥渴而不得食。以此薄敌[13],战必不胜矣。我饱食而待其饥也,安处以待其劳也,正静以待其动也。故民见进而不见退,蹈白刃而不还踵[14]。 二百□十□〔三〕

【校勘】

〔一〕军□:整理者说,"军"下缺文"疑为'俓'字,读为'劲'"。

〔二〕积粮盈库:简本释文作"积粮盈军"。张震泽疑"军"字应作"库"。汉简"军""库"二字形近易混,简文此字右半残损,难以判断。但"库"为容器,可以说"盈";"军"为人群,不可以说"盈"。张说是,据改。

〔三〕二百□十□:简本释文作"二百□□□",整理者说:"末二字似是'十五'。"张震泽《校理》作"二百□十□"。此据《校理》,补出"十"字。

【注释】

[1]"善者",善用兵者,包括"善战者""善守者"等,简称"善者"。

[2]"受敌",受攻击。"不相知",互不知道。

[3]"车坚兵利",战车坚固,武器锋利。

[4]"制",控制。"量",计算。

[5]"敦",敦促、指挥之意。"屈伸",进退之意。

[6]"柴",亦称崖柴。《三国志·魏书·曹爽传》裴松之注引《魏略》:"二狗崖柴不可当。"原指狗露齿欲互咬貌,此处形容敌人互相内斗。崖柴,《艺文类聚》作"啀柴"。柴,整理者说:"疑当读为訾。""訾",怨恨之意。张震泽说:"柴当为猜字之借。"于意犹隔。

[7]“路”,路径、路向。“动”,行动、动向。路向和动向既有相近之处,又有不同之点。路向是地理方向,侧重于描述外在环境;动向是行动方向,侧重于描述人的行为。

[8]“彻”,通达。“工”,巧、善。

[9]“阻”,险阻、困境。

[10]“穷”,陷入困境。

[11]“傅”,通“附”,逼近之意。

[12]“卷甲”,卷起铠甲。“趋远”,急赴远方。“趋”,急赴。

[13]“薄”,逼近。

[14]“蹈”,踩、踏。“还”,通“旋”,周旋、旋转之意。“还”“旋”音近。“踵”,脚跟。“还踵”,即旋踵,转脚、回头之意。

## 【译文】

善于用兵的人,敌人即使军劲人众,能够使其分离而彼此不能相互救援;受到攻击而彼此不能相互知道。所以,深沟高垒不能用以固守,坚车利刃不能用以扬威,士有勇猛之力也不能用以逞强。所以,善于用兵的人,能够审度地形,利用险阻,指挥三军,进退自如。敌人兵力众多能使其变少,储粮满库能使其挨饿,安营不动能使其疲劳,得到天下能使其分离,三军亲和能使其互相内斗。

所以,军事上有四种路向和五种动向:前进是一种路向,后退是一种路向,向左是一种路向,向右是一种路向。前进是一种动向,后退是一种动向,向左是一种动向,向右是一种动向,按兵不动也是一种动向。善于用兵者必须精通四种路向和五种动向。所以,进军时不能让敌人阻挡前路,退兵时不能让敌人切断后路,左、右移兵时不能让敌人陷于困境。即使按兵不动,也能威慑敌人。

反过来,对于敌人就要使其“四路”不通,“五动”有忧。敌若前进则迎头拦击,敌若退兵则断其后路,敌若左右移兵则让其陷于困境。

即使按兵不动，也难免遭受其祸。

善于用兵者，能够使敌人卷起铠甲远途跋涉，日夜兼程，即使疲、病也得不到休息，即使饥渴也得不到饮食。用这种方法逼近敌人，敌人一定不会取胜。我军以饱待饥，以佚待劳，以静待动。这样，士卒就能勇往直前，踩着刀刃也绝不后退。

# 万乘

本篇主要是讲大国之君的庙算战略与用间策略。古人曾以兵车多少来衡量国家的大与小。《战国策·刘向书录》说："万乘之国七，千乘之国五。"战国晚期，秦、楚、齐、赵、魏、韩、燕七国为万乘，宋、卫、中山和东周、西周则为千乘。本篇标题"万乘"一语，可以理解为"大国"之意。

银雀山汉简《三算》篇也"主要是讲制服天下之道的"。其中，"算天下之智""算天下之财""令信则天下莫敢御其令，德信则海内莫不怀其德"等说法，皆有大国图霸之气。《三算》篇与《万乘》篇，二者主旨非常接近。

根据简本校语，《万乘》《富国》《三算》篇，三者字体相似，《万乘》有可能是"此两篇中某一篇的标题"。由于《富国》篇已编入《齐孙子·富国强兵》篇，《万乘》自然应该是《三算》篇的标题。换言之，《万乘》与《三算》原本应同属一篇文章。

据整理者注释，简1589背面"万乘"标题下尚有文字残痕，整理者认为"'乘'下可能还有缺字"。银雀山田野号第3572简作"……之数……"，与简1589正面"万乘"二字文义相合，本篇标题或许应作《万乘之数》。

《孟子·梁惠王上》说："万乘之国，弑其君者，必千乘之家；千乘之国，弑其君者，必百乘之家。"《韩非子·孤愤》也说："万乘之患，大臣太重；千乘之患，左右太信：此人主之所公患也。”作为万乘之主，要制服天下，当然离不开那些千乘之家的辅佐。然而，为君者如果不精通帝王之数，则有可能被千乘之家篡夺权力。如何处理好与千乘之家的君臣关系，是万乘之主必须面对的一个现实问题。

从简文内容来看，银雀山汉简《万乘》篇即《三算》篇的主旨正是讲万乘之君的庙算之术。简 1616 说：“……敌国之谋，疑臣主之际□……”简 1617 说：“……(主)怨而大臣乖，则主必恐而备疑家……”简 1618 说：“……□主过者亡。夫乘威而制胜者，主……”其内容都是向万乘之君建言如何增强本国君臣的相互信任，以消除上下级之间的无端猜疑。其反面就是如何利用敌国君臣之间的相互不信任，以增加上下级之间的无端猜疑。

所谓“三算”，就是进行战争决策时，要“算天下之智”“算天下之财”“算天下之(权)”，总之，要具有跨国视野。“三算”是庙算的一种特例。“三算”是对彼时大国用人观(将才观、相才观、士才观)的精彩总结。这种跨国性的用人观，既是大国的庙算策略，也是大国的用间策略。君不见，吴起、田忌、孙膑、苏秦、田文、廉颇、乐毅、田单、魏公子、赵胜等一干人杰皆是其例，也皆受其困。用兵之先，贵在用间。“(乖)敌国之谋，疑臣主之际”——在敌国臣主之间“用间”，是用间的最高境界。

汉简《万乘》篇与《齐孙子 · 富国强兵》篇书体较为接近，其共同特征是都有草体韵味，字呈右下倾斜之态，似出同一书手。《万乘》篇有可能是《齐孙子》的其中一篇。不过，本篇也可以和《吴孙子 · 计》篇及《用间》篇对读。由于证据不足，这里只好暂时将本篇视同孙子后学的作品，列入《孙子翼》。

篇题《万乘》，原写在本篇第一简的简背。比起简本原《万乘》《三算》两篇简文来，本篇新补缺文凡 15 个字。

万乘〔一〕[1]……闻之曰:“明王有三胜〔二〕[2]……谋胜则智不用,力胜则形不用,威胜则气不用[3]。”此三〔三〕胜者,无敌之〔四〕兵也。算天下之智,则胜敌国之谋。算天下之财[4],则胜敌国之力〔五〕。算天下之□,则胜敌国之威〔六〕……□此算也,然后功成而事立。此三算〔七〕者巧胜敌〔八〕……

……□为算……

……□主过者亡。夫乘威而制胜者,主怨而大臣乖,则主必恐而备疑家〔九〕[5]……

……敌国之谋,疑臣主之际□〔一〇〕……

……万乘选……

……万乘……

*　　　*　　　*

……令信则天下莫敢御其令,德信则海内莫不怀其德[6]。天下莫敢御其令而海内莫不乐怀其德,则王之实已〔一一〕[7]……

**【校勘】**

〔一〕万乘:此为简1589,其正面仅剩“万乘”二字;其背面有简背标题,题作“万乘”。“万乘”标题下尚有文字残痕,整理者认为“‘乘’下可能还有缺字”。《商君书·算地》说:“数者臣主之术,而国之要也。故万乘失数而不危、臣主失术而不乱者,未之有也。”银雀山田野号第3572简作“……之数……”,与简1589文义相合,或为本篇失收残简。据此,则本篇标题或者应作《万乘之数》。

〔二〕闻之曰:明王有三胜:此为简1610,底本作“……闻之曰:明王有三……”,“三”下缺文。《尉缭子·战威》说:“凡兵,有以道胜,有以威胜,有以力胜。……王侯知此,以三胜者毕矣。”今据《尉缭子·战威》之说与本篇文义,补出“胜”字。

〔三〕简1610说：某某“闻之曰：‘明王有三胜”，“闻之曰”下应是引用兵家格言作为本文的总冒即论题。接下来，应该详论什么是“三胜”。而简1612与简1613简则说：“谋胜则智不用，力胜则形不用，威胜则气不用。此三……”，与简1610文义正合。简1612与简1610应是一简之折。据缀。

〔四〕胜者，无敌之：此为简1619，其文义与简1613正好相承。根据图版，简1619上部断口略呈凹形，而简1613下部断口略呈凸形，二者断口正相吻合。据缀。

〔五〕兵也。算天下之智，则胜敌国之谋。算天下之财，则胜敌国之力：此为简1611，简头“兵也”二字与简1619“无敌之”三字合在一起为“无敌之兵也”，意思即无敌之军。可见，二者文义相承。再者，简1611上部断口与简1619下部断口也完全吻合，据此连缀如上。重新拼合后，简1613、简1619与简1611共计36个字，正好构成一枚完简。“算天下之财”，简文“财”字原作“材”，通“财”。

〔六〕算天下之□，则胜敌国之威：简1612、简1613说：“谋胜则智不用，力胜则形不用，威胜则气不用。”可见，作者是将“谋胜”“力胜”“威胜”三者并言。今简1611说：“算天下之智，则胜敌国之谋。算天下之财，则胜敌国之力。”文义不完，其下尚欠“威胜”一段。故据文例，补出“算天下之□，则胜敌国之威”10个字。

〔七〕□此算也，然后功成而事立。此三算：此为简1614，其文义与简1611相承，据缀。

〔八〕者巧胜敌：此为简1620，其文义上承简1614，据缀。

〔九〕简1618说：“□主过者亡。夫乘威而制胜者，主。”简1617则说：“怨而大臣乖，则主必恐而备疑家。”二者文义相连，据缀。

〔一〇〕敌国之谋，疑臣主之际□：此为简1616。田野号第3076残片作“……兵之始也，乖□……”，文义与本文相合，拼合后，原文或作：“……兵之始也，乖敌国之谋，疑臣主之际。”

〔一一〕此为简1615。从内容看,此条残简所论“王之实”,文义与《三算》较为疏远,而与《富国》篇简1694“□穷以实,来民以食”、简1607“故圣王者治其实”似更密切。此简究竟是《富国》篇文字,还是《三算》篇文字?有待考证。又,释文首句简本原作“……下莫敢御其令”,整理者注:“据下句文例,此句似可补足为‘令信则天下莫敢御其令’。”据补“令信则天”四字。

【注释】

[1]“万乘”,指大国。《尉缭子·武议》:“万乘农战,千乘救守,百乘事养。”汉简《王法》:“大国行仁义、明道德,中国守战,小国事养。”

[2]“三胜”,三种胜敌之法。

[3]《尉缭子·战威》:“凡兵,有以道胜,有以威胜,有以力胜。讲武料敌,使敌之气失而师散,虽形全而不为之用,此道胜也;审法制,明赏罚,便器用,使民有必战之心,此威胜也;破军杀将,乘堙发机,溃众夺地,成功乃返,此力胜也。王侯知此,所以三胜者毕也。”本篇“三胜”与《尉缭子》说法相近。

[4]“财”,简文原作“材”。“材”,通“财”。

[5]“主”,君主、国君。“备”,更加之意。“家”,世家,即卿大夫。

[6]“信”,通伸、伸张之意。“御”,抵御、抵制。“怀”,怀念。

[7]“实”,实惠、实业,此处或为恩惠之意。

【译文】

万乘……我听说:“圣明的君王有三种胜敌之法。……如果谋略胜于敌人,就用不着智取;如果力量胜于敌人,就用不着伪装;如果军威胜于敌人,就用不着鼓舞士气。”这三种胜敌之法,是战胜敌人的无敌法宝。算上天下的智慧,就可战胜敌国的谋略。算上天下的财富,就可战胜敌国的力量。算上天下的……就可战胜敌国的军威。……

只有实现了此种算计，然后才能完成伟业，建立丰功。这三种算计，都可以巧妙地战胜敌人……

……这就是算计……

……君主如果过分，就会灭亡。利用军威而取得胜利，国君就会生怨，大臣就会乖离，君主就会感到恐惧，这样就会更加疑心卿大夫。……

……乖离敌人的谋略，使其君臣疑心之际。……

……万乘选卒……

……万乘……

* * *

……号令伸张，则天下没有人敢抵制君王的命令；道德伸张，则海内无不感怀君王的美德。天下没有人敢抵制君王的命令，海内无不感怀君王的美德，则君王的恩泽已经……

# 选 卒

《吕氏春秋·简选》说："简选精良，兵械铦利，令能将将之，古者有以王者、有以霸者矣，汤、武、齐桓、晋文、吴阖庐是矣。"《齐孙子·篡卒》说："兵之胜在于选卒。"《吴孙子·地形》说："兵无选锋曰北。"本篇引用古典故事，"以史解经"，诠释选卒对战争胜负的重要作用，其立意与《吕氏春秋·简选》篇相近，可以视作是《齐孙子·篡卒》的传注文字。

《墨子·非攻中》说："古者吴阖庐教七年，奉甲执兵，奔三百里而舍焉。"孙诒让注："《吕氏春秋·简选》篇云：'吴阖庐选多力者五百人，利趾者三千人，以为前阵'，此云'奉甲执兵，奔三百里而舍'，即多力利趾者也。俞(樾)云：'奉甲执兵奔三百里而舍'，即教士之法，乃古所谓武卒者。《荀子·议兵》篇：'魏氏之武卒，以度取之，衣三属之甲，操十二石之弩，负矢五十个，置戈其上，冠胄带剑，赢三日之粮，日中而趋百里，中试则复其户，利其田宅。'今据《墨子》之言，则阖闾先有此法矣。"

战国时，"魏之武卒"、"齐之技击"与"秦之锐士"皆受阖闾教士之法的影响。《韩非子·和氏》也说："昔者吴起教楚悼王……绝灭百吏之禄秩，损不急之枝官，以奉选练之士。"孙子、吴起的选卒理论直接来源于阖闾的教士之法。所以，《吕氏春秋·尚德》篇才说："阖庐之教，孙吴之兵，不能当也。"

银雀山汉简第317简论及孙子兵法的来源和传播时，曾说"孙氏之道""明之吴越，言之于齐"；本篇也说："吴以耆士万人胜越。越以选卒万二千复吴而伐……(昔)者齐威王为□□□□六千人威王、宣王以胜。"本篇所载与简317的说法正相呼应。

篇题《选卒》，为整理者所拟。比起简本《选卒》来，笔者新补缺文凡4个字。

……胜不服于吕遂[1]。禹以选卒万人胜三苗。汤以选卒七千人逐桀，夺之天下[2]。武王以选卒虎贲万三千人□牧之野，杀纣，夺之天下〔一〕。□公〔二〕……□□诸侯，朝天下[3]。吴以耆士万人胜越[4]。越以选卒万二千复吴而伐[5]……者齐威王为□□□□六千人，威王、宣王以胜〔三〕。秦与吴起战而不胜[6]……之士八千人，秦四世以胜[7]。故曰：人众而兵弱者，民不选，卒不练也〔四〕。兵……

**【校勘】**

〔一〕夺之天下：简本释文作"夺之天□"，整理者说："'天'下一字已磨灭，当是'下'字。"据补。

〔二〕□公：整理者说："'公'上一字已残，似是'桓'字。谦按：齐桓、晋文功业相当，"公"上一字也可能是"文"字。

〔三〕威王、宣王以胜：简本释文作"□□宣王以胜"，整理者说：

“‘宣王’上二字不清，似是‘威王’。”据补。

〔四〕卒不练也：简本释文作“卒不□也”，整理者说：“不”下一字“残存左半‘系’旁，疑是‘练’字”。据补。

## 【注释】

[1]帛书《战国纵横家书·苏秦谓燕王章》：“自复而足，楚将不出沮漳，秦将不出商於，齐不出吕遂。”可见“吕遂”应为齐地。《左传》曾言虞、夏、商、周，本篇简文起首残损，所论“禹”前明王可能是“舜”。

[2]《吕氏春秋·简选》说：殷汤以“良车七十乘，必死六千人”逐夏桀，王天下。

[3]《吕氏春秋·简选》说：“齐桓公良车三百乘，教卒万人，以为兵首，横行海内，天下莫之能禁。”“晋文公造五两之士五乘，锐卒千人，先以接敌，诸侯莫之能难。”

[4]“耆士”，即教士。《广雅·释诂一》：“耆，强也。”

[5]《淮南子·兵略训》说：“吴王夫差地方二千里，带甲七十万，南与越战，栖之会稽……越王选卒三千人，禽之干隧。”

[6]《史记·孙子吴起列传》说：魏文侯以吴起为将，“击秦，拔五城”。

[7]“四世”，指秦孝公、秦惠文王、秦武王、秦昭王。

## 【译文】

……战胜，不服于吕遂。大禹以选卒万人，战胜三苗。商汤以选卒七千人驱逐夏桀，夺取天下。周武王以选卒虎贲一万三千人，大战牧野，杀商纣王，夺取天下。□公……诸侯，朝天下。吴以教士万人，战胜越国。越以选卒一万二千人复仇吴人而伐……以往齐威王以选卒……六千人，威王、宣王因而获胜。秦与吴起，战而不胜……之士八千人，秦人因此四世获胜。所以说：人多而兵弱者，其原因主要是民不精选，士不训练，兵……

# 齐胜诸侯

本篇由简本《孙膑兵法·强兵》篇析出。《强兵》篇正文5简,文体属于问对体。而附录8简则主要论述齐败燕、齐败楚、齐败赵等事,其中简451、简452说“众乃知之”,意思如同今语“众所周知”之意。从语气看,这不像是齐威王与孙子二人之间的对话,更像是一个教授面对着若干弟子在讲解兵法,其文体类似于讲稿,其内容类似于战例分析。由于内容、文体和正文5简皆有区别,因此,附录8简应从《强兵》篇析出,单独列篇。

由于简文残损严重,本篇提到的齐败燕、齐败赵等战事,已难知其详,惟有齐败楚一事,可以确定其对应战事为公元前301年的垂沙之战。此战初期,齐、楚两军相当,呈“支形”之势,齐军无必胜把握,所以齐将陈璋坚守不出。齐君派出特使趣战,也不从命。后来探知楚军防守虚实,知敌“盛守”处水浅易攻,这才于垂沙夜袭楚军,从而大胜。

《吴孙子·谋攻》说:“知胜有五:知可以战与不可以战者胜……将能而君不御者胜。”《九变》说:“君令有所不行。”《地形》说:“夫地形者,兵之助也。料敌制胜,计险厄、远近,上将之道也。……故战道必胜,主曰无战,必战可也;战道不胜,主曰必战,无战可也。”《齐孙子·篡卒》也说:“恒胜有五:得主专制,胜。知道,胜。……量敌计险,胜。”陈璋指挥的垂沙之战,是诠释孙子以上用兵之法的极佳案例。

本篇全为断简,存字不多,不知简次孰为先后。张震泽先生根据文中有“威王、宣王以胜诸侯”之语,拟定篇题为《齐胜诸侯》。

本篇原文由若干章构成,每章自为一段落。此种书写格式与《十阵》《十问》《四变》等篇相类。

由于本篇的内容、语境、文体和书写格式与《齐孙子》各篇存在较大区别,不像是《齐孙子》的本文,更像是孙子后学之作,因此,本篇应编入《孙子翼》。

比起底本《孙膑兵法·强兵》篇原附简来，本篇新补缺文凡 18 个字；并从新本，将田野号第 1575 简与原《强兵》篇正文第 449 简拼合，移作本篇的首简。

……□厚，威王、宣王以胜诸侯[1]，至于〔一〕王身[2]，行之齐□□□〔二〕……

……将胜之，此齐之所以大败燕人〔三〕[3]……

……众乃知之[4]，此齐之所以大败楚人，反……擒唐蔑也〔四〕[5]。

……众乃知之，此齐之所以大败赵人〔五〕[6]……

……□擒冯睘也〔六〕[7]。

……众乃知之，此齐之所以大败宋人于啮桑〔七〕[8]，而擒氾皋也[9]。

## 【校勘】

〔一〕简 449"……□厚，威王、宣王以胜诸侯，至于"，底本原收入《孙膑兵法·强兵》篇正文。新本移入《强兵》篇附简。此从新本移。又刘向《新序·善谋上》："蜀既属秦，秦日益强，富厚而制诸侯。"此处"厚"上缺文或为"富"字。

〔二〕王身，行之齐□□□：此为田野登录号第 1575 简，底本未收此简，新本增入。此从新本。

〔三〕大败燕人：底本作"大败燕……"。本篇简 451、简 453 指称齐之敌人，皆用国名加上"人"字，谓"楚人""□(宋)人"等。依照此例，"燕"下可补出"人"字。据补。

〔四〕简 451 说"……众乃知之，此齐之所以大败楚人，反……"。简 454 则说"……擒唐□也"。《史记·楚世家》记载："齐、韩、魏共攻楚,杀楚将唐昧,取我重丘而去。”“唐昧”又作“唐蔑”。根据残画,此处“唐□”应即“唐蔑”。“擒唐蔑”与“大败楚人”应指一事,简451与简454为一简之折。据此补出“蔑”字,并连接如上。

〔五〕众乃知之,此齐之所以大败赵人:底本作“……知之,此齐之[所以]大败赵……”。今据上下文例,补出“众乃”与“人”字。

〔六〕□擒冯睘也:底本作“擒□睘”。新本作“□擒冯睘”。据简453“而擒氾皋也”、简454“擒唐蔑也”,被“擒”敌将名下皆有“也”字,并且自为一段文字之例,此从新本补出“也”字。

〔七〕众乃知之,此齐之所以大败宋人于啮桑:底本作“……□人于啮桑”。新本作“……□□人于啮桑”。整理者说:“‘人’上一字疑是‘宋’字。宋于齐湣王十五年为齐所灭,此处所记可能是灭宋以前某次战役。”今据摹本残画,补出“宋”字;同时依据文例,补出“众乃知之,此齐之所以大败”11个字。句末“也”字之下空白数字,可能是一章或全篇的末尾。本篇书写体例和汉简《[四变]》接近:全篇分若干章,各章之间不连写。

**【注释】**

[1]《史记·孟荀列传》说:“齐威王、宣王用孙子、田忌之徒,而诸侯东面朝齐。”可资参考。

[2]“王”,此处似指齐湣王。

[3]“大败燕人”,似指公元前315年齐宣王伐燕事,或公元前279年齐将田单大败燕军事。

[4]“众乃知之”,众所周知之意。

[5]“大败楚人”,与下文“擒唐蔑”实为一事,指公元前301年孟尝君发动齐、韩、魏三国合纵伐楚、攻打楚国的垂沙之战,又名重丘之战或方城之战。其主战场在今河南省泌阳县境内。《史记·秦本纪》记载:“齐使章子,魏使公孙喜,韩使暴鸢共攻楚方城,取唐昧。”《吕氏

春秋·处方》记载:“齐令章子将而与韩、魏攻荆,荆令唐蔑将而拒之。军相当,六月而不战。齐令周最趣章子急战,其辞甚刻。章子对周最曰:‘杀之免之,残其家,王能得此于臣。不可以战而战,可以战而不战,王不能得此于臣。’与荆人夹泚水而军。”两军相持半年之久。联军因不知泚水深浅,不敢渡河。后来陈璋从放牧人那里探知“荆人所盛守,尽其浅者也;所简守,皆其深者也”,于是派精兵夜间从楚人盛守处渡河,发起进攻,结果于垂沙大败楚人,而擒唐蔑。齐军获胜的原因有二:一是陈璋对君臣之分坚持不移,能够践行孙子“君令有所不行”的原则;二是战前陈璋料敌计险,摸清了地形、水势和楚军的守备情况,能够做到“知彼知己”“知天知地”。此役是解读《吴孙子·谋攻》《九变》《地形》与《齐孙子·篡卒》篇的极佳案例。

[6]“大败赵人”,可能是指公元前325年齐败赵于平邑,俘获赵将韩举。

[7]“冯睘”,可能是燕将或赵将。

[8]“啮桑”,古地名,位于今江苏省沛县西南,战国时属于宋地。

[9]“氾皋”,疑指“范皋”,宋将,其人无考。整理者说:“宋于齐湣王十五年为齐所灭,此处所记可能是灭宋以前的某次战役。……《荀子·王霸》说齐湣王在大败于燕以前‘……强南足以破楚,西足以诎秦,北足以败燕,中足以举宋’,故简文所说大败燕等战役也可能指的是湣王时的战争。”

## 【译文】

……齐国国力富厚,齐威王和齐宣王以此而战胜诸侯,至于湣王,亲身躬行齐国……

……将战胜它,这就是齐国为什么能大败燕人……

……众所周知,这就是齐国为什么能大败楚人……擒获唐蔑的主要原因。

……众所周知,这就是齐国为什么能大败赵人……

……擒获冯瞏……

……众所周知,这就是齐国为什么能大败宋人于啮桑,活捉氾皋的主要原因。

# 奇　正

“奇正”是古代军事上的常用术语。“奇”和“正”相对。“正”指一般的、常规的战法,“奇”指特殊的、超常的战法。简本《奇正》着重阐述了奇正的相互关系、变化及其运用原则,是银雀山汉简中专门论述军事哲学问题的代表作。

文章认为,天地万物都有各自的特性,“有胜有不胜”,“有能有不能”,“有所有余,有所不足”。这些有形的客观事物,无不可以识别;识别了各种事物的特性,就能找出制胜它的办法。战争的本质是“以形相胜”,各种战法都有它胜过另一种战法的特长。所以,作战指导上没有一成不变的法则。作者主张“胜不可壹”,认为战法必须因敌而异,“以异为奇”,出奇制胜。

从竹简书体和篇题形制来看,简本《奇正》篇与《吴孙子》和《齐孙子》存在着显著差异:

首先,书体不同——《奇正》每简容28—33个字;《孙子兵法》和《孙膑兵法》每简容33—37个字,二者容字和书体明显不同。

其次,标题异类——《奇正》是独立标题,标题写在简文同面;《孙子兵法》和《孙膑兵法》则是简背标题,标题写在各篇正文首简背面。

第三,标题异形——用长方墨块“■”作为分篇或分章符,见之于银雀山三号木牍上的《将败》《效贤》《为国之过》《持盈》与五号木牍上的《分士》《三乱》《三危》等篇,此种符号可以突出标题,使其更加醒目。与此不同,简本《吴孙子》和《齐孙子》则主要采用小圆点“·”作为分篇或分章符。《奇正》篇标题简虽然天头残失，但“奇”字之上明显残留有黑色墨块，说明其标题形制与《将败》《效贤》等篇相近，而和《吴孙子》与《齐孙子》大为不同。

由于书写体例、标题类型与标题形制存在以上差异，所以，《奇正》篇可能和《将败》《兵之恒失》《王道》《效贤》等篇同为一书，或者和《分士》《三乱》《三危》等篇同为一书，而不大可能属于《吴孙子》与《齐孙子》。

不过，从内容看，《奇正》篇和《吴孙子》中的《势》《形》与《实虚》三篇却高度相关。

《孙子·实虚》说：“人皆知我所以胜之形，而莫知吾所以制形。”《奇正》则说：“形莫不可以胜，而莫知其所以胜之形。”二者语义基本相同。

《孙子·实虚》说：“五行无恒胜，四时无常位。”《孙子·势》篇又说：“终而复始，日月是也；死而复生，四时是也。”《奇正》则说：“天地之理，至则反，盈则败，日月是也。代兴代废，四时是也。有胜有不胜，五行是也。”二者语义非常接近。

《孙子·势》篇说：“故善出奇者，无穷如天地，无竭如河海。”“战势不过奇正，奇正之变，不可胜穷也。”《奇正》则说：“形以应形，正也；无形而制形，奇也。奇正无穷，分也。”二者说法完全一致。

《孙子·势》篇说：“凡治众如治寡，分数是也；斗众如斗寡，形名是也。”《奇正》则说：“分之以奇数，制之以五行，斗之以二柄。分定则有形矣，形定则有名矣。”二者“分”“数”“形”“名”的概念完全一致。

《孙子·势》篇说：“激水之疾，至于漂石者，势也。”《奇正》则说：“行水得其理，漂石折舟。”其中，“行水”和“漂石”的概念也完全一致。

《孙子·实虚》：“人皆知我所以胜之形，而莫知我所以制形”，曹操注：“不以一形之胜万形。”《奇正》则说：“以一形之胜胜万形，不可。”曹操引用的应是《奇正》篇的文字，并且“胜”下脱落一重文。

根据以上例证，我们似乎有理由相信：《奇正》篇的作者，或者就是孙子后学；或者不是孙子后学，但读过《孙子·势》《形》《实虚》篇；或者是与孙子时代相近、见解相同的兵形势家。

缘于此，所以，尽管《奇正》篇不属于《齐孙子》，但将其作为《吴孙子》的重要传注文字或参考资料，也未尝不可。

篇题《奇正》，原单独写在本篇第一简的正面。比起简本《奇正》来，笔者新补缺文凡 8 个字。

天地之理，至则反，盈则败，日月是也〔一〕。代兴代废，四时是也。有胜有不胜，五行是也。有生有死，万物是也。有能有不能，万生是也[1]。有所有余，有所不足，形势是也。故有形之徒，莫不可名[2]。有名之徒，莫不可胜。故圣人以万物之胜胜万物，故其胜不屈[3]。

战者，以形相胜者也。形莫不可以胜，而莫知其所以胜之形。形胜之变，与天地相敝而不穷[4]。形胜，以楚、越之竹书之而不足。形者，皆以其胜胜者也。以一形之胜胜万形，不可。所以制形壹也，所以胜不可壹也。

故善战者，见敌之所长，则知其所短；见敌之所不足，则知其所有余。见胜如见日月。其错胜也[5]，如以水胜火。

形以应形，正也；无形而制形，奇也。奇正无穷，分也[6]。分之以奇数[7]，制之以五行[8]，斗之以二柄〔二〕[9]。分定则有形矣，形定则有名矣，形名定则用矣〔三〕。同不足以相胜也，故以异为奇。是以静为动奇，佚为劳奇，饱为饥奇，治为乱奇，众为寡奇。奇发而为正〔四〕[10]，其未发者奇也。奇发而不报[11]，则胜矣。有余奇者，过胜者也[12]。

故一节痛，百节不用，同体也。前败而后不用，同形也。故战势,大阵□断,小阵□解[五]。后不得乘前,前不得蹠后[13]。进者有道出,退者有道入。

赏未行,罚未用,而民听令者,其令,民之所能行也。赏高罚下,而民不听其令者,其令,民之所不能行也。使民虽不利,进死而不旋踵,孟贲之所难也,而责之民,是使水逆流也。

故战势,胜者益之,败者代之,劳者息之,饥者食之。故民见□人而未见死[六],蹈白刃而不旋踵。故行水得其理,漂石折舟;用民得其性,则令行如流。　　四百八十七

**【校勘】**

〔一〕日月是也:简本释文作"□□是也"。整理者说:"此处所缺二字,疑是'日月'或'阴阳'。"谦按:作为修辞,古人习惯将"日月""四时"并言,比喻循环往复之事。《吴孙子·势》:"终而复始,日月是也;死而复生,四时是也。"《吴孙子·实虚》:"五行无恒胜,四时无常位,日有短长,月有死生。"又本篇下文也说"见胜如见日月"。故缺文二字应为"日月"。据补。

〔二〕斗之以二柄:简本释文作"斗之以□□","斗"下二字缺文。张震泽说,缺文疑为"三壹"。谦按:张说非是。今查简本图版和摹本,缺文第一字所存残笔为两横而非三横,应释作"二";第二字上为一长横(汉简"壹"字上则写作"人"),下形似"内"字而残去中间那个"人",应释作"丙"。"丙"通"柄"。《韩非子·二柄》说:"二柄者,刑、德也……杀戮之谓刑,庆赏之谓德。"此处"斗之以二柄",与《吴孙子·势》篇"斗众如斗寡,形名是也"义近。据补。

〔三〕形名定则用矣:简本释文作"[□□□]则用矣","则"上三字缺文。根据文义,本句为上文"分定则有形矣,形定则有名[矣]"的总结和引申,根据上文文例,缺文三字应补作"形名定"。

〔四〕奇发而为正:简本释文作"发而为正"。上文"众为寡奇",

"奇"下有重文符。张震泽《校理》作"奇发而为正"。《校理》是,据补"奇"字。

〔五〕大阵□断,小阵□解:根据文义及简文残画,缺文二字疑为"毋"字。

〔六〕故民见□人而未见死:据简本图版和摹本,"见"下缺文残存笔画左半上似"匕",下似"月",疑为"骨"旁;右半似"商";全字疑为古体"活"字。

【注释】

[1]"万生",各种生物。

[2]"形",形体。"徒",类。"名",命名。

[3]"屈",穷尽。

[4]"敝",尽、终结。

[5]"错",同措,措置。"错胜",犹言制胜。

[6]"分",分配、部署。《吴孙子·势》篇:"凡治众如治寡,分数是也。"梅尧臣注:"部伍奇正之分数,各有所统。"

[7]"分之以奇数",大意是说,要用出奇制胜的战法部署兵力。"数",通"术",战术、谋略。

[8]"制之以五行",大意是说,要用五行生克的原理指导行动。

[9]"斗之以二柄",大意是说,要用奖、惩两种手段督促士卒进行战斗。"斗",战斗,此处意为使其战斗。"柄",把柄。"二柄",指两种操作手段,即奖赏和惩罚。《韩非子·二柄》:"明主之所导制其臣者,二柄而已矣。二柄者,刑、德也。何谓刑、德?曰:杀戮之谓刑,庆赏之谓德。"

[10]"奇发而为正,其未发者奇也",行动暴露是正,行动没有暴露就是奇。"发",显露、公开。

[11]"奇发而不报",出其不意,采取行动,使敌人来不及反应。

“报”，回报、反应。

[12]“有余奇者，过胜者也”，掌握了多种出奇制胜的战法，就能取得更大的胜利。“余奇”，很多奇招。“过”，超过。

[13]“乘”，追逐。“蹶”，践踏。

【译文】

自然界的规律，事物达到极致则会反转，事物达到高潮则会衰落，日月就是这样。来去不断更换，四季就是这样。有相克的一面也有相生的一面，五行就是这样。有生长有死亡，万物就是这样。有能够的一面也有不能的一面，生物圈就是这样。有些方面强大，有些方面弱小，形势就是这样。所以，凡是有形的事物，没有不可以命名的。凡是有名的事物，没有不可制服的。所以，圣人用万物各自的特性去战胜万物，所以其制胜的办法无穷无尽。

打仗就是用一种有形的事物战胜另一种有形的事物。有形之物没有不可战胜的，问题是不知道用什么去战胜它。以形相胜的变化，与天地共存而无穷无尽。以形相胜的现象，即使用尽楚、越两地的竹子也写不完。各种有形之物，都是以它具有的特长而制胜对方。用一种有形之物的特长去制胜万物，是不可能的。用来以形制形的原则可以一样，用来制胜的形却不能一样。

所以，善于打仗的人，看见敌人的长处，就知道它的短处；看见敌人的劣势，就知道它的优势。预见胜利就像看到日月一样明显。其克敌制胜，就像用水灭火一样有效。

用有形的事物对付有形的事物，叫作正；用无形的事物对付有形的事物，叫作奇。奇正变化无穷，在于有效地分配兵力。用出奇制胜的战法部署兵力，用五行生克的原理指导行动，用奖、惩两种手段督促士卒进行战斗。部署完成了就有了阵形，阵形确定了就有了名称，阵形和名称都确定了，就可以用来作战。战法相同不足以取胜，所以要采取不同的战法才算出奇制胜。因此，静相对于动来说就是奇，逸相对于劳来说就是奇，饱相对于饥来说就是奇，治相对于乱来说就是奇，众相对于寡来说就是奇。行动暴露了是正，行动没有暴露的就是奇。出其不意，采取行动，使敌人来不及反应，这样就能取得胜利。掌握了多种出奇制胜的战法，就能取得更大的胜利。

所以，身上一处关节疼痛，全身就都不听使唤，这是因为同在一个身体。前面的行动失败了，后面的行动就要取消，这是因为同属一个战略部署。所以，打仗的形势，大阵(不要)断开，小阵(不要)解体。前进时后面的队伍不能超越前面的队伍，后退时前面的队伍不能践踏后面的队伍。前进时有道路可以退出，后退时有道路可以杀入。

赏赐没有实行，惩罚没有使用，士卒还能听从命令，那是因为这种命令士卒能够办到。无论厚赏重罚，士卒还是不能听从命令，那是因为这种命令士卒不能够办到。让士卒在不利条件下冒进，拼死而不后退，即使像孟贲那样的勇士都难以做到，却要一般士卒都做到，这就好比让水倒流一样。

所以作战任势，打了胜仗的要加以奖赏，打了败仗的要替换下来，疲劳的要进行休整，饥饿的要给予吃喝。这样，士卒只看见(活)人而忘记死亡，即使脚踏利刃也不后退。所以，流水的特性(避高趋下)如果得到充分发挥，就可以漂走石头，毁坏舟船；使用士卒如果掌握了他们的心理，军令的执行就会像流水一样畅通自然。

# 四　变

本篇原无篇题，整理小组因文中有“君令有反此四变者，则弗行也”，拟题为《四变》。

从文体看，本篇应是《吴孙子·九变》的传注文字。题名若作《四变》，与原文《九变》似有并列之嫌，因而可商。

先秦时,典籍原文称作“经”,注释典籍的文字称作“说”“解”“传”。“说”即说明,“解”即解释,“传”即传述。“说”与“解”的区别主要是在文体。综合《墨子》《管子》与《韩非子》可知,“说”的文体是先列经文,然后再写说明文字,可谓“戴帽”。“解”的文体是先对经文中的有关字、词、句进行分析,再用“故曰”引述经文作为结论,可谓“穿靴”。而“传”的含义和文体则多有变化,难以一概而论。西汉时,司马迁在“传”的基础上,更是创造了“列传”这种史传文体。对照“说”“解”“传”三者的文体特征,本篇似应题名《九变说》。

从书法看,本篇的书写格式是全篇分作六章,首章先引述《吴孙子·九变》的原文“……途有所不由,军有所不击,城有所不攻,地有所不争,君令有所不行”,然后再逐条一一解说,各章之间不连写。

从内容看,本篇所谓“计吾力足以拔之,拔之而不及利于前,得之而后弗能守……利得而城自降,利不得而不为害于后”等说法,应是对《吴孙子·九变》“杂于利害”之说的具体发挥。同时,本篇又说“浅入则前事不信,深入则后利不接”,则是吸取了《吴孙子·九地》有关“为客之道,深入则专”及“轻地”“重地”的相关思想。因此,其作成时间不仅应晚于《九变》,而且也应该晚于《九地》。

本篇是战国秦汉之际孙子后学传承孙子兵法的一个例证,是兵法“说”类文献的一个范本。

……途有所不由,军有所不击,城有所不攻,地有所不争,君令有所不行。

途之所不由者,曰:浅入则前事不信[1],深入则后利不接[2]。动则不利,立则囚。如此者,弗由也。

军之所不击者,曰:两军交和而舍[3],计吾力足以破其军,獾其将[4]。远计之[5],有奇势巧权于它[6],而军……□将。如此者,军虽可击,弗击也。

城之所不攻者，曰：计吾力足以拔之[7]，拔之而不及利于前[8]，得之而后弗能守。若力不足，城必不取。及于前[9]，利得而城自降，利不得而不为害于后。若此者，城虽可攻，弗攻也。

地之所不争者，曰：山谷水□〔一〕，无能生者，□□□而□□〔二〕……虚。如此者，弗争也。

君令有所不行者，君令有反此四变者，则弗行也[10]。□□□□□□□□□□行也。事……变者，则知用兵矣。

【校勘】

〔一〕山谷水□："水"下缺文，左半为"氵"，右半残去，疑为"凉"字或"泠"字。

〔二〕□□□而□□："而"上缺文三字，左半皆存，右半残去。第一字残存四横画，第二字残存"彳"旁，第三字残存"辵(辶)"旁。

【注释】

[1]"浅入"，指攻入敌境或外围，与"深入"相对。"前事"，指先头部队的战事。"信"，读"伸(shēn)"。

[2]"后利"，指后续部队的行动。

[3]"交和而舍"，《吴孙子·军争》曹操注："两军相对为交和。"杜牧注："言与敌人对垒而舍。"

[4]"獾"，借为"獲"，简体作"获"，虏获、俘虏之意。

[5]"计"，算计、观察。

[6]"奇势巧权"，指自然条件和战略形势特别优越。"它"，它方，即敌人。

[7]"拔"，攻克、夺取敌人的城池和据点。

[8]"及利"，得到利益。

[9]"及于前"，"及利于前"的省称。

［10］“君令有所不行”，传本《吴孙子·九变》作“君命有所不受”。这里，“君令有所不行”是有条件的，这就是：“君令有反此四变者，则弗行也。”这是传注者的理解，它和《吴孙子·九变》原文之意未必一致。“四变”，指兵情的四种变化，即“途有所不由，军有所不击，城有所不攻，地有所不争”。

**【译文】**

……有些道路不要通过，有些敌军不要攻击，有些城邑不要攻打，有些土地不要争夺，有些国君命令不要执行。

有些道路之所以不能通过，是因为：如果浅入敌方，推进不够，则先头部队不能展开行动；如果深入敌方，推进过度，则后续部队又会接应不上。如果采取行动，出兵攻击，则会不利；如果立在原地，停止不前，则有被包围捉拿之虞。既然如此，道路虽然可以通过，也不要通过。

有些敌军之所以不能攻击，是因为：敌我两军相对安营，单就兵力而言，我军足以攻破敌军，俘获敌人将领。然而如果对敌进行远距离观察，就会发现，他们占有特别优越的地利条件和战略优势。既然如此，敌军虽然可以攻击，也不要攻击。

有些敌人的城邑之所以不能攻打，是因为：单就兵力而言，我军足以攻克敌人的城邑，然而攻克它既得不到什么利益，以后又难以守住。如果我军兵力不足，敌人城邑必然难以夺取。战前能得到利益，利益得到城邑自降，利益得不到也不会为害于后。既然如此，城邑虽然可以攻打，也不要攻打。

有些土地之所以不能争夺，是因为：山谷水凉，缺乏生机，遇到这种地形，若从速通过……则会空虚。既然如此，土地虽然可以争夺，也不要争夺。

有些国君命令之所以不能执行，是因为：国君命令违反了以上四种应变准则，既然如此，这些国君命令虽然可以执行，也不要执行。……则不执行。事情……如果将领掌握了以上几种变通之法,就懂得用兵之道了。

# 十 阵

阵是战斗队形,阵法是运用各种战斗队形的原则和规律。我国古代阵法失传已久,古书记载极其简略,而且每多悬想臆测。汉简《十阵》的出土为我们研究古代阵法提供了可靠而宝贵的一手资料。

本篇论述了十种阵法的作用和特点,指出它们“皆有所利”,强调根据不同情况,发挥各种阵法之“利”,有攻有防,防中有攻,灵活多变,积极主动地打击敌人。

在《银雀山汉墓竹简(贰)·编辑说明》里,整理者说:“《武经总要前集》卷八‘裴子法’提到‘孙子之方阵’‘孙子之圆阵’‘孙子之雁行阵’。这三种阵都见于壹·四五‘十阵’篇。据‘裴子法’,这几种阵在孙子以外各家的系统里都另有他名,如方阵为黄帝五行之金阵、吴起之车厢阵。所以‘十阵’篇有可能是《孙子》佚篇。”整理者之说甚是,《十阵》篇应属于孙子学派的著作,或者说应属于孙子后学的著作。

本篇所说的方、圆、疏、数、锥行、雁行、钩行、玄襄八种阵法,都是根据阵形不同而得名。而火阵、水阵则与此不类,二者严格说来应是战法,而非阵法。“十阵”去掉水、火二阵,剩下正好为八阵。如果说《孙膑兵法·八阵》篇是孙子有关“八阵”的概论,那么,本篇则可以视作“八阵”的分论。

《孙膑兵法·威王问》:“田忌问孙子曰:‘锥行者何也?雁行者何也?’”其中所提到的“锥行”“雁行”两种阵名,既见之于《孙膑兵法·官一》篇,同时也见之于汉简《十阵》篇。《十阵》篇和《齐孙子》的关系好像较为密切。

但是,我们也注意到,《十阵》篇有关“水阵”“火阵”的论述和《孙子兵法·火攻》篇也似乎存在某种对应关系，甚至可以视作是对《孙子·火攻》篇的一种引申和运用。就此而言，《十阵》篇可能是齐地孙子后学的作品，但是其中也不排除包含某些《吴孙子》的理论成分。

篇题《十阵》，原写在本篇第一简的简背。比起简本《十阵》来，本篇新补缺文凡8个字，改正释文凡8个字，另将《略甲》篇简1588移入本篇。

凡阵有十：有方阵[1]，有圆阵[2]，有疏阵[3]，有数阵[4]，有锥行之阵[5]，有雁行之阵[6]，有钩行之阵[7]，有玄襄之阵[8]，有火阵[9]，有水阵[10]。此皆有所利。方阵者，所以剸也[11]。圆阵者，所以抟〔一〕也[12]。疏阵者，所以吙〔二〕也[13]。数阵者，为不可掇[14]。锥行之阵者，所以决绝也[15]。雁行之阵者，所以接射也[16]。钩行之阵者，所以变质易虑也[17]。玄襄之阵者，所以疑众难故也[18]。火阵者，所以拔也。水阵者，所以伥固也[19]。

方阵之法，必薄中厚方[20]，居阵在后[21]。中之薄也，将以吙也。重□其□，将以剸也。居阵在后，所以□……

圆阵之法……

疏阵之法，兵甲寡而人之少也，是故坚之武者在旌旗[22]，是人者在兵[23]。故必疏钜间[24]，多其旌旗羽旄[25]，砥刃以为旁[26]。疏而不可蹙[27]，数而不可军者[28]，在于慎。车毋驰，徒人毋趋[29]。凡疏阵之法，在为数丑[30]，或进或退，或击或顿〔三〕，或与之征[31]，或要其衰。然则疏可以取锐矣。

数阵之法，毋疏钜间，蹙而行首积刃而信之[32]，前后相保[33]，变□□□，甲恐则坐[34]，以声坐□[35]，往者弗送，来者弗止[36]，或击其迂，或辱其锐[37]，笄（羿）〔四〕之而无间[38]，阪山〔五〕而退[39]。然则数不可掇也[40]。

锥行之阵，卑之若剑[41]，末不锐则不入[42]，刃不薄则不剸[43]，本不厚则不可以列阵[44]。是故末必锐，刃必薄，本必鸿。然则锥行之阵可以决绝矣[45]。

雁行之阵，……中。此谓雁阵之任[46]。前列若臃[47]，后列若狸[48]，三……□□非〔六〕阙罗而自存[49]。此之谓雁阵之任。

钩行之阵，前列必方，左右之和必钩[50]。三声既全[51]，五彩必具[52]，辨吾号声[53]，知五旗。无前无后，无左右，旁伐以相趋。此谓镠钩击〔七〕[54]。

玄襄之阵，必多旌旗羽旄，鼓羽纷庄〔八〕[55]，甲乱则坐[56]，车乱则行，已治者□，榼榼啐啐[57]，若从天下，若从地出，徒来而不屈[58]，终日不拙[59]。此之谓玄襄之阵。

火战之法[60]，沟垒已成，重为沟堑，五步积薪，必均疏数[61]，从役有数[62]，令之为属枇[63]，必轻必利，风辟军之[64]，以阵战之，□□□□，□□□□，火既自覆〔九〕[65]，与之战弗克，坐行而北[66]。火战之法，下而衍以茀[67]，三军之士无所出泄[68]。若此，则可火也。陵猋蒋茀[69]，薪荛既积[70]，营窟未谨〔一〇〕[71]。如此者，可火也。以火乱之，以矢雨之[72]，鼓噪敦兵[73]，以势助之。火战之法。

水战之法，必众其徒而寡其车，令之为钩、楷、苁、柤、贰、辑、鸁〔一一〕、绛，皆具[74]。进则必逐〔一二〕，退则不蹙[75]，方蹙从流[76]，以敌之人为招[77]。水战之法，便舟以为旗，驰舟以为使[78]，敌往则逐，敌来则蹙，推攘因〔一三〕[79]，慎而饬之，移而革之[80]，阵而支之，规而离之[81]。故兵有误，车有御[82]，徒必察其众少，击舟顿津〔一四〕，示民徒来。水战之法也。　　七百八十七

【校勘】

〔一〕抟：简本原作“槫”，“槫”通“摶”，简体作“抟”。汉简提手旁

有时写作木旁。

〔二〕宊:简本释文读“吠(fèi)”。今观图版,此字下从“犬”;上从“冖”,而非从“口”。简本释作“吠”,疑误。银雀山汉简宝盖(“宀”)与秃宝盖(“冖”)通用,如简24、简69、简154,“军”字皆从宝盖;简90、简140、简235,“军”字皆从秃宝盖。所以此字应释作“宊”。《齐乘·释音》:“突宊,他骨切。”“突”“宊”二字音、形相近,故可借用。下文“将以宊也”之“宊”,与此同例。此据简本图版正。

〔三〕顿:简文释文作“豘”,读“督(dū)”。陈伟武说,此字实为“豚頁”之省体,而豚頁则为顿字异构,读“屯(tún)”。陈说是,据改。

〔四〕笄:读jī,本指束发用的簪子,这里应是“羿”字别体。汉字隶变,羽头之字往往讹为竹头。《孙膑兵法·设备》“笄作弓弩”,整理小组读“笄”为“羿”。

〔五〕阪山:简本释文原作“钣山”。整理小组注:“钣山,疑当读为蹒跚。”陈伟武说,“钣”疑读为“阪”,“阪山”犹言“阪险”或“阪阻”,义指险峻的山坡。陈说是,据改。

〔六〕非:简本释文缺文。“阙”上一字存右部“扌”,赵逵夫释作“非”,据补。补出“非”字后,“三”下“非”上约缺6个字。

〔七〕旁伐以相趋。此谓镂钩击:此为简1588,原是《略甲》篇附简。赵逵夫说,此简与《十阵》简1545“无前无后,无……”为上下文。赵说是,据移。

〔八〕鼓羽纷庄:简本释文作“鼓飞飞庄”,并说或作“鼓羽非庄”。赵逵夫释作“鼓羽纷庄”。此从赵说改。

〔九〕军之,以阵战之,□□□□,□□□□,火既自覆:简本释文作“……□火气自覆”。“既”,简文原作“气”,释文读“既”。张震泽说,此处“气”读本字亦通,“火”上约缺14个字。银雀山田野号第3241简作“军之以阵战之……”,“军之”二字与简1548末尾“风辟”二字文义相承,意为避风安营;而“以阵战之”则和本段下文“以火乱之”“以矢雨之”“以势助之”说法一致,应为本篇漏收残简。据补。

〔一〇〕营窟:简本作“营窋”。“窋”,读“烛(zhú)”,本义为物在穴中貌。此处读“枯(kū)”,借为“窟”。《吴越春秋·王僚使公子光传》:“公子光伏甲士于窋室中。”《史记》作“窟室”。

〔一一〕羸:简本此字缺文。此字残文,摹本已临出,但无释文,简本校语说:“此字不清,似是‘羸’字。”今查骈宇骞《银雀山汉简文字编》,其中没有“羸”字。与“羸”形近的“羸”字,位于简405。对照“羸”字,此字残文上部“亡口”与右下“凡”字写法与“羸”十分相近,其左下二撇与“羸”左下“月”字笔势也完全一致。此字应为“羸”字无疑。据补。

〔一二〕进则必逐:简本释文作“进则必遂”。张震泽《校理》作“进则必逐”。细审简本图版和摹本,“必”下确为“逐”字。“逐”读zhú,入声,屋韵。下文“退则不戚”之“戚”,借为“蹙”,读cù,入声,屋韵。“逐”“蹙”叶韵,于音为胜。故从张说改。下文“敌往则逐”之“逐”同此。

〔一三〕推攘因:“推攘”二字位居简1553下部,“因”字位居简1554之首,“攘”下“因”上,可能抄脱一“相”字,原文疑作“推攘[相]因”。

〔一四〕击舟顿津:简本原作“击舟𩓢津”,《校理》作“击舟㞃津”,此从陈伟武之说,释作“击舟顿津”。

【注释】

[1]“方阵”,方形之阵,是古代攻战的基本阵法,一般是由各基层单位组成小方阵,再由小方阵组成大方阵。

[2]“圆阵”,环形之阵,便于进行野战防御。

[3]“疏阵”,队形疏散之阵。

[4]“数阵”,队形密集之阵。

[5]“锥行之阵”,队形尖锐如锥之阵。此处,“行”读 háng,行列之意,下文“雁行”“钩行”之“行”,音义同此。

[6]“雁行之阵”,是一种形如雁飞,横列展开、左右梯次配置的队形。

[7]“钩行之阵”,是一种左右翼向后弯曲如钩的队形。

[8]“玄襄之阵”,是一种故弄玄虚、熙熙攘攘的队形。“玄”,玄妙、玄虚。“襄”,通“纕”,通“攘”。“纕”,揎袖出臂。《说文》:“纕,援臂也。”“襄”的后起字为“纕”,从“糸”旁;汉简下文异写,从“羽”旁。“襄”,或借为“纕”,或借为“攘”,义同“攘攘”,纷乱、喧闹之意。

[9]“火阵”,火攻之阵。

[10]“水阵”,水战之阵。

[11]“剸”,截断之意。“剸”通“専”,简体作“专”。《齐孙子·篡卒》“得主专制”,“专”亦作“剸”。“剸”有断义,《广雅·释诂一》:“剸,断也。”而“专”亦有此义,所谓“专断”。此处“剸”,或应通“专”。

[12]“抟”,围拢之意。

[13]“宊”,原意为生产婴儿,此处通“突”。《广韵·去声·没韵》:“宊,出儿。他骨切。”又说:“突,触也,欺也。……陀骨切。”此处,“宊”同“突”,训为欺,欺骗之意。“疏阵”的特点是兵员疏散分布,阵形显得强大,因而具有迷惑性,可以用来欺敌。

[14]“掇”,通“剟”,分割、击破之意。

[15]“决”,冲决。“绝”,断绝。

[16]“接”,通倢。王引之《经义述闻》:“接之言倢也,次也。”《广雅》:“序,倢、差、弟、次也。”可见,“接”与“倢”通,有次第、接连之义。“接射”,即次第展开射击之意。

[17]“质”,箭靶、目标。“虑”,考虑、计谋。

[18]“故”,原故、初衷。

[19]“伥”,借为“涨”,淹没之意。“固”,指城郭沟池山险等可作

依靠、进行坚守的工事。“依固”，以水灌敌之固。

[20]“薄”，薄弱。“厚”，厚实。“方”，借为“旁”。“薄中厚方”，意谓方阵中心人少，四方人多，阵形显得强大。因而也可以用来虚张声势，欺骗敌人。

[21]“居阵”，即守阵，又称后队，指平时不动不用，主要用来压阵的留守部队。

[22]“坚”，坚固、加强。“武”，威武。

[23]“是”，借为“示”，显示。“兵”，兵器。

[24]“钜”，借为“距”。“钜间”，间距。

[25]“旄”，古时用牛尾装饰的旗帜。

[26]“砥刃”，磨得锋利的兵器。

[27]“蹙”，迫促。

[28]“军”，包围。《广雅 · 释言》：“军，围也。”

[29]“徒人”，步卒。“趋”，疾走。

[30]“丑”，通俦，类、群之意。《国语 · 楚语下》：“官有十丑，为亿丑。”注：“丑，类也。”“数丑”，数个类别或数个组群。

[31]“佂”，疑为“征”，争夺。

[32]“蹙”，聚、缩之意。“行首”，行列之首，即行列前头。“积刃”，聚集武器。“信”，通“伸”，伸展、陈列之意。

[33]“保”，支援。

[34]“坐”，坐阵。《尉缭子 · 兵令上》：“有立阵，有坐阵……立阵所以行也，坐阵所以止也。”坐阵的特点是坚守不出。

[35]“声”，金声。《管子 · 兵法》：“一曰鼓，鼓所以任也，所以起也，所以进也。二曰金，金所以坐也，所以退也，所以免也。”

[36]“送”，相送、追击。“止”，阻止、截击。

[37]“迂”，迂远、迂回。“辱”，借为衄，挫败之意。《释名 · 释言语》：“辱，衄也，言折衄也。”《文选 · 吴都赋》：“莫不衄锐挫芒。”

[38]“羿”,指鸟羽上用以御风的细毛。《说文》:“羿,羽之羿风。”此物在羽上排列有序,又极致密,这里比喻数阵密集有序而无间。

[39]“阪山”,指险峻的山坡。此种地形不便于密集兵力展开,故遇之则退。

[40]“掇”,割取。

[41]“卑”,通“俾”,使、用之意。一说“卑”通“譬”,譬如之意。

[42]“末”,剑端,此处比喻阵的前锋。

[43]“刃”,剑刃,此处比喻阵的两翼。“剸”,截断。

[44]“本”,与“末”相对,这里指剑的后部,比喻阵的主体。“列”,古体“裂”字,分裂。

[45]“决”,冲决。“绝”,断绝。

[46]“任”,作用。

[47]“䳭”,简本注:“疑读为‘貜’,兽名,形似猿。”疑非是。此处,“䳭”应是貗的假借字。貗,野牛,又写作犣,《文选》作獵,《汉书》作庸,段玉裁说:“即《尔雅》之犦牛。”“犦牛”,《尔雅·释畜》注:“即犎牛也……健行者日三百余里。”程大昌《演繁露》说:“此兽抵触百兽,无敢当者,故金吾仗刻犦牛于槊首。”

[48]“狸”,野猫。《周礼·夏官·射人》:“若王大射,则以狸步张三侯。”郑玄注:“狸善搏者也,行则止而拟度焉,其发必获。”孙诒让《正义》注:“狸之伺物,每举足者,止视远近,为发必中也。”

[49]“罗”,罗网,这里似指敌人的包围圈。“自存”,自我保存。

[50]“左右之和”,指军阵的左右两翼。

[51]“三声”,指军中用以传令的金、鼓、角。

[52]“五彩”,指各种颜色的军旗。

[53]“号声”,号令之声。

[54]“锼”,通“畟(cè)”。《诗·大雅·良耜》“畟畟良耜”,《毛传》:“犹测测也。”《正义》:“畟畟文连良耜,则是刃利之状。”“畟”,

《说文》:“测,深所至也。”此处“镂钩”,似含有深钩之意。

[55]“鼓羽”,毛羽上扬。“纷”,纷纷之意。“庄”,通“壮”,雄壮。

[56]“坐”,坐阵。古人席地而坐,两膝着地,直身而股不着于足跟,此为跪;以股着足跟,则为坐。《尉缭子·兵令上》:“有立阵,有坐阵。……立阵所以行也,坐阵所以止也。”坐阵可以用于稳定阵势。《司马法·严位》:“畏则密,危则坐。”

[57]“榼”,读 ké,借为“礚”。《文选·甘泉赋》:“登长平兮雷鼓礚。”李善注:“礚,大声也。”“啐”,读 cuì。《说文》:“啐,惊也。”朱骏声训:“当为惊声也。”“榼榼”与“啐啐”,皆形容大声。“榼榼啐啐”,形容兵车、士卒行进时的喧嚷之声。

[58]“徒”,徒兵、步卒。“屈”,穷尽。

[59]“拙”,笨,与“巧”相对,此处为迟钝、疲困之意。

[60]“火战之法”:此段文字分前后两节,自此以下至“坐行而北”为一节,说明防御火攻的方法;第二节重复“火战之法”四字,说明火攻敌军的方法。下文“水战之法”也分两节,前一节说明防御敌人自水上进攻的方法;后一节则说明自水上进攻敌人的方法。

[61]“薪”,柴草。“数”,密集。

[62]“从”,通“纵”。“从役”,纵火的士卒。

[63]“属”,连结。“枇”,通“芘”,蒿草。“属枇”,捆扎起来用来点火的草把。

[64]“辟”,通“避”,避开。《吴孙子·火攻》“火发于内,则早应之于外……火发上风,无攻下风”,与此文义相近。

[65]“既”,简文原作“气”,借为“既”。“覆”,灭。

[66]“坐”,此处指坐以待命的步卒。“行”,此处指列阵成行的车兵。“北”,败北。

[67]“衍”,平坦。“茆”,同“茅”,指茅草。

[68]“无所出泄”,无处逃脱。

[69]“陵焱”,即“凌飙”,暴风。“蒋”,菰蒲,即茭白,一种水生植物。“蒋茆”,泛指水陆丛生杂草。

[70]“薪荛”,柴草。

[71]“营窟”,营房、营寨。《礼记·礼运》:“冬则居营窟。”

[72]“雨”,动词,像下雨一样齐射箭矢。

[73]“鼓噪”,鸣鼓喧噪。“敦”,敦促、劝勉。“敦兵”,激励士卒。

[74]“钩”,钩钜,一种可以钩住敌船,使其难以进退的长杆。“楷”,木筏。“莰”,读 cō,其义未详。“柤”,即“杵”。“贰”,疑通“樲”。《尔雅·释木》:“樲,酸枣。”此处,“贰(樲)”疑指像酸枣一样的带刺武器。“辑”,通“楫”,船桨。“嬴”,借为“籯”,指箱笼一类的器具。“绛”,借为“栙(xiáng)”,指用篾席作成的船帆。“具”,具备、准备。

[75]“逐”,逐渐,依次排列之意。“蹙”,紧迫、收缩之意。

[76]“方”,通“舫”,指相并的两船。《说文》:“方,并船也。”《战国策·楚策》:“舫船载卒,一舫载五十人。”“蹙”,逼近、靠近之意。“方蹙”,指舫船相互靠拢,密集行进。“从流”,顺流。

[77]“招”,箭靶。

[78]“旗”,旗舰。“使”,信使船。

[79]“推攘”,排斥、击退之意。《盐铁论·西域》:“先帝推让斥夺广饶之地。”

[80]“饬”,戒备之意。“革”,改变,这里有制止的意思。

[81]“攴(pǔ)”,轻击之意。《说文》:“攴,小击也。”“规”,规整、严整。

[82]“误”,借为“鋘”,“鋘”即铧,类似于今之铁锹,有左右两刃,以备岸上治水。“御”,驾车手。

## 【译文】

大致而言,阵法共有十种:有方阵,有圆阵,有疏阵,有数阵,有锥行之阵,有雁行之阵,有钩行之阵,有玄襄之阵,有火阵,有水阵。这些阵法各有其作用和长处。方阵,用以截断敌人。圆阵,用以围拢敌人。疏阵,用以欺骗敌人。数阵,用以防范被敌分割。锥行之阵,用以冲决和切断敌人。雁行之阵,用以展开弩战,连续射击。钩行之阵,用以随机应变,改换目标。玄襄之阵,用以迷惑敌人,使其难以实现原有企图。火阵,用以拔去敌人营寨。水阵,用以淹没敌人的坚固城池。

方阵列法,必须中间兵力少,四周兵力多,其守阵宜居后方。中间布置少量兵力,可以用来欺骗敌人。四周集结重兵,可以用来粉碎敌人。守阵置于后方,可以用来……

圆阵列法,必须……

疏阵列法,是由于武器缺乏,兵员不足,因此若要加强威武之势,关键在于多设旌旗;若要显示人多,关键在于多置兵器。所以必须加大行列间距,多设旌旗羽旄,将锋利的兵器置于旗旁。疏而不受敌人威迫,密而不让敌人包围,要做到这一点,关键在于审慎部署。战车不要疾驰,步卒不要快走。使用疏阵之法的关键在于把兵力编成若干个战斗群,这些战斗群或者前进或者后退,或者猛攻或者屯兵,或者与敌展开争夺,或者邀击疲敝之敌。这样,疏阵就可以用来袭取敌人的精锐部队了。

数阵列法:行列间距不要太疏,首行士卒要紧密靠近,集中兵器,向外列阵。前后互相救援,变……如果士卒恐惧,就使用坐阵,用金声命令士卒按兵不动。敌人撤退不要追赶,敌人来了不要阻击,或者打击迂远之敌,或者挫败敌人精锐。阵势严密犹如鸟羿,无隙可乘。若遇阪山险阻,则退兵撤阵。这样,数阵就不会被敌人攻破了。

锥行之阵,其用法像剑一样:前锋不锐利,就不能攻入敌阵;两翼不锋利,就不能切断敌阵;后队实力不雄厚,就不能分裂而阵。所以,前锋一定要锐利,两翼一定要锋利,后队一定要鸿大。这样,锥行之阵就可以冲决和截断敌人了。

雁行之阵列法:……这就是雁行之阵的作用。前列应像野牛一样健行急进,一往无前;后队应如野猫一样准确射击,杀伤敌人。三面[迎击敌人],这样,不仅是为了打破敌人的包围圈,同时,也可以自我保存兵力。以上这些,就是雁行之阵的作用。

钩行之阵,前列一定要成方形,左右两翼一定要成钩形。用以指挥的金、鼓、角要齐全,各种颜色的军旗要具备,要使士卒能辨别我军的号令,并熟知旗语。既无前队,也无后队,既无左翼,也无右翼,各部一齐向同一目标发起攻击。这就是所谓的镠钩之阵。

玄襄之阵,一定要多树立旌旗,羽旄上扬,气势十分雄壮。如果甲士散乱,则采用坐阵(令其休整);如果战车散乱,则排列成行(使其有序)。已经整顿好的部队,声威大震。好像从天而降,好像自地而出,步卒来往不绝,终日不止。这就是所谓的玄襄之阵。

火战之法,沟垒修筑好了,再挖一些沟堑;每隔五步堆积一堆柴草,疏密必须均匀;确定好纵火的人数,命令他们捆好火把,动作一定要轻快利落;避风安营,列阵而战……火既自灭,此时与敌交战则不能取胜,步兵和车兵都会大败而归。火战的用法是,敌军所处低下而平坦,周围又长满茅草,三军士卒无所逃脱。如果是这样,就可用火攻。天刮暴风,敌人营地杂草丛生,薪柴堆积,营房戒备不严。如果是这样,就可用火攻。以火攻烧乱敌人,以密如雨点的箭矢射杀敌人,鸣鼓呐喊,敦促进兵,火助兵威,兵趁火势,消灭敌人。

水战之法,必须多用步兵,少用战车,要命令士卒把水战的用具和器材——钩、楷、苁、柤、贰、辑、赢、绛,都准备齐全。舰队前进时必须依次排列,船队后退时不要相互拥挤,舫船相互靠拢,密集行进,顺流而下,以敌军的人员为射杀目标。水战的用法是,用轻舟进行指挥,用快舟进行联络。敌船撤退后(我方船队)要依次摆开,敌船来袭时(我方船队)要收缩战线,击退敌人贵在因敌制胜。敌人谨慎就戒备它,敌人移动就钳制它,敌人列阵就袭击它,敌人严整就分割它。所以,兵器中一定要配备铁锹之类(以备治水),战车上一定要配备驾车者,敌人步兵一定要查明其数量多少。一面迎击敌船,一面屯兵渡口,同时,还要告知民众敌兵来了。这就是水战的方法。

# 十 问

本篇论述在各种条件下克敌制胜的击敌方法,着重阐述了在敌强我弱、敌众我寡的情况下,如何化不利为有利、变被动为主动的作战指导思想。为了战胜强敌、众敌,作者主张“规而离之”“三而离之”,分散和孤立敌人;“攻其所必救,使离其固”,调动敌人;“告之不敢,示之不能”,麻痹和骄纵敌人;“害其虚”,“杀将其后”,“期于中极”,集中力量攻敌弱点和要害;努力发挥自己特长,充分利用有利地势,迫使敌人在不利条件下作战。这些战法,生动地体现了孙子兵学的高超智慧,表现了古代军事家不畏强敌、敢于战斗的进取精神。

本篇共十组问答,每组自成一段。除第一组和第十组位置可以确定外,其他各组的前后顺序原为整理者以意排定。笔者认为,十组问答中,在“击之奈何”与“击此者”间,使用“曰”字作为答语标识的原第八、第七两组问答,应和第一、第二两组问答紧挨着;接着才是另外六组省去“曰”字的问答。按照这一文例,并根据文字内容,笔者对十组问答的先后次序进行了调整。重新排列后,“十问”内容依次为“击圆”“击方”“击强众”“击争□”“击车”“击徒人”“击保固”“击锐”“击衡”“击箕”。

整理者认为:《十问》篇“字体与《十阵》如出一手,篇中‘击强众之道’一段,文义与《通典》卷一五二‘军将骄败’条所引吴子问孙武攻骄之道一段相合,文字也颇相近。这一篇也同样有可能是《孙子》佚篇。当然,这两篇也有可能采自孙子一派兵家所编写的其他兵书”。

这里,整理者所提到的《通典》“军将骄败”条的引文是:“春秋末,吴子问孙武曰：'敌勇不惧，骄而无虑，兵众而强，图之奈何？'武曰：'诎而待之，以顺其意；无令省觉，以益其懈怠；因敌迁移，潜伏候待，前行不瞻，后往不顾；中而击之，虽众可取。攻骄之道，不可争锋。'"

将《通典》的这段引文与《十问》"击强众之道"进行对比，不难发现，二者内容大同小异。《通典》引文和《十问》存在密切关系，应无可疑。这说明，《十问》应该也是孙子学派或孙子后学的著作。

篇题《十问》，原写在本篇第一简的简背。比起简本《十问》来，本篇新补缺文凡3个字，改正释文凡3个字。

兵问曰：交和而舍[1]，粮食均足，人兵敌衡[2]，客主两惧[3]。敌人圆阵以胥，因以为固[4]，击之奈何？曰：击此者，三军之众分而为四五，或傅而佯北[5]，而示之惧。彼见我惧，则遂分而不顾。因以乱毁其固。驷鼓同举[6]，五队俱傅[7]。五队俱至，三军同利。此击圆之道也。

交和而舍，敌富我贫，敌众我少，敌强我弱，其来有方[8]，击之奈何？曰：击此者，或阵而支之[9]，规而离之，合而佯北[10]，杀将其后，匆令知之。此击方之道也。

交和而舍，敌将勇而难惧，兵强人众自固，三军之士皆勇而无虑[11]，其将则威，其兵则武，而吏强粮接[12]，诸侯莫之或待[13]。击之奈何？曰：击此者，告之不敢，示之不能，坐拙而待之[14]，以骄其意，以惰其志，使敌弗识[15]，因击其不设〔一〕，攻其不御，压其怠[16]，攻其疑。彼既贵既武[17]，三军徙舍，前后不相睹[18]，故中而击之，若有徒与[19]。此击强众之道也[20]。

交和而舍，粮食不属[21]，人兵不足恃[22]，绝根而攻[23]，敌人十倍，击之奈何？曰：击此者，敌人既□而守阻，我……反而害其虚[24]。此击争□〔二〕之道也[25]。

交和而舍，我人兵则众，车骑则少，敌人十倍，击之奈何？击此者，当保险带隘[26]，慎避广易[27]。故易则利车[28]，险则利徒。此击车之道也。

交和而舍，我车骑则众，人兵则少，敌人十倍〔三〕，击之奈何？击此者，慎避险阻，决而导之[29]，抵诸易[30]。敌虽十倍，便我车骑，三军可击。此击徒人之道也[31]。

交和而舍，敌人保山而带阻，我远则不接，近则无所[32]，击之奈何？击此者，彼敛阻移庶〔四〕□□□□则危之[33]，攻其所必救[34]，使离其固，以揆其虑[35]，施伏设援〔五〕，击其移庶[36]。此击保固之道也。

交和而舍，敌人既众以强，劲捷以刚[37]，锐阵以胥[38]，击之奈何？击此者，必三而离之，一者延而衡[39]，二者□□□□上恐而下惑〔六〕，下上既乱，三军大北。此击锐之道也。

交和而舍，敌既众以强，延阵以衡，我阵而待之，人少不能，击之奈何？击此者，必将三分我兵，练我死士[40]，二者延阵张翼[41]，一者材士练兵[42]，期其中极[43]。此杀将击衡之道也。

交和而舍，客主两陈[44]，敌人形箕[45]，计敌所愿，欲我陷覆，击之奈何？击此者，渴者不饮，饥者不食，三分用其二，期于中极，彼既□□，材士练兵，击其两翼。故彼先喜后□〔七〕，三军大北。此击箕之道也。　　七百一十九

**【校勘】**

〔一〕击其不设：简本释文作“击其不□”，“不”下一字缺文。摹本临出此字，左边上部为四个横画的残笔，右边为“殳”。赵逵夫据所存笔画及上下文义，将其释作“設(设)”。据补。“设”“备”同义，“击其不设”，义同“击其不备”。

〔二〕争□:据摹本,“争”下一字左半为“木”,右半模糊,疑为“根”字。

〔三〕敌人十倍:摹本释作“敌人什负”;1975 年版简本释文作“敌人十倍”,读“负”为“倍”;底本释作“敌人十负(信)”,读“负”为“信”。此处“敌人什负”与上段“击车之道”之“敌人什负”写法一样。上段“负”字底本释作“倍”,此处不应改作“信”。“信”字应是“倍”字之误。下文“敌虽十倍”“敌人十倍”与此同,底本释文皆误。

〔四〕敛阻移庶:简本释文作“敛阻移[□]”。赵逵夫据下文“击其移庶”,考证说“移”下缺文第一字当为“庶”字。赵说是,据补。

〔五〕施伏设援:简文原作“施伏设爰”。“爰”,通“援”。《史记·六国年表》:“义渠来赂,繇诸乞援。”《集解》:“援,一作爰。”今据文义,改“爰”为“援”。

〔六〕上恐而下惑:简本作“[□]恐而下惑”,“恐”上一字缺文,整理者说:“疑此句原文当作‘上恐而下惑’,‘上’字残去。”整理者是。下文说“下上既乱,三军大北”,可见“恐”上缺文应为“上”字。据补。

〔七〕先喜后□:简本校语说:“后”下一字从“心”,右半残缺,疑为“惧”字。

## 【注释】

[1]“和”,指军队的左右垒门。“舍”,安营扎寨。“交和而舍”,是说两军对垒,准备交战。

[2]“敌衡”,相当、对等。

[3]“客主”,指敌我双方。“客”指敌方或进攻一方,“主”指我方或守御一方。

[4]“胥”,等待。“固”,固守。

[5]“傅”,通“附”,靠近之意。一说“傅”通“薄”,迫近、接触之意。

[6]“驷鼓”,装在车上的战鼓。

[7]“队”,简本原作“遂”,借为“隊(队)”。

[8]“有”,通“又”。“方”,指方阵。

[9]“攴”,读 pū,轻击之意。《说文》:“攴,小击也。”

[10]“合”,交战。

[11]“无虑”,无所顾虑。

[12]“吏”,军吏。

[13]“莫”,没有。“待”,抵御。

[14]“坐”,守。

[15]“识”,识破、知道。

[16]“御”,防御。“怠”,懈怠。

[17]“贵”,骄傲。“武”,自恃。“既……既……”,是古汉语的一种固定句型,相当现代汉语的“又……又……”。

[18]“睹”,简文原作“堵”,借为“睹”,看见、照应之意。

[19]“与”,参与、加入。

[20]“强众”,兵强而又人多。

[21]“属”,连续。

[22]“恃”,借为“恃”,倚仗。

[23]“绝根”,投入全部兵力。

[24]“害”,危害、打击之意。

[25]“争□”,“争”下缺文疑为“根”字。“争根”,义即争夺根据之地,即战略要地。

[26]“保”,保守、占据。“带”,围绕、控制。

[27]“广易”,宽广平易。

[28]“故”,原故、因为之意。

[29]“决”,开放。“导”,引导。

[30]“抵”,挤、推。“易”,指平坦地带。

［31］“徒人”，步卒。

［32］“接”，接敌、交战。“所”，场所。

［33］“敛”，收敛。“阻”，险阻。“庶”，庶众。

［34］“攻其所必救”之语，另见于《吴孙子·虚实》篇。

［35］“揆”，揣度。

［36］“援”，援军。“庶”，庶众。

［37］“捷”，敏捷、疾速。“刚”，凶猛。

［38］“锐阵”，与《十阵》之锥形阵相近。“胥”，等待。

［39］“延”，延阵，与锐阵为对，和《十阵》之雁行阵相近。锐阵和延阵的区别是：锐阵为纵队，延阵为横队。“衡”，同横。“延而衡”，指把军阵延长，横着摆开，与下文的“延阵以衡”同义。

［40］“练”，训练。《礼记·月令》：孟秋之月，“选士厉兵，简练杰俊”。“死士”，敢死之士。

［41］“翼”，简本此字原从羽、巳，整理者注：“疑是‘翼’字之异体。‘巳’与‘異’音相近，故‘祀’或作‘禩’。长翼，当读为‘张翼’。”“张翼”，张开两翼。

［42］“材士”，材力之士，即勇士。“练兵”，精兵。

［43］“期”，务期、务必之意。“中极”，人体经穴名，在脐下四寸。《素问·胃空论》：“任脉者，起于中极之下。”此处喻指军阵的中心和要害，义同“中坚”。

［44］“两陈”即“两阵”，“陈”通“阵”。

［45］“形箕”，摆出簸箕形的阵势。

## 【译文】

关于用兵的问题，问：两军对垒，粮草一样充足，敌我双方兵力和兵器相当，彼此互相戒惧，敌人布下圆阵以待，借以固守，如何打击这种敌人呢？答：打击这种敌人，应将全军分为四五队，或可逼近敌人就佯装败退,表示畏惧。敌人见我畏惧,就会分兵追击,不顾一切。我则趁敌混乱,摧毁其坚固阵势。装在车上的战鼓一同擂响,五队人马同时向敌人逼近。五队人马齐集,全军协同攻击敌人,夺取胜利。这是击破敌人圆阵的方法。

问:两军对垒,敌人富足,我方缺粮,敌众我寡,敌强我弱,敌人又用方阵向我进攻,这种敌人如何打击?答:打击这种敌人,敌若列阵就袭扰它,敌若严整就分割它。交战时佯装败退,杀向敌人后方,不让敌人察觉我方意图。这是击破敌人方阵的方法。

问:两军对垒,敌人将领勇猛,难以使其畏惧;敌军兵强人众,内部巩固;三军士卒个个勇敢而无所顾虑;敌人的将领如此威武,敌人的士卒如此英勇,敌人的军官又精明能干,粮食又接济得上,诸侯国没有一个可以抵御。这种情况下如何打击敌人?答:打击这种敌人,我军要声称不敢打,装着没有能力打,用谦卑的样子对待敌人,使其骄傲起来,斗志松懈,难以识破我方意图。然后击其不备,攻其不防,利用敌人懈怠之际,乘敌疑惑,发起攻击。敌人又骄傲又自恃,全军拔营而走,前后不能照应,所以,拦腰截击它,会被敌人误以为他们又增加了很多兵力。这是击破战斗力强、人数又多的敌人的方法。

问:两军对垒,我军粮食接济不上,兵力武器不足凭借,倾巢而攻,敌人十倍于我,这种情况下如何打击敌人?答:打击这种敌人,敌人兵力既强,又坚守险要之地,我军就应该用计谋对付他,将敌人引诱出来……然后返兵而归,乘虚击敌。这是击破"争根"之敌的方法。

问:两军对垒,我军步兵多,车、骑兵少,敌人的车、骑兵十倍于我,这种情况下如何打击敌人?答:打击这种敌人,应当占据和控制险要的地形,注意避开宽广平坦的地方。因为平坦的地形有利于车、骑兵,险要的地方有利于步兵。这是击破具有车、骑兵优势的敌人的方法。

问:两军对垒,我军车、骑兵多,步兵少,敌人的步兵十倍于我,这种情况下如何打击敌人?答:打击这种敌人,要注意避开险阻地形,打开口子，把敌人压迫到平坦地带。即使敌人十倍于我，但是地形便于我战车和骑兵作战，这样就可以打败敌人。这是击破具有步兵优势的敌人的方法。

问：两军对垒，敌人占据山头，控制险要，我军离敌太远则打不到，离敌过近则无立足之地。这种情况下如何打击敌人？答：打击这种敌人，我军要利用敌人收缩险阻之地的兵力，转移军队……（我军）就要使敌人感到危险，攻打敌人必定要救援的地方，迫使敌人离开固守之地。然后，揣度敌人的行动意图，设置伏兵，部署增援，打击移动中的敌众。这是击破据山守险之敌的方法。

问：两军对垒，敌人人数众多，兵力强大，刚劲快捷，凶猛顽强，以锐阵待战，这种敌人如何打击？答：打击这种敌人，必须将我军一分为三。以一部兵力展开摆成横阵，另外两部分兵力（攻击敌人侧后），使其将帅惊恐，士卒不知所措，敌军上下一片混乱，全军就会大败。这是击破敌人锐阵的方法。

问：两军对垒，敌人人数众多，兵力强大。敌人摆成延阵，横向展开，我军列阵待战，但人少兵寡，不能与敌抗衡，这种情况下如何打击敌人？答：打击这种敌人，必须把我军分为三部分，精选一些敢死之士，以两部分兵力摆成延阵展开两翼，以一部分兵力作为勇士和精兵，务期打击敌阵的要害部位。这是杀敌将帅、击破横阵的方法。

问：两军对垒，敌我双方都摆开阵势，敌人把军阵摆成簸箕形，估计它的企图，是想使我陷入覆灭的境地。这种情况下如何打击敌人？答：打击这种敌人，我军要渴了不喝水，饿了不吃饭，用三分之二的兵力，务期攻击敌人的要害。敌人已经……（我方）派出武艺高强的勇士和精干的士卒，打击敌人军阵的两翼。所以，敌人开始高兴，后又惧怕，全军必然大败。这是击破敌人簸箕形阵势的方法。

# 略　甲

古人作战,“众卒”和“篡卒”各有其用:“篡卒”遂行前军突袭,“众卒”遂行大军会战。由于“篡卒”多由轻装或重装的披甲之士即精兵组成,因此,本篇所谓“略甲”,应是论述如何略取敌人的甲士以打击强敌。由于文中涉及如何使用“众卒”、如何使用“篡卒”的问题,因此,其内容可能和《吴孙子·军争》篇相关。

因简文严重残缺,“略甲之法”不明。除首简外,各简次序不能确定,释文一律提行,不连写。

本篇字体与《十阵》《十问》两篇相近,不易区分,整理者曾将可能属于这三篇的残简一并附于本篇之后。由于残缺太多,无法详细译注,只对部分内容进行简单注译。

和《十阵》《十问》一样,此篇应该也是孙子学派或孙子后学的著作。

篇题《略甲》,原写在本篇第一简的简背。比起简本《略甲》来,本篇新补缺文凡1个字;另将简1588凡12个字移入《十阵》篇。

略甲之法[1],敌之人方阵,士卒无□……

……欲击之,其势不可[2]。夫若此者,下之,篡卒因之,必将〔一〕……

……□以国章,欲战若狂[3]。夫若此者,少阵……

……□反。夫若此者,以众卒从之,篡卒因之[4],必将……

……□〔二〕。夫若此……

……其将勇,其卒众□[5]……

……威□□〔三〕其难,将之□也。分其众,乱其治,孤其将,荡其心[6],击……

【校勘】

〔一〕此由简1580和简1584缀合而成。简1580原作“……欲击之,其势不可。夫若此者,下之□……”。简1584原作“……篡卒因之,必……”。赵逵夫说,简1580下端存一“竹”字头,简1584上端“篡”字正好残去“竹”字头,二者应为一简之折;并说据下文简1582“夫若此者,以众卒从之,篡卒因之,必将……”文例,简1584“必”下可补出“将”字。赵说是,据补。

〔二〕整理者说:“此字残,疑是‘旁’字。”

〔三〕整理者说:“‘其’上一字似‘举’字。”

【注释】

[1]“略甲”:掠取甲士,打击强敌之意。“略”,夺、取。“甲”,甲士,指武装士卒,即主力部队。

[2]“欲击之,其势不可”:想要进行打击,但情况不允许。

[3]“□以国章,欲战若狂”:向士卒颁布国徽,士卒求战心切。“章”,徽章。

[4]“以众卒从之,篡卒因之”:用普通士卒跟从追击,用精选士卒乘机掩袭。“众卒”,普通士卒。“从”,跟从。“篡卒”,精选士卒。“因”,借机、借势。

[5]“其将勇,其卒众”:敌人将领非常勇敢,敌人士卒非常众多。

[6]“分其众,乱其治,孤其将,荡其心”:分散敌军士卒,打乱敌军秩序,孤立敌军将领,搞乱敌军心理。

# 地形二

据银雀山一号篇题木牍,简本《吴孙子》中应有《地形》篇。但是在汉简中,该篇却难觅踪迹。加之汉简《地形二》残缺过甚,文理不易辨识,所以,它和《吴孙子·地形》篇究竟是一种什么关系,很难判定。

汉简《地形二》并非《吴孙子·地形》篇的注释性或解说性文字,而是一篇独立文章,其内容与《齐孙子·地葆》篇相类,都属兵阴阳家的著作。

《吴孙子·行军》说:"丘陵堤防,必处其阳而右背之。"《地形二》则说:"右负丘陵,左前水泽。"二者说法基本相近。

《吴孙子·行军》说:"绝涧,遇天井、天牢、天罗、天陷、天隙,必亟去之,勿近也。"《齐孙子·地葆》也说:"五地之杀曰:天井、天窌、天离、天隙、天柖。"《地形二》则说:"……天离、天井、天窌□……"三者文义显然有关。

《吴孙子·九地》说:"九地之变,屈伸之利,人情之理,不可不察也。"《地形二》则说:"……九地之法,人情之理也,不可不□……"二者说法也大致相同。

《史记·淮阴侯列传》记载:攻破赵军后,诸将问韩信说:"兵法右倍山陵,前左水泽,今者将军令臣等反背水阵,曰破赵会食,臣等不服。然竟以胜,此何术也?"韩信回答说:"此在兵法,顾诸君不察耳。兵法不曰:'陷之死地而后生,置之亡地而后存'?……"韩信所引兵法后二句出自传本《吴孙子·九地》篇(本书移入《九变》)。"右倍山陵,前左水泽"既然与其相提并论,可见含有该内容的《地形二》可能也属古本《孙子》的其中一篇。

本篇篇题,写在简背。残简据书体和内容编入,因残缺严重,先后次序已难确定,更无法准确译出全文,所以,本篇只做简单注释,译文从略。比起底本《地形二》来,本篇新补缺文凡 7 个字,改正释文凡 2 个字。

**凡地形东方为左,西方为右……**

……首,地平用左,军……

……地也。交□水□……

……者,死地也。产草者,生地也〔一〕。……

……地刚者[1],毋倍□□也〔二〕[2]。□遂,左水曰利,右水曰积〔三〕……

……天离、天井、天窌□〔四〕[3]……

……后之〔五〕,是谓重利。前之,是谓肰守[4]。右之,是谓天固〔六〕[5]。左之,是谓……

……所居,高曰建堂,□曰□……

……□五月度□地,七月□……

……三军出阵,不问朝夕[6],右负丘陵,左前水泽,顺者……

……九地之法,人情之理也〔七〕,不可不□……

**【校勘】**

〔一〕产草者,生地也:简本释文作"产草者,□……"。汉简《地葆》说:"凡地之道……直者毛产,术者半死。""毛"与"产"并有生长之意。《左传·昭公七年》"食土之毛",杜预注:"毛,草也。"可见"毛产"义同"产草"。"毛产"之地,水草丰茂,利于安营扎寨,兵家称作"生地"。据此,"产草者"下可补出"生地也"三字。

〔二〕毋倍□□也:简本释文作"毋□□□也","毋"下一字稍残,今据残画和文义补作"倍"。

〔三〕□遂,左水曰利,右水曰积:此为简186。《齐孙子·地葆》说:"直者为刚,术者为纪。""遂""术"二字古通,与"刚"反义。简182说"地刚者,毋倍□□也",已提到地"刚"问题,接着,则应论述地"遂(术)"问题。简186"□遂,左水曰利,右水曰积"与此正合。再者,简182上部完整,下部残去,其下部断口与简186上部断口基本吻合。可见二者应为一简之折。据缀。

〔四〕天窌□：底本作“天宛□”，简本校语说：“宛”下一字稍残，疑为“皆”字。《齐孙子·地葆》“天宛”，新整理本释作“天窌”。此与《地葆》同名，据改。

〔五〕后之：古人论述四维，喜说左右前后。本篇则颠倒次序，先说“右之”，后说“左之”，按照这一体例，“前之”之上当有“后之”。据补。

〔六〕天固：简本释文作“天国”，误。摹本释作“天固”，是。据改。

〔七〕人情之理也：简本释文作“人情之理”，夺“也”字。摹本作“人情之理也”。据补。

**【注释】**

[1]“刚”，指平坦之地。汉简《地葆》：“直者为刚。”

[2]“倍”，通“背”，背着之意。《说文》：“倍，反也。”引申有违背、加倍等义。“背”，脊背，引申有背靠、违背、背离等义。“倍”“背”音近可通。“毋倍”，不要背靠。

[3]汉简《地葆》：“五地之杀曰：天井、天窌、天离、天隙、天柖。”天离、天井、天窌，皆为杀地。

[4]“猒”，通“厭”，读 yàn，此处借为“壓”，简体作“压”。“猒守”，即“压守”，压阵之意。

[5]“固”，四面闭塞。《说文》：“固，塞也。”“天固”，天然险固。本篇下文说：“右负丘陵，左前水泽。”“右之，是谓天固”与“右负丘陵”义近，都指天然屏障。

[6]“出阵”，出战。“不问”，不管、无论。“朝夕”，早晚。一说，太阳早在东，晚在西，“朝夕”即东向、西向之意。“三军出阵，不问朝夕”，义为三军出战，不管早晚。

# 将　志

本篇简文残缺,未发现篇题,整理小组根据文章内容,曾经拟题为《定心固气》。

关于本篇的主题,整理者说"其内容似乎主要是论士的修养的",因此没有把它列入《论政论兵之类》,而是列入《其他》。连劭名说:"其基本思想与孟子知言养气论有关。"林志鹏说本篇"当是战国末年到汉初之间齐地黄老道家的作品"。阎盛国说本篇"论述的主体是将帅,重点是论述了将帅修养的问题"。以上诸说,阎说近是。

本篇属于论兵之作,其核心是强调将军要注重个人心志修养。文中特别提到将军要"志定而不□",要"其志明独见威",要"必心全志而不慕名誉",要"志诚必",要"隐居而不失其志",这样,就可以做到"天能亡其形,不能夺其志。君能杀其身,不能易其事"。由于文中着意论述将者的心志问题,因此,宜仿照同出汉简《将义》之例,改篇名为《将志》。

如果说汉简《将德》《将义》《将过》三篇侧重于论述将者之行为和将者之人际关系,那么,《将志》则侧重于论述将者之心志。这从文中特别提到将者要有"独意""独见",要"修独内奋"可见一斑。

从立意看,本篇内容与《吴孙子·九变》所谓"君令有所不行"和"将有五危"之说存在一定的相关性;同时,也和《吴孙子·九地》所谓"将军之事,静以幽,正以治"存在一定的相关性;另外,还和汉简《见吴王》所展现的孙子形象存在某些共通之处。因此,本篇可以看作是《吴孙子·九变》与《九地》篇的传注文字,其作者应是孙子后学。

由于竹简残断严重,整理者所编简序不尽合理。今据林志鹏《银雀山汉墓〈定心固气〉探论》一文的研究成果,对简序略作调整。比起底本《定心固气》原释文来,本篇新补缺文凡9个字。

……生,天也。形〔一〕,地也。气[1]……

……素达者,非己也[2]。故其色不懔〔二〕于天子[3],不困于百万之众。怵惕[4],心不定气不固者也〔三〕。心不动,气不移。实者,心定气固也。虚者,心怵惕,气纵〔四〕而不返者也[5]。心失其知,气离……

……□□□之行不止于身,盖器然唯道之亲而已矣[6]。是以侍立不骄[7],神怵而……

……□□而不疑,志定而不□□□□其志明,独见威[8]……

……□时独意……

……积〔五〕之以参(叁)气[9],守之以太一[10],临之以天。猝发而动〔六〕,必心全志而不慕名誉[11],天下知之弗为劝[12],弗知弗为怠。志诚必〔七〕[13],修独内奋[14],终身不倦。隐居而不失其志,践轩到戈[15],制万乘之众而不易其气。天能亡其形,不能夺其志。君能杀其身,不能易其事。□……

【校勘】

〔一〕形:简文原作"刑",林志鹏说此处"疑当读为形",指人之成形。林说是,据释。

〔二〕懔:整理者说:"'不'下一字较怪,疑是'郴'字反写,读为'懔'。"据补。

〔三〕心不定气不固者也:底本作"心不……也",中间残缺5个字。整理者说:"据下文,并参照缺字地位,此句似可补足为'怵惕,心不[定气不固者]也。'"据补。

〔四〕纵:简文原作"从",林志鹏说此处"当读为纵",训为放。林说是,据释。

〔五〕积:整理者说:"此字残存右半'责'旁,疑是'积'字。"据补。

〔六〕猝发而动：简文“猝发”原作“倅发”，位居简 2136 尾部；“而动”原作“而种”，位居简 2137 之首。整理者“疑上简简尾与此简简首之文字本相接，‘倅发而种’当读为‘猝发而动’。”整理者是，据缀。

〔七〕志诚必：整理者说：“必”上“二字，第一字颇似‘一志’二字，但彼此相距过近，似仍以视作一从‘心’之字为宜；次一字右旁为‘成’，左旁已残。”今据文义和简本校语，补出“志诚”二字，并重新标点，将“必”下“修”字断属下句。

## 【注释】

［1］《管子·内业》说：“凡人之生也，天出其精，地出其形，合此以为人。”此段盖由天、地之生人而论及气之流行，从而引出下文“定心固气”之说。

［2］“素”，纯朴之意。《庄子·刻意》：“素也者，谓其无所与杂也。”又说：“纯素之道，唯神是守……谓之真人。”“达”，通达。“非”，意同无。“素达者，非己也”，是说，纯朴、通达之将，能够做到无私无己。《庄子·逍遥游》：“至人无己。”

［3］“懔”，畏惧之貌。《荀子·议兵》：“杀戮无时，臣下懔然莫必其命。”杨倞注：“懔然，悚栗之貌。”

［4］“怵惕”，恐惧不安。

［5］“心定气固”，如同今语“下定决心”之意。《孙子翼·将义》说：“故知胜者，兵之心也。……故决者，兵之尾也。”银雀山汉简《占书》说：“君臣定固，以征四方。”“下定决心”是为将者的第一要务。“气纵而不返者也”，不能下定决心之意，意思与“心定气固”相反。

［6］“嚣然”，安闲之貌。《尔雅·释言》：“嚣，闲也。”郭璞注：“嚣然，闲暇貌。”

［7］“侍立不骄”，恭顺地站立在旁边侍候而不骄傲。如《三国志》记载：关羽“稠人广坐，侍立终日，随先主周旋，不避艰险”。

［8］“见”，通“现”。“独见威”，独自展现威严之意。

［9］“参”，通“叁”，表示三分或并列成三。“叁气”，指天、地、人三气。

［10］“太一”，“道”的别名。《吕氏春秋·大乐》：“万物所出，造于太一。”高诱注：“太一，道也。”

［11］“必”，通“毕”。“必心全志”，义同全心全意。

［12］“劝”，鼓励。

［13］“诚”，副词，果真、确实。《孟子·公孙丑上》：“子诚齐人也。”“必”，肯定、决定。《韩非子·显学》：“无参验而必之者，愚也。”“志诚必”，是说心志果真确定。

［14］“奋”，本义为动，引申为振作。“内奋”，内自振作。

［15］“践”，登临。“轩”，轩车，是古代一种前顶较高而有帷幕的车，供大夫以上有地位的人乘坐。“践轩”是指登临轩车。“到”，通“倒”。“到戈”，即倒戈，是说把戈倒着安放，表示不再用兵。

**【译文】**

……人的生命，由天注定。人的形体，由地赋予。人的气息……

……纯朴、通达之将帅，能够无私无己，面不改色。对上，不会畏惧天子；对下，不会受困于百万之众。人所以恐惧不安，是因为心不定，气不固。心若不动，气便不移。所谓实者，是指心定气固，决心坚定；所谓虚者，是指心里恐惧，决心游移，精气神散失。如果心失其智，气离其体……

……行为不会缠身，泰然自若，唯道是亲。从而能够做到恭顺侍候，而不骄傲；心神虽怵，而不担忧……

……而不犹疑，决心坚定而不……这样才能尽心明志，独自展现将帅威严……

……独立意志……

……积天时、地利、人和三气，守之以道，临机于天，突然发动战争，抱持必胜之心，成全战略宏图。对此，天下人若能理解，不会感到欣慰；天下人若不理解，也不会因此而懈怠。将帅意志一旦确定，就会慎独、发奋，终生不倦。即便放马南山，隐居民间，也不会失去其志向；即便受命危难，率百万兵，也不会改变其意志。这样的将帅，上天能够灭亡他的形体，不能够夺取他的意志；国君能够杀死他的肉身，不能够改易他的事功。……

# 将 德

传本《吴孙子·计》篇说："将者，智、信、仁、勇、严也。"李筌注曰："此五者，为将之德。"本篇即以将德为名。汉简《将德》认为将帅领兵打仗时，应具备"勇""恒""智""敬""惠""信""仁"七种优良品质，文中提出了将帅要爱护、尊重并舍得使用士卒，赏罚及时，不分亲疏贵贱；要不轻敌、不畏敌，"慎终若始"；要有"将不两生，军不两存"的气概。其说法与《计》篇基本一致。

《吴孙子·谋攻》说："将能而君不御者胜。"《齐孙子·篡卒》也说："孙子曰：恒胜有五：得主专制，胜；……恒不胜有五：御将不胜。"汉简《将德》则说："□□□□□而不御，君令不入军门，将军之恒也。"三者说法如出一辙。《将德》为将七德中的"恒"德，大致相当于《吴孙子·计》篇为将五德中的"严"德。

《长短经·将体》引《吴孙子·计》篇说："将者，勇、智、仁、信、必也。"其中"五德"排序与汉简《将德》接近。

王符《潜夫论·劝将》引《孙子》说："将者，智也，仁也，敬也，信也，勇也，严也。是故智以折敌，仁以附众，敬以招贤，信以必赏，勇以益气，严以一令。"《将德》也说："不轻寡，不劫于敌，慎终若始，将军之敬也。"其中也把"敬"德单独列作为将一"德"。传世本《吴孙子·计》

篇所增“仁”德、《潜夫论》引文所增“敬”德，汉简《将德》篇皆有所论。

据《将德》篇，可以窥视汉人是如何折中“孙吴之兵”与荀子的“仁义之兵”，进而修正孙子的“将德”理论的。《将义》篇同此。

所以，《将德》《将义》二篇可视作是孙子后学的著作，虽然其中掺杂了大量汉人的修正思想。

由于《将德》篇各简次序大都不能确定，简本释文大多提行并列，而不连写。这里，笔者依据文义，并结合竹简的残断形态，对简文次序尝试进行重新调整和连缀。

篇题《将德》，为整理者所拟定。简末原有篇题，似为三字。文中，“将军”二字意为领军打仗，并非名词。因而所谓“将德”，指的是领军打仗时的品德要求，而不是泛论将领所应具有的一般品德。

比起简本《将德》释文来，本篇新补缺文凡6个字，改正释文凡2个字。

将不两生，军不两存，将军之勇也〔一〕[1]。□□□□□而不御〔二〕，君令不入军门，将军之恒也[2]。入军……不失[3]，将军之智也。不轻寡，不劫于敌，慎终若始，将军〔三〕之敬也[4]。吊死问伤，食饥餂[5]，与□□，将军之惠也〔四〕。赏不逾日，罚不还面，不维其人，不苟其期[6]，犯禁不□，将军之信也〔五〕。视之若〔六〕赤子，爱之若狡童，敬之若严师，用之若土墙〔七〕[7]，将军之仁也〔八〕。……北辰〔九〕，此将军之德也[8]。　□□□〔一〇〕

【校勘】

〔一〕将军之勇也：简本释文作“将军之□也”。对照图版，简1202左侧完整，右侧残泐；邻简1203也是左侧完整，断头右侧残泐。据断痕和文义判断，二者应为一简之折，据缀。《吴孙子·计》：“将者，智、信、仁、勇、严也。”“将不两生，军不两存”意思是要与敌人血战到底，势不两立,显然属于“勇”的范畴。据补“勇”字。

〔二〕□□□□□而不御:简 1203 释文作“……而不御”。简 1202 与简 1203 连缀后,断处应缺 7 个字。除所补“勇也”2 个字外,仍缺 5 个字。补出 5 个缺文符后,二者组成一枚整简,共 33 个字。

〔三〕简 1204 上部残缺,下部完整,现存文字为“不失,将军之智也。不轻寡,不劫于敌,慎终若始,将军”,共 20 个字。比照下文及邻简,“不失”之上缺文应有 12 个字。据文义,该简应紧接简 1203。

〔四〕简 1205 作“吊死问伤,食饥餂,与□……”。简 1206 作“……□,将军之惠也”。整理者说:“据文义,此简与上简可能为一简之折。‘吊死问伤,食饥餂,与□□,将军之惠也’当连为一句读。”整理者是,据缀。“与□□”,疑作“与下同”。“餂”“甜”为古今字,见《玉篇》。简本释文作“餂”,疑误。今据图版和文义正。

〔五〕简 1206 作“不维其人,不何……”。简 1207 作“……其期,犯禁不□,将[军之□也]”。简 1207 简首“其期”二字,与简 1206 简末“其人”二字构词一致,并与“不苛”文义连贯,且“不维其人”与“不苛其期”互文。整理者说:“此简可能与上一简紧接,‘……不维其人,不何(苛)其期,犯禁不□,将[军之□也]’当连为一句读。”整理者是,据缀。“将[军之信也]”,简本作“将[军之□也]”。此处所言“赏不逾日,罚不还面,不维其人,不苛其期”皆属守“信”。此据文义,补出“信”字。

〔六〕简 1201 作“……赤子,爱之若狡童,敬之若严师,用之若土芥,将军”。《吴孙子·地形》:“视卒如婴儿,故可与之赴深溪;视卒如爱子,故可与之俱死。”孔校本《书钞》“视卒如婴儿”上另有“视卒如赤子”一条标目。据此与本篇文例,可补出“视之若”3 个字。今察简 1201 左侧上残,右侧完好;而简 1207 则是左侧下残,右侧完好,二简残泐部位大体一致。二简断处应缺 7 个字。简 1207 下已补“军之信也”4 个字。此处,可再补“视之若”3 个字。补缺后,简 1207、简 1201 正好构成一枚整简,共33个字。

〔七〕壒:简本原文作“蓋”,简本释文读作“芥”。张震泽《校理》说蓋“当是壒之借”。此从张说改。

〔八〕将军之仁也:简本释文作“将军[之□也]”,“之”下一字缺文。《吴孙子·计》:“将者,智、信、仁、勇、严也。”这里,“视之若赤子,爱之若狡童,敬之若严师”,皆属“仁爱”范畴,据补“仁”字。“之仁也”3个字应位于另一整简简首,其下约缺30个字。

〔九〕北辰:简本释文作“外辰”。此处“辰”上一字左半从“夕”,右半从“匕”,应释作“北”。“北辰”语义清楚,“外辰”则不知所云。据改。

〔一〇〕简1208“此将军之德也”下两字空缺下仍存3个字墨迹,疑为本篇原有题名。据补3个缺文符。

【注释】

[1]“将军”,此处“将”为动词,“军”为名词,“将军”为领军之意,而不是指将帅。

[2]“御”,牵制、干预。“军门”,营门。“恒”,永恒、常规。《吴孙子·谋攻》:“将能而君不御者胜。”《齐孙子·篡卒》:“孙子曰:恒胜有五:得主专制,胜;……恒不胜有五:御将不胜。”文义相近,可参考。

[3]“入军”,进入军营。“失”,失算、失败。

[4]“劫”,劫持、胁迫之意。“不劫于敌”,不被敌劫。“慎终若始”,始终谨慎。《老子·六十四章》:“慎终如始,则无败事。”“敬”,敬事、敬业之意。王符《潜夫论》引《孙子》说:“将者,智也,仁也,敬也,信也,勇也,严也。是故智以折敌,仁以附众,敬以招贤,信以必赏,勇以益气,严以一令。”其中也把“敬”单独列为将军应具备的一种品德。

[5]“饥”,饥饿。

[6]“逾日”,隔日。“还面”,转脸,比喻疾速。“维”,考虑。

“荷”，简文原作“何”，通“荷”，通“苛”，负荷。“不何”，不负约。“期”，约期、约定。

[7]“赤子”，初生婴儿。婴儿初生，身体发红，故称赤子。“狡童”，面目姣好的少年。“严师”，威严的老师。“蓋”，借为“壒”，读 ài，灰尘。“土壒”，比喻轻微渺小，无可宝贵。此数句是说对于士卒，平时要看得重如泰山，爱护有加；战时则要看得轻如尘埃，舍得使用。

[8]“北辰”，北极星。《尔雅·释天》：“北极谓之北辰。”《论语·为政》：“为政以德，譬如北辰，居其所而众星共之。”含义与此相近。

**【译文】**

将帅不和敌将共生，军队不和敌军共存，这是领军打仗的英勇表现。将帅受命专权治军，国君不再干预军务，君令不直接下达军营，这是领军打仗的常规表现。进入军营后，将军……而不会失算，这是领军打仗的智慧表现。不会轻视弱小之敌，也不会被强敌劫持，始终谨慎从事，这是领军打仗的敬业表现。凭吊死者，问候伤员，与士卒同甘共苦，这是领军打仗的恩惠表现。有功即刻奖赏，有错立马处罚，不考虑其人亲疏贵贱，也不会背弃原有约定，违犯禁令绝不宽宥，这是领军打仗的守信表现。视其如赤子，爱其如顽童，敬其如严师，用其如尘埃，这是领军打仗的仁爱表现。如果……士卒就会像众星拱卫北辰一样，追随左右。以上这些，就是领军打仗的品德表现。

# 将　义

《孙子·谋攻》篇说：“故知胜有五：知可以战与不可以战者胜；识众寡之用者胜；上下同欲者胜；以虞待不虞者胜；将能而君不御者胜。此五者，知胜之道也。”讲求“知胜之道”是孙子学派的一大特点。

值得注意的是，简本《将义》也说：“将者不可以不知胜，不知胜则……”其说法与《吴孙子·谋攻》篇一脉相承。

战国时代,崇尚“智谋”“气力”,所以《吴孙子·计》篇说:“将者,智、信、仁、勇、严也。”简本原文疑作:“将者,智也、信也、勇也、严也。”这是战乱之世的将德观。与此有别,本篇则认为将帅必须具备义、仁、德、信、知胜、决等品质,并以首、腹、手、足、心、尾等作比喻,说明其各自的作用与价值。把“义”列为“兵之首”,把“仁”列为“兵之腹”,先“仁义”而后“智谋”,这是太平之世的将德观。

《荀子·议兵》认为孙吴兵法都是“权谋势利”之兵,而荀子所提倡的则是“仁义之兵”。《将义》篇将荀子的“仁义之兵”与孙子的“权谋势利”之兵两种理论结合起来,提出了新的“将德说”。本篇可以看作是西汉孙子后学对孙子将德理论的修正与发展。本篇的作成时间大约应在汉武帝尊崇儒术之后。

《将义》继承了《吴孙子》“智”“信”“仁”“勇”“严”的将德思想,而又吸收了荀子的“仁者之兵”的思想,并且将“义”“仁”“德”比喻为人的“首”“腹”“手”,置于“信”“知胜”“决”之上。这和孙子的思想有所差别,应是汉人的修正说法。不过,为了全面了解汉代孙子学的实际发展,本篇也可列入《孙子翼》。

本篇末简题名《将义》,首简简背则题作《义将》。根据开篇第一句说:“将者不可以不义”,篇题应以《将义》为是。本篇与《齐孙子》中的《八阵》《地葆》篇一样,都是既有篇尾篇题,又有简背篇题,三者篇题形制相近。比起简本《将义》释文来,本篇新补缺文凡 19 个字。

将者不可以不义,不义则不严,不严则不威,不威则卒弗死。故义者,兵之首也[1]。

将者不可以不仁,不仁则军不克,军不克则军无功。故仁者,兵之腹也[2]。

将者不可以无德,无德则无力,无力则三军之利不得。故德者,兵之手也[3]。

将者不可以不信,不信则令不行,令不行则军不抟,军不抟则无名[4]。故信者,兵之足也[5]。

将者不可以不知胜[6],不知胜则……故知胜者,兵之心也[7]。

将者不可以不决[8],不决则〔一〕……则军无□。故决者,兵之尾也[9]。　　将义

## 【校勘】

〔一〕简 1196 作“将者不可以不知胜,不知胜……”。简 1197 则作“……则军无□。故决者,兵之尾也。”简 1196 与简 1197 文义不连,二者之间应缺一简约 34 个字。今据上下文例,“不知胜”下可补出“则……故知胜者,兵之心也。将者不可以不决,不决则”共 19 个字。“也”上一字之所以补作“心”,是因为古人惯将心与腹、手与足、首与尾并言。本篇将“知胜”视作为将之德的核心与灵魂,其与人体的对应部位应为“心”,“心”“腹”相对。据补。

## 【注释】

[1]“兵”,军队。“首”,首脑、首级,此处比喻首要、第一。

[2]“腹”,胸腹。《说文》:“腹,厚也。”此处比喻为将要宽容、仁厚。

[3]“手”,双手,可抓握工具,操作万物,此处比喻为将要有手段和能力。

[4]“抟”,简文作“槫”,借为“摶”,集中之意。“名”,功名。

[5]“足”,双足,承担重量,使人站立,此处比喻信用是为将之本,所谓“人无信则不立”。

[6]“知胜”,预知胜负。

[7]“心”,心脏。古人认为“心”主思想和精神,引申为核心、中央之意。这里比喻“知胜”是为将之德的核心。

[8]“决”,决断、决心。“不决”,不果断,不能下定决心。《吴子·治兵》说:“用兵之害,犹豫最大;三军之灾,生于狐疑。”

[9]“尾”,尾部、最终。此处是说决断力是决定胜负的最终因素。

**【译文】**

为将之人不能没有正义,没有正义就不能严明,不能严明就不能立威,不能立威士卒就不会效死。所以,正义对于将兵者来说,犹如人的首级。

为将之人不能没有仁爱,没有仁爱军队就不能克敌制胜,军队不能克敌制胜就不能建立功勋。所以,仁爱对于将兵者来说,犹如人的胸腹。

为将之人不能没有道德,没有道德就没有感召力,没有感召力全军就不能取得胜利。所以,道德对于将兵者来说,犹如人的双手。

为将之人不能没有信用,没有信用军令,就不能得到执行,军令不能得到执行,军队就不能团结如一,军队不能团结如一,就无法成就威名。所以,信用对于将兵者来说,犹如人的双足。

为将之人不能不预知胜负,不预知胜负就不能……所以,预知胜负对于将兵者来说,犹如人的心脏。

为将之人不能没有决断力,没有决断力就不能……军队就不会……所以,决断力对于将兵者来说,是决定胜负的终极因素。

# 将　过

本篇内容与传本《六韬·龙韬·论将》篇中论将之十过一段大致相同。但整理小组认为:“本篇篇首无文王或武王问太公语,其简式、字体亦与简本《六韬》各篇全异，似当属于其他兵书。”

现整理出的银雀山简本《六韬》，内容均为政治谋略，无关兵法。传本《六韬》中专论兵法的各篇均不见于汉简简文。就此而言，《将过》应该不属于简本《六韬》。

简本《六韬》与《守法守令等十三篇》的书体属于纵式汉隶，其字体特点是直接继承了秦隶风格，脱胎于篆书，仍然保持着篆书的纵势。与此明显不同，简本《吴孙子》与《齐孙子》的书体则属于横式汉隶，其字体更具隶书味道。

就书体而言，简本《将过》与《客主人分》《善者》《将德》《将义》《程兵》等篇都是横式汉隶，字体非常相近，原本可能同属一书。《客主人分》《善者》《将德》《将义》《程兵》等篇既然已列为孙子后学的著作，那么，与其字体相近的《将过》篇应该也是孙子后学的著作。

《吴孙子·计》篇说："将者，智、信、仁、勇、严也。"《吴孙子·九变》说："将有五危：必死，可杀；必生，可虏；忿速，可侮；洁廉，可辱；爱民，可烦。凡此五者，将之过也，用兵之灾也。"本篇《将过》，应是由《吴孙子·计》篇的将之"五德"说和《九变》篇的将之"五危"说演绎而成。

篇题《将过》，为整理小组所拟定。比起简本《将过》释文来，本篇新补缺文凡8个字，另补缺文符凡6个。

敌将之过有十：将有勇而轻死者，有急而心促者[1]，有贪而好货者，有仁而信人者，有仁而慈众者，有智而心怯者，有智而精洁者，有智而心缓者，有刚毅自用者，有惯而□□者〔一〕[2]……勇而轻死者可诱，急而心促者可久[3]，贪而好货者可赂，仁而信人者可诈[4]，仁而慈众者可先[5]，智而心怯者可战，智而精洁者可后，智而心缓者可谋[6]，刚毅自用者可□，惯而□□者可□〔二〕……

【校勘】

〔一〕有愞而□□者：简本释文作“有耎(愞)而……”。此据文例，补出“者”字和2个缺文符。整理者说：“简文‘耎’，当读为‘愞’，二字古通。”谦按：“耎”为古“软”字，“愞”同“懦”。此处，“耎”读作“软”，亦可。

〔二〕刚毅自用者可□，愞而□□者可□：简本释文作“刚毅自……”。此据上文“有刚毅自用者，有愞而[□□者]”及文例，补出“用者可□，愞而□□者可□”诸字。

【注释】

[1]“轻”，简文原作“主”，应是“坙”字之误。“坙”，通“轻”，轻视之意。“促”，急促。

[2]“愞”，简文原作“耎”，通“愞”，同“懦”，懦弱之意。

[3]“诱”，引诱、诱骗。“久”，持久。“可久”，可用持久战应敌。

[4]“赂”，简文原作“洛”，通“赂”，贿赂。“信人”，轻信人。

[5]“先”，先行。

[6]“谋”，简文原作“牧”，通“谋”，谋算、偷袭之意。

【译文】

敌军将领的过错有十种：有的勇而轻死，有的急而心促，有的贪而好货，有的仁而信人，有的仁而慈众，有的智而心怯，有的智而精洁，有的智而心缓，有的刚毅自用，有的懦而□□。勇敢轻死者可以诱致，性急心促者可以久战，贪财好利者可以贿赂，仁义轻信者可以欺诈，仁义爱众者可以先打，机智胆怯者可以交战，机智精干者可以后打，机智而优柔者可以偷袭，刚愎自用者可以……懦弱……可以……

# 吴 问

《吴孙子·计》篇说："兵者，国之大事也。死生之地，存亡之道，不可不察也。"《吴问》是一篇专门讨论晋国六卿存亡问题的寓言作品，其主题与《吴孙子·计》篇多少有点关系。

《吴问》以问答形式，拟托"孙子"与"吴王"对话，其内容不是论述军事问题，而是论述社会政治问题，其思想主张与墨家的"非攻""薄敛"学说有关，也和别墨惠施、公孙龙的"偃兵"之说相近。

称王称霸是战国中期的一大政治趋势。受此影响，当时及后来的学者每每喜欢讨论"王霸"问题，"王道""霸道"一时成了热门话题。本篇结尾说："王者之道，宜以厚爱其民者也。"说明其作成时间应在战国中期以后，不会早于孙膑、孟子的活动年代。

战国初年，晋国的魏、赵、韩三大家族通过内战，消灭了范氏、中行氏和智氏，分割了战败者的土地，瓜分了晋国，建立起三个独立政权，史称"三晋"。作为三家分晋的一种朔源式历史叙述，"六卿专政"每每为战国学者所乐道。

在《吴问》中，"孙子"是以预言家的身份出现的。本篇所涉及的历史事件计有六卿专政、三家分晋和赵灭中山；文中所推崇的赵氏田亩制度，以商鞅变法后的秦国田亩制度为蓝本。这样的文字记载，显然不是史家叙述，而是诸子寓言。

《吴问》是一篇政论作品，其作成年代应在赵灭中山之后、长平之战以前，即公元前296—前260年。其作者或为荀门中人。有关本文的深度论述，详见篇末"申论"——《〈吴问〉或为荀门作》。

篇题《吴问》，原写在本篇第一简的简背。比起简本《吴问》来，本篇新补缺文凡5个字，另将整理小组所补缺文凡28个字由注文移入正文。

吴王问孙子曰[1]："六将军分守晋国之地[2]，孰先亡？孰固成[3]？"孙子曰："范[4]、中行氏先亡[5]。"

"孰为之次？""智氏为次[6]。"

"孰为之次？""韩[7]、魏为次[8]。赵毋失其故法[9]，晋国归焉。"

吴王曰："其说可得闻乎？"孙子曰："可。范、中行氏制田，以八十步为畹[10]，以百六十步为畛[11]，而伍税之。其畛〔一〕田狭，置士多，伍税之，公家富。公家富，置士多，主骄臣奢，冀功数战[12]，故曰先亡。智氏制田，以九十步为畹，以百八十步为畛。其畛田狭，其置士多，伍税之〔二〕。公家富，置士多，主骄臣奢，冀功数战，故为范、中行氏次。韩、魏制田，以百步为畹，以二百步为畛，而伍税之。其畛田狭，其置士多，伍税之，公家富。公家富，置士多，主骄臣奢，冀功数战，故为智氏次。赵氏制田，以百廿步为畹[13]，以二百卌步为畛[14]，公无税焉。公家贫，其置士少，主佥臣收[15]，以御富民，故曰固国[16]。晋国归焉。"

吴王曰："善！王者之道[17]，宜以〔三〕厚爱其民者也。" 二百八十四

【校勘】

〔一〕畛：简本释文，"田"上一字缺文。整理者说："'田'上一字，又见下一五八号简，惜皆残泐。据残划推测，似是'割'字。割田犹言制田。"谦按：简158"田"上缺文一字，摹本释文作"畛"。今据摹本，补出"畛"字。下同。

〔二〕智氏制田，以九十步为畹，以百八十步为畛。其畛田狭，其置士多，伍税之：此28个字为整理者所拟补，此处将其移入正文。同时，据简158摹本释文，将"其□田狭"缺文补作"畛"字。

〔三〕宜以：此句简本释文作"□□厚爱其民者也"，"厚"上二字缺文。整理者说："此二字不清，从残存字迹看，疑是'宜以'二字。"整理者是，据补"宜以"二字。

【注释】

[1]"吴王"，春秋吴国国君。"孙子"，其原型可能有三：一是《孙子十三篇》的题名作者——兵家孙武；二是春秋卫国大夫孙文子；三是春秋吴国大夫孙伯。

[2]"六将军"，指晋国六卿，又称"六晋"。《墨子·非攻中》："昔者晋有六将军。"孙诒让《墨子间诂》："六将军，即六卿为军将者也。"《淮南子·道应训》："昔赵文子问于叔向曰：'晋六将军，其孰先亡乎？'"高诱注："六将军，韩、赵、魏、范、中行、智伯也。"《左传》记载：公元前497年，赵鞅向同宗大夫赵午索取卫国进贡的500户人口而遭到拒绝，一怒之下杀了赵午。赵午是荀寅的外甥，荀寅又是范氏的姻亲。赵午被杀，范氏和中行氏便以国君名义，联合起来讨伐赵鞅。赵鞅寡不敌众，退守晋阳。这时，六卿中的智氏、韩氏和魏氏，也起来讨伐范氏和中行氏。后来，齐、郑、卫、鲁、鲜虞等国也被卷入战争。此战前后打了八年，结果以赵氏战胜范氏、中行氏而告终。公元前453年，赵、魏、韩三家联兵灭掉智氏，从此三家分晋局面形成。再后来，三家经过内部变法和外部兼并，先后成为新兴强国。

[3]"固"，副词，坚持、一定。

[4]"范"，范氏，又称士氏。公元前593年，士会将中军兼执政，此为范氏始兴。因食邑于范（今河南范县），遂称范氏。公元前554年，范宣子（士匄）执政。公元前509年，范献子（士鞅）执政。

[5]"中行氏"，晋国公族之后，荀氏一支。公元前632年，晋文公又创立三支新军，为避逾制之嫌，将新军命名为左、中、右"三行"。荀林父为中行帅，其后人因称中行氏。公元前497年，范昭子（士吉射）、

中行文子(荀寅)与赵、韩、魏、智四家火并。公元前490年,范氏、中行氏战败而亡,其领地被智、赵、韩、魏四家瓜分。

[6]“智氏”,又作知氏,与荀氏、中行氏同族。公元前588年,荀林父之弟荀首佐中军,食采于智(今山西临猗),后人因称智氏。公元前564年,智武子(智罃)执政,帮助晋悼公制定了“三驾疲楚”战略,此为智氏始兴。公元前533年,智文子(智跞)佐下军。公元前475年,智襄子(智瑶,史称智伯)执政。公元前453年,赵、韩、魏三家联合灭掉智氏,瓜分其地。从此,三家分晋局面形成。

[7]“韩”,韩氏始祖为韩万,韩万是曲沃桓叔之子,为晋公族。公元前573年,韩厥执政,此为韩氏始兴。公元前540年,韩宣子(韩起)执政。公元前497年,韩简子(韩不信)参与打败范氏和中行氏。公元前408—前400年,韩景侯(韩虔)在位,始分晋为诸侯,创立韩国。

[8]“魏”,魏武子(魏犨)跟随晋文公流亡19年,因功被封,此为魏氏始兴。公元前555年,魏庄子(魏绛)将下军。公元前497年,魏襄子(魏侈)参与打败范氏与中行氏。公元前445—前396年,魏文侯(魏斯)在位,始分晋为诸侯,创立魏国。

[9]“赵”,公元前621年,赵盾执政,此为赵氏始兴。公元前548年,赵文子(赵武)执政。公元前535年,赵景子(赵成)佐中军。公元前497年,赵简子(赵鞅)执政,主持打败范氏与中行氏。公元前408—前387年,赵烈侯(赵籍)在位,始分晋为诸侯,创立赵国。

[10]“畹”,古代地积单位。畹,《说文》:“田三十亩也。”本篇所说的畹相当于半畛,实为五十亩。

[11]“畛”,原指田间起分界作用的小道。《说文》:“畛,井田间陌也。”以一畛为界的一块田也称为畛。古代制田本以百步为亩,百亩之田是百步见方的一块地。后来加大亩制,田块的纵横两边,一边一百步不动,另一边加大步数。如秦制二百四十步为亩,百亩之田就是一边一百步一边二百四十步的一块。简文谓“百六十步为畛”,此畛当是

百亩与百亩之间的田界。“百六十步为畛”，一畛百亩之田当是一边一百六十步一边一百步的一块，也就是每亩为一百六十步。畹八十步，当畛之半，为每亩一百六十步之田五十亩。

[12]“冀”，希求。“数”，屡次。

[13]“廿”，读 niàn，二十。

[14]“卌”，读 xì，四十。

[15]“佥”，读 liǎn。

[16]“固国”，强固之国。《国语·晋语》：“夫固国者，在亲众而善邻，在因民而顺之。”

[17]“王者之道”，指以德服人的统治哲学，与以力服人的霸者之道相对。一说，“王者之道”是指成就王业的途径。

**【译文】**

吴王问孙子说：“六将军分别掌管着晋国的大块地方，他们谁先灭亡？谁能一定成功？”孙子回答说：“范氏和中行氏最先灭亡。”

吴王问道：“谁为其次？”孙子回答说：“智氏其次。”

吴王问道：“谁又再次？”孙子回答说：“韩、魏再次。赵氏没有失去其优良传统，晋国最终将归其所有。”

吴王说：“可以说说理由吗？”孙子回答说：“可以。范氏、中行氏制定田亩制度，以八十步为畹，以一百六十步为畛，而伍分税一。其田亩狭小，而设置的官吏却很多，伍分税一，则公家富。公家富了，设官很多，主子骄横，臣下奢侈，贪求功名而屡次发动战争，所以说他们最先灭亡。智氏制定田亩制度，以九十步为畹，以一百八十步为畛。其田亩狭小，设官众多，伍分税一，公家富了，设官很多，主子骄横，臣下奢侈，贪求功名而屡次发动战争，所以说，他们会在范氏、中行氏之后灭亡。韩氏、魏氏制定田亩制度，以一百步为畹，以二百步为畛，而伍分税一。其田亩仍然狭小，其设官仍然众多，伍分税一，公家富了，设官很多，主子骄横，臣下奢侈，贪求功名而屡次发动战争，所以说，他们会在智氏之后灭亡。赵氏制定田亩制度，以一百二十步为畹，以二百四十步为畛，并且不征收杂税。公家贫穷，设官较少，君臣收敛，戒骄戒奢，而驾御着富足的民众，因而可以成为强固之国。晋国最终将归赵氏所有。”

吴王说：“好啊！王者之道，应该厚爱其百姓。”

## 【申论】

### 《吴问》或为荀门作

古人所谓“寓言”，是指拟托之言，是假借有地位、为人尊信之人的言论。刘向《别录》说：“作人姓名，使相与语，是寄辞于其人。”司马贞《史记·老子韩非列传·索隐》说，《庄子》“其书十余万言，率皆立主客，使之相对语，故云‘偶言’。又音寓，寓，寄也”。这是“寓言”的初义。用“寓言”形式，拟托古人或名人问对，是战国晚期较为流行的一种作文之法。银雀山汉简《吴问》与《见吴王》就是两篇运用“寓言”手法写成的问对之作。

《吴问》拟托的问对者是“吴王”和“孙子”。

银雀山汉简出土后，由于和《吴问》一同出土的《见吴王》篇有“阖庐”和“孙子”的对话，因此当时学术界未经论证，便直接把《吴问》中的“吴王”视作“阖庐”，把“孙子”视作《孙子》十三篇的题名作者——“孙武”。这其实是一种想当然。

在战国、秦汉文献中，符合《吴问》问对情景的“孙子”人选，除了《史记》所记载的兵家“孙武”，另外还有两个人具备资格，一个是《左传》《史记》多有记载的卫国大夫孙林父，另一个是《说苑·权谋》所记载的吴国大夫孙伯。

在《左传》中，孙林父又称“孙文子”或“孙子”。孙林父曾任卫国正卿，多次参与诸侯会盟，《左传·成公七年》《左传·成公十四年》

《左传·襄公五年》《左传·襄公七年》《左传·襄公十年》《史记·吴世家》等均有记载。孙文子与晋国上层关系很好,《左传·成公十四年》说他"甚善晋大夫"。《春秋·成公十五年》记载,"孙林父"与晋、齐、宋、郑、邾等国大夫"会吴于钟离"。《左传》记载:"十一月,会吴于钟离,始通吴也。"

公元前568年,受霸主晋国委托,孙文子和鲁国大夫仲孙蔑访问吴国。《左传·襄公五年》记载:"仲孙蔑、卫孙林父会吴于善道。""善道"在今江苏盱眙县。同年,晋、卫、鲁、宋、陈、郑、曹、莒、邾、滕、薛、齐、吴、鄫等国盟于"戚"。"戚"是孙文子的封邑。顾栋高说,戚"世为孙氏邑,会盟要地,林父以戚如晋,蒯聩自戚入卫。盖其地濒河西,据中国之要枢,不独卫之重地,亦晋、郑、吴、楚之孔道也"。

根据《左传》记载,孙文子曾分别在钟离、善道和戚城三地会见吴王或吴人。经过孙文子等人的外交斡旋,吴国被拉入抗楚联盟。晋、吴通好,孙文子功不可没。

晋国六卿的地位依官职为次,分别是中军将、佐,上军将、佐,下军将、佐。当最高执政出缺时,按照官职依次递补。这种军政合一的官制创设于晋文公。此后不同年代出任晋卿的大夫家族因时而变。晋平公十年(前548)"赵文子为政",下军佐"程郑卒",范、中行、智、韩、赵、魏六家开始同列为卿,由此开启"六卿专政"的时代,史称"六晋"。

就在"六晋"同掌晋政的次年,《春秋·襄公二十六年》记载:"卫孙林父入于戚以叛。"《左传》也说:"孙林父以戚如晋。……专禄以周旋。""卫人侵戚东鄙,孙氏诉于晋,晋戍茅氏。""晋人为孙氏故,召诸侯,将以讨卫也。夏,中行穆子来聘,召公也。""六月,公会晋赵武、宋向戌、郑良宵、曹人于澶渊,以讨卫,疆戚田。取卫西鄙懿氏六十以与孙氏。"时当公元前547年。这一年,中行穆子、晏子、叔向等人因孙氏叛卫入晋、卫国内乱,纷纷进行外交斡旋。赵武(赵文子)则率诸侯联军攻打卫国,帮助孙文子夺得"卫西鄙懿氏六十"邑。可见,孙文子与赵文子、叔向、晏子等为同时代人。

三年之后,《左传·襄公二十九年》记载:吴王特使季札"自卫入晋",路过戚城,顺便拜会孙文子,然后"适晋,说赵文子、韩宣子、魏献子曰:'晋国其萃于三族乎?'"时当公元前544年。

孙文子与"六晋"(范、中行、智、韩、赵、魏)同时交集,至少有十几年的时间。

《春秋》共书叛人四次,其中三次和《吴问》有关:孙文子首开叛君例,其他二例则是:定公十三年"秋,晋赵鞅入于晋阳以叛";同一年"冬,晋荀寅、士吉射入于朝歌以叛"。孙文子可谓是赵鞅、荀寅和士吉射的前辈。

《史记·六国年表·太史公自序》说:"是后陪臣执政,大夫世禄,六卿擅晋权,征伐会盟,威重于诸侯。及田常杀简公而相齐国,诸侯晏然弗讨,海内争于战功矣。三国终之卒分晋,田和亦灭齐而有之,六国之盛自此始。"所谓六国,即赵、韩、魏、齐、燕、楚;加上秦国,便是所谓七雄。

"六晋"是"三晋"的前身。赵、韩、魏三家分晋,是战国初年的事。战国七雄中,由于魏、赵、韩三国的开国史都可以追溯到"六晋"专政这一历史事件上来,因此战国和秦汉时期许多著作都或多或少、或详或略地记载了前代的有识之士对"六晋"的评论和看法,其中有些即以预言出现。如《淮南子·道应训》说:"昔赵文子问于叔向曰:'晋六将军,其孰先亡乎?'对曰:'中行、知氏。'"又如《新序·杂事》说:"赵文子问于叔向曰:'晋六将军,孰先亡乎?'对曰:'其中行氏乎!'"

赵文子是赵简子的祖父。六卿内讧,始于赵简子时代。《淮南子·道应训》与《新序·杂事》既然都让赵简子的祖父辈——赵文子和叔向——扮演预言者的角色,那么,与赵文子、叔向、季札同时的孙文子,自然也可以预言"六将军"的存亡问题。

孙文子曾两次叛卫入晋,也算半个晋国人。孙文子本人和晋国六卿都有私交,赵文子曾率师帮孙文子戍守戚城。孙文子又曾两次南行,在钟离和善道会见吴王。吴王特使季札出访中原,也曾先拜会孙文子,尔后入晋,会见赵文子、韩宣子和魏献子,预言晋国将归赵、韩、魏三家。孙文子和吴、晋两边都有交情。既然如此,那么,依据《左传》记载,《吴问》中的“孙子”与“吴王”,也可能是指孙文子与吴王余祭(或余昧)。

六卿内讧始于公元前497年。此时“六将军”是赵鞅、中行寅、范吉射、智跞、韩不信和魏曼多。《淮南子·道应训》与《新序·杂事》都是拟托赵鞅的祖父辈赵文子和叔向进行预言。那么,让赵鞅的同辈人进行预言,可不可以呢?

刘向《说苑·权谋》记载:“石益谓孙伯曰:‘吴将亡矣,吾子亦知之乎’孙伯曰:‘晚矣,子之知之也!吾何为不知?’石益曰:‘然则子何不以谏?’孙伯曰:‘昔桀罪谏者,纣焚圣人……夫亡者岂斯人知其过哉!’”

六卿内战爆发后,齐、鲁、卫、郑、鲜虞等国相继被卷入战争,这场国际大战前后打了八年。“孙伯”与吴王夫差、赵鞅、范吉射、中行寅为同时代人。石益敬称“孙伯”为“子”,可见“孙伯”也可称作“孙子”。孙伯既然曾与石益讨论吴国的存亡问题,那么,让他提前20年和吴王阖庐问对一下晋国六卿的存亡问题,不是也符合情理吗?所以,依据刘向《说苑》进行推理,也不排除《吴问》中的“孙子”是指孙伯。

《吴问》本色是寓言。依据目前的战国、秦汉文献,我们很难确定《吴问》中的“孙子”到底是指孙林父还是指孙武,抑或指孙伯。三人之中,到底谁才是《吴问》里的“孙子”?仍然是个有待解决的问题。

如今,《吴问》未经论证,即认定其中的“孙子”为孙武、“吴王”为阖庐,也不知依据什么。

六卿之中,赵氏和吴国的关系尤为密切。鲁哀公十三年(前482),单平公、晋定公、吴夫差、鲁哀公会于黄池,赵鞅主持会盟,默许吴王夫差先歃。

鲁哀公二十年(前475),赵鞅去世,毋恤代立,是为赵襄子。同年,“越围吴”。晋、吴为盟国,但相距甚远,欲救吴,实非晋力所能及。赵襄子只能派家臣楚隆出使吴国,代为安慰。夫差想起吴始用师于越时,晋太史史黯(即史墨)曾经说:“不及四十年,越其有吴乎?”于是问楚隆:“史黯何以得为君子?”对曰:“黯也进不见恶,退无谤言。”王曰:“宜哉!”这是吴王与晋人的最后对话。《吴问》之所以预言晋国六卿最终归赵,应和赵氏亲吴不无关系。

对于晋国六卿的相互兼并故事,《墨子·所染》《非攻》《鲁问》等篇都曾有所论及。《墨子·鲁问》更是将吴王与智伯相提并论。《吴问》通过预言六晋的兴亡,借以教训范吉射、中行寅与智伯一类人物。《吴问》末句说:“王者之道,宜以厚爱其民者也。”《吴问》继承了墨家兼爱、非攻的思想,劝诫君主们要少置士、薄赋敛,要“厚爱其民”。这种思想主张和战国墨家学说或别墨惠子、公孙龙之说相类,也和荀子的“王道”“附民”之说相近。

《齐孙子·富国强兵》篇记载,威王曰:“齐士教寡人强兵者,皆不同道……有教寡人以政教者,有教寡人以[薄]敛者,有教寡人以散粮者,有教寡人以静者。”孙子说这些都不是“强兵之急者”,只有“富国”才是“强兵之急”。《吴问》主题也和强兵有关,只不过它主张“主敛臣收”,主张“薄敛”罢了。

公元前342年,魏惠王首先称王。公元前323年,魏、韩、赵、燕、中山“五国相王”。《吴问》说“王者之道”如何如何,用“王”称呼晋“六将军”,说明其作成年代应在“五国相王”之后。

战国中期,魏、韩、赵三家的势力对比是:最初魏国最为强大,后经桂陵之战、马陵之战,魏国大败于齐、秦,国力渐衰;而赵国国力则超过魏国,与秦、齐构成鼎立之势。公元前307年,赵武灵王实行“胡服骑射”,赵国开始走向强盛。此后赵国东伐齐国,西击强秦,尽收胡地。

公元前296年赵灭中山,一跃成为仅次于秦的东方强国。《吴问》既然预言六晋最后归赵,可见它是以魏国霸业衰落、赵灭中山之后的国际形势为背景的。

长平之战以后,赵国由盛转衰。面对秦国的凌厉攻势,赵国自保尚且困难,更不要说兼并韩、魏了。三晋最后都被秦国所吞并。《吴问》有关韩、魏归赵的预言没有应验,说明其作成时间应在秦赵长平之战之前。

由此推断,《吴问》的作成时间大概在公元前296—前260年。其作者疑为赵人或居赵之人。

《吴问》的论证方式具有战国名辩学派的特点,并且带有诡辩味道:它提出"亩小税重者先亡,亩大税轻者固成"的假说,并给予机械式的论证。战国辩者为了追求逻辑谨严,常使用叠句,反复论证。《吴问》似乎继承了这种文风,其论证逻辑性很强,深得名辩之义法,行文却未免显得重复啰嗦,机械呆板。

《史记·孟子荀卿列传》说:"荀卿,赵人。年五十,始来游学于齐。……齐襄王时,而荀卿最为老师。齐尚修列大夫之缺,而荀卿三为祭酒焉。齐人或谗荀卿,荀卿乃适楚,而春申君以为兰陵令。春申君死,而荀卿废,因家兰陵。李斯尝为弟子,已而相秦。荀卿嫉浊世之政,亡国乱君相属……于是推儒、墨、道德之行事兴坏,序列著数万言而卒。因葬兰陵。"

廖名春认为,荀、孙应为一姓之通假异文。荀子"应该姓孙而不姓荀"。"荀子即为赵人,又为孙氏,合乎逻辑的解释他最可能出自卫公子惠孙之后,是由卫入赵的卫国人。"

荀子是赵人,曾与赵孝成王议兵;曾经仕齐,"三为祭酒";后又仕楚,为兰陵令;深得春申君赏识,而春申君的封地即为吴。由此推想,《吴问》或与荀门有关,其作者或为荀子,或为荀门弟子。

# 见吴王

汉简《见吴王》是《史记·孙武传》的祖型，其内容与司马迁所记孙武面见吴王阖庐、以兵法试诸妇人之事大同小异，但更全面而具体，说明司马迁所言其来有自。文中贯穿的“赏善始贱，罚恶始贵”的治军思想，构成了《史记·孙武传》的理论基石。

春秋战国之际，吴、越两国相继称霸，出于强兵称霸的需要，吴越两国的学术，最盛行的是兵家。战国中期以后，兵家的旗帜人物首推孙子。于是，将先秦吴越人杰的阖庐，与兵家孙子串联起来，共同作为象征符号，自然成为一种选择。汉简《见吴王》可能就是在这样一种时代背景下产生的文学作品。

《见吴王》是一篇寓言作品，该作品是以《韩非子》“晋文公杀颠颉”的历史故事为蓝本，掺入“平原君斩姬留士”的矫厉情节演绎而成。对此，本篇“申论”《孙子斩姬立威故事溯源》将进行深入探讨，可以参看。

本篇严重残缺，前后顺序很难确定，整理小组参考《史记·孙武传》文字加以排比，有些地方与实际情况可能有出入。篇题《见吴王》为整理者所拟加。本篇原不分段。这里，为了便于校释和译注，根据文义，将其大致分作七段。比起简本《见吴王》来，笔者新补缺文凡36个字，将简本校语所补缺文移入正文凡25个字，另将附简16条共126字(含缺文符)缀合拼入正文。

……□于孙子之馆，曰：“不穀好□□□□□□□□□□□兵者欤[1]？”孙子曰：“唯十三篇所明道言功也[2]，诚将闻□〔一〕……乎？”“不穀之好兵□□□□之□□□也，适之好之也[3]。”孙子曰：“兵，利也，非好也。兵，□也，非戏也。君王以好与戏问之，外臣不敢对[4]。”

阖庐曰：“不穀未闻道也[5]，不敢趣之利与……[6]□□孙子□□〔二〕……阖庐曰〔三〕：“……□不穀请学之。”为终食而〔四〕□也。请合之于□隋，戒之于〔五〕[7]……□而试之也，得而用之也，□□得矣。若夫十三篇所〔六〕……□孙子曰：“唯君王之所欲，以贵者可也，贱者可也，妇人可也。试男于右，试女于左，□□□□□□。”

阖庐曰〔七〕：“不穀愿以妇人。”孙子曰：“妇人多所不忍，臣请代……畏，有何悔乎？”孙子曰：“然则请得宫中□〔八〕……之国左后玺囿之中[8]，以为二阵[9]□□……□曰：“阵未成，不足见也。及已成也，君王居台上而待之，臣〔九〕……□□不辞其难。”君曰：“诺。”

孙子以其御为司马[10]，以其〔一〇〕参乘为舆司空[11]，告其御、参乘曰：“□□……□妇人而告之曰：“知汝右手？”曰：“知之。”“知汝左手？”曰：“知之。”“知汝心？”曰：“知之。”“知汝背？”曰：“知之。”……“谓汝右，从汝右手。谓汝左，从汝左手。谓汝前，从汝心。谓汝后，从汝背〔一一〕。”

……□至日中请令〔一二〕人主也[12]，若夫发令而从，不听者诛□□〔一三〕……□不从令者也。七周而释之[13]，鼓而前之[14]……三告而五申之，鼓而前之，妇人乱而笑。□〔一四〕金而坐之[15]，又三告而五申之，鼓而前之，妇人乱而笑。三告而五申〔一五〕者三矣，而令犹不行[16]。

孙子乃召其司马与舆司空而告之曰：“兵法曰：弗令弗闻，君将之罪也；已令已申，卒长之罪也。兵法曰：赏善始贱，罚恶□贵〔一六〕……□请谢之。”[17]孙子曰：“君命□□□〔一七〕□□□之。孙子曰：“外内贵贱得矣[18]。”孙〔一八〕子曰：“姑试之，得而用之，无不胜〔一九〕……阖庐曰〔二〇〕……将军能,不穀不敢不□〔二一〕……阖庐六日不自□□□□□[19]……

□□□□孙子再拜而起曰:"道得矣,□□则威立而德信矣[20],威立则兵已□矣〔二二〕,阵已成矣,教□□听〔二三〕,引而圆之,圆中规;引而方之,方中矩〔二四〕[21]。□□、贵贱、少长、远近,习此教也〔二五〕,以为恒命[22]。此素教也,将之道也[23]。民□□□,莫贵于威〔二六〕。威行于众,严行于吏,三军信其将畏者[24],乘其敌[25]。" 千□十五[26]

* * *

……者□□也。孙子……

……孙子曰:"□……

……孙子……

【校勘】

〔一〕本篇附录的简220释文作"子曰:'唯";简216释文作"十三篇所明道言功也,诚将闻□"。简220下部与简216上部断痕走向一致。今据文义和残简断痕,将二简连缀,移入正文简190下,同时去掉简220"子曰"上整理者拟补的"孙"字。

〔二〕□□孙子□□:此为附简第231简释文,今据文义移入正文。

〔三〕阖庐曰:附简第233简作"阖庐",今据断痕移入正文,并据文例补出"曰"字。

〔四〕附简226释文作"……□不穀请学之。为终食而……"。上文孙子问吴王是否愿意学习("诚将闻")"十三篇",此句则为吴王答语,不仅回答愿意"学之",而且为之废寝忘食("为终食而……")。据移。

〔五〕附简224释文作"……□也。请合之于□□□之于……"。今据摹本残画,"请合之于"下缺文第一字左半残去,右半上似"夕"

字,下似“寸”,疑为“将”字;第二字左半残去,右半上为“左”,下为“月”,当为“隋”字;第三字左半残去,右半为“戈”,当为“戒”字。据此补出“隋”“戒”二字。此简下部完整,上部残缺,上部断折处与简 226 下部断折处若合符节,两简字数加起来为 20 个字,正好为半简。可见二者为一简之折。据此,简 224 应移入简 226 下。二简拼接后,除“也”上一字残去外,中间再无缺文,故应删去二者间的省略号。

〔六〕附简 218 释文作“……□而试之□得□……”。附简 215 释文作“……而用之,□□□得矣。若□十三篇所……”。细审简 218,“试之”下一字应为“也”字(简 215“用之”下一字同为“也”字);“得”字下二道细纹应为编绳痕迹,而非文字。可见此残简应为一简之中或一简之末。再看简 215,“而”字位于简头,其上有编绳痕迹,说明此简应为一简上部;“得矣”二字之上缺文疑为“是谓”二字;“若”字之下一字缺文,据摹本残画可补出“夫”字。而据简 217 孙子曰“姑试之,得而用之”,可知“试之”与“用之”文义相连。据缀。

〔七〕简 195 简本释文作“……曰:‘不穀愿以妇人。’孙子曰:‘妇人多所不忍,臣请代……”,共计 19 个字,首字“曰”上至中间编绳位置约缺 2 个字。据文义,简 195 与简 194 应为一简之折。简 194 为“可也,妇人可也。试男于右,试女于左,□□□□”,文字加缺文符共计 18 个字,下至中间编绳位置仍缺 2 个字。据文例,简 195“曰”上缺文 2 个字可补作“阖庐”,而简 194“试女于左”下可再补出二个缺文符。据补。

〔八〕然则请得宫中□:简本释文作“然则请得宫□□”,“宫”下一字残缺,中间只剩一“丨”,似为“中”字。《史记》:“阖庐曰:‘可试以妇人乎?’曰‘可。’于是许之,出宫中美女,得百八十人。”今据缺文残画和《史记》记载,补出“中”字。

〔九〕附简第 221 简,简本释文作“也,君王居台上而待之,臣”。据文义,本句为孙子和吴王就观操之事所进行的问答,说话者为孙子,他建议吴王届时坐到台上进行观看。这说明,此简位置应该是在操练对象(宫女)已经确定,但又尚未开始实际操练之前。而简199、简200则说:“……□曰:‘阵未成,不足见也。及已成……□□不辞其难。’君曰:‘诺。’”其中缺文,正好是观操方面的内容。而且简199末尾“成”字只存上半,其下半正好在简221之上,两简断痕吻合,可见二者应为一简之折。据移。

〔一〇〕简200释文说“孙子以其御为……”。据下文“孙子乃召其司马与舆司空”,可知“为”下缺文当有“司马”二字。“御”和“参乘”为并列关系。孙子既然“以其御”为“司马”,接着应说“以其参乘”为“舆司空”。据此补出“司马,以其”四字。

〔一一〕此段简本释文作“……□妇人而告之曰:‘知汝右手?’……之。’‘知汝心?’曰:‘知之。’‘知汝背?’曰:‘知之。’……左手。谓汝前,从汝心。谓汝……”。整理者根据《史记》记载及本篇文例,在校语里已将此段简文补足作:“□妇人而告之曰:‘知汝右手?’曰:‘知之。’‘知汝左手?’曰:‘知之。’‘知汝心?’曰:‘知之。’‘知汝背?’曰:‘知之。’……‘谓汝右,从汝右手。谓汝左,从汝左手。谓汝前,从汝心。谓汝后,从汝背。’”今将其移入正文此处。

〔一二〕此为附简第222简。此简上部残缺,下部完整,“请令”二字之下并无缺文。本简说“至日中请令”,可见“请令”不会太早,也不会太晚,应该是在宣布完各种约束之后、正式操练之前。据移。

〔一三〕此为附简第223简。此简上部完整,下部残缺,“人主”二字之上应无缺文。简222说孙子“请令”,“请令”当然是向“人主”阖庐了。所“请”何“令”?请到的是:“发令而从,不听者诛。”可见,简223简与简222原本相连,中间应无缺简,二者应共同位于简205“……□不从令者也。七周而释之,鼓而前之……”之上。据移。

〔一四〕简本释文说“妇人乱而[□□]金而坐之”。下文说:“又三告而五申之,鼓而前之,妇人乱而笑。”孙子三令五申前后共有三次,结果,都是“妇人乱而笑”。据此,“而”下一字缺文应补作“笑”,“笑”下应加句号。另据文义,“金”上一字缺文疑为“鸣”字或“击”字。

〔一五〕简本释文作“三告而五申之”,衍“之”字。此据简本图版和摹本删。

〔一六〕简本释文说“赏善始贱,罚……”,“罚”下缺文。谦按:此为成语,“赏善始贱”与“罚□□□”应互文相对。上句既言“赏善始贱”,则下句应作“罚恶□贵”,前后互为反义。据此,“罚”下可补出“恶”“贵”二字。“恶”下缺文疑为“始”字或“自”字。

〔一七〕简 209 释文作“君……”。据摹本,“君”下一字左半残泐,右半上为“人”字,下为“卩”字,全字当为“命”或“令”。汉隶结构,“命”下之“卩”位置偏右,“令”下之“卩”位置居中。缺文“卩”位置偏右,左边应有笔画,应为“命”字。此简简尾与简 219 简头宽度相近,疑为一简之折。本简上下皆残,中部编绳痕迹位于“君”“[命]”二字之间。“命”下与简 219 之间缺文应为 3 个字。“[命□□□]”加上第 219 简 14 个字,共有 18 个字,相当于半简字数。据此,补出“命”字和 3 个缺文符。

〔一八〕附简第 219 简,简本释文作“……□□□之”。“之”上缺文,左半残存“言”旁,右半残泐。本简下文孙子既说“外内贵贱得矣”,可见,此简位置应在孙子拒绝吴王求情,杀掉二姬后。据摹本残画,“之”上一字或为“许”字。今据文义,将简 219 移到正文简 209 下。简 219 上部残缺,下部完整,末尾“孙”字下并无缺文,后接一简起首当有“子曰”二字。

〔一九〕附简第 217 简,简本释文作“……[孙]子曰:‘姑试之,得而用之,无不□……”。简本图版“不”下一字缺文残存上半,摹本释文作“胜”。今从摹本补出此字。句首“子曰”二字上无缺文,应和简 219 相连。今据文义,将简 217 拼入此处,并删去整理者所补“孙”字。

〔二〇〕附简第 232 简,简本释文作“……阖庐……”。今据文义拼入此处，并据文例补出“曰”字。

〔二一〕附简第227简，简本释文作“将军□不穀不敢不□……”。据摹本残画，“军”下一字应为“能”字，据补。另据文义，此二句应是孙子杀姬后，吴王对孙子的牢骚之言，其时间应在孙子首次请吴王观操，吴王不允之际。故而应移入正文此处，并据文义将简232一并移入，置于此句之上。

〔二二〕《孙膑兵法·篡卒》篇说：“兵之胜在于篡卒……其德在于道。”简212说：“孙子再拜而起曰：‘道得矣……”银雀山田野号第0788残片，吴九龙《释文》作“……□＝则威立而德信矣威立则兵”，文义与简212、简225及下文若合符节，三者应为一简之折。简212简本定位无误，应为原简上段。第0788残片紧接简212，应为原简中段。简225应为原简下段，其下应无缺文。按照邻简字数推测，第0788残片与简225之间应缺三字，今据简225“阵已成矣”之例，可补作“已□矣”。据补“□□则威立而德信矣，威立则兵已□矣”二句。

〔二三〕附简第225简，简本释文作“……阵已成矣，教□□听……”。谦按：此文前句“阵已成矣”与正文212简“道得矣”及田野号第0788残片“□□则威立而德信矣”说法相合；后句“教□□听”与正文213简“贵贱、少长、远近习此教也，以为恒命，此素教也”语义相关。故据文义，移入此处。

〔二四〕简210作“……引而圆之，圆中规；引而方之，方中矩”。其内容是说经过训练后，士卒如何遵守规矩，它和简225“阵已成矣，教□□听”文义相承，“引而圆之”上应无缺文。据此，将其移到简225与简213之间，并删“引而圆之”上的省略号。

〔二五〕简213简本释文作“……□□□长远近习此教也”。整理者说：“此句‘长’上三残文似是‘贵贱少’三字。”谦按：《战国策·齐五》也有“少长贵贱”一语，整理者是。又简213上部断头与简210下部断头形状接近，二者应为一简之折。两简断处还缺二字，补足后应作“□□、贵贱、少长、远近,习此教也”。据补。

〔二六〕简本释文作“民……□莫贵于威”。“民”字位于第213简简尾,其下无缺文;而“莫贵于威”位于第214简,其上缺三四个字。结合上文“将之道也”与下文“莫贵于威”皆为四言之例,应缺三字。据改。

【注释】

[1]“不穀”,古代诸侯的谦称。《左传·僖公四年》“岂不穀是为”,杜预注:“孤、寡、不穀,诸侯谦称。”

[2]“明道言功”,洞明兵道,言说攻战。“功”,通“攻”。

[3]“适”,疑借为“恬”。

[4]“戏”,角力。《国语·晋语九》:“少室周为赵简子之右,闻牛谈有力,请与之戏,弗胜,致右焉。”韦昭注:“戏,角力也。”战有胜负,角力也有胜负,故阖庐比战于戏。“外臣”,孙子自称。面对吴王阖庐,孙子自称“外臣”,可见他不是吴国人。

[5]“未闻道”,自谦之词,意思是尚未听到高人宏论。

[6]“趣”,同“趋”。

[7]“隋”,通“随”,随从、亲随。“戒”,教诫、教导。

[8]“国”,吴国国都。“左”,东方。“后”,北方。“玺”,通“狝(xiǎn)”。《尔雅·释天》:“秋猎为狝。”“玺囿”,即君主打鸟猎兽的苑囿。《诗·灵台》毛《传》云:“囿所以域养禽兽也,天子百里,诸侯四十里。”据《孟子》记载,齐宣王的苑囿就是方四十里。

[9]“以为二阵”,意谓将妇人分为两队,加以训练。《史记》:“孙子分为二队,以王之宠姬二人各为队长。”可参考。

[10]“御”,驾车者。“司马”,官名。汉制,大将军、将军和校尉之属官,都有司马。

[11]“参乘”,陪乘者,即“车右”。“舆司空”,古代军中专门负责

车辆和运输事务的官职。《淮南子·兵略训》:“隧路亟,行辎治,赋丈均,处军辑,井灶通,此司空之官也。”注:“军司空,补空修缮者。”《国语·晋语》言晋国军中有舆司马,其名称和舆司空相类。

[12]“人主”,国君。

[13]“七周”,七圈之意。“释”,简文原作“泽”,借为“释”,放手、丢开之意。

[14]“鼓而前之”,古代军中以鼓声指挥士卒起立和前进。《管子·兵法》:“一曰鼓,鼓所以任也,所以起也,所以进也。”

[15]“金”,金属乐器。“坐”,坐下。古代军中命令士卒停止或后退时,鸣金为号。《管子·兵法》:“二曰金,金所以坐也,所以退也,所以免也。”

[16]“三”,多次。《史记·孙子吴起列传》:“约束既布,乃设鈇钺,即三令五申之。于是鼓之右,妇人大笑。孙子曰:‘约束不明,申令不熟,将之罪也。’复三令五申而鼓之左,妇人复大笑。”其中所言与简文相近。

[17]“□请谢之”,此句为吴王请求孙子勿斩二姬之语。“谢”,认错、道歉。《战国策·秦一》:“嫂蛇行匍伏,四拜自跪谢。”“请谢之”,义同“请之谢”,“谢”“之”二字倒置。

[18]“得”,得当、合适。

[19]“阖庐六日不自□□□□□”,此句意谓阖庐失去二姬后,“六日不自”怡悦。

[20]“道”,通“导”,教导。“德”,品德、利益。“信”,通“伸”。

[21]《史记》记孙子斩二姬后,“妇人左右前后跪起皆中规矩绳墨,无敢出声”。所言与此相近。

[22]“以为恒命”,这里,既然不避汉文帝刘恒名讳,说明该篇的作成时间应在汉文帝即位之前,不会晚于公元前180年。

[23]“素教”,平素教育,即素质教育。《吴孙子·行军》:“令素行

以教其民者,民服。"与此义近。

[24]"畏",可畏、可怕。

[25]"乘其敌",胜其敌、陵其敌之意。《吕氏春秋·权勋》:"天下兵乘之。"高诱注:"乘犹胜也。"《吕氏春秋·贵直》:"一鼓而士毕乘之。"高诱注:"乘,陵也。"

[26]"千□十五":此为篇末统计字数,说明原文应有一千零几十五字。本篇校补后,加上缺文符,正文实存627个字,附录实存12个字,仍缺400个字左右。

## 【译文】

吴王到驿馆会见孙子,说:"寡人喜好兵法,您能谈谈用兵的问题吗?"孙子回答说:"唯有十三篇可以用来明道言功,如果一定要听……"吴王说:"寡人喜好兵法……所以沉溺于此,爱好于此。"孙子回答说:"兵法可以带来利益,但不可以爱好。兵法可以……但不可以角力。君王用'好'与'戏'发问,外臣不敢回答。"

阖庐说:"寡人没有得到高人指点,不敢用之取利和……"孙子回答说:"……"阖庐说:"……寡人请求学习它。"于是废寝忘食学起了兵法,并请孙子将学习内容运用于亲随之人,教导……如果得到试验,得到运用,才称得上掌握了兵家之道。说到十三篇……孙子回答说:"一切唯从君王所欲,可以用贵人,可以用贱人,也可以用妇人。用男人试验,在右方;用女人试验,在左方。……"

阖庐说:"寡人愿意用妇人来试验。"孙子说:"妇人多有不忍,臣请用……代替。"(阖庐说:"他们都不)害怕,难道您后悔了吗?"孙子说:"那么就将宫中的(女人)集中到都城东北方御园之中,编为两阵……(孙子)说:"阵未练成,不足以献丑。等练成后,君王坐在台上观看,为臣……万死不辞其难。"国君说:"那好吧。"

于是,孙子以其御手和参乘为军吏,告诉他们说……然后,(孙子召集)妇人,告诉她们说:“知道你们的右手在哪儿吗?”她们回答说:“知道。”孙子问道:“知道你们的左手在哪儿吗?”她们回答说:“知道。”孙子问道:“知道你们的心在哪儿吗?”她们回答说:“知道。”孙子问道:“知道你们的后背在哪儿吗?”她们回答说:“知道。”孙子接着说:“告诉你们右,你们就往右边行进;告诉你们左,你们就往左边行进;告诉你们前,你们就往前面行进;告诉你们后,你们就往背后行进。”

……日到中午,孙子向国君请令说:“发令后必须服从,如果不听,格杀无论。”……(妇人们)不听从命令,走了七圈,就丢手罢练。于是,孙子击鼓,命令他们前进。三番五次地告诫和重申,击鼓命令她们前进,而妇人们只管乱作一团,嬉笑不已。鸣金命令他们坐下,然后又三番五次地告诫和重申,击鼓命令她们前进,妇人们仍然乱作一团,嬉笑不已。如此三番五次地告诫和重申,反复多次,命令依然不能得到执行。

孙子于是召来司马和舆司空,告诉他们说:“兵法云:不事先下达军令,不让士卒知悉军令,罪在国君和将帅;已经下达军令,已经重申军令,罪在卒长。兵法说:奖赏良善,始于下贱;惩罚恶行,始于贵尊。……吴王请她们认错谢罪。孙子回答说:“君命不可……”没有答应吴王的求情。孙子说:“外与内、贵与贱,都各得其所,各守本分。”孙子说:“君王姑且测试她们,若用她们打仗,可以战无不胜。”阖庐说:“……将军太能了,寡人不敢不用。”失去二姬后,过了六天,阖庐仍不高兴。

……孙子再次向吴王跪拜施礼,然后站起来说:“教导已经合适……则威信树立,兵德伸张。威信树立则兵士服从,阵已练成,教令悉听。要求她们排成圆阵,其圆可以中规;要求她们排成方阵,其方可以中矩。不论□和□、贵和贱、少和长、远和近,但凡接受过这一训练,都会将其视为永恒不变的法令。这是基本训练,将帅应该引导。民众……没有比立威更为重要。威行于民，严行于官，三军将士都相信将帅威严可畏，这样，才能战胜敌人。”

【申论】

## 孙子斩姬立威故事溯源

晋文公为春秋五霸之一，孙子斩姬立威的故事与晋文公斩颠颉的故事可能存在渊源关系。

晋文公重耳落难时，跟随流亡的有狐偃、赵衰、颠颉、魏犨和胥臣。狐偃，字子犯，为文公舅父。狐偃和颠颉，都是追随晋文公长期流亡的从难大臣。

公元前636年，晋文公返国即位。《左传·僖公二十七年》记载："晋侯始入而教其民。二年，欲用之。子犯曰：'民未知义，未安其居。'于是乎出定襄王，入务利民。民怀生矣，将用之。子犯曰：'民未知信，未宣其用。'于是乎伐原以示之信。民易资者，不求丰焉，明征其辞。公曰：'可矣乎？'子犯曰：'民未知礼，未生其共。'于是乎大蒐以示之礼，作执秩以正其官。民听不惑，而后用之。出谷戍，释宋围，一战而霸，文之教也。""大蒐"即田猎。"执秩"是晋文公制定的法律名称。"一战而霸"说的是城濮之战。

鲁僖公二十七年即晋文公四年，楚成王率楚军及郑、陈、蔡、许等国军队攻宋，围困宋都商丘。宋成公派人到晋国求救。孙轸（先轸）认为这是"报施救患，取威定霸"的最好机会，力劝文公出兵。狐偃则提出一个进攻曹、卫以解宋围的具体策略。文公采纳了孙轸和狐偃的建议，于次年出兵，侵曹伐卫，以救宋国。晋军的这一战略，对于后来孙子策划桂陵之战、提出"围魏救赵"的战略，显然具有启示意义。

城濮之战时，孙轸为晋军中军元帅，狐偃为上军佐将。战争期间，晋文公以颠颉、祈瞒、舟之侨"违命"，战前杀颠颉以徇于师，战中杀祈瞒以徇于诸侯，战后杀舟之侨以徇于国。《左传》称赞晋文公以能用法,“不失赏刑”,“民于是大服”。

晋文公杀颠颉明赏刑这件事,对商鞅启发很大,被后者当作“壹刑”的典范,写入《商君书·赏刑》篇:“所谓壹刑者,刑无等级,自卿相、将军以至大夫、庶人,有不从王令、犯国禁、乱上制者,罪死不赦。……晋文公将欲明刑以亲百姓,于是合诸侯大夫于侍千宫,颠颉后至,请其罪,君曰:‘用事焉。’吏遂断颠颉之脊以殉。晋国之士稽焉皆惧,曰:‘颠颉之有宠也,断以殉,而况于我乎?’举兵伐曹、五鹿,及反郑之埤,东卫之亩,胜荆人于城濮。三军之士,止之如斩足,行之如流水。三军之士,无敢犯禁者。”

到了韩非子笔下,晋文公“斩颠颉”与“教其民”两件事被嫁接起来,改写成一则喻意深刻的寓言故事。《韩非子·外储说右上》写道:“晋文公问于狐偃曰:‘寡人甘肥周于堂,卮酒豆肉集于宫,壶酒不清,生肉不布,杀一牛遍于国中,一岁之功尽以衣士卒,其足以战民乎?’狐子曰:‘不足。’文公曰:‘吾弛关市之征而缓刑罚,其足以战民乎?’狐子曰:‘不足。’……曰:‘然则何如足以战民乎?’狐子对曰:‘令无得不战。’公曰:‘无得不战奈何?’狐子对曰:‘信赏必罚,其足以战。’公曰:‘刑罚之极安至?’对曰:‘不辟亲贵,法行所爱。’文公曰:‘善。’明日令田圃陆,期以日中为期,后期者行军法焉。于是公有所爱者曰颠颉,后期,吏请其罪,文公陨涕而忧。吏曰:‘请用事焉。’遂斩颠颉之脊以徇百姓,以明法之信也。……文公见民之可战也,于是遂兴兵伐原,克之。伐卫,东其亩,取五鹿。攻阳。胜虢。伐曹。南围郑,反之陴。罢宋围。还与荆人战城濮,大败荆人,返为践土之盟,遂成衡雍之义。一举而八有功。所以然者,无他故异物,从狐偃之谋,假颠颉之脊也。”

比较《左传》《商君书》《韩非子》三种文献,不难看出,《商君书·赏刑》有关“壹刑”一段文字,是由《左传·僖公二十八年》文公杀颠颉的载文或同类文献改写而成;《韩非子·外储说》的相关记载则是在《商君书·赏刑》文字基础上又添文公“教其民”之事,二次改写而成。

晋文公教民以战、明法图霸的寓言故事，其演变过程非常清晰，历历可观。由此推测，汉简《见吴王》与《史记·孙武传》《司马穰苴传》可能都是由《韩非子·外储说》晋文公斩颠颉同类故事演绎而来。

《见吴王》是一篇运用问对形式演绎如何“战民”、如何杀姬“明法令”的寓言故事。要阐述这一主题，不能不涉及君、将关系。法家推崇君主威权。“晋侯杀颠颉”的故事主题虽是杀宠立威，但所立为君威。颠颉被杀，就是因为他“违命”——违反了君命。与此不同，《见吴王》依据《吴孙子·九变》“君令有所不行”，反其道而行之，是违命杀宠，以立将威。这是法家“晋侯杀颠颉”故事的反命题，是以将为本位，是对法家同类故事的引申和升华。

吴王阖庐位列春秋五霸。与晋文公一样，阖闾也是一位发奋图强、励精图治的明君典范，其人格魅力早在春秋末期就为世人所景仰。对于竞相以富国强兵为目标的战国君主们来说，阖庐无疑具有更大的魅力。

战国晚期，法家所演绎的晋文公杀颠颉的寓言故事已经成型；平原君赵胜斩笑躄者美人头以谢宾客的事迹已经传开；兵家的《孙子十三篇》已经成书；《吴问》已经成文。在此形势下，拟托阖闾与孙子对话，以阐述兵家对君、将关系的看法便成为必要。于是《见吴王》面世了，于是便有了《史记·孙武传》，于是便有了“吴孙子”和“齐孙子”。

先秦书籍大都以单篇行世，将多篇文章编为一书大约出现于战国中晚期。《见吴王》两次提到“十三篇”，说明其作成时间应该是在《孙子十三篇》文本定型之后，可能已到战国末期至秦汉之际。

《见吴王》篇中出现有“恒命”一语，不避汉文帝名讳，说明其作成年代应在汉文帝之前，其时间下限应不晚于公元前180年。

古代“田猎”具有军事训练、军事演习的功能，是观察将士、检阅军队的一种制度性活动。《见吴王》的故事和“田猎”等军礼有关。

《司马法·仁本》说：“国虽大，好战必亡；天下虽平，忘战必危。

天下既平，天子大凯，春蒐秋狝，诸侯春振旅，秋治兵，所以不忘战也。”《礼记·郊特牲》说，季春“简其车赋而历其卒伍，而君亲誓社，以习军旅。左之右之，坐之起之，以观其习变也”。《周礼·春官·大宗伯》也说：“大田之礼，简众也。”“简”通“检”，“简众”即阅兵之意。

“苑”“囿”是古人举行田猎活动的主要场所。《韩非子·外储说右上》谓“田圃陆，期以日中为期”；《见吴王》说田于“玺囿”（即“狝囿”），“至日中请令”；二者所设定的故事地点与时间大致相同。而《见吴王》所叙述的训练宫女的故事情节，与《礼记·郊特牲》所记载的军演程式“左之右之，坐之起之，以观其习变也”则十分相近。

《周礼·夏官·司马》又说：“若大师，则掌其戒令……比军众，诛后至者。”《周礼》“诛后至者”的军法规定，与《韩非子·外储说》“文公斩颠颉”、《史记·司马穰苴传》的故事情节完全一致。

《司马法》成书于齐威王时期，司马穰苴是该书的题名作者。在《司马穰苴列传》里，太史公讲述了穰苴为了申明军威，斩杀齐景公宠臣庄贾的故事。穰苴杀宠立威与孙武杀姬立威的故事雷同，可能都是由《韩非子·外储说》文公杀颠颉的故事演绎而成，是对古代军礼的通俗演绎，《汉书·刑法志》谓之“戏乐”。

要而言之，《见吴王》的文字渊源可能有以下数端：

一、《见吴王》的战争论源自汉简《见威王》；

二、《见吴王》杀宠立威的情节源自《韩非子·外储说》或同类文字记载，其军礼背景似与《周礼·夏官·司马》“诛后至者”相关；

三、《见吴王》的练兵细节应与《周礼·大蒐礼》相关；

四、《见吴王》说“君命有所不受”，应与《吴孙子·九变》篇或《汉军法》有关；

五、《见吴王》结尾有关“素教”的一段文字，应与《吴孙子·行军》篇“令素行以教其民者，民服；令素不行以教其民者，民不服”有关；

六、《见吴王》杀姬立威的故事与平原君杀姬取信的故事相近，其情节都是矫情杀姬，取信士人，硬让君王在“美人”“江山”之间做出选择。

晋文公杀颠颉、司马穰苴斩庄贾与孙武斩爱姬，是同一个主题、同一个类型的故事。晋文公杀颠颉故事是原型，司马穰苴故事与孙武故事都是它的演绎与翻版。

《见吴王》是兵法，也是心法。战国时期，兵家如孙子、乐毅、白起、廉颇、李牧，结局都不太好，究其主要原因，都和君、将关系不睦有关。《见吴王》作者有见于此，为兵家代言，对法家的君主威权主义有所修正。作者洞悉古今君将关系，所杜撰的孙子、阖闾形象源于历史，又高于历史。虽说是一个虚构故事，却真实反映了兵家心声，其文学价值要远高于史学价值。

《见吴王》是寓言作品，但是它对后人理解孙子其人与编纂《孙子》其书，却产生了巨大影响。太史公作《孙子列传》，曾引《见吴王》一类材料，稍加增损、略事点缀，以传孙子。后来，刘向、任宏等人校雠兵书，则将孙子其书分作《吴孙子》与《齐孙子》二种，影响千古。

# 附　录

# 观 法

战争是古代国家的头等大事。要发动战争，就需要观天下，知天下，就需要知己知彼，了解敌人，就需要观天、观地、观人，就需要对敌国的政略和战略进行观察。《观法》的核心思想是讨论古代三王的“授伐之道”，其内容和《吴孙子·计》篇所谓的“庙算”之法，以及《齐孙子·黄帝伐赤帝》所谓的“天之道，地之理，民之情”的三元思维模式存在着一定的共通之处。

观者，察也，观、察原本同义。“观法”是一种王者之道，其目的主要是从天时、地利、人和三方面对敌国进行战略侦察，此所谓“观国”。“观法”（包括“观天”“观地”“观国”）是发动战争的必要前提。汉简《观法》是一篇专门论述观国之法与观天下之法的古典文献。

围绕着如何观察敌国是否失德这一问题，本篇开头首先详细论述了“窦德”“穷德”“易德”“侮德”“削德”“盛德”“尽德”“通德”“顺德”“女德”“复德”“棘德”等一系列有关敌国是否失德、是否无道、是否失去天命的细节问题。

接着，本篇用五段文字，依次论述了如何“审察五强，以□天命”，如何“察审五殆，以占吉凶”，如何“审察六爱，以观其成”，如何“审察五弃，以占吉凶”，如何“审察五贪，以占其纪”等具体观察之法，从而推论出“随时而动，因毁而伐”这一“三王之授伐之道”。此即王道战争发动论。

然后，本篇引用古文献《亡国志》，对历史上不同时期的多个民族亡国时的天象征兆进行了论述，然后又用四段篇幅，讨论了如何观察分野，如何观察地象、天象，如何顺应天时等细节问题，从而在天时、地理、人事三方面对敌国进行全方位的观察。

战争有正义与非正义之分。要证明发动战争的正义性，就需要证明被讨伐者如何暴虐，如何贪酷，如何混乱，如何“天怒人怨”，如何“人神共愤”。这显然已经超越军事领域，而进入政治、经济、社会、文化等层面。所以《观法》既是用兵之法，也是心战和舆论战之法。

可以说，汉简《观法》(包括《[占书]》)是一篇专门论述“死生之地”与“存亡之道”，专门研究观国之法与观天下之法的重要文献，是一篇有关战略观察学和战争发动论的经典著作。《观法》是先秦齐人的战争发动论，是齐地兵家有关发动战争的理论总结，是“天人之学”的结晶。本篇对于研读《吴孙子·计》篇、《齐孙子·黄帝伐赤帝》及《月战》篇具有一定的参考价值。

“观”与“占”既有区别，又有联系。“观”是观察审视，是见微知著，合理推测；“占”则是占卜吉凶，是随机比附。简本《观法》既属于“占”学，更属于“观”学。因此，将本篇列在“论政论兵之类”比较合理。如果将其列在“阴阳时令、占候之类”，仅仅视作占卜术，显然降低了这篇文献的固有价值。

本篇部分段落采用韵文写法，文字优美，在兵学文献中实不多见。

本篇部分内容曾以《战略观察学的经典——银雀山汉简〈观法〉研究》为题，收入《孙子兵法与和平合作发展——第九届孙子兵法国际研讨会论文集》。

本篇释文是由简本《观法》《[占书]》两篇文字缀合而成。篇题《观法》，原写在本篇第一简的简背。比起简本《观法》《[占书]》原释文来，此处新补缺文凡 24 个字，改正释文凡 12 个字，并将《[占书]》篇末原附录残简 8 条凡百字缀入正文；此外，又据吴九龙《银雀山汉简释文》，将田野登录号第 0652 号碎片凡 14 个字补入本篇。

凡用……〔一〕帝令司德监观于下[1]，视其吉凶祸福及以兵时。取人之国而法其鬼、社稷[2]，立其后，是谓灭族弃祀，其子孙不有其国。无故而更其城郭、守备之具,是谓土观,寇或至于城下[3]。无故而益为国门,是谓窦德[4],有害来取其国之重器以出者。无故而自田其城下,是谓穷德,乃有芒(荒)野,四境不通[5]。无故而国门及巷闾皆自勒(泐),是谓易德,必亡其要塞若边城[6][二]。无故而践其正卿,是谓务德,嫡□不立[7]。无故而小其衡石斗桶[8],是谓削德[三]。……□。无故[四]……□好兵,是谓盛德,□□□……国。无故而田其术巷及廷[9],是谓尽德,五谷大虫。无故而为大沟以属它国之地,是谓通德,必川谷。无故而廷、术巷皆高其西方而下其东方,是谓顺德,王公得仇[10],以正四方。无故而皆长其缨,是谓女德,国不宁,女子为政[11]。无故而服其初国之寂[12],是谓复德,君臣定固,以正四方。无故而短其衣,是谓棘德[13],乃亡其边城。

天之明,日月乃明。地之明,草木乃生[五]。君之强,百姓乃□其正[14]。国之强,四境甚儆[15]。都之强,士力多[16]。审察五强,以□天命。

天之殆也,日月不明。地之殆也,草木不生。君之殆也,刑罚不行。国之殆也,务于四方[17]。都之殆也,不胜甲兵。察审五殆,以占吉凶。

天爱其精,以立其名[18]。地爱其德,以求其经[19]。鬼爱其福,以求其灵。人爱其□,以求其□。君爱其士,以求其盈[20]。国爱其圣,以求其正[21]。审察六爱[六],以观其成[22]。

西北以晦,东南以明[23],□……西风五日,兵甲乃发。东风五日,大木乃伐。南风五日,□□□□。天弃之,日月无光[七]。地弃之,五谷□□。山弃之,庆兽作恙[24][八]。川弃之,水汉乃昌[25]。先祖弃之,宗人起兵[26]。审察五弃,以占吉凶。

用兵成名,攻者必先观君臣之德,占天地之祥,顺时动之。

□□……□王，民去其故里〔九〕……□□□□□百姓□食，君子不处其〔一〇〕……□□□□□此暴君之气也。□□〔一一〕……不卜而击也[27]。观法[28]〔一二〕……□君之所审者五〔一三〕：一曰贪于布，乃病都鄙[29]。二曰贪于禾粟，乃病关市[30]。三曰贪□……五曰贪于甲兵〔一四〕[31]，内乱乃起。审察五贪，以占其纪[32]。大谷无故而出水，不出三年，国有大丧[33]。……东，莫居其乡，国大实[34]。民历居与六畜□〔一五〕……鬼神，长少失谢，薄厚失宜，国有失征〔一六〕。观其时，以占其德，亦可攻也〔一七〕。

是故圣人慎观祲祥[35]，未见其征，不发其□〔一八〕。随时而动，因毁而伐，是以有功而除害。此三王之授伐之道也[36]。

其在古之《亡国志》也[37]：月十三晕，共工亡，离氏亡[38]。星贯月，苗氏〔一九〕亡[39]。月十一晕，昆吾氏亡，有狄氏亡。月九晕，有柍氏亡。月八晕，有扈氏亡。月七晕，有尽氏亡。月六晕，有虞氏亡。月五晕，夏后氏亡。月四晕，□患氏亡。月并出[40]，商人亡。反景三日[41]，天下□周。日倍僪，智氏亡[42]。月日晕，郑人亡。此古之亡德之妖也，亡征也[43]。有道以察此者，可以伐矣。若反景之君之胜上者，必其法失之[44]。

地观其野，以授其国，可以错兵[45]。夫名川绝，大沼涸，天雨血[46]，星月并出〔二〇〕，星贯月，反景，倍僪，彗星，荧惑，云□，妖祥见于天。此逆上者也，此皆乱国之气也。天德羊羊〔二一〕[47]，钧祲祥件，而背众恃强以幸殆于天下者[48]，虽胜其民，不有其土。

郑受角、亢、氐，其日□，其辰□[49]。魏受房、心、尾，其日辛，其辰□[50]。燕〔二二〕受箕、斗，其日□，其辰□。越〔二三〕受牵牛、婺女[51]，其日丁，其辰□。齐〔二四〕受虚、危，其日□，其辰□。卫〔二五〕受营室、东壁[52]，其日□，其辰□。鲁受奎、娄女[53]、胃，其日□，其辰□。赵〔二六〕受昴、毕、觜觿[54]、参，其日庚，其辰申。

秦受东井、舆鬼[55],其日甲,其辰子。周受柳、七星[56]、张[二七],其日丙,其辰午。楚受翼、轸,其日癸,其辰巳。

□寅雷五月[二八],凡廿八宿,三百六十五度四分度一[57]。凡雷之所,勿先起兵。其在冬春,小凶;在夏,大凶。在日为饥,在夕为兵。有音,有将死之。其音大而数[58],其罚乃大而亟;其音小而秫[59],其罚乃小而久。春雷会旦,为大穰[60],为乱,为疫。夏雷会昼,为饥,为……□为兵气。雷□□会暮,为疫。凡雷之日,毋以事君入室及营军,皆大凶。

凡周天下三百六十五度四分度一,日行一度,月行十三度四分度一。客星□□□□有忧,非中乱,则主兵[61]。国亡,后客星复舍焉,其国将复立。客星抵月,布衣弑其君。

**【校勘】**

〔一〕凡用……:此为简1198,"用"下约残缺30个字。简2086、简2087说"用兵成名,攻者必先观君臣之德,占天地之祥,顺时动之……"简1198缺文应有与此义近的文字。

〔二〕边城:底本释文作"边诚",误。此据竹简图版和摹本正。

〔三〕是谓削德:底本释文作"是谓削……",此据上下文例,补出"德"字。

〔四〕□。无故:简2108底本释文原作"……□无故……"。简2108与简2075皆为左半残失,只剩右半,残存形态基本一致。又简2075简头约缺7个字,根据文例,其中应有"无故"二字。简2108与简2075应为一简之折。据移。

〔五〕天之明,日月乃明。地之明,草木乃生:底本释文作"天之明,日月乃明……",缺文有六七个字。谦按:此文与下文"天之殆也,日月不明。地之殆也,草木不生"对言。故据文例补出"地之明,草木乃生"7个字。

〔六〕审察六爱：底本释文作“审察□爱”，“爱”上一字缺文。此据上文“五强”“五殆”缩略之例及本段“天”“地”“鬼”“人”“君”“国”六事并言，补出“六”字。

〔七〕南风五日，□□□□。天弃之，日月无光：简文原作“南月无光”。整理者说：“此处有脱误，疑当作‘南风五日……天弃之……日月无光’。”整理者是。此处罗列四方之风，“南”下显然脱去“风五日”3个字。又据上文文例，“南风五日”下，接着应是四言句式。据补4个缺文符。再据下文文例，“×弃之”下，接着也应为四言句式。据补“日”字。

〔八〕地弃之，五谷□□。山弃之，庆兽作恙：简文原作“地弃之，五谷□山，庆兽作恙”。谦按：此处论述“五弃”，而简文只有三“弃”，显然有脱文。除上文所补“天弃之”外，仍缺一“弃”。此据文例，补作如上。

〔九〕□王，民去其故里：此为简2109，下部完整，上缺约26个字。

〔一〇〕□□□□□□百姓□食，君子不处其：此为简2111，底本释文作“……□□□□□□百姓□食，君子不处其……”。此据文义，缀入此处。

〔一一〕□□□□□□此暴君之气也。□□：此为简2112，上部约缺10个字，下部约缺9个字。

〔一二〕不卜而击也。观法：此为简1199，今据文义，缀入此处。

〔一三〕□君之所审者五：“君”上缺文一字疑为“明”字。

〔一四〕贪于甲兵：底本释文作“食于甲兵”，误“贪”为“食”。此据《竹简》图版和摹本正。

〔一五〕东，莫居其乡，国大实，民历居与六畜□：此为简2110。今据文义，移入此处。

〔一六〕鬼神，长少失谢，薄厚失宜，国有失征：此为银雀山汉简残片，田野登录号第0652。吴九龙《释文》作“……鬼神长少失谢薄厚失宜国有失征”。该残片应是汉简《[占书]》漏收简文，故据文义补入此处，并加标点。

〔一七〕此段文字，简本《[占书]》释文原作“用兵成名，攻者必先观君臣之德，占天地之祥，顺时动之，□□……观其时，以占其德，亦可攻也”，其中漏收简 2109、2111、2112、1199、2105、2106、2107、2110 及第 0652 残片。简 2086 与 2087 说“用兵成名，攻者必先观君臣之德”，这是本段文字的总帽。简 2109、2111、2112 与 1199 接着则论述了敌国国君如果失德，出现所谓“暴君之气”，就可“不卜而击”，借此发动战争。简 2105、2106、2107、2110 与第 0652 残片则是说敌国大臣如果失德，出现所谓“五贪”，并且国家发展失衡，国库充盈，但童叟失养，“薄厚失宜”，国家出现败亡迹象，“亦可攻也”。显然，“不卜而击”与“亦可攻也”文义相关。据此，连缀如上。

〔一八〕不发其□：简文原作“不发其”，整理者说：“‘其’下抄脱一字。”据此补出一缺文符。抄脱之字疑为“兵”字，“兵”“征”二字互韵。

〔一九〕苗氏：底本释文作“苗民”。汉简“氏”“民”二字形近易混。《齐孙子·见威王》底本释文“苗民”，新整理本已改作“苗氏”。据此，此处“苗民”亦应改作“苗氏”。据改。上文之“离氏”，下文之“昆吾氏”“有狄氏”“有柍氏”“有扈氏”“有尽氏”“有虞氏”“夏后氏”“□患氏”并同。据正。

〔二〇〕天雨血，星月并出：此句整理者原标点为：“天雨血星，月并出”，并注曰：“‘星’字与下一简‘月并出’连读无意义，因为星月并出并非怪异的天象，‘星’字疑涉下简‘星贯月’之‘星’字而衍。另一种可能是此简与下一简不连，中间有缺简。但从文义看，自‘名川绝’以下列举各种灾异现象，文字不会太长，二简之间似无缺简。”谦按：唐李淳风《乙巳占·日占》说：“日月并出，中国有两主立。”“日月大星并出，昼见，是谓争明，大国弱，小国强，有立侯王。”可见，“星月并出”也属怪异现象，“星”与“月并出”可连读。据改标点。

〔二一〕天德羊羊:“德”下一字为两个“羊”字上下重叠,疑为复合词“羊羊”,应释作“洋洋”或“泱泱”。

〔二二〕燕:《汉书·地理志》说:“燕地,尾、箕分野也。”“吴地,斗分野也。”本篇若作于战国时,缺文应作“燕”;若作于西汉初,缺文或作“吴”。暂补“燕”字。

〔二三〕越:《汉书·地理志》说:“粤地,牵牛、婺女分野也。”据补“越”字。

〔二四〕齐:《汉书·地理志》说:“齐地,虚、危之分野也。”据补“齐”字。

〔二五〕卫:《汉书·地理志》说:“卫地,营室、东壁之分野也。”据补“卫”字。

〔二六〕赵:《汉书·地理志》说:“赵地,昴、毕之分野。”据补“赵”字。

〔二七〕张:《汉书·地理志》说:“周地,柳、七星、张之分野也。”据补“张”字。

〔二八〕□寅雷五月:整理者注:“寅”上一字残,似为“凡”字。

**【注释】**

[1]“司德”,能够带来吉祥的天神,后世又称“天德”。

[2]“鬼”,鬼神,此处代指祖先和宗庙。“社稷”,此处指政权。“法”,疑借为“废”,二字古通。

[3]“守备之具”,防守设施。“土观”,土木之观。“寇”,敌寇、敌人。

[4]“国门”,国都城门。“窦”,洞穴。“窦德”,失德之意。

[5]“田”,耕地。“芒”,通“荒”。“境”,边境。

[6]“勒”,借为“泐”,残毁之意。“边城”,边境上的城池。

[7]“践”,践踏。《尚书大传》:“周公以成王之命杀禄父,遂践庵。践之云者,谓杀其身,执其家,潴其宫。”“正卿”,春秋战国时各诸侯国

的政府首脑。"务",通侮。《诗·小雅·棠棣》:"兄弟阋于墙,外御其务。"《释文》:"务,如字。《尔雅》云:侮也。""务德",即"侮德"。"嫡",嫡嗣。

[8]"衡",衡器。"衡石",疑指秤锤。"斗",古代量器。"斗桶",疑指斗身。

[9]"术巷",街巷。"廷",通"庭",庭院。

[10]"仇",通"俦",匹配、匹敌之意。

[11]"缨",丝、线等编成的穗状饰物。"为政",当政。

[12]"寂",疑为"冠"字误写。

[13]"棘",疑借为"刺"。

[14]"正",通"政",政令、命令。

[15]"儆",通"警",戒备之意。

[16]"都",都城。战国时齐国有五都。"士力",指勇士。

[17]"务",通"侮",受到侮辱。

[18]"精",精微、精妙。"以",以求。下同。

[19]"经",经纬。

[20]"盈",充盈。

[21]"圣",圣人。"正",教正。

[22]"成",成败。

[23]"晦",阴暗。"明",光明。

[24]"庆兽",瑞兽。"恙",灾祸、疾病。

[25]"水",水灾。"汉",通"暵(hàn)",干旱。"昌",通"猖",猖狂。

[26]"宗人",同宗之人。

[27]《御览》卷二九一引《孙子》佚文:"又曰:凡敌有不卜而与战,有不占而避之。"

[28]"观法",观天法地之意。《汉书·扬雄传》说:"昔人有观象

于天，视度于地，察法于人者。”此为本篇题名《观法》的命意所在。

[29]“布”，战国铸币名。“都鄙”，都城。

[30]“禾”，庄稼。“粟”，粟米。“禾粟”，代指粮草。“关市”，关卡、市场。

[31]“甲兵”，武力。

[32]“纪”，纲纪。

[33]“丧”，丧失。

[34]“实(實)”，与“賓”形近易误。“大实”，或指“大賓”即“大殡”。

[35]“祲”，保佑之意。

[36]“三王”，此处疑指夏、商、周三代之王。

[37]“《亡国志》”，古代专门记载国家灭亡的历史文献。

[38]《开元占经》卷一五“月晕一”引《石氏占》曰：“月傍有气，圆而周匝黄白，名为晕。”“共工”，古代部落。“离”，通骊。“离氏”，疑指春秋时的骊戎部落。

[39]“星贯月”，《开元占经》卷六四“顺逆略例五”引石氏曰：“在下相侵为贯，在傍为刺。”“苗氏”，指有苗氏部落。下文之“昆吾氏”“有狄氏”“有柍氏”“有扈氏”“有尽氏”“有虞氏”“夏后氏”，皆为古代氏族部落的名称。

[40]《开元占经》卷一一“月并出及重累二十五”引京氏曰：“月并出，为并明，天下有两王立。”

[41]“反景”，夕阳反照。

[42]“日倍僪”，即日背僪。《吕氏春秋·明理》“其日有斗蚀，有倍僪，有晕珥”，倍僪、晕珥，注：“皆日旁之危气也。在两旁反出为倍，在上反出为僪。”

[43]“妖”，妖祥。“亡征”，灭亡的征候。

[44]“其法”，疑指“观法”，即观察之法。

[45]“野”,星野、分野。“错”,同“措”,措置之意。

[46]“名川”,著名河流。“大沼”,大湖。“血”,血色。

[47]“羊羊”,应读“洋洋”或“泱泱”。

[48]“恃”,依靠。“幸”,侥幸。“殆”,通“迨”,始及、赶上、取得之意。

[49]“郑”,公元前375年韩灭郑,迁都新郑。此处“郑”,包括韩国。“日”,指天干。“辰”,指地支。“角、亢、氐”与下文所言“房、心、尾”,皆为二十八星宿中的东方苍龙星宿。古人将周天在赤道附近的二十八恒星称作二十八宿,并按四个象限分作四宫:东方苍龙七宿:角、亢、氐、房、心、尾、箕。北方玄武七宿:斗、牛、女、虚、危、室、壁。西方白虎七宿:奎、娄、胃、昴、毕、觜、参。南方朱雀七宿:井、鬼、柳、星、张、翼、轸。

[50]“魏”,又称梁国。对应星宿为“房、心、尾”。

[51]“牵牛”,即牛宿。“婺女”,即女宿。

[52]“营室”,即室宿。“东壁”,即壁宿。

[53]“娄女”,即娄宿。

[54]“觜觿”,即觜宿。

[55]“东井”,即井宿。“舆鬼”,即鬼宿。

[56]“七星”,即星宿。

[57]“寅”,疑借为“演”,推演之意。二十八宿的周天度数,共有365.25度,对应一年的365天。

[58]“数”,促、密之意。

[59]“秫”,“秝”之误写。《广雅·释诂三》:“秝,疏也。”

[60]“旦”,日出天明。“穰”,丰收之意。

[61]“客星”,主宰敌国之星。“中乱”,内乱。“兵”,兵事、战争。

## 【译文】

凡用兵……天帝命令司德之神监视天下,根据吉凶祸福,授予用兵之时。夺取别国，而废除其宗庙社稷，改立后人，这是灭族弃祀，其子孙不会保有该国。无缘无故而更改其城郭和守备设施，这叫“土观”，或许会招致敌人攻城。无缘无故而增设城门，这叫“窦德”，会导致祸害——国之重器被人取走。无缘无故而在城下耕地，这叫“穷德”，会导致田野荒芜，四方不通。无缘无故城门及里巷皆自行崩塌，这叫“易德”，会失去要塞和边城。无缘无故而撤换正卿，这叫“务德”，会导致嫡嗣难立。无缘无故而改小其秤锤重量与升斗容量，这叫“削德”……无缘无故而……这叫“盛德”……无缘无故将其街巷、庭院变为田地，这叫“尽德”，会导致五谷遭受虫灾。无缘无故而深挖大沟，以占有别国领地，这叫“通德”，一定会成为河谷。无缘无故，街巷都是西方高、东方低，这叫“顺德”，王公得用，以征四方。无缘无故而皆留长缨，这叫“女德”，会导致国家不宁、女人掌权。无缘无故而穿戴故国冠服，这叫“复德”，君臣稳定，以征四方。无缘无故而流行短衣，这叫“棘德”，会失去边城。

苍天清明，日月才能明亮。大地清明，草木才能生长。君主强大，百姓才能听命。国家强大，四边才能警戒。都城强大，勇士才能众多。观察“五强”，可以符合天命。

苍天懈怠，日月不会明亮。大地懈怠，草木不会生长。国君懈怠，刑罚不会执行。国家懈怠，就会受辱于四方。都城懈怠，就会难敌甲兵。观察“五殆”，可以占验吉凶。

苍天爱其精微，以求立名万物。大地爱其厚德，以求经纬四方。鬼神爱其多福，以求灵佑众生。人类爱其……以求……君主爱其勇士，以求众客盈门。国家爱其圣人，以求得到教正。观察“六爱”，可以看出成败。

西北为阴，东南为阳。西风连刮五日，兵甲可以出发。东风连刮五日，大树可以砍伐。南风连刮五日，……上天如果放弃，日月也会无光。大地如果放弃，五谷……青山如果放弃，瑞兽也会为祸。河川如果放弃，水、旱也会猖獗。祖先如果放弃，同宗也会起兵。观察“五弃”，可以占卜吉凶。

用兵若要师出有名，进攻者就必须首先观察君臣之德，预测天地吉凶，顺时而动。…… 百姓背井离乡。…… 百姓乏食，君子失位。……这就是所谓的暴君之气。(如果出现以上情况)不用占卜，就可以攻击。观国的方法是……。对其君臣需要审视以下五个方面的问题：一是贪婪钱财，祸害都城。二是贪婪粮草，祸害关市。三是贪……五是贪婪武力，招致内乱。通过审察五贪，借以占验敌国纲纪。深谷无故涌出水流，不出三年，该国将有重大损失。……百姓流离西东，国有大殡，民不安居，六畜死亡。……不敬鬼神，老少失养，薄厚失宜，国家出现败亡征兆。通过观察天时，预测祸福，也可以进攻敌国。

所以，圣人会谨慎地观察吉凶祸福，没有出现其征兆，就不要发兵。随时而动，因毁而伐，这样，就会成功，就会除去危害。这就是古代三王的“授伐之道”。

据古代《亡国志》记载：月晕为十三重，共工部落灭亡，骊戎部落灭亡。列星贯月，有苗氏灭亡。月晕为十一重，昆吾氏灭亡，有狄氏灭亡。月晕为九重，有梜氏灭亡。月晕为八重，有扈氏灭亡。月晕为七重，有尽氏灭亡。月晕为六重，有虞氏灭亡。月晕为五重，夏后氏灭亡。月晕为四重，□患氏灭亡。两月并出，殷商部落灭亡。夕阳反照三日，天下叛周。日倍僪，智氏灭亡。月、日皆有晕，郑国灭亡。这是古代失德之国的妖祥，也是灭亡的象征。有道的明君如果能观察到这些现象，就可以出兵讨伐。如果夕阳反照的国君能够取得胜利，一定是观察之法失效了。

地理方面则要观察分野，看其对应哪些国家，可借以用兵。大河断流，大湖干涸，天下血色雨水，星月昼见，列星贯月，夕阳反照，太阳出现倍僪危气，天空出现彗星、荧惑星及云□等妖祥现象。这些都是以下犯上，都属于乱国气象。天德的神力泱泱大观，均衡保佑着各种事物，而背离民众，恃强凌弱，依靠侥幸取得天下，虽然战胜了他国百姓，也不能保有其领土。

郑国所受星宿为角、亢、氐，其天干对应□，地支对应□。魏国所受星宿为房、心、尾，其天干对应辛，地支对应□。燕国所受星宿为箕、斗，其天干对应□，地支对应□。越国所受星宿为牵牛、婺女，其天干对应丁，地支对应□。齐国所受星宿为虚、危，其天干对应□，地支对应□。卫国所受星宿为室、壁，其天干对应□，地支对应□。鲁国所受星宿为奎、娄、胃，其天干对应□，地支对应□。赵国所受星宿为昴、毕、觜、参，其天干对应庚，地支对应申。秦国所受星宿为井、鬼，其天干对应甲，地支对应子。周朝所受星宿为柳、星、张，其天干对应丙，地支对应午。楚国所受星宿为翼、轸，其天干对应癸，地支对应巳。

凡推演打雷，持续五月，需考察周天二十八宿与三百六十五度又四分之一度。凡打雷之地，不要先起兵。打雷若在冬、春时节，小有凶咎；打雷若在夏季，大有凶咎。打雷若在白天，主饥馑；打雷若在晚上，主战争。打雷有声，主死将领。打雷声大而紧密，其惩罚则大而急；打雷声小而稀疏，其惩罚则小而久。春天打雷如果发生在日出时分，会有大丰收，会有大乱和大疫。如果白天发生夏雷，会有饥馑……会有兵乱。如果傍晚时分打雷，会有大疫。雷雨之日，不要进入国君室内，或者安营扎寨，二者皆有大凶。

周天共有三百六十五度又四分之一度，太阳运行一度，月亮运行十三度又四分之一度。客星……值得担忧，不是内乱，就是发生战争。国家灭亡后，如果客星再次光临，预示该国将复国。如果客星抵近月亮，预示着百姓将弑杀其国君。

# 孙子传记资料辑录

这里辑录了战国至汉代古籍中有关孙子其人其事的各种资料，供读者参考。此类资料时有矛盾，不能尽信。

## 一、战国时期

### （一）

兵之所贵者势利也，所行者变诈也。善用兵者，感忽悠暗，莫知其所从出。孙、吴用之无敌于天下。（《荀子·议兵》）

### （二）

今境内之民皆言治，藏商、管之法者家有之，而国愈贫，言耕者众，执耒者寡也；境内皆言兵，藏孙、吴之书者家有之，而兵愈弱，言战者多，被甲者少也。故明主用其力，不听其言。（《韩非子·五蠹》）

### （三）

孙、吴之略废，盗跖之心伏。（《韩非子·守道》）

### （四）

孙子膑脚于魏；吴起抆泣于岸门，痛西河之为秦，卒枝解于楚。（《韩非子·难言》）

### （五）

老聃贵柔，孔子贵仁，墨翟贵廉，关尹贵清，子列子贵虚，陈骈贵齐，阳生贵己，孙膑贵势，王廖贵先，兒良贵后。（《吕氏春秋·不二》）

### （六）

以德以义，则……阖庐之教，孙、吴之兵，不能当矣。（《吕氏春秋·上德》）

### （七）

有提十万之众而天下莫当者，谁？曰桓公也。有提七万之众而天

下莫当者,谁?曰吴起也。有提三万之众而天下莫当者,谁?曰武子也。(《尉缭子·制谈》)

## 二、西汉时期

### (八)

孙子武者,齐人也。以兵法见于吴王阖庐。阖庐曰:“子之十三篇,吾尽观之矣,可以小试勒兵乎?”对曰:“可。”阖庐曰:“可试以妇人乎?”曰:“可。”于是许之,出宫中美女,得百八十人。孙子分为二队,以王之宠姬二人各为队长,皆令持戟。令之曰:“汝知而心与左右手背乎?”妇人曰:“知之。”孙子曰:“前,则视心;左,视左手;右,视右手;后,即视背。”妇人曰:“诺。”约束既布,乃设铁钺,即三令五申之。于是鼓之右,妇人大笑。孙子曰:“约束不明,申令不熟,将之罪也。”复三令五申而鼓之左,妇人复大笑。孙子曰:“约束不明,申令不熟,将之罪也;既已明而不如法者,吏士之罪也。”乃欲斩左右队长。吴王从台上观,见且斩爱姬,大骇。趣使使下令曰:“寡人已知将军能用兵矣。寡人非此二姬,食不甘味,愿勿斩也。”孙子曰:“臣既已受命为将,将在军,君命有所不受。”遂斩队长二人以徇。用其次为队长,于是复鼓之。妇人左右前后跪起皆中规矩绳墨,无敢出声。于是孙子使使报王曰:“兵即整齐,王可试下观之,唯王所欲用之,虽赴水火犹可也。”吴王曰:“将军罢休就舍,寡人不愿下观。”孙子曰:“王徒好其言,不能用其实。”于是阖庐知孙子能用兵,卒以为将。西破强楚,入郢,北威齐晋,显名诸侯,孙子与有力焉。

孙武既死,后百余岁有孙膑。膑生阿、鄄之间,膑亦孙武之后世子孙也。孙膑尝与庞涓俱学兵法。庞涓既事魏,得为惠王将军,而自以为能不及孙膑,乃阴使召孙膑。膑至,庞涓恐其贤于己,疾之,则以法刑断其两足而黥之,欲阴勿见。

齐使者如梁,孙膑以刑徒阴见,说齐使。齐使以为奇,窃载与之齐。齐将田忌善而客待之。忌数与齐诸公子驰逐重射。孙子见其马足不甚相远，马有上、中、下辈。于是孙子谓田忌曰："君弟重射，臣能令君胜。"田忌信然之，与王及诸公子逐射千金。及临质，孙子曰："今以君之下驷与彼上驷，取君上驷与彼中驷，取君中驷与彼下驷。"既驰三辈毕，而田忌一不胜而再胜，卒得王千金。于是忌进孙子于威王。威王问兵法，遂以为师。

其后魏伐赵，赵急，请救于齐。齐威王欲将孙膑，膑辞谢曰："刑余之人不可。"于是乃以田忌为将，而孙子为师，居辎车中，坐为计谋。田忌欲引兵之赵，孙子曰："夫解杂乱纷纠者不控卷，救斗者不搏撠，批亢捣虚，形格势禁，则自为解耳。今梁、赵相攻，轻兵锐卒必竭于外，老弱罢于内。君不若引兵疾走大梁，据其街路，冲其方虚，彼必释赵而自救。是我一举解赵之围而收弊于魏也。"田忌从之。魏果去邯郸，与齐战于桂陵。大破梁军。

后十三岁，魏与赵攻韩，韩告急于齐。齐使田忌将而往，直走大梁。魏将庞涓闻之，去韩而归，齐军既已过而西矣。孙子谓田忌曰："彼三晋之兵素悍勇而轻齐，齐号为怯。善战者因其势而利导之。兵法：百里而趣利者蹶上将，五十里而趣利者军半至。使齐军入魏地为十万灶，明日为五万灶，又明日为三万灶。"庞涓行三日，大喜，曰："我固知齐军怯，入吾地三日，士卒亡者过半矣。"乃弃其步军，与其轻锐倍日并行逐之。孙子度其行，暮当至马陵。马陵道陕，而旁多阻隘，可伏兵，乃斫大树，白而书之曰："庞涓死于此树之下。"于是令齐军善射者万弩，夹道而伏，期曰："暮见火举而俱发。"庞涓果夜至斫木下，见白书，乃钻火烛之。读其书未毕，齐军万弩俱发，魏军大乱相失。庞涓自知智穷兵败，乃自刭，曰："遂成竖子之名！"齐因乘胜尽破其军，虏魏太子申以归。孙膑以此名显天下，世传其兵法。（《史记·孙子吴起列传》）

(九)

太史公曰:世俗所称师旅,皆道《孙子》十三篇,吴起《兵法》,世多有,故弗论,论其行事所施设者。语曰:"能行之者未必能言,能言之者未必能行。"孙子筹策庞涓明矣,然不能蚤救患于被刑。吴起说武侯以形势不如德,然行之于楚,以刻暴少恩亡其躯。悲夫!(《史记·孙子吴起列传》)

(一〇)

(齐威王)二十六年,魏惠王围邯郸,赵求救于齐。齐威王召大臣而谋曰:"救赵孰与勿救?"驺忌子曰:"不如勿救。"段干朋曰:"不救则不义,且不利。"威王曰:"何也?"对曰:"夫魏氏并邯郸,其于齐何利哉?且夫救赵而军其郊,是赵不伐而魏全也。故不如南攻襄陵以弊魏,邯郸拔而乘魏之弊。"威王从其计。

其后成侯驺忌与田忌不善,公孙阅谓成侯忌曰:"公何不谋伐魏,田忌必将。战胜有功,则公之谋中也;战不胜,非前死则后北,而命在公矣。"于是成侯言威王,使田忌南攻襄陵。十月,邯郸拔,齐因起兵击魏,大败之桂陵。于是齐最强于诸侯,自称为王,以令天下。(《史记·田敬仲完世家》)

(一一)

(魏惠王)十八年,拔邯郸。赵请救于齐,齐使田忌、孙膑救赵,败魏桂陵。(《史记·魏世家》)

(一二)

(魏惠王)三十年,魏伐赵,赵告急齐。齐宣王用孙子计,救赵击魏。魏遂大兴师,使庞涓将,而令太子申为上将军。过外黄,外黄徐子谓太子曰:"臣有百战百胜之术。"太子曰:"可得闻乎?"客曰:"固愿效之。"曰:"太子自将攻齐,大胜并莒,则富不过有魏,贵不益为王。若战不胜齐,则万世无魏矣。此臣之百战百胜之术也。"太子曰:"诺,请必从公之言而还矣。"客曰:"太子虽欲还,不得矣。彼劝太子战攻,欲啜汁者众。太子虽欲还，恐不得矣。”太子因欲还，其御曰：“将出而还，与北同。”太子果与齐人战，败于马陵。齐虏魏太子申，杀将军涓，军遂大破。(《史记·魏世家》)

## (一三)

(齐威王)三十五年，公孙阅又谓成侯忌曰：“公何不令人操十金卜于市，曰：‘我田忌之人也。吾三战而三胜，声威天下。欲为大事，亦吉乎不吉乎’？”卜者出，因令人捕为之卜者，验其辞于王之所。田忌闻之，因率其徒袭攻临淄，求成侯，不胜而奔。(《史记·田敬仲完世家》)

## (一四)

(齐宣王)二年(按：据《竹书纪年》，“宣王”应是威王之误)，魏伐赵。赵与韩亲，共击魏。赵不利，战于南梁。宣王召田忌复故位。韩氏请救于齐。宣王召大臣而谋曰：“蚤救孰与晚救？”驺忌子曰：“不如勿救。”田忌曰：“弗救，则韩且折而入于魏，不如蚤救之。”孙子曰：“夫韩、魏之兵未弊而救之，是吾代韩受魏之兵，顾反听命于韩也。且魏有破国之志，韩见亡，必东面而愬于齐矣。吾因深结韩之亲而晚承魏之弊，则可重利而得尊名也。”宣王曰：“善。”乃阴告韩之使者而遣之。韩因恃齐，五战不胜，而东委国于齐。齐因起兵，使田忌、田婴将，孙子为师，救韩、赵以击魏，大败之马陵，杀其将庞涓，虏魏太子申。其后三晋之王皆因田婴朝齐王于博望，盟而去。(《史记·田敬仲完世家》)

## (一五)

田婴自威王时任职用事，与成侯邹忌及田忌将而救韩伐魏。成侯与田忌争宠，成侯卖田忌。田忌惧，袭齐之边邑，不胜，亡走。会威王卒，宣王立，知成侯卖田忌，乃复召田忌以为将。宣王二年，田忌与孙膑、田婴俱伐魏，败之马陵，虏魏太子申而杀魏将庞涓。(《史记·孟尝君列传》)

## (一六)

(齐宣王二年)败魏马陵。田忌、田婴、田肦将，孙子为师。(《史

记·六国年表》)

(一七)

当是之时,秦用商君,富国强兵;楚、魏用吴起,战胜弱敌;齐威王、宣王用孙子、田忌之徒,而诸侯东面朝齐。(《史记·孟子荀卿列传》)

(一八)

今公又以敝聊之民距全齐之兵,是墨翟之守也。食人炊骨,士无反外之心,是孙膑之兵也。能见于天下。(《史记·鲁仲连邹阳列传》)

(一九)

于是六国之士,有宁越、徐尚、苏秦、杜赫之属为之谋,齐明、周最、陈轸、昭滑、楼缓、翟景、苏厉、乐毅之徒通其意,吴起、孙膑、带佗、兒良、王廖、田忌、廉颇、赵奢之朋制其兵。常以十倍之地,百万之众,叩关而攻秦。(《史记·秦始皇本纪》引贾谊《过秦论》)

(二〇)

孙子膑脚,而论《兵法》。(《史记·太史公自序》)

(二一)

田忌为齐将,系梁太子申,禽庞涓。孙子谓田忌曰:"将军可以为大事乎?"田忌曰:"奈何?"孙子曰:"将军无解兵而入齐,使罢弊老弱守于主。主者,循轶之途也,辖击摩车而相过。使罢弊老弱守于主,必一而当十,十而当百,百而当千。然后背泰山,左济,右天唐,军重踵高宛,使轻车锐骑冲雍门。若是,则齐君可正,而成侯可走。不然,则将军不得入于齐矣。"田忌不听,果不入齐。(《战国策·齐一》)

(二二)

食人炊骨,士无反北之心,是孙膑、吴起之兵也。能以见于天下矣!(《战国策·齐六》)

(二三)

魏惠王起境内众,将太子申而攻齐。客谓公子理之傅曰:"何不令公子泣王太后,止太子之行?事成则树德,不成则为王矣。太子年少,

不习于兵。田肦宿将也，而孙子善用兵。战必不胜，不胜必擒。”（《战国策·魏二》）

## （二四）

魏、赵相攻，齐将田忌引兵救赵。孙膑曰：“夫解离乱纷纠者不控卷，救斗者不搏撠，批亢捣虚，形格势禁，则自为解耳。今魏、赵相攻，轻兵锐卒必竭于外，老弱罢于内。君不若引兵疾走大梁，据其街路，冲其方虚，彼必释赵而自收弊于魏也。”田忌从之，直走大梁。魏师遂退。（《太平御览》卷二八二引《战国策》）

## （二五）

韩、魏相攻，齐将田忌率兵伐魏。魏将庞涓闻之，去韩而归。孙膑谓田忌曰：“彼三晋之兵，素悍勇而轻齐，齐号为怯，善战者因其势而利导之。兵法：百里而趋利者蹶上将，五十里走者半至。使齐军入魏地为十万灶，明日为五万灶，又明日为二万灶。”庞涓行三日，大喜，曰：“我固知齐军怯，入吾地三日，士卒亡者过半矣。”乃弃其步兵，与其轻锐倍日并行逐之。孙子度其行，暮当至马陵。马陵道狭，而旁多阻隘，可伏兵。乃斫大树，白而书之曰：‘庞涓死于此树之下。’于是令万弩夹道而伏，期曰：“暮见火举而俱发。”庞涓夜至斫木下，见白书，乃钻火烛之。读书未毕，齐军万弩俱发，军大乱。庞涓乃自刎，曰：“遂成竖子之名！”（《太平御览》卷二九四引《战国策》）

## （二六）

齐孙膑谓齐王曰：“凡伐国之道，攻心为上，务先伏其心。今秦之所恃为心者，燕、赵也。当收燕、赵之权。今说燕、赵之君，勿虚言空辞，必将以实利以回其心，所谓攻其心者也。”（《太平御览》卷二八二引《战国策》）

## （二七）

（孙卿）至赵，与孙膑议兵赵孝成王前。孙膑为变诈之兵，孙卿以王兵难之，不能对也。（刘向《孙卿书录》）

（二八）

孙卿至赵，与孙膑议兵赵孝成王前。临武君即孙膑也。（《荀子·议兵》杨倞注引刘向叙）

（二九）

孙武、乐毅之徒，皆前世之贤将也。久远深奥，其事难知。（《太平御览》卷二七六引刘向《新序》）

## 三、东汉时期

（三〇）

春秋之后，灭弱吞小，并为战国，稍增讲武之礼，以为戏乐，用相夸视……雄桀之士因势辅时，作为权诈以相倾覆，吴有孙武，齐有孙膑，魏有吴起，秦有商鞅，皆擒敌立胜，垂著篇籍。当此之时，合纵连横，转相攻伐，代为雌雄。齐愍以技击强，魏惠以武卒奋，秦昭以锐士胜。世方争于功利，而驰说者以孙、吴为宗。时唯孙卿明于王道，而非之曰："彼孙、吴者，上势利而贵变诈，施于暴乱昏嫚之国，君臣有间，上下离心，政谋不良，故可变而诈也。"（《汉书·刑法志》）

（三一）

凡兵，所以存亡继绝，救乱除害也。故伊、吕之将，子孙有国，与商、周并。至于末世，苟任诈力，以快贪残，争城杀人盈城，争地杀人满野。孙、吴、商、白之徒，皆身诛戮于前，而国灭亡于后。报应之势，各以类至，其道然矣。（《汉书·刑法志》）

（三二）

《吴孙子兵法》八十二篇，图九卷。《齐孙子》八十九篇，图四卷。（《汉书·艺文志》）

（三三）

孙武、阖庐，世之善用兵者也，知或学其法者，战必胜。（王充《论衡·量知》）

（三四）

吴起、孙膑、廉颇之属制其兵。（应劭《风俗通义·皇霸》）

（三五）

孙膑修能于楚，庞涓自魏变色，诱以刖之。（王符《潜夫论·贤难》）

（三六）

孙膑，楚人，为齐臣，作《谋》八十九篇，权之势也。（《吕氏春秋·不二》篇高诱注）

# 参考文献

## 一、著作类

银雀山汉简整理小组编:《银雀山汉墓竹简[壹]》,文物出版社1985年版。

银雀山汉简整理小组编:《银雀山汉墓竹简[贰]》,文物出版社2010年版。

山东博物馆、中国文化遗产研究院编,张海波整理:《银雀山汉墓简牍集成[贰]》(精装本),文物出版社2021年版。

银雀山汉简整理小组编:《银雀山汉墓竹简:孙子兵法》,文物出版社1976年版。

银雀山汉简整理小组编:《银雀山汉墓竹简:孙膑兵法》,文物出版社1975年版。

吴九龙释:《银雀山汉简释文》,文物出版社1985年版。

骈宇骞编著:《银雀山汉简文字编》,文物出版社2001年版。

马王堆汉墓帛书整理小组编:《战国纵横家书》,文物出版社1976年版。

严一萍编:《帛书竹简》,台湾艺文印书馆1983年版。

青海省文物考古研究所编:《上孙家寨汉晋墓》,文物出版社1993年版。

张家山二四七号汉墓竹简整理小组编著:《张家山汉墓竹简》(释文修订本),文物出版社 2006 年版。

邵鸿:《张家山汉简〈盖庐〉研究》,文物出版社 2007 年版。

李学勤主编:《清华大学藏战国竹简贰》,中西书局 2011 年版。

〔春秋〕孙武撰,〔三国〕曹操等注,杨丙安校理:《十一家注孙子校理》,中华书局 2016 年版。

〔春秋〕孙武撰,钮国平注评:《孙子详解》,上海古籍出版社 2013 年版。

〔战国〕左丘明撰,〔西晋〕杜预集解:《左传》,上海古籍出版社 2015 年版。

〔战国〕韩非著,陈奇猷校注:《韩非子新校注》,上海古籍出版社 2000 年版。

〔汉〕司马迁:《史记》,中华书局 1982 年版。

〔汉〕司马迁撰,〔日〕泷川资言考证:《史记会注考证》,上海古籍出版社 2015 年版。

〔汉〕刘向撰,赵善诒疏证:《新序疏证》,华东师范大学出版社 1989 年版。

〔汉〕刘向编著,赵仲邑注:《新序详注》,中华书局 2017 年版。

〔汉〕刘向撰,向宗鲁校证:《说苑校证》,中华书局 1987 年版。

〔汉〕刘向集录,范祥雍笺证:《战国策笺证》,上海古籍出版社 2006 年版。

〔汉〕班固撰:《汉书》,中华书局 1962 年版。

〔汉〕桑弘羊撰,王利器校注:《盐铁论校注》,中华书局 1992 年版。

〔汉〕王符著,〔清〕汪继培笺,彭铎校正:《潜夫论笺》,中华书局 1979 年版。

〔西晋〕杜预等注:《春秋三传》,上海古籍出版社 1987 年版。

〔北魏〕郦道元著,陈桥驿校证:《水经注校证》,中华书局2007年版。

〔梁〕萧统编,〔唐〕李善注:《文选》,上海古籍出版社1986年版。

〔唐〕虞世南编撰:《北堂书钞》,中国书店1989年版。

〔唐〕魏徵等撰:《群书治要》,商务印书馆1937年版。

〔唐〕杜佑著,[日]长泽规矩也、尾崎康校订:《北宋版通典》,上海人民出版社2008年版。

〔唐〕杜佑撰,王文锦等点校:《通典》(校点本),中华书局1988年版。

〔唐〕赵蕤撰,梁运华整理:《长短经》,中华书局2017年版。

〔宋〕李昉等撰:《太平御览》,中华书局1960年版。

〔宋〕洪兴祖撰,白化文等点校:《楚辞补注》,中华书局1983年版。

〔明〕董说原著,缪文远订补:《七国考订补》,上海古籍出版社1987年版。

〔清〕雷学淇:《竹书纪年义证》,台湾艺文印书馆1977年版。

〔清〕俞樾著,李天根辑:《诸子平议补录》,中华书局1956年版。

[日]服部千春:《孙子兵法新校》,白山出版社1997年版。

[日]服部千春:《孙子兵法校解》,军事科学出版社1987年版。

[日]丰增秀俊:《丰增秀俊选集·孙子》,中国文联出版公司1993年版。

[日]佐藤坚司:《孙子研究在日本》,军事科学出版社1993年版。

《宋本十一家注孙子》(影宋本),中华书局上海编辑所,1961年。

《宋本十一家注孙子》(翻印本),中国人民解放军高等军事学院训练部,1962年。

《十一家注孙子》(排印本),中华书局上海编辑所,1962年。

《宋本十一家注孙子》(线装本),上海古籍出版社1978年版。

谢祥皓、刘申宁辑:《孙子集成》(全 24 册),齐鲁书社 1993 年版。

《中国兵书集成》第 1 册,解放军出版社、辽沈书社 1987 年版。

《中国兵书集成》第 6 册,解放军出版社、辽沈书社 1992 年版。

孙星衍校:《孙子十家注》(影清本),天津市古籍书店 1991 年版。

李民、王健译注:《尚书译注》,上海古籍出版社 2016 年版。

方诗铭、王修龄:《古本竹书纪年辑证》,上海古籍出版社 2005 年版。

杨伯峻编著:《春秋左传注》,中华书局 1981 年版。

吴静安撰:《春秋左氏传旧注疏证续》,东北师范大学出版社 2005 年版。

徐元诰:《国语集解》,中华书局 2002 年版。

缪文远:《战国策新校注》,巴蜀书社 1987 年版。

郭人民:《战国策校注系年》,中州古籍出版社 1988 年版。

诸祖耿编撰:《战国策集注汇考》(增补本),凤凰出版社 2008 年版。

朱谦之撰:《老子校释》,中华书局 1984 年版。

孙诒让撰,孙启治点校:《墨子间诂》,中华书局 2017 年版。

史党社校注:《墨子城守诸篇校注》,文物出版社 2022 年版。

黎翔凤撰:《管子校注》,中华书局 2004 年版。

杨伯俊编著:《孟子译注》,中华书局 1960 年版。

梁启雄撰:《荀子简释》,古籍出版社 1956 年版。

廖名春解读:《荀子(节选)》,国家图书馆出版社 2019 年版。

陈奇猷校释:《吕氏春秋校释》,学林出版社 1984 年版。

《韩非子》校注组编写,周勋初修订:《韩非子校注》(修订本),凤凰出版社 2009 年版。

钟兆华:《尉缭子校注》,中州书画社 1982 年版。

李浴日:《孙子新研究》,世界兵学社 1946 年版。

杨炳安:《孙子〈会笺〉》,中州古籍出版社 1986 年版。

吴九龙主编:《孙子校释》,军事科学出版社 1990 年版。

张震泽:《孙膑兵法校理》,中华书局 1984 年版。

赵逵夫:《古典文献论丛》,中华书局 2003 年版。

李零:《孙子古本研究》,北京大学出版社 1995 年版。

邱复兴主编:《孙子兵学大典》,北京大学出版社 2004 年版。

王正向:《孙子十三篇竹简本校理》,军事科学出版社 2009 年版。

张文穆:《孙子解故》,国防大学出版社 1987 年版。

穆志超:《孙子学文存》,白山出版社 2010 年版。

柳元麟:《孙子新校解》,台湾中华兵学研究社 1987 年版。

高友谦:《孙子兵法五十篇》,白山出版社 2014 年版。

刘春生校订:《十一家注孙子集校》,广东人民出版社 2019 年版。

郭花若译注:《孙子译注》,上海古籍出版社 1984 年版。

吴如嵩:《孙子兵法浅说》,解放军出版社 1983 年版。

李零:《吴孙子发微》,中华书局 1997 年版。

李零译注:《孙子译注》,中华书局 2007 年版。

黄朴民解读:《孙子兵法》,国家图书馆出版社 2017 年版。

齐光:《孙子兵法评注》,北京人民出版社 1978 年版。

庞齐:《孙子兵法探析》,陕西人民出版社 1986 年版。

吴如嵩、苏桂亮主编:《孙子兵学大辞典》,白山出版社 2015 年版。

古棣、戚文主编:《孙子兵法全解》,上海辞书出版社 2016 年版。

熊剑平、王敏:《〈孙子兵法〉导读》,当代中国出版社 2018 年版。

张文儒:《孙子新注》,中华书局 2018 年版。

李如龙:《孙子注会要》,商务印书馆 2019 年版。

沈阳部队《孙膑兵法》注释组:《〈孙膑兵法〉注释》,辽宁人民出版社 1975 年版。

傅振伦:《孙膑兵法译注》,巴蜀书社 1986 年版。

邓泽宗:《孙膑兵法注译》,解放军出版社1986年版。

霍印章:《孙膑兵法浅说》,解放军出版社1986年版。

刘心健编著:《孙膑兵法新编注译》,河南大学出版社1989年版。

李均明译注:《孙膑兵法译注》,河北人民出版社1995年版。

邵斌、宋开霞编著:《孙武孙膑兵法试说》,齐鲁书社1996年版。

李兴斌、邵斌注译:《孙膑兵法新译》,齐鲁书社2002年版。

杨玲编著:《孙膑兵法解读》,军事科学出版社2002年版。

方磊编著:《孙膑兵法与文化》,文物出版社2015年版。

沈阳部队后勤部《孙膑传》编:《孙膑传》,辽宁人民出版社1978年版。

廖杨膑:《孙膑兵法》,新华出版社1991年版。

李京:《齐孙子兵法解》,中国书店1990年版。

高友谦:《孙子新传》,团结出版社1998年版。

赵嘉朱主编:《孙子研究文献备要》,新华出版社1992年版。

逄振镐主编:《孙子与齐文化》,石油大学出版社1993年版。

于汝波主编:《孙子兵法研究史》,军事科学出版社2001年版。

陆允昌:《孙武研究新探》,白山出版社2002年版。

吴名岗:《孙武生平考论》,军事科学出版社2009年版。

解文超:《先秦兵书研究》,上海古籍出版社2007年版。

李桂生:《诸子文化与先秦兵家》,岳麓书社2009年版。

谢祥皓主编:《孙子志》,山东人民出版社2009年版。

高友谦:《孙子揭秘》,团结出版社2009年版。

魏鸿:《宋代孙子兵学研究》,军事科学出版社2011年版。

张业赏主编:《孙子兵学文化源流》,光明日报出版社2016年版。

熊剑平:《孙子兵法史话》,国家图书馆出版社2018年版。

李兴斌、刘庆、黄朴民、宫玉振等译注:《武经七书新译》,齐鲁书社2018年版。

李桂生:《孙子学流变研究》,齐鲁书社 2020 年版。

钱穆:《先秦诸子系年》,商务印书馆 2001 年版。

罗根泽:《诸子考索》,人民出版社 1958 年版。

刘如瑛:《诸子笺校商补》,山东教育出版社 1995 年版。

金德建:《司马迁所见书考》,上海人民出版社 1963 年版。

蒙文通:《越史丛考》,人民出版社 1983 年版。

李孟存、常金仓:《晋国史纲要》,山西人民出版社 1988 年版。

沈长云等:《赵国史稿》,中华书局 2000 年版。

白国红:《春秋晋国赵氏研究》,中华书局 2007 年版。

李玉洁:《魏国史》,科学出版社 2017 年版。

张正明:《楚史》,湖北教育出版社 1995 年版。

徐勇:《齐国军事史》,齐鲁书社 2015 年版。

程浩:《出土文献与郑国史新探》,上海古籍出版社 2021 年版。

曹锦炎:《吴越历史与考古论丛》,文物出版社 2007 年版。

程义:《吴国史新证》,上海古籍出版社 2022 年版。

郑良树:《竹简帛书论文集》,中华书局 1982 年版。

张显成:《简帛文献论集》,巴蜀书社 2008 年版。

杨伯峻:《杨伯峻学术论文集》,岳麓书社 1984 年版。

赵光贤:《中国历史研究法》,中国青年出版社 1988 年版。

裘锡圭:《古代文史研究新探》,江苏古籍出版社 1992 年版。

赵国华:《赵国华史学论文初编》,湖北人民出版社 2002 年版。

童书业:《春秋左传研究》,中华书局 2006 年版。

余嘉锡:《四库提要辨证》,中华书局 2007 年版。

余嘉锡:《目录学发微　古书通例》,中华书局 2009 年版。

方诗铭编著:《中国历史纪年表》(修订本),上海人民出版社 2007 年版。

杨宽:《战国史》,上海人民出版社 2016 年版。

杨宽:《战国史料编年辑证》,上海人民出版社 2016 年版。

谭其骧主编:《中国历史地图集》,中国地图出版社 1982 年版。

黄盛璋:《历史地理论集》,人民出版社 1982 年版。

黄盛璋:《历史地理与考古论丛》,齐鲁书社 1982 年版。

石泉:《古代荆楚地理新探》,武汉大学出版社 2013 年版。

徐少华:《周代南土历史地理与文化》,武汉大学出版社 1994 年版。

李晓杰:《中国行政区划通史·先秦卷》,复旦大学出版社 2017 年版。

周振鹤、李晓杰、张莉:《中国行政区划通史·秦汉卷》,复旦大学出版社 2017 年版。

周振鹤:《西汉政区地理》,商务印书馆 2017 年版。

高亨纂著:《古字通假会典》,齐鲁书社 1989 年版。

冯其庸、邓安生纂著:《通假字汇释》,北京大学出版社 2006 年版。

陈伟武:《愈愚斋磨牙二集》,中西书局 2018 年版。

黄永年:《黄永年文史论文集》,中华书局 2015 年版。

徐北文:《先秦文学史》,齐鲁书社 1981 年版。

张以仁:《张以仁先秦史论集》,上海古籍出版社 2010 年版。

曹道衡、刘跃进:《先秦两汉文学史料学》,中华书局 2005 年版。

董治安:《两汉文献与两汉文学》,上海古籍出版社 2005 年版。

阎盛国:《出土简牍与社会治理研究——以〈银雀山汉墓竹简〔贰〕〉为中心》,河南人民出版社 2018 年版。

孙刚:《东周齐系题铭研究》,上海古籍出版社 2019 年版。

马雍:《西域史地文物丛考》,商务印书馆 2020 年版。

## 二、论文类

杨伯峻:《孙膑和〈孙膑兵法〉杂考》,载《文物》1975 年第 3 期。

黄盛璋:《〈孙膑兵法·擒庞涓〉篇释地》,载《文物》1977年第2期。

曾宪通:《试谈银雀山汉墓竹书〈孙子兵法〉》,载《中山大学学报(哲学社会科学版)》1978年第5期。

黄盛璋:《〈孙膑兵法·擒庞涓〉篇古战地考察和战争历史地理研究》,载《中国古代史论丛》1981年第3辑。

朱国炤:《上孙家寨木简初探》,载《文物》1981年第2期。

罗福颐:《临沂汉简所见古籍概略》,《古文字研究》第11辑,中华书局1985年版。

罗福颐:《偻翁一得录》,《古文字研究》第11辑,中华书局1985年版。

杨炳安、陈彭:《孙子兵学源流述略》,《文史》第27辑,中华书局1986年版。

刘唯力:《〈孙子译注〉商榷》,载《云梦学刊》1986年第1期。

关德仁:《〈孙膑兵法〉注释商榷》,载《古籍研究》1987年第3期。

陈公柔、徐元邦、曹延尊、格桑本:《青海大通马良墓出土汉简的整理与研究》,《考古学集刊》第5期,中国社会科学出版社1987年版。

李家浩:《〈孙子兵法译注〉所辑〈孙子〉佚文的问题》,载《孙子学刊》1992年第4期。

杨善群:《〈孙膑兵法〉结构体例探讨——与银雀山汉墓竹简整理小组商榷》,载《管子学刊》1996年第4期。

陈伟武:《银雀山汉简考释(十则)》,《容庚先生百年诞辰纪念文集》,广东人民出版社1998年版。

王家祥:《大通上孙家寨汉简〈孙子〉研究——关于〈孙子兵法〉早期形态的一点认识》,载《文献》2000年第1期。

冯胜君:《从出土文献谈先秦两汉古书的体例(文本书写篇)》,《文史》第69辑,中华书局2004年版。

胡莺:《〈银雀山汉墓竹简[壹]·孙膑兵法〉讹误辨正》,《历史文献研究》第24辑,华中师范大学出版社2005年版。

吴九龙:《银雀山汉简兵书的意义及影响》,载《滨州学院学报》2005年第5期。

李家浩:《回忆整理银雀山汉墓竹简》,《出土文献》第1辑,中西书局2010年版。

曾宪通:《重拾红楼的记忆》,《出土文献》第2辑,中西书局2011年版。

邵青:《民国时期孙子学的文献学考察》,《孙子兵法论丛(1)》,解放军出版社2011年版。

林溢欣:《从〈群书治要〉看唐初〈孙子〉版本系统——兼论〈孙子〉流传、篇目序次等问题》,载《古籍整理研究学刊》2011年第3期。

林志鹏:《银雀山汉墓竹书〈定心固气〉探论》,载《传统中国研究集刊》第9、10合辑,上海人民出版社2012年版。

陈国兴:《〈孙子兵法〉中"衔"与"衛"字的探讨》,载《孙子研究》2016年第1期。

熊剑平:《〈孙子〉篇题考察——以银雀山〈孙子〉篇题木牍为中心)》,载《孙子研究》2017年第2期。

张海波:《银雀山汉简〈孙膑兵法〉编连问题刍议》,载《孙子研究》2018年第4期。

高友谦:《汉简〈见吴王〉校补》,载《滨州学院学报》2010年第4期。

高友谦:《汉简〈五教法〉校补》,载《滨州学院学报》2011年第2期。

高友谦:《银雀山汉简〈孙子兵法〉篇题木牍异议》,载《滨州学院学报》2012年第5期。

高友谦:《银雀山汉简〈程兵〉考释》,载《滨州学院学报》2013年第4期。

高友谦:《〈银雀山汉墓竹简〉校勘七则》,载《滨州学院学报》2014年第2期。

高友谦:《银雀山汉简〈观法〉考释》,载《滨州学院学报》2016年第1期。

高友谦:《论费留》,载《滨州学院学报》2017年第1期。

高友谦:《〈孙膑兵法·[强兵]〉篇校释》,载《滨州学院学报》2017年第5期。

高友谦:《马陵之战史料新识》,载《孙子研究》2017年第5期。

高友谦:《〈孙膑兵法·[陈忌问道]〉篇校理》,载《孙子研究》2018年第1期。

高友谦:《"孙氏之道""明之吴越"新释》,载《孙子研究》2018年第4期。

高友谦:《银雀山汉墓的年代与墓主人考略》,载《滨州学院学报》2019年第3期。

高友谦:《汉简〈吴问〉作成时间新探》,载《孙子研究》2021年第1期。

高友谦:《〈孙子兵法·九地篇〉的作成时间》,载《滨州学院学报》2021年第5期。

高友谦:《简本〈孙子〉"率师比在陉"考释——越王勾践称雄诸侯的用间策略》,载《孙子研究》2023年第4期。